미국
교섭대표노동조합
결정의 법리와 실제

미국
교섭대표노동조합
결정의 법리와 실제

이승욱 지음

이화여자대학교출판부

2011년부터 기업 내 복수노조의 설립이 전면적으로 허용되었다. 50여 년의 기간 동안 기업 내 단일노동조합 체제를 법에 의하여 강제하여 왔던 헌법 위반의 비정상적인 상태가 마침내 정상화된 것이다. 지나치게 오랜 기간 동안 비정상을 정상적인 상태로 오인하면서 노사관계를 운영하여 온 노사 당사자만이 아니라 학계 역시 새로운 제도가 주는 충격과 영향에서 아직 벗어나지 못하고 있다.

기업별 복수노조와 교섭창구 단일화라는 새로운 제도에 대하여 노사 당사자가 느끼는 현실적인 불안감은 충분히 있을 수 있는 일이라고 생각된다. 그러나 학계 역시 준비 태세를 갖추고 있다고 하기는 어렵다. 새로운 제도에 대한 본격적인 연구는 충분하지 않은 상태이기 때문이다.

이 책은 우리나라의 교섭대표노동조합을 결정하는 교섭창구 단일화제도에 관한 연구가 아니다. 이 주제에 대한 본격적인 연구를 하기 위해서는 기초적인 연구자료가 축적되어야 한다. 비교법적인 연구도 그 한 방편이 될 수 있다. 이런 관점에서 이 책에서는 1935년부터 지금까지 오랜 기간에 걸쳐 교섭대표노동조합 결정제도를 운영하여 온 미국의 제도와 관련 법리를 소개하고 분석하고 있다. 미국 제도는 우리나라 제도와 상당히 다른 내용으로 이루어져 있다. 그렇지만 근로자의 자유로운 선택에 따라 대표노동조합을 결정하여야 한다는 지향점은 다를 수 없기 때문에, 이러한 지향점을 미국에서는 어떠한 제도에 의하여 어떤 법리와 논리로써 구현하고 있는가를 살펴보는 것은 학문적으로나 현실적으로 무용한 시도는 아니라고 생각한다.

미국의 교섭대표노동조합 결정제도에 대해서는 산발적으로 소개가 이루어지고 있기는 하다. 과문한 탓이겠지만, 제도 전체에 걸쳐 판례와 연방노동관계위원회의 판정례를 체계적으로 정리한 문헌은 없는 것으로 알고 있다. 이 책에서는 미국의 교섭대표노동조합 결정제도와 그 운영기관인 연방노동관계위원회(National Labor Relations Board: NLRB) 제도의 내용을 전체적으로 조망하면서, 세부적인 쟁점에 관한 최근의 판례와 제도변화를 살펴보려고 노력하였다.

필자는 지난 2003년 5월 10일 발족한 "노사관계제도선진화연구위원회"에 참여하면서 우리나라에 적합한 교섭창구 단일화제도를 마련하는 데 처음으로 관여하였고, 그 후 2008년 노사정위원회에 설치된 "노사관계선진화위원회"에도 공익위원으로 참여하면서 교섭창구 단일화제도의 설계에 직·간접적으로 관여하여 왔다. 따라서 필자로서는 이 책이 우리나라 교섭창구 단일화제도의 성공적인 정착에 조금이라도 기여하면서 우리 노동법의 지평을 한 뼘이라도 확대하는 데 도움이 되기를 바랄 뿐이다.

2014년 11월
이승욱

| 차례 |

들어가면서

노동위원회는 우리나라에서 노동분쟁의 해결에 특화된 유일한 전문기관이다. 1953년 "노동위원회법"(법률 제281호, 1953.3.8. 제정)에 의하여 설립된 이후 노동위원회는 그 권한 범위를 지속적으로 확대하여 왔다.

노동위원회법 제정 당시에는 노동쟁의의 조정과 중재를 주된 임무로 하고 있었으나, 1963년 "노동조합법"(법률 제1329호, 1963.4.17. 개정)의 개정에 따라 부당노동행위를 구제하는 기능을 흡수하고, 2006년 "공무원의 노동조합 설립 및 운영 등에 관한 법률"(법률 제7380호, 2005.7.1. 제정)이 제정되면서 공무원노동조합의 단체교섭이 결렬될 경우 단체협약의 효력을 가지는 중재재정 권한도 가지게 되어, 전반적인 집단적 노동관계 분쟁 해결을 위한 기구로서의 틀을 갖추었다.

나아가 개별적 노동관계 분쟁에 관하여도, 1989년에는 "근로기준법"(법률 제4099호, 1989.3.29. 개정) 개정에 의하여 부당해고 등 정당한 이유 없는 근로자에 대한 징벌적 조치에 대한 구제 기능을 가지게 되었고, 2007년부터는 "기간제 및 단시간근로자 보호 등에 관한 법률"(법률 제8074호,

2006.12.21. 제정) 제정과 "파견근로자 보호 등에 관한 법률"(법률 제8076호, 2006.12.21. 개정) 개정에 따라 기간제 및 단시간근로자 및 파견근로자에 대한 차별시정 권한을 가지게 되어, 개별적 노동관계 분쟁을 해결하는 기능을 일부 포함하게 되었다. 특히 2011년부터는 "노동조합 및 노동관계조정법"(법률 제9930호, 2010.1.1. 개정)(이하 "노조법")의 개정에 따라 복수노동조합이 병존하는 경우 교섭대표노동조합의 결정을 둘러싼 분쟁 해결 권한도 가지게 되었다.

이와 같이 노동위원회는 1953년 이후 노동분쟁 해결 범위를 지속적으로 확대하면서 집단적 노동분쟁만이 아니라 개별적 노동분쟁의 일부까지도 권한 범위 내에 포섭하여 노동분쟁 해결에 관한 한 명실상부하게 가장 핵심적인 기관으로 위치하고 있다고 평가할 수 있다.

전체적으로 볼 때 우리나라 노동위원회는 부당해고 등 각종 심판사건과 조정사건에서 신속하고 경제적인 사건 처리를 하고 있다고 평가할 수 있다.[1] 그러나 문제점도 함께 지적되고 있다. 조사관 중심의 사건 처리, 공

---

1   심판사건의 경우 1997년 3천여 건이던 사건 수가 2001년 이후 7~8천 건으로 급증하고 있음에도 불구하고 사건 처리 일수는 지방노동위원회(이하 "지노위")의 경우 2006년 현재 평균 54일, 중앙노동위원회(이하 "중노위")의 경우 183일 정도에 불과하다(중앙노동위원회, 『노동위원회연보』 제9호, 2007, p.51). 유사한 제도를 채택하고 있는 일본이나 미국 등 다른 나라에 비하면 매우 신속한 처리가 이루어지고 있는 것이다. 일본의 경우 지노위 사건 건수는 연간 350~400건 정도이고, 중노위는 연간 60건 정도이지만, 심사 기간은 초심 평균 1,290일, 재심 1,345일로 모두 1,000일을 상회하고 있는 것과 뚜렷하게 대조된다(不当勞働行爲審査制度の在り方に關する硏究會, 不当勞働勞働行爲審査制度の在り方に關する硏究會報告, 2003 참조). 미국과 비교하여도 부당노동행위사건의 경우 신청 제기일로부터 본위원회 결정일까지 소요된 기간의 중간값은 2008년 559일, 교섭대표 결정사건의 경우에는 251일이 각각 소요되어 처리기간이 상당히 오래 걸리고 있다(NLRB, 73rd Annual Report, Fy 2008, p.138). 이와 같이 우리나라는 다른 나라에 비하여 사건을 매우 신속하게 처리하는 점이 주목되는 특징이라고 할 수 있다. 또한 우리나라에서는 조정사건의 경우도 조정성립률이 매년 지속적으로 증가하고 있다. 2013년의 경우 762건이 접수되어 이 중 414건에 대하여 조정이 성립함으로써 조정성립률은 65.0%에 달하고 있다. 참고로 2005년의 조정성립률이 57.5%, 2006년의 조정성

익위원 등 사건 담당자의 전문성 부족, 당사자의 신뢰 부족, 노동사건의
최종 해결을 위해서는 노동위원회를 통할 경우 실질적인 5심제로 운영되
는 결과가 되어 법원에 소송을 제기하는 것보다 실질적인 사건 처리가 오
히려 늦은 점, 다른 노동분쟁 해결제도와의 연계성 부족, 조정제도의 미비
점 등이 대표적인 문제점으로 지적되고 있다. 이러한 문제점을 시정하기
위하여 여러 가지 제도 운영 방안이 다양하게 제시되고 있다.[2]

그런데 2011년 이후 복수노조가 사업장 단위에서 허용되면서 교섭창구
단일화 방안이 실시되고 있는 등 노동위원회를 둘러싼 환경이 급변함에
따라,[3] 노동위원회의 기능과 역할에 근본적인 변화가 요구되고 있다. 또한
개별적 노동분쟁이 전체적으로 증가하고 비정규직 차별 등 사건 내용의
복잡성이 증가하고 있으나, 이러한 상황 변화를 감안한 노동위원회제도의
개선 방안은 아직 본격적으로 논의되고 있지 않은 것으로 보인다. 특히 복
수노조 하에서 교섭창구 단일화 관련 분쟁은 전통적인 노동분쟁의 양상인

   립률은 52.9%였다(중앙노동위원회, 조정과 심판, 2013 겨울호, p.93).

2 김훈·김태기·김동배·김홍영·김주일·김학린, 노동위원회와 노동분쟁해결시스템
   개선방안 연구, 한국노동연구원, 2009; 김홍영·박은정, "새로운 행정수요에 대응하기
   위한 노동위원회의 위상과 역할", 중앙노동위원회 연구용역보고서, 2006.10; 이철수,
   "노동위원회 개선 방안", 산업관계연구 제16권 제2호, 2006.12; 김홍영, "노동분쟁에 대
   한 노동위원회의 역할과 개선과제", 노동법학 제21호, 2005.12; 이성희, "노사분쟁 조정
   기능 강화 방안", 노동분쟁해결제도의 현재와 미래, 서울대학교 노동법연구회 2005년
   추계정책토론회 자료집, 2005; 김선수, "노동위원회의 역할과 과제", 노동법학 제29호,
   2009; 박수근, "노동분쟁 해결기관으로서 노동위원회의 구조 및 운영실태와 문제점",
   금속산업연맹법률원 편, 노동법원론, 금속법률원, 2004 등 많은 문헌에서 노동위원회
   제도의 문제점과 대안을 제시하고 있다.

3 우리나라 교섭창구 단일화제도의 내용과 문제점에 대해서는 김성호, "복수노조 교섭창
   구 단일화제도 시행 상황 평가 및 정책 방향", 노동법률 제243호(2011.8); 김재훈, 복수
   노조 교섭창구 단일화에서의 관련 법적 문제 연구: 교섭단위와 교섭대표 관련 사항을
   중심으로, 한국노동연구원, 2011; 박종희, "교섭창구 단일화 방안의 안정적 정착을 위한
   해석 방안", 안암법학 제34호 상 (2011.1); 손향미, "교섭창구 단일화제도 시행에 따른
   법적·실무적 쟁점", 노동법학 제39호, 2011, 한국노동법학회; 이승욱, "교섭창구 단일
   화 절차를 둘러싼 노동법상 쟁점", 사법 제15호, 사법연구지원재단, 2011 등 참조.

근로자와 사용자 사이의 갈등에 머무르는 것이 아니라 노노분쟁, 즉 근로자 내지 노동조합 사이의 갈등을 전제로 하기 때문에 노사의 대립적 관계를 전제로 구성되어 있는 현행 시스템과는 성격을 달리하는 측면도 있다. 나아가 교섭창구 단일화 분쟁은 그것이 해결되지 않으면 단체교섭 자체를 할 수 없기 때문에 근로자의 단체교섭권 행사가 제약받는다는 특수한 성격을 가지고 있다. 교섭창구 단일화 분쟁에서는 신속한 사건 처리가 핵심적인 중요성을 가진다는 점에서 다른 분쟁과 다른 측면이 있는 것이다.

이러한 상황 변화와 제도 변화 가운데에서 노동위원회가 노동분쟁 해결 전문기관으로서 가지는 장점인 전문성·신속성·경제성을 충분히 발휘할 수 있도록 하기 위해서는 기존 제도를 전제로 한 개선 방안의 모색과 함께 노동분쟁 해결제도의 근본적인 틀을 변화시키는 방안까지 시야에 넣어 고려할 필요가 있다. 이를 위해서는 우리나라 노동위원회의 현황에 대한 분석, 나아가 유사한 제도를 운용하고 있는 다른 나라의 경험까지 참고하고, 전체적인 노사관계의 변화와 노동분쟁의 성격 변화 등도 함께 고려하면서 각종 제도 변화와 상황 변화에 합리적으로 대응할 수 있는 체계를 고민할 필요가 있다.

여기에서는 우리나라의 노동분쟁 해결 시스템의 전반적인 개선 방향을 논하기 위한 출발점으로서, 2011년 이후 우리나라에서 건국 이후 사실상 처음으로 시도되고 있는 사업장 단위에서의 복수노조 설립 허용과 이에 따른 교섭창구 단일화제도에서 그 운용과 관련한 주된 책임이 노동위원회에 부과되어 있는 점에 주목하고자 한다. 판례에 의한 법리가 상당 부분 확립되어 있는 부당노동행위제도와 달리, 새로이 도입된 교섭창구 단일화를 둘러싼 쟁점에 대한 해결은 일단은 노동위원회의 몫으로 되어 있다. 바꾸어 말하면 판례가 형성되지 않은 새로운 쟁점에 대하여 노동위원회가 1차적 판단기관으로서의 역할을 수행하여야 한다. 교섭창구 단일화 절차에서 발생할 수 있는 다양한 쟁점에 대하여 노동위원회가 취하는 입장은 향후 판례 법리에도 상당한 영향을 미칠 가능성이 있다. 새로운 제도를 도입하면서도 준거하여야 할 기준이 없다는 것은 노동위원회로서도 상당한 부담이 아닐 수 없기 때문에 당분간은 그 간극을 학계와 노동위원회가 함께 메꾸어야 한다.

바로 이 지점에서 1935년 이후 80년에 걸쳐 복수노조 상황에서 교섭대표노동조합을 결정하는 제도를 운용하여 온 미국의 경험에 주목할 필요가 있다. 우리나라의 교섭창구 단일화제도는 미국과는 상당한 차이가 있다. 그리고 미국의 연방노동관계위원회(National Labor Relations Board. 이하 NLRB)의 사건 처리의 효율성은 우리나라의 노동위원회에 비하여 높다고 하기는 어렵다. 그럼에도 불구하고, 미국의 경우 교섭대표노동조합을 결정하는 과정에서 발생하는 쟁점이 매우 다양하게 제기되고 있고, 이를 해결하기 위한 접근 방식은 오랜 기간 시행착오를 거쳐 형성되어 상당한 합리성을 갖추고 있다고 평가할 수 있다. 법제도가 완비되지 않은 상황의 법적 공백을 1세기에 가까운 오랜 기간에 걸쳐 논리적 추론과 합리성으로 대응하고 있는 미국 NLRB의 경험은 이론적으로나 실무적으로 우리나라에 매우 유용할 것이라고 생각된다.

그러나 이 연구는 미국의 경험에 비추어 우리나라의 교섭창구 단일화제도를 둘러싼 쟁점을 직접적으로 해결하는 데 그 목적이 있는 것은 아니다. 교섭대표 결정제도 그 자체의 내용이 상이할 뿐만 아니라 그것의 배경이 되는 노사관계도 차이가 있기 때문에 미국에서의 논의가 우리나라에 기계적으로 타당할 수 없기 때문이다. 그럼에도 불구하고 우리가 미국의 사례에 주목하는 것은 미국에서의 교섭대표 결정절차에서 NLRB가 행하고 있는 역할과 기능을 이해하는 것이 그 자체로 학문적으로나 실무적으로 중요한 의미가 있기 때문이다. 미국에서의 교섭대표 결정제도에 관한 논의가 우리나라에 본격적으로 소개되고 있다고 보기는 어렵고, 그 과정에서 NLRB가 행하고 있는 역할 역시 마찬가지이다. 따라서 미국 교섭대표 결정제도의 내용과 운용 상황에 대한 정확한 이해는 그 자체로 우리나라 노동법의 지평을 확대하는 의미를 가질 수 있다. 또한 현재 우리나라의 교섭창구 단일화제도는 아직 완결적인 제도라고 하기 어렵기 때문에 향후 다양한 제도 개선의 논의가 발생할 수밖에 없다. 그 과정에서 미국의 관련 제도 내용과 운용 경험은 상당한 시사점을 줄 수 있을 것으로 보인다. 따라서 이 연구는 미국의 사례에 기대어 우리나라의 유사한 쟁점에 대한 해결책을 제시하고자 하는 것이 아니라, 미국에서 교섭대표노동조합 결정제도를 둘러싼 쟁점을 NLRB와 판례가 어떻게 대응하는지, 그 과정에서 미국의 법원과 NLRB가 법적 논리를 어떻게 구성하고 있는지, 어떠한 관점에서 접근하는지에 초점을 두고자 한다.

이를 위하여 제1장에서는 미국에서의 교섭대표노동조합 결정 방법을 둘러싼 다양한 법적 쟁점에 대한 판례와 NLRB의 입장을 소개한다. 구체적으로는 교섭대표 신청절차, 교섭단위의 결정, 공정대표의무 등에 관한 법리를 살펴본다. 제2장에서는 복수 노동조합이 병존하는 상황에서 발생하는 부당노동행위의 유형과 그 해결 방법을 살펴본다. 특히 지배개입의 부당노동행위가 복수노조 병존 상황에서 어떻게 적용되며, 교섭대표노동조합 결정절차에서 부당노동행위 법리가 어떠한 변용을 받고 있는지를 자세히 검토한다. 제3장에서는 교섭대표노동조합 결정절차에 관한 전권적인 권한을 행사하고 있는 NLRB의 구조와 기능, 구체적인 사건의 처리 과정을 살펴본다. 마지막으로 제4장에서는 미국 제도의 특징과 한계, 그리고 우리에게 주는 시사점을 조심스럽게 모색해 보고자 한다.

제1장

미국 교섭대표노동조합 결정제도의 내용과 운용

미국에서 노동조합의 설립은 어용노조를 설립하는 것을 제외하고는 근로자의 자유에 맡겨져 있고 특별한 법적 제한이 존재하지 않는다. 따라서 하나의 사업 또는 사업장에 복수의 노동조합이 지부를 설치할 수도 있으며, 근로자들이 다수의 노동조합에 가입할 수도 있다. 연방노동관계법(National Labor Relations Act. 이하 "NLRA" 또는 "법") 제7조는 "근로자는 노동단체를 설립하고, 가입하거나 또는 이를 지원할 자주적으로 단결할 권리, 자신이 선택한 대표를 통하여 집단적으로 교섭할 권리, 단체교섭 기타 상호부조나 보호를 위하여 기타의 단체행동에 관여할 권리를 가진다"고 규정함으로써 법률에 의하여 자유로운 근로자의 단결권 등을 보장하고 있다. 또한 사용자는 근로자의 교섭대표와의 단체교섭을 거부할 수 없으며, 이를 거부하는 경우에는 부당노동행위가 성립된다(법 제8조 (a)(5)). 즉, 사용자는 배타적 교섭대표에 대하여 임금이나 근로시간 등 근로조건에 대하여 교섭할 의무를 부담하며, 그것을 거부하거나 배타적 교섭대표 이외의 자와 교섭을 하면 부당노동행위가 성립하여 위법이 된다. 따라서 누가 근로자의 교섭대표가 되는지는 노사관계에서 중요한 의미를 가진다.

이와 관련하여 법 제9조 (a)에서 "단체교섭을 위하여 적정한 단위 내 근로자의 과반수에 의하여 단체교섭의 목적을 위하여 지정되거나 선출된 대표는 임금, 근로시간 기타 근로조건에 관하여 단체교섭의 목적을 위하여 그러한 단위 내 모든 근로자의 배타적 교섭대표이어야 한다"고 규정하여 단체교섭을 하는 노동조합은 배타적 교섭대표와 과반수 대표로서의 지위를 가져야 한다는 점을 분명히 하고 있다. 이에 따라 근로자 과반수의 지지를 받는 노동조합은 노동조합의 소속, 노동조합 가입 여부에 관계없이 적정한 교섭단위 내의 모든 근로자를 대표하여 임금, 근로시간 기타 근로조건에 관하여 배타적인(exclusive) 단체교섭 권한을 행사하게 된다.

이와 같이 미국에서 교섭대표는 광범위한 권한을 행사하기 때문에 교섭대표노동조합의 결정절차는 매우 중요한 의미를 가진다.

1_ 교섭대표노동조합의 결정절차

1. 배타적 교섭대표 선출절차

미국에서 교섭대표노조, 즉 배타적 교섭대표가 되는 방법은 크게 두 가지 방법이 있다. 대표선거를 통하여 연방노동관계위원회(NLRB)의 "인준(certification)"에 의한 방법과, 사용자에 의한 자발적인 "승인(recognition)"에 의한 방법이 그것이다.

1) NLRB에 의한 인준

어떤 노동단체나 개인이[1] 자신이 교섭대표라고 주장하면서 사용자에 대

---

1 미국에서는 노동조합만이 배타적 교섭대표로 될 수 있는 것은 아니고, 개인이나 기타

하여 자발적으로 교섭대표로서 승인하라고 요구하였으나 사용자가 이를 거부한 경우, "대표와 관련한 분쟁(Question Concerning Representation: QCR)"이 발생하게 된다.[2] 그 경우 NLRB는 노동조합 또는 개인이 적정교섭단위 내의 근로자의 과반수를 대표하는지 여부에 대하여 결정하게 된다.

대표 신청(representation petition)의 신청권자는 당해 노동조합 또는 사용자이다.[3] NLRB에 대하여 교섭대표를 결정해달라는 신청을 제기할 수 있는 자격을 노동조합만이 아니라 사용자에게도 인정하고 있는 점이 주목된다. 미국에서는 선거절차에서 교섭대표로 되고자 하는 노조가 교섭단위 내 근로자의 과반수의 지지를 얻지 못하면 그 교섭단위에서는 노동조합이 없는 상태가 된다. 따라서 노동조합을 원하지 않는 사용자 역시 교섭대표로 되고자 하는 노동조합이 근로자 과반수의 지지를 받지 못한다는 사실을 NLRB로부터 확인받아 무노조 상태를 공인받을 수 있기 때문에, 사용자에게도 대표 신청의 적격을 인정하고 있는 것이다.[4]

신청이 이루어지면, NLRB는 "통상에 영향을 미치는 대표문제가 존재하는지"(제9조 (c)(2)) 여부를 결정하기 위하여 NLRB 산하의 지역사무소장(regional director)이 그 신청에 대한 조사(investigation)를 하게 된다.[5]

지역사무소장은 심문(hearing)을 개최하여 대표와 관련한 분쟁이 존재한다고 판단하면, 선거를 지시하고, 그 결과를 인준한다.[6] 동일한 사용자

노동단체도 될 수 있다. 이하에서는 단순히 "노동조합"이라 한다.

2　29 CFR §101.17.

3　NLRB Casehandling Manual §11002.2.

4　이에 대하여 우리나라는 헌법 제33조에 의하여 근로자에게 단결권, 단체교섭권, 단체행동권 등 근로삼권이 보장되어 있기 때문에, 사용자의 무노조 상태에 대한 권리는 인정되지 않는다. 따라서 우리나라에서는 교섭대표 결정 과정에서 사용자에게 교섭대표 신청과 관련한 권리는 없고 교섭창구 단일화 절차에 따라 선출된 교섭대표노조를 인정할 의무만 부담한다. 즉, 우리나라에서는 사용자에게 교섭대표 결정신청권이 인정되지 않는다.

5　NLRB Casehandling Manual §§11010~11042.

6　또한 매년 약 4,500건의 대표선거 신청이 이루어지고 그 중 약 70%는 선거로 이어진다

에 대하여 둘 이상의 대표 신청이 제기되면, 이 신청들은 공통의 문제를 다루는 것이기 때문에 하나의 심문으로 병합될 수 있다. 지역사무소장의 조사 이후 NLRB가 법 제8조 (b)(7)(C)에 기한 신속선거(expedited election)가 정당하다고 판단하게 되면, 심문을 개최하지 않고 선거가 이루어질 수도 있다. 당사자 사이에 선거 개시 이전에 발생하는 문제를 해결하기 위한 합의가 이루어진 경우에도 심문 없이 선거가 개최될 수 있다. 일반적으로는 대표선거의 80% 이상이 당사자 간의 선거와 관련한 합의선거협정에 기하여, 즉 심문 없이 이루어지고 있다고 한다.[7]

심문이 이루어지면, 지역사무소장은 신청에 대한 판단을 내리기 위하여 NLRB에 심문 기록을 송부하지만, 통상적으로는 NLRB가 신청을 받아들일 것인지 여부를 판단하는 것이 아니라 지역사무소장이 행하며, 그 결정은 종국적인 효력을 가지는 것이 일반적이다. 예외적인 경우에 당사자의 요청에 기하여 본위원회(Board)의[8] 심사를 받을 수도 있다.[9]

지역사무소장 또는 NLRB의 지시에 따라 선거가 개최되면, 당사자는 투표에 대한 이의제기를 할 수 있고, 선거에 대한 선거 불복 신청도 할 수 있다. 이러한 문제를 해결하기 위한 선거 이후의 절차는 선거 이전의 절차와 유사하다. 먼저 지역사무소장이 조사를 하고, 본위원회에 대한 보고서와 권고를 작성하며, 본위원회가 최종적인 결정을 내리게 된다. NLRB를 통

고 한다(2005년 10월 18일 Washington D.C.에 소재한 NLRB에서 Shelly S. Korch[Assistant General Counsel, Division of Operations-Management]와 Lester A. Heltzer[Executive Secretary]와의 면담에서 청취한 내용).

7 Higgins, Hedian, Kearney, Starling III, & Torres eds, *The Developing Labor Law*, 6th ed., Vol. 1, BNA Books, 2012, p.581.

8 지역사무소장, 위원회 등 NLRB의 조직과 구성에 대하여는 뒤에서 상세히 살펴본다.

9 그런데 뒤에서 살펴보는 바와 같이 지역사무소장의 "선거 결정 및 지시"에 대하여 선거 전에 이루어진 당사자의 본위원회로의 심사 요청은 인정하지 않고, 교섭대표 결정 과정과 관련한 분쟁을 선거 이후에 병합하여 일괄적으로 본위원회에서 판단하도록 하는 규칙제정안이 현재 계류 중에 있다.

한 절차는 과반수 지지를 받은 노동조합 등을 배타적 교섭대표로 인준하거나 또는 어떠한 노동조합도 과반수 지지를 받지 못하였다는 선거 결과를 인준하는 것으로 종료한다.

이와 같이 노동조합이 NLRB에 대표 인준을 신청하고, 지역사무소장에 의하여 관장되는 비밀선거에 의한 대표선거가 미국에서 가장 일반적인 교섭대표 결정절차이다.

2) 사용자에 의한 자발적인 승인

선거에 의하여 대표에 관한 분쟁을 해결하는 방법 이외에 사용자에 의하여 임의로 교섭대표로서 승인이 이루어지는 방법도 있다. 약 20~30% 정도가 승인에 의하여 이루어지고 있으며, 최근 중요성이 강조되어 증가하는 추세에 있다고 한다.[10]

NLRA 제9조 (c)는 NLRB가 주관하는 선거절차를 규정하고 있기는 하지만, 이 절차가 배타적 교섭대표 권한의 확립을 위한 유일한 방법이라고는 해석되고 있지 않다.[11] 노동조합이 단위 내 근로자의 과반수 지지를 받고 있다는 충분한 증거를 제시한 때에는 사용자는 그 단위를 적절한 것이라고 인정하고, 그 조합을 당해 단위 내의 근로자의 배타적 교섭대표로서 자발적으로 승인(recognize)할 수도 있다. 사용자의 승인을 받은 노동조합은 제9조 (a) 소정의 완전한 배타적 교섭대표 권한을 부여받는다. 그러나 뒤에서 살펴보는 바와 같이 사용자가 현실적으로 다수의 지지를 받지 않은 노동조합을 배타적 교섭대표로서 승인할 경우에는 근로자의 단결권

---

10 James J. Brudney, Neutrality Agreements and Card Check Recognition: Prospects for Changing Paradigms, 90 *Iowa L. Rev.* 819, 824-40 (2005). 또한 Catherine L. Fisk, The NLRB in Administrative Law Exile: Problems with its Structure and Function and Suggestions for Reform, 58 *Duke LJ.* 2013, 2021 (2009) 참고.

11 1935년 NLRA의 제정 당시부터 일관하여 이와 같이 해석되고 있다. 대표적으로 사용자에 의한 자발적인 승인(voluntary recognition) 외에, 뒤에서 살펴보는 NLRB v. Gissel Packing Co., 395 U.S. 575, 595-600(1969)의 판지에 따른 교섭명령이 있다.

행사를 방해하고 당해 노동조합에 대하여 위법한 원조를 한 것에 해당하여 사용자에 대하여 제8조 (a)(1), (a)(2) 위반의 부당노동행위가 성립한다.

사용자가 자발적 승인을 거부하게 되면 일반적인 절차와 마찬가지로 NLRB에 선거 신청이 이루어지게 되고, NLRB에 의한 인준 또는 인준 거부가 이루어진다.

2. 대표선거의 신청 개시

1) 근로자 측에 의한 신청

(1) 이익의 입증

NLRA 제9조 (c)(1)(A)는 교섭대표로서 인준을 받으려는 노동조합은 "근로자들의 상당한 수(substantial number of employees)"의 지지를 받는다는 것을 입증하여야 한다고 규정하고 있다. 따라서 대표선거에 관한 신청을 하기 위해서는 상당한 수의 근로자의 지지를 받는다는 점을 신청자가 먼저 입증하여야 한다. 이를 "이익의 입증(showing of interest)"이라고 한다.

NLRB는 그 규칙에서 "상당한"의 의미를 교섭단위 내 전체 근로자의 30% 이상을 의미하는 것으로 정의하고 있다.[12] 이러한 지지의 입증은 통상적으로는 개별 근로자의 서명과 함께 서명 날짜가 기재된[13] 수권카드

---

12 NLRB Rules and Regulation and Statements of Procedure, Series 8, §101.18. 현재 유효한 NLRB의 Statements of Procedure는 연방행정규칙(Code of Federal Regulations: CFR)에서 52 FR 23968, June 26, 1987; 53 FR 24440, June 29, 1988이고, Rules and Regulations는 24 FR 9102, Nov. 7, 1959; 51 FR 3597, Jan. 29, 1986; 51 FR 15612, 15613, April 25, 1986; 51 FR 17732, May 15, 1986; 51 FR 23745 , July 1, 1986; 52 FR 27990, July 27, 1987; 53 FR 10872, April 4, 1988; 58 FR 42235, Aug. 9, 1993; 72 FR 38778, July 16, 2007이다(이하에서는 "Rules and Regs."와 "Statements of Procedure"로 인용한다).

(authorization card)에 의하여 이루어진다. 노동조합에 대한 근로자의 수권카드가 이중적으로 가입된 경우, 즉 두 개 이상의 노동조합에 대하여 수권카드를 작성한 경우, 그 카드는 제외하고 노동조합에 대한 지지의 수를 산정한다.[14]

지지의 입증은 NLRB에 대한 대표 신청과 함께 제출되거나 또는 신청일로부터 일반적으로 48시간 내에 제출되어야 한다.[15]

선거에 참가하려는 다른 노동조합이 있는 경우는 두 가지 상황이 있을 수 있다. 첫째, 선거에 참여하고자 하는 노동조합이 사용자와 다른 노동조합과의 선거합의협정의 효력을 부정하기 위해서는(완전참가인), 합의선거협정에서 합의된 교섭단위 내의 10% 이상의 근로자에 의한 지지를 입증하여야 한다.[16] 둘째, 합의선거협정의 효력은 인정하면서, 자신을 대표선거에서 근로자 투표 선택 대상의 하나로 추가할 것을 요구하면서 참가하는 것이라면(참여참가인), 단위 내 근로자 1명의 지지를 입증하는 것으로 충분하다.[17] 이와 같은 참가의 신청은 선거 합의에 대한 지역사무소장의

---

13 서명 날짜가 기재되지 않은 수권카드는 이익의 입증을 산정할 때 포함하지 않는다. Werman & Sons, 114 NLRB 629 (1955).

14 Le Marquis Hotel, LLC, 340 NLRB No. 64 (2003); Alliant Foodservice, Inc., 335 NLRB 695 (2001).

15 Fischer, Garren, & Truesdale, *How To Take a Case Before The NLRB*, at III. D. 1. (8th ed., BNA Books, 2008).

16 1958 NLRB ANN. REP 14 (1959); Corn Prods. Ref. Co., 87 NLRB 187 (1949). NLRB 규칙인 NLRB Casehandling Manual §11023.3에서는 다음과 같이 명문화하고 있는데, 이러한 노동조합을 "완전참가인(full intervenor)"이라고 한다.
근로자의 10% 이상의 지지에 의하여 지명의 입증을 근거로 선거에 참가하고자 하는 노동조합은 그 단위에서 선거협정을 "봉쇄(block)"할 수 있으며, 그와 관련한 모든 심문에 완전하게 참여할 수 있다. … 단순 참가노동조합, 즉 10% 이상의 지지를 입증하지 못한 노동조합이 선거에 참가하려고 하는 경우에는 그러한 단위에서 합의선거를 "봉쇄"할 수 없다.…그러나 다른 당사자에 의하여 합의된 조건에 기하여 선거에 관한 장소에서 추가되어야 한다.

17 NLRB Casehandling Manual § 11023.4. 이를 "참여참가인(participating intervenor)

승인 전에 혹은 심문의 종료 전에 이루어져야 한다. 만약 참가조합이 원래 신청자와는 다른 교섭단위를 주장하고자 하는 경우(교차신청인)에는 교섭단위 내 근로자 30% 이상의 지지를 입증하여야 한다.[18]

제출된 수권카드의 진정성(眞正性)에 대해서는 지역사무소 직원이 조사를 한다. 조사는 노조가 제출한 수권카드를 사용자가 지역사무소 직원에게 제출한 근로자의 임금대장과 비교하는 방식으로 진행된다. 지역사무소 직원은 수권카드가 현재에도 유효한 것인지 여부, 그리고 그 수가 충분한지 여부를 조사한다. 사용자는 수권카드를 조사할 권한이 없다.[19] 심문 단계에서는 수권카드와 관련한 사기, 위조 또는 수권카드 서명에 대한 강박과 관련한 이의제기는 허용되지 않는다. 신청자가 제출한 "이익의 입증"에 대한 적절성 판단은 선거 이전의 사전절차에서 이루어지기 때문에, 그 진정성에 대하여 "심문 과정에서의 직접적인 또는 추가적인 공격"은 허용되지 않는다.[20]

이와 같은 "지지의 입증"은 인준박탈(decertification) 신청과 수권박탈(deauthorization) 신청에서도 필요하다(법 제9조 (c)(1)(A)(ii)). 인준박탈 신청(통상적으로는 "RD" 신청이라고 한다)은[21] 기존의 노동조합이 더 이상 교섭단위의 지지를 받지 못한다는 인준을 구하는 것이고, 수권박탈 신청(통상적으로는 "UD" 신청이라고 한다)은 사용자와 유니온 숍 협정을 체결하고 있는 기존 노동조합의 권한에 대한 폐지를 요구하는 것이다(제9조 (e)(1)).[22] 이 신청은 개별 근로자나 근로자집단 또는 그들을 대표한 개인

이라고 한다.

18 NLRB Casehandling Manual § 11023.2. 이를 "교차신청인(cross-petitioner)"이라고 한다.

19 NLRB v. Martins Ferry Hosp. Ass'n, 649 F.2d 445 (6th Cir. 1981), cert. denied, 454 U. S. 1083 (1981).

20 O.D. Jennings & Co., 68 NLRB 516, 518 (1946); Wright Mem'l Hosp. v. NLRB, 771 F.2d 400 (8th Cir. 1985).

21 Rules and Regs. §102.61; Statements of Procedure §101.18.

이나 노동단체에 의하여 제기되며, 당해 단위 내 근로자의 30% 이상이 당해 신청을 지지한다는 것을 입증하여야 한다. 한편, 법 제8조 (b)(7)(C)에 의한 신속 선거절차에는 이익의 입증이 필요하지 않고,[23] 재선거에서도 이익의 입증을 다시 할 필요는 없다.[24]

(2) 사용자의 승인 거부

법 제9조 (c)(1)(A)는 사용자가 조합대표로서 "승인할 것을 거부"하는 상황을 전제로 하고 있다. 그러나 노동조합이 대표선거를 신청하기 이전에 먼저 사용자에게 교섭대표로서 승인을 요구하여야 할 의무가 있는 것은 아니다. 따라서 신청의 제기 이전에 노동조합이 승인을 요구하지 않았다고 하여 선거 신청 기각의 사유로는 되지 않는다.[25] 노동조합은 사용자로부터 교섭대표로서 승인을 받은 경우에도 NLRB에 대하여 인준을 구할 법적 실익이 있기 때문이다. 예컨대 1년간 과반수 지위 유지의 추정과 같은 혜택을 받기 위하여 신청에 의한 선거를 요구할 수 있다.[26]

(3) 공동신청

공동교섭대표(joint representative)로서 활동하기 위하여 두 개 이상의 노동단체가 공동신청(joint petition)을 제기할 수도 있다.[27,28] 이 경우 근

---

22 Rules and Regs. Subpart E; Statements of Procedure Subpart E.

23 Statements of Procedure §101.23.

24 Freund Baking Co., 330 NLRB 17 (1999).

25 "M" Sys., 115 NLRB 1316 (1956).

26 General Box Co., 82 NLRB 678 (1949). 뒤에서 보는 바와 같이 사용자로부터 자발적인 승인을 받은 경우에는 "상당한 기간" 동안에만 과반수 지지 유지가 추정되고, 그 "상당한 기간"은 일반적으로 1년보다는 짧은 것으로 해석되고 있다.

27 Mid-South Packers, 120 NLRB 495 (1958).

28 한편, 2011년 6월에 NLRB가 제안한 규칙안에 따르면 NLRB는 사용자와 노동조합이 공동으로 선거를 신청하는 절차를 고려하고 있다. 이를 "RJ 신청(RJ petition)"이라고

로자의 수권은 공동신청단체 중 어떤 단체의 명의로 이루어져도 무방하며, 수권카드가 공동대표 여부에 대하여 아무런 언급을 하지 않은 경우에도 가능하다.[29] 공동신청노동조합이 선거에서 승리하면, 인준은 노동조합들의 공동 명의로 이루어진다. 이 경우 사용자는 노동조합들이 공동으로 교섭할 것을 주장할 수 있다.[30]

2) 사용자에 의한 신청

NLRA 제9조 (c)(1)은 "특정한 또는 복수의 개인이나 노동단체가 제9조 (a)에서 규정된 대표로서 승인하라는 요구를 자신에게 하였다고 사용자가 주장하면, NLRB는 그러한 신청을 조사하여야 하고, 통상에 영향을 미치는 대표문제가 존재한다고 믿을 만한 합리적인 이유가 있는 경우에는 정당한 통지에 기하여 적절한 심문을 하여야 한다"고 규정하고 있다. 이 조항은 1947년 NLRA으로 개정되기 전의 와그너법(Wagner Act)에서는 없었던 조항으로서, 다음의 두 가지 경우에 대하여 사용자에게 NLRB에 대한 신청권을 인정한 것이다. 첫째는 하나의 노동조합이 승인할 것을 요구한 경우에도 사용자에게 NLRB에 대한 신청권을 인정하고 있다. 과거 와그너법에서는 둘 이상의 노동조합에 의한 승인 요구가 있는 경우에만 사용자의 신청권이 인정되고 있었다. 둘째는 사용자가 기존의 노동조합의 과반수 지위에 대하여 의문을 제기하려고 하는 경우(이러한 신청을 통상적으로 "RM" 신청[31]이라고 한다)이다. 이것 역시 NLRA가 제정되기 이전의 와그너법 하에서는 인정되지 않았다.

한다. 아직 시행되고 있는 것은 아니다.

29 Stickless Corp., 115 NLRB 979 (1956).

30 Jackson Manor Nursing Home, 194 NLRB 892 (1972); Swift & Co., 115 NLRB 752 (1956).

31 1947년 태프트 하틀리법(Taft-Hartley Act)이 제정되기 전에는 이러한 신청을 "RE 신청(RE petition)"이라고 불렀다.

법 제9조 (c)(1)(B)는 사용자의 신청에는 특정 노동조합(또는 개인)이 "제9조 (a)에서 정의된 대표로서 승인해달라는 청구를 (사용자에게) 제기" 하고 있다는 주장을 포함하여야 한다고 명시하고 있다. NLRB는 그러한 청구가 없다면 NLRB가 조사를 진행할 권한이 없다고 판단하고 있다.[32] "제9조 (a)에서 정의된 대표"라는 문언은 단체교섭을 위한 적정한 단위 내의 근로자의 과반수에 의하여 선택된 노동단체(또는 개인)가 그러한 목적을 위하여 모든 근로자의 배타적인 대표가 된다는 것을 의미한다. 노동조합에 의한 캠페인이 행해지고 있다는 사실, 그리고 사용자가 그러한 사실을 알고 있다는 것만으로는 그 노동조합이 근로자의 과반수를 대표하고 있다는 노동조합의 주장으로 인정되지 않으며, NLRA에 기한 배타적 교섭권에 대한 요구에도 해당하지 않는다.[33] 그러나 과반수 대표 승인 청구는 제9조 (a) 소정의 조건 모두를 갖출 필요는 없다. 노동조합이 단체협약안을 제출하거나 요구하는 것만으로 충분하다.[34] 반면, 노동조합의 중립성 및 카드 체크 요청은 승인 요구에 해당하지 않는다고 해석된다.[35]

사용자가 대표지위 요구를 받으면 사용자는 대표선거를 신청할 수 있으나 대표선거를 신청할 의무가 있는 것은 아니다. 연방대법원은 Linden Lumber Co. v. NLRB 사건에서[36] 사용자가 노동조합의 과반수 지위의 증거로서 수권카드를 승인할 것을 거부한 것만으로는, 설사 사용자가 NLRB에 선거 신청을 하지 않은 경우라고 하더라도, 법 제8조 (a)(5) 위반의 부당노동행위에 해당하지 않는다고 판단한 바 있다. 이에 대하여 기존 노동조합이 사용자에 대하여 협약 갱신을 위한 교섭을 요청하는 경우에는 이

32 Herman Loewenstein, Inc., 75 NLRB 377 (1947).

33 Baldwin Co., 81 NLRB 927 (1949); Electro Metallurgical Co., 72 NLRB 1396 (1947).

34 Johnson Bros. Furniture Co., 97 NLRB 246 (1951); Kimel Shoe Co., 97 NLRB 127 (1951).

35 Brylane, L.P., 338 NLRB 538 (2002).

36 419 U.S. 301 (1974).

조항 소정의 "승인 요구"에 해당한다.[37]

요컨대 당해 노동조합에 대한 과반수 지지가 있는지 여부, 계속되고 있는지에 대한 의문이 있는 사용자는 NLRB에 대표선거를 신청할 수 있다.

3. 선거절차의 구체적 과정

1) 선거 예비절차

노동조합이 인준된 교섭대표가 되기 위해서는 적절한 선거 신청이 제기되고 NLRB에 의하여 대표문제가 존재하고 있다는 판단이 내려지면 NLRB가 주관하는 "비밀투표에 의한 선거"를 거쳐야 한다(법 제9조 (c)(1)).[38]

법 제3조 (b)에서는 NLRB는 지역사무소장에게 선거와 관련한 법 제9조에 의한 권한을 위임할 수 있도록 규정하고 있고,[39] 실제로도 위임하고 있다. 대표선거는 대표선거 신청이 이루어진 지역(region)에서 개최된다. 지역사무소장은 선거 실시를 감독하는 임무를 부담하고 그 적정한 실시에 대하여 책임을 부담한다.[40] 따라서 지역사무소장은 통상적인 상황에서는 선거 실시와 관련하여 재량권을 행사할 수 있다.[41] 다만 경우에 따라서는 사건과 관련한 쟁점에 대한 판단을 구하기 위하여 NLRB 본위원회에 그 사안을 회부할 수도 있다. 지역사무소장은 직원, 실무변호사(field

---

37 Philadelphia Elec. Co., 95 NLRB 71 (1951); Whitney's, 81 NLRB 75 (1949).

38 태프트 하틀리법이 제정되기 전에는 NLRB는 근로자의 자유로운 선택을 어떻게 보장할 것인지를 결정할 때 "광범위한 재량권(wide discretion)"을 가지고 있었다. NLRB v. AJ. Tower Co., 329 U.S. 324 (1946); Southern S.S. Co. v. NLRB, 316 U.S. 31 (1942). 따라서 그 당시에는 교섭대표노동조합 인준을 위하여 반드시 NLRB가 주관하는 선거를 거쳐야 하는 것은 아니었다.

39 Statements of Procedure §101.21 (a).

40 Rules and Regs. §102.69; NLRB Casehandling Manual §11300.

41 V. La Rosa & Sons, 121 NLRB 671 (1958); Independent Rice Mill, 111 NLRB 536 (1955).

attorney) 또는 실무조사관(field examiner)을 통하여 구체적인 업무를 행한다. 이들은 선거의 세부적인 절차에 대한 화해를 시도하기 위하여 이해당사자와 비공식적인 사전 선거 회합을 주재할 수 있다.[42]

2) 합의선거협정의 체결

당사자가 임의로 선거의 세부 사항에 대하여 합의하면, 당사자는 세 가지 유형의 합의선거협정 중 하나를 체결할 수 있다(법 제9조 (c)(4)). 첫째, 합의선거협정(consent election agreement: 통상적으로 "순수합의"협정 ["pure consent" agreement]이라고 한다)이 있다.[43] 이는 이후 절차에서 발생하는 모든 분쟁을 지역사무소장의 결정에 따르도록 하는 것을 내용으로 한다. 둘째, 인준조건합의협정(Stipulation for Certification on Consent Election: 통상적으로는 "stip" agreement라고 한다)이 있다. 이는 이후 절차에서 발생하는 모든 분쟁을 본위원회의 결정에 따르도록 합의하는 것이다.[44] 마지막으로, 완전합의협정(full consent agreement)이 있다. 이는 선거 이전 및 선거 이후의 모든 쟁점에 대하여 지역사무소장의 결정에 따르도록 하는 협정이다.[45]

각 협정에서 당사자는 선거 시간, 장소 등 선거의 세부 사항을 정하는 서면 협정을 체결하고, 지역사무소장에 의한 승인을 받아야 한다.[46] 지역사무소장은 그 협정의 시행 이후에 제기되는 모든 요청 또는 신청에 대하여 결정을 내리며, 선거를 관장한다. 지역사무소장의 결정은 "순수합의"선거와 관련하여서는 종국적인 효력을 가지지만, 인준조건합의협정("stip"

---

42 NLRB의 조직과 구성에 대한 상세한 내용은 후술한다.

43 Rules and Regs. §102.62(a).

44 Rules and Regs. §102.62(b).

45 Rules and Regs. §102.62(c).

46 Southwest Gas Corp., 305 NLRB 542 (1991); T&L Leasing, 318 NLRB 324 (1995); Superior of Mo., 327 NLRB 248 (1998).

agreement)을 체결한 경우에는 쟁점은 본위원회의 심사 대상이 된다. 지역사무소장의 승인이 있기 전 또는 선거협정이 없어 사건에 대한 심문이 개최되기 이전에는, 모든 신청당사자 또는 참가인은 신청을 취하할 수 있다.[47]

당사자 간에 합의선거협정이 체결되지 않으면 지역사무소장은 선거 실시를 위한 심문(hearing)을 개시한다. 심문에서의 증거에 기하여 대표성과 관련한 문제(QCR)와 교섭단위의 적절성 문제가 존재한다는 것이 입증되면, 지역사무소장은 "선거 결정 및 지시(Decision and Direction of Election)"를 내리게 된다. 지역사무소장이 스스로 그 결정을 내리는 대신 본위원회로 결정을 넘기는 경우도 있으나, 이는 극히 드물다. 이 경우 위원회는 대표성과 관련한 문제가 존재한다는 사실 인정을 전제로 선거 지시를 내릴 수 있다.[48]

승인이나 심문 이후에는 ① 신청조합은 사용자의 자발적 승인을 요구하는 피케팅을 실시하는 것과 같은 모순된 행동을 취하지 않는 한, 선거 전에 신청을 취하할 수 있다. 신청을 취하한 노동조합은 이후 6개월간 새로운 선거 신청을 할 수 없다. ② 선거참가 노조(intervening union)는 투표용지의 인쇄나 공고와 같은 행정적인 절차가 개시될 때까지 취하할 수 있다.[49] 이에 대하여 ③ 신청 사용자는, 예외적이고 어쩔 수 없는 이유가 존재하는 경우 또는 어떠한 노동 측 당사자도 취하에 반대하지 않는 경우에만 취하할 수 있다.[50]

이와 같은 통상적인 예비절차는 법 제8조 (b)(7)(C)에 따른 신속선거(expedited election)가 이루어지면 내용이 바뀌게 된다. 즉, 노조조직화의 목적 또는 승인의 목적을 위한 피케팅이 개시된 날로부터 30일 이내에

---

47 NLRB v. Davenport Lutheran Home, 244 F.3d 660 (8th Cir. 2001); NLRB Casehandling Manual §11111.

48 Rules and Regs. §§102.63, 102.64, 102.67.

49 NLRB Casehandling Manual §§11112-11118.

50 NLRB Casehandling Manual §11112.2.

선거 신청이 제기된 경우에는 상당한 "이익의 입증"이 필요하지 않다. 일반적인 선거와 마찬가지로 지역사무소는 신속선거를 관장하지만, 조사와 심문은 생략된다(법 제8조 (b)(7)(C)).[51]

한편, 선거절차의 신속성을 촉진하기 위하여 2011년 6월 22일 발표한 NLRB 절차규칙개정안에서는 서면 전달을 전자적으로 할 수 있도록 허용하고, 심문 일정을 표준화하며, 쟁점 확인을 위한 사전 심문을 규정하고 있고, 투표자격 문제와 선거 관련 분쟁을 선거 이후로 연기하는 것을 내용으로 하고 있었다. 2011년 12월 21일 본위원회는 기존 위원회 규칙의 일부를 개정하는 "최종규칙(Final Rule)"을 채택하였다. 최종규칙에서는 2011년 6월 22일 발표된 위원회의 개정안 중 일부만 내용으로 하였는데, 다음과 같은 사항이 최종규칙에 포함되었다.

1. 심문관은 당사자 일방의 주장에 관한 증거 제출을 제한할 권한을 가진다.
2. 선거 전 본위원회에 의한 심사 요청을 폐지하고 선거 전 및 선거 이후의 쟁점은 선거 이후의 절차에서 통합하여 다룬다.
3. 본위원회에 대하여 이의를 신청하기 위한 특별 요청이 허용되는 경우를 제한한다.

그러나 2011년 12월 21일 본위원회에서 최종규칙을 의결할 때 법에 의하면 5명으로 구성된 본위원회 전원회의에서 의결하도록 하고 있었으나, 상원의 반대로 3명의 위원이 지명되지 않아 2명의 위원만으로 의결이 이루어져 최종규칙 결의에 절차상 하자가 있다는 주장이 사용자 측으로부터 제기되었다. 연방법원은 규칙 제정 시 필요한 요건을 갖추지 못하여 이 최종규칙은 무효라고 판단하였다.[52] 이에 NLRB는 항소를 포기하고 2011년

---

51 NLRB Casehandling Manual §§11003.1 (b) 및 11312.1 (k).
52 Chamber of Commerce v. NLRB, Case No. 1:11-cv-02262-JEB (D.D.C. May 14, 2012).

규칙안도 폐기하고, 2014년 NLRB는 다시 유사한 내용의 규칙개정안을 제기한 상태이다.[53]

3) 구체적인 선거 방법

NLRB의 Casehandling Manual은 선거일, 투표 시간, 투표 장소, 선거 인명부, 선거권자, 선거공고, 참관인, 투표용지, 선거관리 등 선거의 구체적인 방법에 대한 상세한 규정을 두고 있다. 선거는 주로 근로시간 중에 이루어지며, 선거비용은 NLRB가 부담하되 선거 캠페인 비용은 당사자가 부담한다.

(1) 선거일

지역사무소장이 선거를 지시한 경우, 지역사무소장은 투표자명단 및 투표자 주소의 수령 예정일로부터 10일 이내에는 선거일을 지정하지 않는다.[54] 과거에는 당사자로부터 선거 지시에 대한 심사 포기서가 제출되지 않는 한, 지역사무소장은 통상적으로 선거 지시일로부터 25일 이상 30일 이내에는 선거일을 잡지 않았다. 그 취지는 지역사무소장의 결정에 대하여 본위원회에 심사청구를 할 수 있는 여유를 두기 위한 것이었다.[55]

그런데, 2011년 12월 21일 채택된 새로운 NLRB 최종규칙에 따르면,[56] 지역사무소장의 "선거 결정 및 지시"에 대한 선거 전 심사 요청 절차를 폐지하고, NLRB가 지역사무소장에게 선거 지시일로부터 25일에서 30일 사

---

53 규칙개정안은 http://www.nlrb.gov/sites/default/files/attachments/basic-page/
   node-3317/CFR%20102%20COMPARE%20NPRM%20Changes%20to%20
   Current%202-4-14%20445PM.pdf
54 NLRB Casehandling Manual §11302.1.
55 Patrick Hardin & John Higgins, *The Developing Labor Law*, 4th eds., BNA Books,
   2001, p.547.
56 앞에서 본 바와 같이 이 최종규칙은 법원에 의하여 무효가 되고 2014년 현재 유사한
   내용의 새로운 규칙안이 논의 중에 있다.

이에 선거를 실시하도록 한 제한 역시 폐지하였다.[57]

선거가 실시되는 날짜는 일반적으로 가장 많은 수의 투표자격 근로자가 참여할 수 있고 투표할 수 있을 가능성이 많은 날로 정해진다.[58]

(2) 선거 시간[59]

사용자의 허가가 있는 경우 선거는 근로시간 중에 이루어지고, 사용자의 허가를 받지 못하면 근로시간 외에 이루어진다. 실제로는 사용자의 허가를 받아 근로시간 중에 선거가 이루어지는 경우가 대부분이다. 선거 시간은 근로일에 대한 침해를 최소화하는 범위 내에서 선거권이 있는 모든 근로자가 투표할 적절한 기회가 부여될 수 있도록 결정된다.

교대제 근무가 이루어지는 경우, 다수 사업장 또는 다수 사용자가 있는 경우에는 각 근로자들이 투표할 수 있는 충분한 기회가 부여될 수 있는 기간 동안 기표소가 열리도록 할 수도 있고, 다른 교대조, 공장 또는 단위도 투표할 수 있도록 기표소를 옮기거나 다시 열 수 있다.

사업장 간 거리가 멀리 떨어져 있거나 투표자가 광범위하게 흩어져 있는 경우에는 선거는 우편으로 이루어질 수도 있고 그 경우 선거 시간은 연장될 수 있다.[60]

(3) 선거 장소

기표소는 투표자가 쉽게 접근할 수 있고 편리한 장소에 마련되어야 한다.[61] 사용자가 동의하는 경우 선거는 통상적으로 회사 내에서 개최된다.

---

57 개정되기 전의 Statements of Procedure §101.21 (d); NLRB Casehandling Manual § 11302.1.

58 예컨대 근로주 또는 근로일의 중간. NLRB Casehandling Manual §11302.1.

59 선거 시간 및 절차적 측면과 관련되는 내용은 NLRB Casehandling Manual §§11300-11350에서 규율하고 있다.

60 NLRB Casehandling Manual §11336.

61 NLRB Casehandling Manual §11302.2. San Diego Gas & Elec., 325 NLRB 1143

사용자 시설 내에서 선거를 실시할 것인지, 시설 밖에서 선거를 실시할 것인지 또는 우편선거를 실시할 것인지 아니면 직접선거를 할 것인지에 대한 결정은 지역사무소장의 재량에 맡겨져 있다.[62]

(4) 선거인명부 및 투표자격

가) 선거인명부와 주소

지역사무소장에 의한 선거 지시 또는 당사자의 합의선거협정에 대한 지역사무소장의 승인이 이루어지면, 사용자는 자격이 있는 투표자의 성명과 그 주소에 대한 명부를 준비하여 이를 선거 지시나 승인이 있은 날로부터 7일 이내에 지역사무소장에게 제출하여야 한다.

이 명부를 "Excelsior 리스트"라고 부르는데, 그 법리가 Excelsior Underwear, Inc.사건에서[63] 제시되었기 때문이다. 이 사건에서 NLRB는 사용자가 투표자격이 있는 근로자의 성명과 주소의 리스트를 제공하지 않은 경우 당사자의 적절한 이의가 있을 때에는 선거 무효의 사유가 된다고 판정하였다. 이에 따르면 이러한 명단은 선거 지시일 또는 합의선거협정에 대한 승인일로부터 7일 이내에 지역사무소장에게 제출되어야 한다.[64] 그러면 지역사무소장은 모든 당사자에게 그 명단을 공개한다.[65] 근로자의 이메일 주소 제공과 관련해서는, 사용자가 노동조합에게 근로자의 이메일 주소를 제공하기를 거부하더라도 다른 방법으로 교섭단위 내 근로자의 완

(1998); Manchester Knitted Fashions, 108 NLRB 1366 (1954).

62 San Diego Gas & Elec., 325 NLRB 1143 (1998)

63 156 NLRB 1236 (1966). 이 사건에서 NLRB는 투표자의 성명과 주소를 조기에 공개하는 것은 공정한 선거에 필수적이라고 판단하였다. 연방대법원은 Excelsior 리스트에 대한 위원회의 강제 입수의 시행을 인정하였다(NLRB v. Wyman-Gordon Co., 394 U.S. 759 (1969)).

64 Laidlaw Waste Sys., 321 NLRB 760 (1996); North Macon Health Care Facility, 315 NLRB 359 (1994).

65 NLRB Casehandling Manual §11312.1.

전하고 정확한 명단과 집주소를 제공한 경우에는 Excelsior 요건에 반하는 것은 아니다.[66]

사용자에 의한 Excelsior 리스트 제공 의무는 근로자에 의한 자유롭고 합리적인 선택을 보장하기 위한 것이다. 즉, 노동조합에 알려지지 않았으나 투표자격자 명단에 올라 있는 근로자가 투표한 경우에 발생할 수 있는 이의신청을 사전에 방지하기 위한 것이다. Excelsior 리스트에서 성명과 주소는 체계적으로 기재되어 있어야 한다. 예컨대 전체 근로자에 대하여 또는 부서별이나 단위별로 알파벳순 또는 사원번호순으로 기재되어 있어야 한다. 1994년 NLRB는 사용자는 투표자격자 명단에 투표자격자의 완전한 성과 이름을 포함하여야 할 의무를 부담한다고 판정하여 Excelsior 법리를 재확인하고 명확히 하였다.[67]

이 리스트는 선거인명부를 작성하는 기초자료로 이용된다.[68] 선거에 앞서 투표자격을 둘러싼 문제를 해결하는 데 최대한의 시간을 확보하기 위하여 당사자는 Excelsior 리스트를 즉시 검토하고 그 내용을 승인하여야 하며, 선거절차가 계속 중인 기간 동안 계속 보관하여야 한다.[69] 이 리스트가 제출되지 않은 경우 또는 성명은 있으나 주소가 없는 경우에도 충분한 이익의 입증을 하고 있는 신청인 또는 참가인이 서면으로 선거 중단을 요청하지 않는 한, 지역사무소장은 선거를 실시한다.[70] Excelsior 리스트 제공 의무는 정보에 대한 노동조합의 필요성에 관한 입증 여부에 따라 부과되는 것이 아니다. 따라서 노동조합이 이미 모든 정보를 가지고 있다는 이

---

66 Trustees of Columbia Univ., 350 NLRB 574 (2007).

67 North Macon Health Care Facility, 315 NLRB 359 (1994); Laidlaw Waste Sys., 321 NLRB 760 (1996).

68 NLRB Casehandling Manual §11312.3.

69 Statements of Procedure §101.19(a)(1); NLRB Casehandling Manual §11312.4.

70 NLRB Casehandling Manual §11312.6. 30% 미만의 참가인 노조는 선거를 하지 못하도록 할 수는 없지만 이의제기는 할 수 있고, 위원회는 그 명단을 제공하지 않을 경우에는 선거 무효로 할 수 있다.

유에서 사용자가 리스트를 제공하지 않은 것은 부당하다고 판단되고 있다.[71] Excelsior 리스트가 늦게 제출되고 내용도 불충분한 경우 선거는 무효가 된다.[72] 다만 예외적으로 Excelsior 요건을 갖추지 못하더라도 실질적으로 그 요건이 충족되었다고 판단하는 경우에는 선거가 무효로 되는 것은 아니다.[73]

이와 관련하여, 사용자가 Excelsior 리스트를 늦게 제출하여 노동조합이 선거에 대하여 제기한 이의가 정당한지 여부에 관하여 NLRB는 Pole-Lite Industries 사건에서[74] 그 판단 기준을 제시하고 있다. 이에 따르면 ① 어느 정도 늦게 제출되었는지의 날짜 수, ② 노동조합이 선거 전에 그 리스트를 가지고 있었던 날짜의 수, ③ 그 선거에서 투표자격이 있는 근로자의 수 및 ④ 사용자가 노동조합에게 필요한 정보를 제공할 때 성실하게 행위하였는지 여부 등에 따라 정당성 여부가 판단된다. 이 사건 결정 이후, NLRB는 NLRB와 우체국 두 곳에서의 지연으로 인하여 노동조합이 선거 실시일로부터 8일 전까지 리스트를 수령하지 못한 경우에는 선거를 무효로 하고 있다.[75] 사용자가 합의선거협정 무효를 주장하는 신청을 제기하였다는 이유로 Excelsior 리스트를 15일 늦게 전달한 것은 정당한 이유로 인정되지 않아 NLRB가 새로운 선거를 명한 사례가

---

71 Gray Drug Stores, 197 NLRB 924 (1972).

72 Special Citizens Futures Unlimited, 331 NLRB 160 (2000). 이에 대하여 내용은 완전한데 제출일이 하루 늦은 경우에 선거는 무효로 되지 않는다(Bon Appetit Mgmt. Co., 334 NLRB 1042 (2001)).

73 Sabine Towing & Transp. Co., 226 NLRB 422 (1976) 사건에서 신청인 노동조합은 선거 신청제기 이후에 세 번째 선거가 개최될 예정이라는 이유로 선거 지시일로부터 7일은 너무 짧다고 주장하면서 시간 제한에 반대하였다. NLRB는 이러한 이유는 설득력이 없다고 하여 이 정책에 대한 당해 노동조합의 반대를 재고하라는 신청을 거부하였다. 또한 NLRB는 휴직 중인 근로자의 명단이 리스트에 없는 것은 사용자가 이들의 선거권을 박탈하는 것이라는 이유로 선거를 무효로 하였다.

74 229 NLRB 196 (1977).

75 McGraw Edison Co., 234 NLRB 630 (1978).

있다.[76] 이 사건에서 NLRB는 사용자는 이의신청이 검토되는 동안 그 리스트를 제출할 수 있었지만 그렇게 하지 않아 노동조합이 선거 캠페인 시간의 40%를 상실하게 되었다는 점을 근거로 하였다.

NLRB는 Excelsior 리스트가 완전한 내용을 갖추고 있는지에 따라 Excelsior 리스트를 늦게 제출한 것에 대하여 달리 판단하고 있다. 리스트가 늦게 제출되고 또 그 내용도 불완전한 경우 선거는 무효로 된다.[77] 그러나 완전한 내용의 리스트가 단 하루 늦게 제출된 경우에는 선거가 무효로 되지 않는다.[78] 인준박탈사건에서 인준박탈 신청인이 노동조합보다 17시간 늦게 Excelsior 리스트를 수령한 것은 선거 무효 사유로 판단하지 않았다.[79]

한편, 부정확한 Excelsior 리스트가 제출된 경우, NLRB는 누락된 명단의 비율, 누락된 자의 수가 선거에서 결정적인지 여부, 그리고 누락에 대한 사용자의 이유를 함께 고려하여 이 요건을 실질적으로 준수하였는지를 판단한다.[80] NLRB는 제출된 부정확한 주소와 누락된 성명이 7%인 경우에는 그 정도의 착오는 이 법리에 대한 "실질적인 불이행"에는 해당하지 않는다고 판단하고 있다.[81] 마찬가지로, 투표자격자의 주소에서 13%의 잘못이 있는 것은 새로운 선거를 명할 정도로 중과실이 있다거나 성실성을 결한 것으로 볼 수 없다고 판단하고 있다.[82] 그러나 투표자격자의 10%를 누락하고 18%의 주소가 잘못된 것은 실질적 불이행에 해당한다고 하여 선거가 무효라고 판단하고 있다.[83]

---

76 Rockwell Int'l, 235 NLRB 1159 (1978).

77 Special Citizens Futures Unlimited, 331 NLRB 160 (2000).

78 Bon Appetit Mgmt. Co., 334 NLRB 1042 (2001).

79 Teamsters Local 705 (K-Mart), 347 NLRB 439 (2006).

80 Woodman's Food Mkts., 332 NLRB 503 (2000).

81 Kentfield Med. Hosp., 219 NLRB 174 (1975).

82 Days Inns, 216 NLRB 384 (1975).

83 Chromalloy Am. Corp., 245 NLRB 934 (1979).

2014년 논의 중에 있는 규칙개정안에서는 사용자에 대하여 근로자의 이메일주소와 전화번호도 제공할 것을 규정하고 있다.[84]

나) 투표자격

일반적으로 선거 지시일 또는 합의선거협정의 승인일 직전 임금 지급 기간(payroll period) 동안 고용되어 있었던 단위 내의 모든 근로자가 선거일 현재에도 계속하여 고용되어 있는 경우에 투표자격이 인정된다.[85] 참여가 의무로 되어 있는 직업훈련 프로그램에 참가하고 있는 근로자는 선거가 실시되는 날 현재 실제 근로에 종사하지 않은 경우에도 투표할 자격을 가진다.[86] 가까운 장래에 "재고용에 대한 합리적인 기대"를 가진 일시 해고(lay-off)된 근로자도 투표자격이 있다.[87] 시용 중인 근로자는 그 의무와 근로조건이 실질적으로 상용근로자와 동일하고 상시 고용에 대한 합리적인 기대를 가지는 경우에는 투표자격이 있다.[88] 상병휴가 또는 휴가 중인 근로자는 근로 개시 준비가 된 때에는 자동적으로 그 직에 복무할 수 있다면 투표자격이 있다.[89] 선거 이전에 사직하거나 해고된 근로자는 일반적으로 투표자격이 없으나,[90] 차별적으로 해고된 근로자는 투표자격이 있다.[91] 선거일 이후에 사용자가 해고할 계획을 가지고 있다고 하더라도 그

---

84 Rules and Regs. 개정안 §102.60 (d).

85 Columbia Pictures Corp., 61 NLRB 1030 (1945) 이후 투표자격에 대한 NLRB의 일관된 입장이다.

86 CWM, Inc.-Port Arthur, 306 NLRB 495 (1992).

87 Kustom Elec. v. NLRB, 590 F.2d 817 (10th Cir. 1978), enforcing 230 NLRB 1037 (1977); Red Arrow Freight Lines, 278 NLRB 965 (1986) 등.

88 Vogue Art Ware & China Co., 129 NLRB 1253 (1961); V.I.P. Radio, 128 NLRB 113 (1960); Sheffield Corp., 123 NLRB 1454 (1959); Beattie Mfg. Co., 77 NLRB 361 (1948).

89 NLRB v. Atkinson Dredging Co., 329 F.2d 158 (4th Cir. 1964), cert. denied, 377 U.S. 965 (1964).

90 Rish Equip. Co., 150 NLRB 1185 (1965), enforced, 359 F.2d 391 (4th Cir. 1966) 등 판례의 일관된 입장이다.

91 Tampa Sand & Material Co., 137 NLRB 1549 (1962); B.E. & K., Inc., 252 NLRB

근로자가 선거 당일 현재 여전히 고용되어 있다면 투표자격이 있다.[92]

사직 의사의 통지를 한 근로자[93] 또는 은퇴 통지를 한 근로자[94]라고 하여도 선거일 현재 임금대장에 있는 자는 투표할 자격이 있다. 이에 대하여 선거일 이전에 사직의 통지를 하였고 선거일에 근로를 하지 않은 근로자는 임금지급대장에 이름이 올라 있다고 하여도 투표자격이 없다. "투표자격이 있기 위해서는 개별 근로자는 투표자격일에 고용되어 있어야 하며, 그리고 근로하고(and working) 있어야" 하기 때문이다.[95] 임금지급대장에 기한 투표자격 기간 중간에 사직하였으나 복직하여 선거일 현재에 근무하고 있는 근로자는 "임금지급대장에 기한 투표자격은 임금 지급 투표자격 기간 동안 근로를 하여 사실상 충족"되었기 때문에 투표자격이 있다.[96]

은퇴한 근로자는 NLRA 소정의 근로자에 해당하지 않으며 따라서 투표자격이 없다.[97] 그러나 사회보장연금을 수급하고 있는 근로자로서 연금액이 삭감되지 않기 위하여 근로시간에 제한이 가해져 있는 경우에는 그 이유만으로 투표자격이 없는 것은 아니다.[98] 이에 대하여 과거에 은퇴하였던 근로자로서 선거 전에 휴직 상태에 있었으나 선거일로부터 6일 후에 복직한 근로자는 투표자격이 없다고 판단되었다.[99]

---

256 (1980), enforced in part, 672 F.2d 906 (4th Cir. 1981) 등.

92 Ethyl Prods. Co., 267 NLRB 219 (1983).

93 NLRB v. General Tube Co., 331 F.2d 751 (6th Cir. 1964); Ely & Walker, 151 NLRB 636 (1965); Reidbord Bros. Co., 99 NLRB 127 (1952).

94 Radio Free Eur./Radio Liberty, 262 NLRB 549 (1982). Amoco Oil Corp., 289 NLRB 280 (1988)에서는 고용이 종료하기 전 마지막 휴가를 보내고 있는 은퇴예정 근로자는 투표자격이 있다고 판단하였다.

95 Roy N. Lotspeich Publ'g Co., 204 NLRB 517 (1973).

96 Leather by Grant, 206 NLRB 961 (1973).

97 Allied Chern. Workers v. Pittsburgh Plate Glass, 404 U.S.157 (1971); Mississippi Power Co., 332 NLRB 530 (2000).

98 Holiday Inns of Am., 176 NLRB 939 (1969).

99 Universal Paper Goods Co. v. NLRB, 638 F.2d 1159 (9th Cir. 1979), enforcing 238

관리직으로 승진하기로 예정되어 있으나 선거 이후까지도 인사가 시행되지 않은 교섭단위 내 근로자는 교섭단위 내 근로자와 이익의 공통성을 여전히 가지고 있으며 따라서 투표자격이 있다.[100]

계절적 근로자, 임시직 근로자는 일반적으로 재고용에 대한 합리적 기대를 가지고 있다고 인정되지 않고 사용자의 사업 장소에서 근로조건에 실질적인 이해가 없는 한 투표자격이 없다.[101] 임시직 근로자와 관련하여 NLRB는 "자격심사일 현재 고용되어 있고 고용의 기간이 불확정적인 자는 투표자격이 있다"고 본다.[102] 이 경우 임시직 근로자의 투표자격이 인정되기 위해서는 장래의 고용에 대한 합리적 기대 요건[103]과 기간 특정 요건(date certain test)을[104] 갖추어야 한다고 판단하고 있다.

이 기준과 관련하여 제1항소법원은 기간 특정 요건이 "보다 합리적이고 보다 일반적인 기준"이라고 판단하고 있다.[105] 이에 따르면 "근로자는 자신의 고용이 단기간일 것이라는 점을 완전히 알 수 있지만, 확정된 종료일이 알려져 있지 않고 근로자가 투표자격일 및 선거일에 고용되어 있는 한, 그 근로자는 투표할 자격이 있다"고 판단하고 있다.[106] NLRB는 그 고용이 선거 이후에 종료하게 될 근로자가 투표자격이 있는지 여부와 관련하여 기

NLRB 1088 (1978).

100 Nichols House Nursing Home, 332 NLRB 1428 (2000).

101 Sentinel Printing & Publ'g Co., 137 NLRB 1610 (1962); S. Martinelli & Co., 99 NLRB 43 (1952).

102 Personal Prods. Corp., 114 NLRB 959, 960 (1955).

103 Trustees of Stevens Inst. of Tech., 222 NLRB 16 (1976); Georgia-Pacific Corp., 201 NLRB 831 (1973).

104 M.J. Pirollr & Sons, 194 NLRB 241 (1971), enforced without published opinion, (1st Cir.), cert. denied, 409 U.S. 1008 (1972); Lloyd A. Fry Roofing Co., 121 NLRB 1433 (1958).

105 NLRB v. New England Lithographic Co., 589 F.2d 29, 33 (1st Cir. 1978); NLRB v. S.R.D.C. Inc., 45 F.3d 328 (9th Cir. 1995), enforcing 309 NLRB 387 (1992).

106 New England Lithographic, 589 F.2d 34 (1978).

간 특정 요건의 의미를 다음과 같이 판단하고 있다.[107] 즉, 임시직 근로자의 투표자격을 판단하는 기간 특정 요건의 판단에 대하여 NLRB는 근로자의 임기가 특정한 역일(曆日)에 만료하는 것이 확실하다는 입증 대신, 투표자격일에 고용 계속에 대한 합리적인 기대를 무산시킬 정도로 장래 고용 종료가 충분히 예정되어 있다는 증거로 족하다고 판단하였다.[108] 따라서 "근로자가 자신의 고용이 단기간이라는 것을 완전히 인식하고 있으나, 그 확실한 종료일이 특정되어 있지 않고 근로자가 자격심사일과 선거일에 고용되어 있는 한, 그는 투표자격이 있다."[109]

기간의 정함이 있는 단시간 근로자와는 달리 기간의 정함이 없는 단시간 근로자는 투표자격이 있다.[110] 또한 일시적으로 전보된 근로자도 투표할 수 있다.[111] 두 개의 일자리에서 근로하고 있는 근로자로서 자신의 시간 중 일부를 교섭단위 내 작업에 소요하는 자는 교섭단위 내 작업에 그 시간의 대부분을 소요하지 않는다고 하여도 교섭단위 내 근로조건과 관련하여 투표하기에 충분한 이익을 가지고 있고, 따라서 투표자격이 인정된다.[112]

일용직 노무자의 투표자격에 대하여 NLRB는 근로한 기간, 정기성, 고용의 현재 상태 등의 요소를 형량하여 판단한다.[113]

영구적으로 대체된 파업 참가 근로자는 재고용의 자격, 즉 원직복귀권

---

107 이 기준은 S.R.D. C. Inc., 45 F.3d 328 (9th Cir. 1995), enforcing 309 NLRB 387 (1992)에 의하여 법원의 승인을 받았다.

108 Caribbean Commumications Corp., 309 NLRB, 712 (1992).

109 NLRB v. New England Lithographic Co., 589 F.2d 29, 33 (1st Cir.1978).

110 Motz Poultry Co., 244 NLRB 573 (1979); Tol-Pac, Inc., 128 NLRB 1439 (1960); Providence Pub. Mkt. Co., 79 NLRB 1482 (1948).

111 Huntley-Van Buren Co., 122 NLRB 957 (1959). 이 사건에서는 생산직 근로자가 야간경비원으로 배치되었다.

112 NLRB v. Joclin Mfg. Co., 314 F.2d 627 (2d Cir. 1963); Textron Lycoming Div., AVCO Corp., 308 NLRB 1045 (1992); Berea Publ'g Co., 140 NLRB 516 (1963).

113 Capitol Insulation Co., 233 NLRB 902 (1977).

이 없다. 이러한 파업참가 근로자라고 하여도 파업 개시일로부터 12개월 이내에 선거가 개시되는 경우에는 명문의 규정(법 제9조 (c)(3))에 따라 선거자격을 가진다.[114] 1959년 랜드럼 그리핀법(Landrum-Griffin Act)이 제정되기 이전에는 원직복귀권이 없는 파업 참가 근로자는 대표선거에서 투표할 자격이 없었다. 그러나 1959년 랜드럼 그리핀법에서 "원직복귀권이 없는 경제적 목적의 파업에 관여한 근로자는 위원회의 판단으로 이 법의 목적과 조항에 부합한다고 인정하는 규칙에 따라 파업 개시 이후 12월 이내에 이루어지는 일체의 선거에서 투표할 자격을 가져야 한다"고 규정하여(NLRA 제9조 (c)(3)) 입장을 바꾸었다. 그 취지는 경제적 목적의 파업 참가자는 영구적으로 대체될 위험에 직면하게 되는데, 이들은 선거를 요구하기 위하여 일자리 상실 위험을 감수하게 되고, 대표선거의 투표에서도 배제되면 이중처벌을 받는 부당한 결과를 방지하기 위해서이다. 각 사건의 사실관계를 고려하여야 하기는 하지만, NLRB는 파업 참가자의 선거자격과 관련하여 다음과 같은 기준을 전개하고 있다.

우선, NLRB는 경제적 목적의 파업 참가자에 대하여 투표자격이 있는 것으로 추정한다. 이 추정은 파업 참가자가 파업 대상 일자리에 대한 "이해관계를 포기"하였다는 객관적인 증거에 의해서만 반증될 수 있다. 파업 참가자가 더 높은 임금의 다른 일자리를 구할 수 있다는 사실만으로는 이 추정에 대한 반증이 될 수 없다.[115] 파업 참여 중인 근로자가 새로운 사용자에게 파업 대상 직무에 복귀할 의사가 없다고 선언하였다고 하더라도 당해 파업자가 복귀의 모든 이익을 포기한 것이라고 적극적으로 입증한 것으로 볼 수 없기 때문에 투표자격을 인정한 사례가 있다.[116]

경제적 파업 참가자에 대한 영구적 대체근로자로서 채용된 근로자도

---

114 NLRB에 의한 이 조항의 적용은 제9항소법원에 의하여 인정되었다. Bio-Science Lab. v. NLRB, 542 F.2d 505 (9th Cir. 1976).

115 Pacific Tile & Porcelain Co., 137 NLRB 1358 (1962).

116 Q-T Tool Co., 199 NLRB 500 (1972); Accord Foote & Davies, 262 NLRB 238 (1982).

투표할 수 있으나, 일시적 대체근로자로서 채용된 근로자는 투표할 수 없다.[117] 이에 대하여 영구적 대체근로자로서 판단된 자는 위에서 살펴본 바와 같이 투표자격의 추정을 받는다.

그러나 사용자가 어떤 업무를 폐지하기로 하여 그 일자리를 상실한 파업 참가자는 그 업무의 폐지가 파업의 목적과 무관한 타당한 경제적 이유로 인하여 이루어진 것이라면 투표할 자격이 없다.[118]

투표자격자에 대한 당사자 간의 합의와 관련하여, 1958년 Norris-Thermador Corp. 사건 이후[119] NLRB는, NLRA와 NLRB 정책에 반하지 않는 한, 특정한 투표자격 문제를 명시적으로 해결하는 당사자 간의 서면협정을 존중하고 있다. 예컨대 NLRB는 투표자격 기간 이후까지 근로를 개시하지 않아 협정이 없었더라면 투표자격이 없었을 근로자라고 하더라도 이러한 근로자에게 투표권을 부여하는 협정이 체결되어 있는 경우에는 그 협정의 효력을 인정하고 있다.[120] 이러한 내용의 협정을 Norris-Thermador 협정이라고 부른다. 이 결정에서 NLRB는 투표자격 결정을 위한 통상적인 근거는 법상의 요건도 아니고 NLRB의 정책도 아니며, 행정적인 편의에 지나지 않는다는 것을 그 근거로 하였다.

NLRB는 근로자가 임시직으로 일하였고 최근 해고되었다는 이유로, 당사자가 선거인명부에서 제외하기로 약정한 근로자의 투표에 대한 사용자의 이의제기를 인정하고 있다.[121] 그러나 Norris-Thermador 협정은 법령상 배제되는 자를 포함하는 경우, 예컨대 NLRA 소정의 감독자를 포함시키는 협정은 그 효력이 인정되지 않는다.[122] NLRB는 Norris-Thermador

---

117 NLRB v. United Furniture Workers, 337 F.2d 936 (2d Cir. 1964).
118 Lamb Grays Harbor Co., 295 NLRB 355 (1989).
119 Norris-Thermador Corp., 119 NLRB 1301 (1958).
120 Trilco City Lumber Co., 226 NLRB 289 (1976).
121 Pilgrim Foods, 234 NLRB 136 modified, 591 F.2d 110 (1st Cir. 1978).
122 Esten Dyeing & Finishing Co., 219 NLRB 286 (1975).

법리를 불명확한 구두상의 합의도 포함시키는 것으로 확대하고 있으며, 당사자가 투표자의 무자격에 대하여 구두로 합의하였다는 명백한 증거가 존재하는 경우에는 그 투표자에 대한 이의제기를 인정하고 있다.[123]

건설산업에서의 투표자격에 관하여는 특별한 규율이 이루어지고 있다. Daniel Construction Co. 사건[124] 이후 건설산업 근로자의 투표자격과 관련한 NLRB의 정책은 번복된 적이 있었으나, 바로 부활하여 현재 이 사건의 법리가 적용되고 있다.[125] 이에 따르면, 건설산업 근로자는 다음과 같은 경우에 투표자격이 인정된다. 첫째 NLRB의 표준적인 투표자격 기준을 충족할 것, 둘째 ① 이전 12개월간 누적하여 총 30일 이상 그 사용자에 의하여 고용되어 있을 것, 또는 ② 이전 12개월간 30일보다 적은 날 동안 그 사용자에 의하여 고용되었어도, 이전 24개월간 누적하여 총 45일 이상 그 사용자에게 고용되어 있었을 것이 그것이다.[126] 근로자들이 고용되었던 최종 프로젝트 완료 이전에 정당한 이유로 해고되거나 사직한 근로자는 투표자격이 없다.[127]

과거 NLRB는 1991년 S.K. Whitty & Co. 사건에서[128] Daniel Construction 기준이 지나치게 포괄적이라고 판단하면서 그 기준에 더하여 반복하여 근로에 종사할 것이라는 "반복 요소"를 추가하였다.[129] NLRB는 이후의 사건에서 S.K. Whitty 판정을 적용하였으나,[130] 그 뒤 곧바로 이러한 입장을 번복하고 다시 종전의 기준인 Daniel Construction 기준으로 회귀하였다. 즉, 1992년 Steiny & Co. 사건에서[131] NLRB는 S.K. Whitty 기준은 지나치게

---

123 Banner Bedding, 214 NLRB 1013 (1974).

124 133 NLRB 264 (1961), as modified in 167 NLRB 1078 (1967).

125 Johnson Controls, 322 NLRB 669 (1996).

126 Daniel Constr. Co., 133 NLRB 264 (1961).

127 Id.

128 304 NLRB 776 (1991).

129 Id. at 777.

130 Oklahoma Installation Co., 305 NLRB 812 (1991).

엄격하여 다른 투표권이 있는 투표자와 마찬가지로 교섭대표 결정과 관련하여 직접적이고 실질적인 이해관계를 가진 건설업 근로자의 투표자격을 부정하는 식으로 운영되고 있다고 판단하였다.[132] 결론적으로 NLRB는 Daniel Construction 기준이 세월의 평가를 견디어 냈다고 하면서 계절적으로 고용되는 것이 명백한 자를 제외하고, 모든 건설업 근로자에게 그 기준이 적용된다고 판단하고 있다.[133]

근로자를 조직할 목적으로 사용자에게 채용된 조합활동가(이러한 자는 통상적으로 "소금[salt]"이라고 부른다)의 투표자격은 노동조합이 이들에 대하여 조직화활동에 대하여 급여를 지급하는지 여부에 달려 있는 것이 아니라 이들이 다른 교섭단위 내 근로자와 "이익의 공통성"을 공유하는지 여부에 의해서만 판단된다.[134]

2014년 4월 논의 중에 있는 규칙개정안에서는 투표자격에 대한 다툼을 선거 이후까지 연기하도록 하고 있다. 개정안에 따르면, 심문 도중 선거와 관련한 유일한 쟁점이 투표자격을 둘러싸고 논란이 되는 자가 해당 교섭단위 내 근로자의 20% 미만이라고 심문관이 판단하면 심문을 종결하고 선거 이후에 해당 분쟁을 해결하도록 규정하고 있다.[135]

(5) 선거공고

근로자에 대한 선거공고(Notice of Election)는 일반적으로 공장의 각 장소에 1부 이상의 선거공고 사본을 게시하여야 하며, 각 당사자 및 그 법적 대표자에게 1부씩, 기타 당사자가 요구하는 부수를 제공하여야 한다.[136]

---

131 308 NLRB 1323 (1992).

132 Id.

133 Id. 같은 취지 Brown & Root, Inc., 314 NLRB 19 (1994).

134 Tradesource, Inc. v. NLRB, 168 LRRM 2799 (4th Cir. 2001).

135 NLRB Rules and Regs. 개정안 §120.66 (d).

136 NLRB Casehandling Manual §11314.1.

공고문에는 선거의 날짜, 장소, 시간, 샘플 투표지의 내용, 교섭단위가 포함되어야 한다. 복수의 장소에서 기표소가 설치될 경우에는 개표의 날짜, 시간 및 장소가 포함되어야 한다.[137]

선거공고문은 선거일 이전에 3 근로일 이상 공고되어야 한다.[138] 여기에서 근로일이라 함은 토요일, 일요일 및 법정휴일을 제외한 24시간을 말한다.[139] 이 규칙은 엄격하게 집행되어,[140] 이 규칙에 기한 공고문을 공고하지 않는 것은 원칙적으로 선거 무효 사유가 된다.[141]

이와 관련하여 NLRB는 일요일에는 공고문이 게시되는 사용자 시설 부분을 봉쇄하는 사용자의 일반적인 관행이 있다면 그 관행은 1일 동안 공고문을 게시하지 않는 것과 같다는 지역사무소장의 결정을 부정하고 적법한 공고가 있었다고 판단하고 있다.[142] 선거공고문이 선거 이전 7 근로일 동안 게시되었으나, 투표자격이 있는 근로자에게 그 중 6일 동안 근로가 배정되지 않은 경우 적법한 선거공고가 이루어졌는지가 다투어진 사건에서 NLRB는 선거공고문이 선거 이전 3 근로일 이상 게시되어야 한다는 NLRB 규칙을 준수하였다고 판단하고 있다.[143]

규칙에 의한 공고문을 게시하지 않은 데 책임이 있는 당사자는 이에 대하여 이의제기를 하지 못한다.[144] 따라서 선거공고문의 일부를 덮어버리는 부당한 방법으로 공고한 뒤 자신의 부적절한 게시가 있었다는 이유로 선거에 대하여 스스로 이의제기를 한 경우에는 이를 이유로 선거 무효를 주

---

137 NLRB Casehandling Manual §11314.3.

138 29 C.F.R. §103.20(a) (1992).

139 29 C.F.R. §103.20(b) (1992).

140 Ruan Transp. Corp, 315 NLRB 592 (1994); Smith's Food & Drug, 295 NLRB 983 (1989).

141 Terrace Gardens Plaza, 313 NLRB 571 (1993).

142 Penske Dedicated Logistics, 320 NLRB 373 (1995).

143 Cleveland Indians Baseball Co., 333 NLRB 579 (2001).

144 29 C.F.R. §103.20(c), (d) (1992).

장할 수는 없다. 그 사건에서 NLRB와 법원은 사용자가 선거 이전 7일 전에 열린 회의에서 근로자에게 선거절차를 바르게 설명하였으며, NLRB 선거관리관이 기표소를 개장하기 전에 선거공고문을 올바르게 게시하였고, 그 공고에 새로이 포함된 문언에 대하여 모든 근로자에게 통지하였다고 인정하여 사용자의 선거 무효 주장을 배척하였다.[145]

NLRB는 근로자들이 이해할 수 있는 언어로 근로자에 대하여 선거공고문을 제시할 적극적인 의무를 부담한다.[146] NLRB는 당사자 일방이 요청하면 그 언어로 공고문을 제공하여야 한다. 선거 며칠 전까지 사용자가 요구한 두 가지 언어로 된 공고문을 NLRB가 제공하지 않았다는 이유로 선거무효를 결정한 사례가 있다.[147]

(6) 선거 지시에 관한 심사

지역사무소장이 실시한 사실조사와 그 결과에 기하여 선거 명령이나 선거 지시와 관련하여 지역사무소장이 내린 명령은 종국적인 효력을 가진다.[148] 당사자는 지역사무소장의 지시 전달일로부터 14일 이내에 본위원회에 대하여 지역사무소장의 지시에 대한 심사를 요청할 수 있다. 그 요청은 본위원회가 다른 자료 없이 그 내용만으로 판단할 수 있도록 하기 위하여 자체적으로 내용을 담고 있는 문서로 하여야 한다.[149] 본위원회는 이러한 심사 요청을 다음 중 하나 이상의 "부득이한 이유"가 존재하는 경우에만 승인한다. 즉, ① 법이나 정책에 대한 실질적인 문제가 제기되고, 공식적으로 발간된 NLRB의 선례에 반하거나 거리가 있는 경우, ② 사실관계에 관한 지역사무소장의 결정이 기록에 대하여 착오를 하여 편견에 기한 경

---

145 Sears, Roebuck & Co. v. NLRB, 957 F.2d 52 (2d Cir. 1992).

146 Tanforan Park Food Purveyors Council v. NLRB, 656 F.2d 1 358 (9th Cir. 1981).

147 Thermalloy Corp., 233 NLRB 428 (1977); Rattan Art Gallery, 260 NLRB 255 (1982).

148 Rules and Regs. §102.67(b). 또한 NLRA 제3조 (b).

149 Rules and Regs. §102.67(d).

우, ③ 심문에서의 행위가 편견에 기한 착오를 야기한 경우, ④ NLRB의 주요한 법리나 정책에 대한 재고려를 위한 부득이한 이유가 있는 경우가 그것이다.[150] 심사 요청이 제기된 날로부터 7일 이내에, 당사자는 그 요청에 반대하는 진술을 제출할 수 있다.[151] 심사를 위한 요청이 승인되면, 당사자는 심사승인명령일로부터 7일 이내에 준비서면을 제출할 수 있고, 본위원회는 심사 대상이 되는 사유와 관련하여 모든 자료를 고려하여 판단한다.[152]

예외적이기는 하지만, 지역사무소장이 선거절차에서 본위원회가 결정하여야 할 문제가 제기되고 있다고 판단하면, 지역사무소장이 본위원회로 사건을 이송할 수 있다. 사건이 이송되면, 당사자는 이전에 지역사무소장에게 제출한 준비서면을 본위원회에 제출할 수 있다.[153] 사건이송명령 또는 심사 요청의 승인이 이루어진 직후에 지역사무소장은 자료를 본위원회에 이송할 수 있다.[154]

추가적인 준비서면이나 답변서는 본위원회의 특별한 허가가 있는 경우에만 허용된다. 본위원회는 이송된 자료에 근거하여 결정하거나, 구두심문 후에 결정할 수도 있고, 새로운 자료의 제출을 받거나 심문을 새로 실시한 후에 결정할 수도 있다. 그 결정이 이루어지면, 본위원회는 선거 지시, 신청 기각, 지역사무소장의 명령 확인 또는 파기, 기타 본위원회가 적절하다고 판단하는 방식으로 그 사건을 처리할 수 있다.[155]

통상적으로 제9조 (c)에 의한 선거 및 인준절차에 대한 본위원회의 명령은 법원에 의한 사법심사의 대상이 되지 않는다.[156] 그러나 연방대법원

---

150 Rules and Regs. §102.67(c).
151 Rules and Regs. §102.67(e).
152 Rules and Regs. §102.67(g).
153 Rules and Regs. §102.67(h), (i).
154 Rules and Regs. §102.68.
155 Rules and Regs. §102.67 (j).
156 Custom Recovery v. NLRB, 597 F.2d 1041 (5th Cir. 1979).

은 Leedom v. Kyne사건[157]에서, 선거명령과 교섭단위 결정이 "(NLRB의) 위임된 권한의 범위를 넘어서고 법의 특정한 금지에 반하는 경우"에는 당사자 일방이 절차에 따라 연방지방법원에서 이의를 청구할 수 있다고 판단하였다.[158] 그 이후 연방대법원은 Leedom사건의 예외는 아주 제한적인 것이라고 강조하였다.[159] 따라서 본위원회의 결정은 간접적인 절차에서 심사되는 것이 더 일반적이다. 즉, 본위원회의 결정 그 자체의 당부가 법원에서 심사되기보다는 예컨대 교섭 거부의 부당노동행위 절차에서 대표인준의 시정이 쟁점으로 다루어지는 형태로 진행된다(행정절차법[160] 제9조 (d)).

한편, 앞에서 살펴본 바와 같이 규칙개정안에 따르면 절차의 신속성을 위하여 선거 전에 본위원회에 심사를 요청하는 절차가 폐지되고 있다. 규칙개정안에서는 지역사무소장의 결정에 관한 쟁점은 모두 선거 이후에 본위원회가 심사하는 것으로 변경하여 절차의 지연을 방지하고자 하고 있다.[161]

(7) 선거의 실시

가) 참관인

모든 당사자는 자신이 선택한 선거 참관인을 둘 수 있다. 지시선거에서 참관인에 관한 권리는 NLRB가 정하고, 합의선거에서는 NLRB가 제공한 합의협정이나 합의문의 표준 문안에서 참관인을 권리의 사항으로 이용할

---

157 358 U.S. 184 (1958), aff'd 249 F.2d 490 (D.C. Cir. 1957), aff'd 148 F.Supp. 597 (D.D.C. 1956).
158 Id., 358 U.S. at 188.
159 Boire v. Greyhound Corp., 376 U.S. 473 (1964).
160 Administrative Procedure Act, 5 U.S.C. §557.
161 NLRB Rules and Regs. 개정안 §102.67.

수 있다고 규정하고 있다.[162]

각 당사자는 동일한 수의 참관인을 지명하며, 그 수는 NLRB 직원이 투표자의 수, 선거 장소 등 선거 상황에 따라 개별적으로 결정한다. 당사자 일방이 이의제기를 할 가능성이 있는 참관인을 두겠다는 의도를 NLRB 직원이 알게 된 경우에 NLRB 직원은 이를 당사자들에게 통보하여야 하며, 그렇게 하지 않으면 선거 결과가 무효가 될 수 있다.[163] 또한 NLRB 직원은 당사자들에게 당사자가 이의제기 대상이 될 수 있는 참관인을 이용하는 것이 합리적이지 않다고 결정하면 선거가 무효가 될 수 있다는 점을 고지하여야 한다.[164]

당사자는 명시적으로 또는 과실에 의하여 참관할 권리를 포기할 수 있다.[165] 그러나 인준조건 합의협정에서 양측이 동등한 수의 참관인을 둘 것을 합의하고 있었으나, 사용자 측 참관인은 참석하고 노동조합 측 참관인은 참여하지 않았는데도 선거를 진행하는 것을 NLRB 직원이 허용한 경우, 본위원회는 선거를 무효로 하였다.[166]

참관인을 이용하는 것은 예컨대 "적정한" 대표일 것과 같이 지역사무소장이 정하는 제한에 따라 이루어진다.[167] NLRB는 감독직 근로자가 참관인으로 활동하는 것은 금지하고 있으며,[168] 사용자와 "밀접하게 동일시되는 자"도 참관인으로 할 수 없도록 하고 있다.[169] 어떤 당사자든 감독자를 참관인으로 이용하게 되면 선거절차의 완전성에 의문이 제기될 수 있다는

---

162 Breman Steel Co., 115 NLRB 247 (1956).

163 Detroit E., Inc., 349 NLRB 935 (2007).

164 Id. (citing Browning Ferris Indus. of Cal., 327 NLRB 704 (1999)).

165 Rules and Regs. §102.69 (a); NLRB Casehandling Manual §11310.1.

166 Browning-Ferris Indus., 327 NLRB 704 (1999).

167 Rules and Regs. §102.69 (a); Statements of Procedure §101.19 (a)(2).

168 NLRB Casehandling Manual §11310.2. Family Serv. Agency, 331 NLRB No. 103, 164 (2000); Worth Food Mkt. Stores, 103 NLRB 259 (1953).

169 First Standard, 355 NLRB No. 78 (2010) 사건에서는 트레이너이자 대체기사에 대하

것이 그 근거이다.[170]

투표할 자격이 있는 근로자는 선거 참관인으로 활동하면서 선거에 참가할 수 있다.[171] 비종업원인 노조 임원이 참관인으로 활동하는 것은 근로자 측의 인준신청선거('RC 선거')나 사용자 측의 인준신청선거("RM 선거")에서는 선거 무효 사유로 되지 않는다.[172] 그러나 인준박탈선거("RD 선거")에서는 종업원이 아닌 노조의 임원은 선거 참관인이 될 수 없다.[173] 선거에 참가하지 않은 노동조합이나 무노조에 찬성하는 집단은 참관인을 둘 수 없다.[174]

사용자는 선거 기간 중 참관인으로서의 활동에 대하여 임금을 지급할 것인지 여부에 관하여 사용자 측 참관인을 노조 측 참관인과 동등하게 취급할 필요는 없다. NLRB는 선거 참관에 소요되는 시간에 대하여 사용자 측 참관인에게는 임금 지급을 하면서 노조 측 참관인에 대해서는 단체협약상 유급근로시간 면제제도를 이용하도록 한 것이 정당하다고 판단하고 있다.[175]

통상적으로 선거에 앞서 당사자와 NLRB 직원 사이에 선거 전 회의(preelection conference)가 개최된다. 이 회의에서 투표자격자명부, 권한 있는 참관자인지 여부가 체크되며 그 밖의 선거세칙이 다루어진다.

여 근로자들이 경영진과 밀접하게 동일시될 수 있다고 합리적으로 판단할 수 있다고 하고 있다; Watkins Brick Co., 107 NLRB 500 (1953) 사건에서는 부사장, 재무이사, 사무실 관리자가 여기에 해당한다고 판단하고 있고, Peabody Eng'g Co., 95 NLRB 952 (1959)에서는 사용자 측 변호사가 여기에 해당한다고 판단하고 있다.

170 Family Serv. Agency, 331 NLRB 850 (2000).
171 Kroder-Reubel Co., 72 NLRB 240 (1947).
172 NLRB v. Black Bull Carting, 29 F.3d 44 (2d Cir. 1994), enforcing 310 NLRB No.188 (1993).
173 Butera Finer Foods, Inc., 334 NLRB 43 (2001). 이를 "bright-line" 법리라고 한다.
174 NLRB Casehandling Manual §11310.
175 American Red Cross Missouri-Illinois Blood Services Region, 347 NLRB 347 (2006).

참관인은 선거에 앞서 NLRB 직원으로부터 지시 사항을 교부받는다.[176] 참관인은 투표와 개표절차를 감시하고 투표자 신원 확인을 도우며, 기타 사항에 대하여 NLRB 직원에 조력한다. 참관인의 가장 중요한 임무는 투표자 자격에 대한 이의를 제기하는 것이다. 이를 위하여 참관인은 자신이 이의를 제기하고자 하는 투표자의 명단을 가지고 있을 수는 있지만, 이미 투표를 행한 자의 명단은 가지고 있을 수 없다.[177] 선거 참관인이 늦게 출석한 경우 NLRB 직원은 그 참관인을 제외할 수 있다.[178] 또한 NLRB 직원은 투표를 지연시키지 않고 또 불공평이나 불합리하다는 인상을 주지 않으면서 지각한 선거 참관인을 배치할 수 있는지 여부를 결정할 재량을 가진다.[179]

나) 투표

(가) 투표용지

투표용지는 NLRB가 제공한다. 확립된 NLRB 관행에 따르면, NLRB 직원과 투표자만이 투표용지를 만질 수 있다.[180] 특정한 그룹이나 교섭단위를 위한 투표용지의 색깔은 투표 개시 이전에는 당사자에게 공개되지 않는다. 지역사무소장이 투표자가 오해하지 않을 것이라고 판단하면, 심문에서 노조가 약칭을 사용하는 것에 대한 문제가 제기되었는지 여부를 불문하고, 노동조합이 약칭을 사용하는 것을 허용할 수 있다. 투표용지에 기재된 질문의 문안은 지역사무소장의 선거 지시에서 결정된다.[181] 투표용지

---

176 NLRB Form 722.

177 Milwaukee Cheese Co., 112 NLRB 1383 (1955); Bear Creek Orchards, 90 NLRB 286 (1950).

178 Inland Waters Pollution Control, 306 NLRB 342 (1992). 이 사건에서 참관인은 15~20분 지각하였다.

179 Id.

180 NLRB Casehandling Manual §11306.

181 Id.

에는 근로자에게 선거 신청인에 의하여 대표될 것인지 그렇지 않을 것인지를 선택하도록 되어 있다. 이에 대하여 직종 분리 여부에 관한 선거에서는 어떠한 자에 의하여 근로자들이 대표되기를 원하는가라는 질문으로만 구성되어 있다.

한편, 2007년 이후 NLRB는 투표지의 내용을 바꾸었다.[182] 그 이전에는 NLRB가 제공한 샘플 투표용지에 표기가 되어 있어 그러한 표기가 특정한 선택에 대하여 NLRB가 지지하고 있다는 외관을 보일 수 있다는 우려가 제기되었기 때문이다. 현재 NLRB는 투표용지에 다음과 같은 문안을 표기하고 있다. "NLRB는 이 선거에서의 어떠한 선택도 표기하지 아니한다. 샘플 투표용지에서 어떤 것이 표기되어 있다고 하더라도 그것은 NLRB가 표기한 것이 아니다."

(나) 투표

투표행위는 NLRB 직원에 의하여 관리 감독된다.[183] 투표는 비밀투표로 이루어지고, 근로자가 절대적인 기밀성을 유지한 상태에서 투표할 수 있는 장소를 근로자에게 제공하여야 하기 때문에 투표는 기표소에서 행해진다. 한 사건에서[184] 근로자 2명이 지정된 시간이 지나고 기표소가 이미 철수된 이후에 투표하러 왔는데, 사전합의협정에 의하면 당사자들은 한번에 2명씩 투표할 수 있도록 되어 있었다. 근로자가 투표하였는지를 "어떤 사람이 실제로 보았다는 적극적인 증거가 존재하지 않"기는 하지만, NLRB는 그 투표는 "투표의 기밀성을 확보하기에는 참관인에게 지나치게 공개적"이라고 판단하여[185] 재선거를 명하였다.

투표자가 자신을 확인시키면 이름이 투표자격자 명단에 체크되고

182 Ryder Memorial Hospital, 351 NLRB 214 (2007).

183 Statements of Procedure §101.19(a)(2).

184 Columbine Cable Co., Inc., 351 NLRB 1087 (2007).

185 Id.

NLRB 직원은 그에게 투표용지를 교부한다. 근로자는 투표용지에 자신의 선택만을 기표하고(다른 표기는 투표용지의 유효성에 영향을 미칠 수 있다), NLRB에 의하여 제공된 투표함에 직접 넣는다.

(다) 우편투표

통상적으로 NLRB 선거는 NLRB 직원이 임석한 가운데 고용 장소에서 실시된다. 그러나 NLRB가 우편선거를 지시하는 경우도 있다. 그 결정은 지역사무소장의 재량에 속한다.

1998년 San Diego Gas & Electric 사건[186]에서 본위원회는 지역사무소장이 우편선거와 관련한 재량권을 행사할 때 준수하여야 하는 가이드라인을 다음과 같이 제시하였다.[187]

우편선거를 실시할지 또는 우편선거와 직접선거를 병행할지를 결정할 때 지역사무소장은 우편선거의 타당성을 일반적으로 제시하는 다음의 상황을 고려하여야 한다. 즉, 직무가 광범위한 지리적 지역에 있어 투표자격자가 "흩어져" 있는 경우, 업무 형태가 상당히 상이하여 공통된 시간에 공통된 장소에 출석하지 못한다는 의미에서 투표자격자가 "흩어져" 있는 경우, 파업, 직장폐쇄 또는 피케팅이 행해지고 있는 경우가 그것이다. 위의 상황 중 어떤 것이 존재하면, 지역사무소장은 그 재량으로 당사자의 의사, 우편선거를 선거인이 이해할 수 있는 능력이 있는지 여부, 근로자 주소의 이용가능성, 위원회 자원의 효율적인 이용을 고려하여야 한다.

또한 위원회는 우편선거 실시에 관한 결정을 예산상의 고려만을 근거로 하여서는 안 된다고 하고 있다.[188] 투표하게 되는 자는 선거의 공고문과

---

186 325 NLRB 1143 (1998).
187 San Diego Gas & Elec., 325 NLRB 1145 (1998).
188 Id. at 1145 n.8.

투표용지 및 반송봉투가 들어 있는 투표 "키트"를 받는다. NLRB는 공식적인 투표용지 대신에 공식적인 투표 "키트"에서 제공된 샘플 투표용지로 우편투표를 한 것을 유효하다고 인정하였다. 투표용지는 투표자의 의도를 명확하게 보여 주었으며 불필요한 투표권 박탈을 회피하고자 하는 의도에서였다.[189] 근로자의 배우자가 한 우편투표는 그녀가 대리권을 가지고 있었다고 하더라도 무효이다.[190] NLRB는 투표의 비밀성은 선거절차의 핵심이라고 지적하면서 우편투표지가 선거의 당사자 일방의 손에 들어간 경우에는 선거가 무효로 된다고 판단하였다.[191]

선거일 직전 24시간 내에는 의무적 참가 회의("captive audience" speech)를 금지하는 Peerless Plywood 법리는[192] 우편선거에 대해서는 다르게 적용된다.[193]

한편 NLRB는 부재자투표를 허용하지 않는다.[194]

(라) 하자 있는 투표용지

기표되지 않았거나[195] 또는 부적절하게 기표된[196] 투표용지는 무효이고,

---

189 Aesthetic Designs, LLC, 339 NLRB 395 (2003).

190 Space Mark, 325 NLRB 1140 (1998).

191 Fessler & Bowman, Inc., 341 NLRB No. 122 (2004), overruling, in relevant part, Pacific Gas & Elec. Co., 89 NLRB 928 (1950).

192 Peerless Plywood Co., 107 NLRB 427 (1953).

193 Davis & Newcomer Elevator Co., 315 NLRB 718 (1994). Mail Contractors of Am. v. NLRB, 126 F. App'x 635 (4th Cir. 2005) 사건에서는 근로자 작업실의 컴퓨터의 스크린세이버에 노동조합인 "LOCAL 470에 찬성 투표를 하라. 그러면 예수가 당신의 죄를 사할 것이다"라는 메시지가 띄워져 있는 것은 우편투표선거의 상황에서 "의무적 참가 회의"에 해당하지 않는다고 판단하였다. 우편선거에 대한 상세한 것은 p.350 참조.

194 NLRB Casehandling Manual §11302.4. NLRB v. Cedar Tree Press, 169 F.3d 794 (3d Cir. 1999).

195 NLRB v. Vulcan Furniture Mfg. Corp., 214 F.2d 369 (5th Cir. 1954), cert. denied, 348 U.S. 873 (1954); Q-F Wholesalers, 87 NLRB 1085 (1949).

196 Semi-Steel Casting Co., v. NLRB 160 F.2d 388 (8th Cir. 1947), cert. denied, 332 U.S. 758 (1947).

기명투표도[197] 무효이다. 투표자에 대한 식별이 가능한 경우[198] 또는 투표자가 다른 투표자에게 기표한 투표용지를 보여 준 경우[199]에도 해당 투표용지는 무효로 된다. 그러나 외관이 훼손된 투표용지는, 투표자의 의도가 명백하게 나타나고 투표용지가 위의 사례에 해당하지 않는 경우에는 유효하다.[200] NLRB는 "YES" 표기란 또는 "NO" 표기란 중 하나에만 "X" 외에 임의의 표기가 있는 투표용지를 무효로 하지 않았다.[201] 이 사건에서 NLRB는 그러한 표기는 투표자가 원래 기표를 취소하려는 의사를 나타낼 수 있고 "기권" 투표를 하려는 의사를 나타낼 수도 있다는 종전의 NLRB 입장[202]을 번복하고, 비정상적이기는 하지만 하나의 표기란에만 표시가 되어 있는 것을 투표자 의도의 명확한 표시로 추정할 수 있다고 판단하였다. 또한 NLRB는 "YES" 표기란과 "NO" 표기란 양자에 "NO"라는 단어를 기재한 투표지는 무효표가 아니라 "NO"에 투표한 것으로 계산된다고 판단하고 있다.[203] 또한 투표용지 앞면에는 아무런 기표를 하지 않고 뒷면에 투표자의 명시적인 의사를 보이는 기표를 한 것도 유효하다고 판단하고 있다.[204]

 NLRB는 복수 언어로 된 투표용지가 부정확하고 혼란스러운 번역으로

---

197 Woodmark Indus., 80 NLRB 1105 (1948).
198 George K. Garrett Co., 120 NLRB 484 (1958); Eagle Iron Works, 117 NLRB 1053 (1957); Burlington Mills Corp., 56 NLRB 365 (1944); NLRB v. A.G. Parrott Co., 630 F.2d 212 (4th Cir. 1980).
199 General Photo Prods., 242 NLRB 1371 (1979). 그러나 Sewell Plastics, 241 NLRB 887 (1979)에서 위원회는 두 명의 참관인이 일부 투표지가 투표함에 투입될 때 어떤 선택지에 기표된 것인지를 본 경우 그 선거를 무효로 하지 않았다.
200 Abtex Beverage Corp., 237 NLRB 1271 (1978); Belmont Smelting & Ref. Works, 115 NLRB 1481 (1956); American Cable & Radio Corp., 107 NLRB 1090 (1954); General Motors Corp., 107 NLRB 1096 (1954).
201 Kaufman's Bakery, 264 NLRB 225 (1982).
202 San Joaquin Compress & Warehouse Co., 251 NLRB 23 (1980)에서 NLRB는 "NO" 표기란에 "X" 표기와 함께 다른 표기를 한 투표용지는 무효라고 판단하였다.
203 St. Vincent Hospital, 344 NLRB 586 (2005).
204 Hydro Conduit Corp., 260 NLRB 1352 (1982).

되어 있는 경우[205] 통역인이 투표 장소에 늦게 도착한 경우에는[206] 선거를 무효로 하고 있다. 그러나 복수 언어로 된 투표지의 오류가 중요하지 않고 투표자가 해독하기가 비정상적으로 어렵지 않은 경우에는 선거가 무효로 되는 것은 아니다.[207]

다) 이의제기

NLRB 직원 또는 당사자(그 참관인을 통하여)는 선거에서 투표용지를 수령하는 자의 자격과 투표에 대하여 상당한 이유(good cause)가 있으면 이의(challenge)를 제기할 권리를 가진다. 이의제기 대상이 된 자의 투표용지는 분리하여 보관하여야 하며,[208] NLRB는 투표자의 자격에 관한 문제에 관한 판단을 일시적으로 유보한다. NLRB 직원은 그 이름이 공식적인 자격자명단에 없는 투표자와, 직원이 투표자격이 없다고 알고 있거나 그렇게 믿을 이유가 있는 투표자에 대해서는 이의를 제기하여야 한다.

이의제기의 이유는 이의제기 시점에서 제시되어야 한다.[209] 선거 지시에서 명시적으로 배제된 직종의 근로자는, 그 배제에도 불구하고 투표를 할 설득력이 있는 이유를 제시하지 않는 한 또는 그 근로자가 실제로 배제된 집단에 속하는지 여부에 대하여 의문이 존재하는 경우가 아닌 한, 이의제기 여부와 관계없이 투표할 수 없다.[210]

NLRB v. A.J. Tower Co.사건[211]에서 연방대법원은 투표자의 자격에 대한 이의제기는 "투표용지의 실제적인 투입이 있기 전에" 이루어져야 한다는 NLRB의 입장을 승인하였다. 이에 따라 투표함에 투입되기 이전에 다

---

205 Kraft, Inc., 273 NLRB 1484 (1985).

206 Gory Associated Indus., 275 NLRB 1303 (1985).

207 Bridgeport Fittings, 288 NLRB 124 (1988), enforced, 877 F.2d 180 (2d Cir. 1989).

208 Rules and Regs. §102.69(a); Statements of Procedure §101.19(a)(2).

209 NLRB Casehandling Manual §11338.2(b).

210 NLRB Casehandling Manual §11338.7.

211 329 U.S. 324 (1946); NLRB Casehandling Manual §11360.

투어지지 않은 투표에 대해서는 이후에도 다툴 수 없다. 연방대법원은 정치선거에서의 룰과 이 룰을 비교하면서 이의제기 없이 투표가 투표함에 들어가 그 특정성을 상실하게 되면 그 유효성은 더 이상 다툴 수 없다고 하면서, 정치투표에서의 이러한 룰은 "민주주의 절차와 부합하는 것으로 보편적으로 승인되어 있다"고 하였다. 이 규칙에 따라 NLRB는 선거 이후에 제기되는 투표용지에 대한 "이의" 제기는 일절 허용하지 않는다.[212] 그러나 선거 후 이의제기 금지 법리에 의하여 혜택을 보고 있는 당사자가 투표자의 무자격을 알고 있었고 그 사실을 숨기고 있었던 경우에 NLRB는 선거 후 이의제기를 허용할 수 있다.[213]

각 투표자의 투표용지는 투표자가 기표소에 나타났을 때에 개별적으로 이의제기되어야 한다. 기표소에서 투표를 개시한 직후 당사자가 투표자 모두에 대하여 이의를 제기하는 것은 유효한 이의제기로 인정되지 않는다.[214]

NLRB 직원은 당사자가 요청한 이의제기를 처리하여야 한다. 노동조합 측의 투표용지에 대한 타당한 이의제기에 대하여 NLRB 직원이 고려하지 않은 경우에는 선거가 무효로 될 수 있다.[215] 투표 당시 노조 측 참관인이 임석하지 않았고 근로자의 이의제기 여부에 따라 투표 여부를 결정한다는 당사자 간의 사전선거협정을 NLRB 직원이 알고 있었기 때문이라는 것이 이유였다.

D.C. 항소법원은 다음과 같은 이의제기에 대한 기준을 제시하고 있다. 첫째, NLRB 직원은 완전하게 공정하여야 하고 이의제기를 할 때는 어떠한 방법으로든 편파적이어서는 안 된다. 둘째, NLRB 직원은 예상되지 않은 상황에 의하여 필요하게 되는 경우를 제외하고는 이의를 제기하여서는

---

212 Heart Share Human Servs. of N.Y., 317 NLRB 611 (1995); Norris, Inc., 63 NLRB 502 (1945), enforced, 162 F.2d 50 (5th Cir. 1947).

213 Solvent Servs., 313 NLRB 645 (1994).

214 Whittaker Co., 94 NLRB 1151 (1951); Cities Serv. Oil Co., 87 NLRB 324 (1949).

215 Laubenstein & Portz, 226 NLRB 804 (1976).

안 된다. 셋째, 만약 NLRB 직원이 공정하지 않았다는 주장이 이루어지면, 주장하는 당사자에게 불공정성을 입증할 책임이 있다.[216]

이의가 제기된 투표는 다음과 같이 처리된다. 투표자는 투표자 · 이의 제기의 이유 · 이의제기를 한 자를 명기한 봉투와 투표용지를 받는다. 그 다음 투표자는 투표용지에 기표하고 기표된 투표용지를 봉투에 넣어 봉함한 뒤, 봉함된 봉투를 투표함에 넣는다. 개표 시점에서 이의제기된 투표용지는 분리된다. NLRB 직원은 개표에 앞서 이의제기된 사항의 해결을 도모한다. 이의제기된 투표지의 수가 선거 결과에 영향을 미치기에 충분하게 많은 경우에는 개표에 앞서 이의제기의 타당성이 먼저 결정되어야 한다. 지역사무소장 또는 본위원회가 이를 판단한다. 이의제기된 투표지의 수가 선거 결과에 영향을 미치기에 충분하지 못한 경우에는 그 이의제기의 유효성에 대해서는 판단하지 않은 채 선거를 종료한다.

일반적으로 NLRB는 개별 투표자가 자격이 있는 것으로 결정될 때까지는 이의제기된 투표용지를 개봉하지 않는다. NLRB는 이의제기된 투표용지를 성급하게 개표하는 것은 NLRB가 투표자격 문제에 대하여 편견을 가지고 있다는 외관을 창출할 수 있다는 이유로 선거가 무효로 되는 사유에 해당한다고 판단하고 있다.[217] NLRB의 통상적인 절차에서는 투표자격에 관한 결정이 이루어지기 전까지는, 그 결정이 부당노동행위 구제신청의 결과를 기다려야 한다고 할지라도, 이의제기된 투표자의 투표용지를 개봉하지 않는다.[218]

(8) 선거관리

선거관리에 대한 절차는 선거의 결과가 투표자의 자유롭고 공정한 선

---

216 NLRB v. Schwartz Bros., 475 F.2d 926 (D.C. Cir. 1973).

217 D & N Delivery Corp., 201 NLRB 27 (1973).

218 El Fenix Corp., 234 NLRB 1212 (1978).

택을 반영할 수 있도록 하는 것을 목적으로 한다. "NLRB가 선거의 적절한 관리를 확보하는 데 책임을 부담하고 있다는 것은 오랫동안 확립되어 있다."[219] NLRB의 목적은 선거의 관리가 "근로자의 내재적인 희망을 결정할 수 있도록 하기 위하여 가장 이상적인 조건 하의 실험실에서" 이루어져야 하며,[220] "개입, 제한 또는 강제와 관련되는 법의 위반만이 아니라 이성적인 선택을 침해하거나 방해하는 그 밖의 요소로부터도 자유로운, 건전하고 충분한 행사를 유도하는 분위기"를 제공하여야 하는 데 있다.[221]

이러한 요구에 부합되게 선거가 관리되었는지 여부를 판단하기 위하여 선거 당사자는 선거관리에 대하여 불복(objection)을 제기할 수 있다. 선거 불복 신청은 선거 결과에 영향을 미치는 행태에 대한 이의제기 신청과는 구별된다. 후자는 선거 기간 중에 일방 당사자에 의한 잘못된 행태를 대상으로 하는 것으로서, 이는 독립하여 법 제8조 위반, 즉 부당노동행위를 구성하는 것이다. 이와 달리 선거관리에 대한 불복은 NLRB 직원, 조합대표, 사용자대표, 참관인 또는 투표자의 행태를 대상으로 수 있으며, 선거인에게 영향을 미치려는 고의적인 시도와 같이 기준에서 부적절하게 벗어나는 경우도 포함될 수 있다. 선거관리에 대한 NLRB의 기준은 투표의 기회, 투표장 부근에서의 행태, 투표함의 보호에 관한 문제와, 편파성이 있다고 NLRB가 판단하는 NLRB 직원의 행위를 대상으로 한다.

가) 투표 기회

NLRB는 예정된 선거 시간을 위반하였기 때문에 또는 근로자가 기표소에 가는 것을 방해받았기 때문에 투표 기회를 박탈당한 경우에는 그 선거를 무효로 하고 있다. 따라서 투표 개시를 지연하거나 투표를 조기에 종료

---

219 Kerona Plastics Extrusion Co., 196 NLRB 1120 (1972).

220 이를 "실험실조건(laboratory condition)"이라고 한다. 실험실조건에 대하여 자세한 것은 아래의 "4) 실험실조건 법리" 참조.

221 Sewell Mfg. Co., 138 NLRB 66, 70 (1962), supplemented, 140 NLRB 220 (1962).

함으로써 계획된 투표 시간을 벗어나는 경우 NLRB는 선거를 취소하게 된다. 예컨대 NLRB 직원이 40분 지각하여 도착한 사건에서 NLRB는 선거 취소를 명하였다. 그 이유는 투표에서 "잠재적으로 배제된" 자의 투표가 결과에 영향을 미칠 수 있고 "뒤이은 투표가 NLRB 직원의 행태에 의하여 영향을 받을 수 있기" 때문이다.[222] 기표소를 40분 늦게 개소한 사건에서 NLRB는 투표하지 못한 자격 있는 투표자가 결과에 영향을 미칠 수 없다는 점을 인정하면서도 선거 취소 결정을 하였다. "투표가 NLRB 직원의 행위에 의하여 영향을 받을 수 있"기 때문이다.[223] 이에 대하여 NLRB 직원이 선거의 개시를 90분 지연한 경우에 선거의 취소를 거부한 사례도 있다. NLRB는 "그러한 행태가 불복의 대상이 될 수 있다고 하기 위해서는 NLRB 직원의 늦은 도착이 자격이 있는 투표자의 선거권을 박탈하는 것에 대한 원인이 되거나 또는 원인이 될 수 있어야 한다"[224]고 하였다. 반면에 투표하지 못한 자격이 있는 투표자의 수가 결과에 영향을 미치는 데에 충분한 경우에는 투표의 조기 종료를 이유로 선거를 취소하였다.[225]

과거에 NLRB는 늦게 도착한 선거인에 대하여 투표를 허용할 것인지에 관하여 선거를 관리하는 NLRB 직원에게 재량권을 부여하고 있었다.[226] 그러나 NLRB 직원의 재량권을 둘러싼 다툼을 줄이기 위하여 1992년 NLRB

222 B&B Better Baked Foods, 208 NLRB 493 (1974).

223 Nyack Hosp., 238 NLRB 257, 260 (1978).

224 Jim Kraut Chevrolet, 240 NLRB 460 (1979); Kirsch Drapery Hardware, 299 NLRB 363 (1990); Jobbers Meat Packing Co., 252 NLRB 41 (1980).

225 Kerona Plastics Extrusion Co., 196 NLRB 1120 (1972) (두 개의 시간대 중 첫 번째 시간대의 투표가 20분 일찍 종료); Repcal Brass Mfg. Co., 109 NLRB 4 (1954) (투표가 1분 30초에서 2분 일찍 종료하였고 투표하지 못한 근로자의 수가 선거 결과에 영향을 미치기에 충분하지 않았다고 판단); Wolverine Dispatch, 321 NLRB 796 (1996); Dominguez Valley Hosp., 251 NLRB 842 (1980).

226 England Oyster House of Cocoa Beach, 225 NLRB 682 (1976); Howard Johnson Co., 221 NLRB 542 (1975). 이에 따르면 NLRB 직원은 근로자의 지각의 합리성에 대하여 질문할 수 있었다.

는 이전의 입장을 번복하여, 모든 당사자에 의한 동의가 있는 경우를 제외하고는 늦게 도착한 근로자가 선거하지 못하도록 하는 "bright-line" 법리를 확립하였다.[227] bright-line 법리는 일찍 도착한 선거인에게도 적용된다.[228] 즉, 일찍 기표소에 도착한 근로자에 대해서는 모든 당사자의 동의가 있는 경우에 한하여 선거를 허용할 수 있다. 다만 bright-line 법리는 "예외적인 상황"에서는 적용되지 않는다.[229]

NLRB는 투표자격이 있을 가능성이 있는 투표자가 투표하는 것을 사용자가 거부한 경우에 선거를 취소하였다.[230] 그러나 투표자가 개인적 이유에서 또는 당사자의 통제 밖에 있는 상황에 의하여 투표하지 못한 경우에는 통상적으로 선거는 취소되지 않는다.[231] 이러한 정책에 대하여 NLRB는 다음과 같이 설명하고 있다.[232]

선거에 대한 당사자 일방의 행위로 인하여 근로자가 투표할 기회를 박탈당한 경우 NLRB는 그 근로자의 투표가 결정적인 것이고, 그 근로자가 (자신의) "잘못"이 없이 투표권을 박탈당하였다면 이의제기가 가능한 것으로 판단하게 될 것이다(Versail Mfg., 212 NLRB 592, 593 (1974)). 근로자가 상병 또는 기

---

227 Monte Vista Disposal Co., 307 NLRB 531 (1992).
228 Rosewood Care Ctr., 315 NLRB 746 (1994), enforced, 83 F.3d 1028 (8th Cir. 1996).
229 Monte Vista Disposal Co., 307 NLRB 535 (1992) 사건에서는 당사자 일방이 투표자의 지각에 대하여 책임이 있는 경우에는 "예외적인 상황"이 인정되었다. 따라서 투표자의 지각에 대한 당사자 일방의 책임을 판단하기 위하여 필요한 상황은 여전히 기존 선례에 따라 판단된다.
230 Neuhoff Bros. Packers, 154 NLRB 438 (1965), enforced, 367 F.2d 611 (5th Cir. 1966).
231 Southland Corp., 232 NLRB 438 (1977); Versail Mfg., 212 NLRB 592 (1974); Yerges Van Liners, 162 NLRB 1259 (1967); Lemco Constr., 283 NLRB 459 (1987) (이 사건에서는 여덟 명의 투표 대상자 중 한 명만이 참석하여 투표한 경우라고 하더라도 선거가 적절하게 실시되었다면 무효가 되지 않는다고 판단되었다).
232 Sahuaro Petroleum & Asphalt Co. 306 NLRB 586, 587 (1992).

타 당사자 일방이나 NLRB의 통제 밖에 있는 계획되지 않은 일에 의하여 투표를 하지 못한 경우, 투표하지 못한 것은 선거 무효 사유가 되지 않는다. 그 입증 책임은 불복을 제기한 당사자에게 있는데, 이 사건에서는 선거 불복을 뒷받침하는 증거를 제시할 책임은 노동조합에 있다(Campbell Products Dept., 260 NLRB 1247 (1982)).

이에 대하여 사용자의 통제 내에 있는 긴급 상황을 시정하기 위하여 근로자가 투표하지 못한 경우 NLRB는 선거를 무효로 하고 있다.[233] 선거 당일 나쁜 기상 상황으로 인하여 투표할 기회를 박탈당하여 투표자격자의 대다수가 투표하지 못한 경우에는 선거가 무효로 된다.[234] 또한 일반적인 상황에서는 근로시간 중에 사용자가 개최하는 모임에 의무적으로 참가하도록 하는 것이 원칙적으로 인정되지만(이른바 "의무적 참가 회의[captive audience])",[235] 선거일 직전 24시간 내에는 사용자의 이러한 행위가 금지된다.[236]

나) 투표 장소 부근의 행위[237]

NLRB는 "근로자가 투표하기 전의 마지막 순간은 방해로부터 자유로운 자신만의 것"이라고 보고 있다.[238] 이런 관점에서 투표를 대기하고 있는 투표자와 노사 등 선거 당사자 사이의 대화는 금지된다.[239] 이는 참관인과 투

---

233 Cal Gas Redding, 241 NLRB 290 (1979).

234 Baker Victory Servs., 331 NLRB 1068 (2000).

235 이에 대하여 상세한 것은 제2장 II. 2_. 1. 5) (1) 참고.

236 Peerless Plywood Co., 107 NLRB 427 (1953).

237 투표 장소 부근에서의 당사자 행위에 대한 규제에 대하여는 NLRB Manual §§24-440 및 24-442에서 상세하게 규정하고 있다.

238 Milchem, Inc., 170 NLRB 362 (1968).

239 Id.; Midwest Stock Exch. v. NLRB, 620 F.2d 629 (7th Cir.), cert. denied, 449 U.S. 873 (1980); Star Expansion Indus. Corp., 170 NLRB 364 (1979).

표자 간의 대화에 대해서도 적용되며[240] 선거에 관여하고 있는지 여부와 관계없이 다른 대화에 대해서도 적용된다.[241] 사용자의 대표가 투표를 기다리고 있는 근로자와 악수하는 것도 금지된다.[242] 조합원이 "자동차노조에 투표하자(Vote UAW)"라고 쓰여진 티셔츠를 입고 투표자가 보는 앞에서 왔다 갔다 하는 행위를 한 경우,[243] 사용자 측 임원이 투표 장소 부근에 있는 경우에[244] 선거가 무효로 된다. 이에 대하여, 사용자 측 참관인이 관리자라는 배지를 떼도록 요구받았다고 하더라도, 참관인이 노동조합 기장을 착용하고 참관인으로 참가한 것은 선거에 대한 방해가 아니라고 판단한 사례가 있으며,[245] 기표소 부근에서 근로자집단이 노동조합 지지 구호를 반복하여 외친 것만으로는 선거를 무효로 하기에 충분하지 않다고 판단한 사례가 있다.[246]

다) 투표용지 및 투표함 관리

투표용지와 투표함의 관리와 관련하여 NLRB는 "투표절차의 어떠한 흠결도 피하기 위하여 가장 높은 기준을 확립하고 유지하는 것이 매우 중요하다. 그리고 상황이 투표함 자체의 완전성에 대하여 의문이나 모호성을 제기하는 경우에는 주저없이 선거를 취소하는 것이 NLRB의 실무"라는 원칙을 제시하고 있다.[247] "투표함의 완전성"에 대한 의문이 있는지 여부를

---

240 General Dynamics Corp., 181 NLRB 874 (1970).

241 Modern Hard Chrome Serv. Co., 187 NLRB 82 (1970).

242 Volt Technical Corp., 176 NLRB 832 (1969).

243 NLRB v. Decibel Products, Inc., 657 F.2d 727 (5th Cir. 1981), denying enforcement to and remanding 248 NLRB 1337 (1980).

244 Performance Measurements Co., 148 NLRB 1657 supplemented, 149 NLRB 1451 (1964).

245 Colfor, Inc., 243 NLRB 465 (1979).

246 Clothing & Textile Workers (Angelica Healthcare Servs. Group) v. NLRB, 815 F.2d 225 (2d Cir. 1987), enforcing 280 NLRB 864 (1986).

247 Austill Waxed Paper Co., 169 NLRB 1109 (1968). 또한 Henry St. Settlement, 277

결정할 때에는 관련 모든 사실이 조사된다.[248] 투표함이 2분 내지 5분 동안 아무도 없는 상태로 방치된 경우에 NLRB는 선거 무효를 명한 사례가 있다.[249]

이에 대하여 NLRB 직원이 투표함에서 벗어나 있는 상태에서 기표되지 않은 투표용지를 당사자 측 참관인들이 가지고 있는 경우에는 선거를 무효로 하지 않았다.[250] 또한 짧은 시간 동안 NLRB 직원이 기표되지 않은 투표용지가 들어 있는 봉투를 소지하고 있지 않았지만 그 부근에 누가 있었다는 증거가 없는 경우에는 "선거를 무효로 하는 비정상성의 상정할 수 있는 모든 가능성이 아니라, 합리적인 가능성만이 문제된다"고 하면서 선거를 무효로 하지 않았다.[251] NLRB는 "선거의 공정성과 유효성에 대하여 합리적인 의문"이 있는 경우에만 선거 과정의 완전성에 대한 불복을 인정하고 있다.[252]

따라서 선거 도중에 NLRB 직원이 휴식을 취하기 위하여 양 측 선거 참관인이 지켜보고 있는 가운데, 투표 장소의 투표함을 떠난 경우에는 선거 무효가 되는 것은 아니다.[253] 이에 대하여 NLRB 직원이 참관인이 없는 상황에서 투표된 투표용지 모두를 담고 있는 봉투를 개봉한 경우에는 선거 무효가 된다.[254]

2명의 근로자가 동시에 기표소에 들어갔다는 입증이 있는 경우라고 하

NLRB 901 (1985) (이 사건에서는 개표 수와 투표 수에 차이가 있었다).

248 Polymers, Inc., 174 NLRB 282 (1969), enforced, 414 F.2d 999 (2d Cir. 1969), cert. denied, 396 U.S. 1010 (1970).

249 Austill Waxed Paper, 169 NLRB 1109 (1968).

250 Elizabethtown Gas Co. v. NLRB, 212 F.3d 257 (4th Cir. 2000); Sawyer Lumber Co., 326 NLRB 1331 (1998); Benavent & Fournier, 208 NLRB 636 (1974).

251 Trico Prods. Corp., 238 NLRB 380, 381 (1978).

252 Sawyer Lumber Co., 326 NLRB 1331 (1998).

253 Elizabethtown Gas Co. v. NLRB, 212 F.3d 257 (4th Cir. 2000).

254 Madera Enters., 309 NLRB 774 (1992).

여도, 어느 한 근로자가 다른 근로자가 어떻게 투표하였는지 또는 각 근로자가 투표 자체를 하였는지에 대한 증거가 없다면, 투표의 비밀성이 훼손되었다는 추정은 이루어지지 않기 때문에 선거 무효가 되지 않는다.[255] 특정한 투표용지에 대하여 이의제기된 것으로 확인할 수 있는 경우에만 NLRB 직원은 투표함에서 이의제기된 투표용지를 찾을 수 있다.[256]

라) NLRB 직원의 행위

NLRB는 선거 절차의 완전성과 중립성을 유지하기 위하여 NLRB 직원의 행위에 대하여 엄격한 행위 기준을 적용하고 있다. NLRB에 따르면, "선거를 관리하는 NLRB 직원의 행위가 NLRB의 선거절차에 대한 신뢰를 저해하는 경향에 있거나 또는 NLRB가 유지하려고 하는 선거 기준을 손상시킨다고 합리적으로 해석될 수 있는 경우에는 선거를 무효로 할 수 있는 충분한 사유가 된다."[257] 예컨대 NLRB 직원이 선거 도중에 조합대표와 술을 마시는 행위를 이미 투표를 마친 근로자가 목격한 경우 NLRB는 선거를 취소하였다.[258]

그러나 모호하거나 편파적인 직원의 행위 모두가 NLRB나 법원의 선거 무효 결정으로 이어지는 것은 아니다. 예컨대 선거를 개시할 때에 NLRB 직원이, 근로자들에게 투표가 개시되었고 당신들이 원한다면 "이제 당신

---

255 St. Vincent Hospital, 344 NLRB 586 (2005).

256 K. Van Bourgondien & Sons, 294 NLRB 268 (1989).

257 Athbro Precision Eng'g Corp., 166 NLRB 966 (1967), vacated sub nom. Electrical Workers (IUE) v. NLRB, 67 LRRM 2361 (D.C.Cir. 1968), acq. sub nom. Athbro Precision Eng'g Corp., 171 NLRB 21 (1968), enforced, 423 F.2d 573 (lst Cir. 1970).

258 Athbro Precision Eng'g Corp., 166 NLRB 966 (1967), vacated sub nom. Electrical Workers (IUE) v. NLRB, (D.C. Cir. 1968), acq. sub nom. Athbro Precision Eng'g Corp., 171 NLRB 21 (1968), enforced, 423 F.2d 573 (lst Cir. 1970).

들의 노동조합대표를 위하여 투표"할 수 있다고 말한 경우,[259] 투표의 개표
이후 NLRB 직원이 그를 선거에서 수행한 두 명의 NLRB 변호사에게 "당
신들은 행복하다, 왜냐하면 당신들은 승자를 볼 수 있기" 때문이라고 말한
경우,[260] NLRB 직원이 사용자 측 참관인에게, "나는 노동조합이 선거에서
이길 것이라고 생각하였으며, 그렇게 되면 사람들이 운이 좋은 것"이라고
말한 경우에는[261] 선거가 무효로 되지 않았다. 또한 투표가 잠시 소강 상태
에 있을 때 근로자가 기표한 투표용지를 잘못 취급한 행위, 투표 장소에서
온도가 너무 높다는 항의를 한 것, 공장 주위를 산책하면서 노조 측 선거
참관인이 웃는 행위도 선거 무효 사유로 되지 않는다.[262]

　일반적으로 법원은 NLRB가 채택하는 기준보다 더 엄격한 기준을 적용
하고 있다. 제5항소법원은 NLRB 직원이 각 투표소를 다니는 과정에서 조
합대표가 투숙한 모텔 방에 그 NLRB 직원이 서 있는 것을 회사 측 참관
인이 목격한 경우, 노동조합이 그 선거에 승리하였다는 이유로 NLRB가
내린 단체교섭명령의 집행 신청을 기각하였다.[263] 또한 제6항소법원은
부당노동행위사건 조사를 하고 있는 NLRB 직원이 노동조합 조직화집회
에서 근로자들에게 자신을 소개한 사안에 대하여 노동조합이 승리한 선
거가 무효가 아니라는 NLRB의 판단에는 잘못이 있다고 판결하였다.[264]
NLRB 직원은 부주의하든 그렇지 않든 NLRB의 절차의 중립성에 심각
한 영향을 미칠 수 있는 방법으로 자신을 소개하였기 때문이라고 판단
하였다.

　제8항소법원은 NLRB 직원이 선거 당일에 늦잠을 잔 사안과 관련한

259 Wabash Transformer Corp., 205 NLRB 148 (1973), aff'd, 509 F.2d 647 (8th Cir.),
　　cert. denied, 423 U.S. 827 (1975).
260 Wald Sound, 203 NLRB 366, 367 (1973).
261 NLRB v. Dobbs Houses, 435 F.2d 704 (5th Cir. 1970).
262 Rheern Mfg. Co., 309 NLRB 459 (1992).
263 Delta Drilling Co. v. NLRB, 406 F.2d 109 (5th Cir. 1969).
264 Provincial House v. NLRB, 568 F.2d 8 (6th Cir. 1997).

NLRB 결정의 이행강제를 거부하였다.[265] 이 사건에서 NLRB는 일방적으로 그 다음 주로 선거일을 조정하였고, NLRB 직원은 자신이 지난 주에 나타나지 않았는지를 설명하지 않은 채 새로운 선거공고문을 전달하였다. 사용자는 교섭단위 근로자들이 전달한 선서부 증언서를 근거로 선거관리에 대한 이의를 제기하였다. 그 증언서에는 근로자들이 화가 났다는 내용, 원래 예정되었던 선거에 NLRB 직원이 나타나지 않아 정시에 작업을 개시할 수 없었다고 사용자를 비난하였다는 내용, NLRB 직원이 나타나지 않은 것은 선거를 유예시키기 위하여 사용자가 NLRB에 뇌물을 주었다는 소문이 근로자들 사이에 퍼지고 있다는 내용이 포함되어 있었다. 이러한 이의제기에 대하여 NLRB는 심문을 하지 않은 채 선거 불복 신청을 기각하였다. 제8항소법원은 사용자는 이러한 행위에 대하여 이의제기가 가능하다는 일응의 입증을 하였기 때문에 그 이의제기에 관한 심문을 받을 자격이 있다고 하면서 NLRB 명령의 이행강제를 거부하였다.

이와 유사한 사안에서, 제7항소법원은 사용자가 어떻게든 선거를 번복할 것이라는 근로자 측의 우려에 대하여 근로자 측이 그 실질적인 증거를 보여 주는 아무런 사실도 제시되지 않은 경우에는 반드시 심문을 하여야 하는 것은 아니라고 판단하였다. 이런 관점에서 노동조합에 대한 선호 또는 거부 때문에 선거가 유예되었다는 것에 관한 어떠한 증거도 없이, 예정된 선거일을 단순히 6일 연기한 것만으로는 선거 무효 사유로 되기에는 충분하지 않다고 판단하였다.[266]

또한 제9항소법원은 선거 전날 노동조합에 의하여 제기된 부당노동행위사건을 조사하기 위하여 NLRB 직원이 활동한 것은 필요불가결한 실험실조건을 파괴하였다는 사용자 측의 주장을 받아들이지 않은 NLRB의 결

---

265 NLRB v. Superior of Missouri, Inc., 233 F.3d 547 (8th Cir. 2000).

266 NLRB v. Citywide Insulation of Madison, Inc. dba Builders' Insulation, Inc., 370 F.3d 654 (7th Cir. 2004).

정을 지지하였다.[267] 동 법원은 NLRB 직원의 행위가 선호나 당파성을 보였다는 증거는 없다고 하였다. 제1항소법원도 선거를 관리한 NLRB 직원이 노동조합을 지지하여 투표하도록 자신에게 영향을 미쳤다는 근로자의 진술에 대하여 실질적 또는 실체적 사실문제가 존재하지 않는다고 판단하고 이 진술을 받아들이지 않았다.[268] 제4항소법원은 NLRB 직원이 부주의로 선거 장소에서의 절차를 회사 전체에 방송되게 한 사안에 대하여 선거 무효 사유가 아니라고 판단한 NLRB의 결정을 지지하였다.[269]

선거 과정 동안에 당사자에게 선거에 관한 지시를 하는 행위는 NLRB 직원에게 부여된 중요한 책임이기 때문에 NLRB는 이에 관하여 엄격한 기준을 적용하고 있다. 예를 들어 선거절차를 설명하는 것은 NLRB 직원의 몫이기 때문에 이를 선거 참관인에게 위임할 수는 없다.[270] 또한 NLRB 직원이 특정한 선거인의 투표자격에 대한 공식적인 이의제기는 필요하지 않다고 판단하고 사용자가 이의제기를 하기 위하여 선거인명부를 이용하는 것을 허용할 수 없다는 취지로 사용자 측 참관인에 대하여 잘못 설명한 경우 선거는 무효가 되었다.[271]

NLRB는 투표지의 개표와 관련하여 NLRB 직원이 행한 결정에 대하여 당사자에게 이의제기를 할 수 있도록 하고 있다. 예컨대 NLRB 직원이 자신들이 개표한 투표용지를 당사자가 검표하는 것을 거부한 사건에서[272] NLRB는 투표용지의 색깔과 관련하여 NLRB 직원이 잘못 결정하여 발생한 혼란을 근거로 재선거를 명하였다.

공식적인 선거 임무를 참관인에게 위임한 것이 선거관리의 엄격성을

---

267 NLRB v. Tri-city Linen Supply, 579 F.2d 51 (9th Cir.1978), enforcing 226 NLRB 669 (1976).

268 NLRB v. Fenway Cambridge Motor Hotel, 601 F.2d 33 (1st Cir. 1979).

269 Englander Bedding Co. v. NLRB, 972 F.2d 339 (4th Cir. 1992).

270 Alco Iron & Metal Co., 269 NLRB 590 (1984).

271 Harry Lunstead Designs, 270 NLRB 1163 (1984).

272 Fresenius USA Manufacturing, 352 NLRB 679 (2008).

해칠 우려가 있는 경우 NLRB 직원은 이러한 위임을 할 수 없다.[273] D.C. 항소법원은 근로자들이 투표하고 있는 도중에 노동조합 측 대리인들이 NLRB가 자신들을 보냈다고 말하면서 노동조합 휘장을 걸치고 공장 내를 돌아다니도록 허용한 것에 대하여 사용자는 NLRB 직원의 행위로 인하여 선거관리의 엄격성이 훼손되었다는 일응의 입증을 하였다고 판단하고, 선거를 무효로 하였다.

NLRB 직원과 마찬가지로 NLRB 소속 통역자 역시 근로자의 선택에 영향을 미쳐서는 안 된다. 따라서 통역자가 근로자에게 "노동조합 찬성을 어디에 표기하여야 하는지를 알고 있지요?"라고 말한 사건에서 NLRB는 선거를 무효로 하였다.[274]

(9) 선거에서의 이의제기 및 불복에 대한 해결

가) 투표용지에 대한 이의제기

이의제기가 된 투표용지를 둘러싼 분쟁을 해결하기 위해서는 우선, 이의제기된 투표용지에 대하여 투표를 개표하기 전에 당사자가 이의제기를 취하하는 방법이 있을 수 있다. NLRB 직원은 그러한 행위를 권장할 수는 있지만, 결정을 하지 못하여 망설이는 당사자에게 그렇게 하도록 강요하여서는 안 된다.[275]

이의제기의 대상이 된 투표용지의 수가 선거 결과에 영향을 미칠 정도로 많은 경우, 지역사무소장은 이의제기된 투표용지를 조사한다.[276] 이 조사는 당사자의 참여 없이 직권으로 이루어진다. 지역사무소장을 대표한

---

273 North of Mkt. Senior Servs. v. NLRB, 204 F.3d 1163 (D.C. Cir. 2000).

274 Renco Elecs. Inc., 330 NLRB 368 (1999).

275 NLRB Casehandling Manual §11340.3.

276 Statements of Procedure §101.19 (a) (4); NLRB Casehandling Manual §11360; Rules and Regs. §102.69 (c).

조사인은 당사자가 알든 모르든, 당사자가 주장하든 그렇지 않든, 조사를 통하여 밝혀질 수 있는 모든 사항에 대하여 완전한 고려가 이루어질 수 있도록 모든 이용 가능한 관련되는 사실을 수집할 임무를 부담한다.[277]

선거 불복 및 이의제기 사건에서 부당행위가 노동조합에 반대한 근로자에 대하여 이루어졌으나 누가 그 부당행위를 범하였는지가 명확하지 않은 사안에서 NLRB는 부당행위를 해결하기에 앞서 이의제기를 먼저 해결하도록 하고 있다. NLRB는 개표를 하지 않고 선거를 무효화하는 것은 부당행위자를 유리하게 할 수도 있다고 본 것이다.[278]

1981년 NLRB는 절차규칙(Rules and Regulations) §102.69(d)를 개정하여, 이의제기가 "상당하고 실체적인 사실관계상의 쟁점"을 제기하는 경우에 지역사무소장은 심문을 개최하여야 한다고 규정하고 있다. 당사자는 이의가 제기된 투표용지에 대해 심문 도중 다른 사유를 제기하여 다툴 수 있는데, 그 다른 사유가 심문 이전에는 제기된 적이 없는 경우도 마찬가지이다.[279]

나) 선거에 대한 불복

당사자는 보통 선거 당일에 개표 결과를 통지받는다. 개표 결과를 통지받은 후 7일 이내에 당사자는 지역사무소장에게 선거관리 또는 선거 결과에 영향을 미친 관리에 대하여 불복을 신청할 수 있다.[280] 선거에 영향을 미치기에 충분한 투표용지 등에 대한 이의제기가 해결되지 않은 경우에는 7일 제한이 적용되지 않는다. 선거 불복을 하기 위해서는 불복의 이유와 함께 그 불복이 7일 이내에 이루어졌다는 사실을 상대방에게 고지하여야

---

277 NLRB Casehandling Manual §11362.

278 Pine Shores, 321 NLRB 1437 (1996).

279 Anchor-Harvey Components, LLC & Auto Workers Local 2127, 352 NLRB 1219 (2008).

280 Rules and Regs. §102.69.

한다.[281] 특별한 사정이 있는 경우에는 7일이 경과한 이후에도 불복이 허용된다. 예컨대 NLRB는 지역사무소장에게 하루 늦게 불복을 접수시켰으나, 지역사무소가 이의를 제기한 당사자의 시간대보다 빠른 시간대에 있는 경우에는 적시(適時)의 것이라고 인정하였다. 연방법원도 불복을 제기하는 당사자의 불복에 대한 노력을 고려하여 불복 기일을 합리적으로 산정하여 이를 연장하는 것을 인정하고 있다.[282] NLRB는 규칙에서 규정된 7일의 불복기간은 중간에 휴일이 끼어 있어도 휴일을 포함하여 산정하고 있다.[283] 따라서 불복을 제출하는 당사자는 휴일과 주말을 포함하여 7일 이내에 그 증거를 제공하여야 한다.[284]

우편에 의하여 불복 신청이 이루어진 경우 NLRB는 "소인"규칙("postmark" rule)을 적용하고 있다. 즉, NLRB 규칙은 문서에 신청마감일로부터 1일 전에 우체국의 소인이 찍힌 경우에는 적시에 제출된 것으로 규정하고 있다.[285] 또한 NLRB는 불복이 마감일까지 전달되기에 충분한 시간을 두고 우편 서비스에 전달되었다는 증명을 제출하면 적시에 불복이 제기된 것으로 처리한다.[286] 적시에 소인이 찍혔으나 우체국에서 이를 잃어버려 마감일로부터 며칠 이후까지 NLRB가 접수하지 못한 선거 불복은 소인규칙에 따라 적시에 제출된 것으로 인정된다.[287] 이와 같이 불복 기한을 상당히 유연하게 해석하는 경향에 있다.

기간 내에 이루어진 불복을 접수하면, 지역사무소장은 조사를 실시하여

---

281 Rules and Regs. §102.69(a). Coach and Equip. Sales Corp., 239 NLRB 340 (1978); Electro-Wire Prods., Inc., 242 NLRB 960 (1979).
282 Bechtel, Inc., 218 NLRB 827 (1975); Nestle Co., 240 NLRB 1310 (1979); Chromalloy Minning & Minerals v. NLRB, 620 F.2d 629 (5th Cir. 1980).
283 Holiday Med. Ctr., 301 NLRB 680 (1991).
284 Goody's Family Clothing, 308 NLRB 181 (1992).
285 29 C.F.R. §102.111(b).
286 Id.
287 Temple Inland Forest Prods., 301 NLRB 302 (1991).

야 한다. 그러나 불복을 제출한 당사자가 불복에 관한 일응의 입증(prima facie case)의 증거를 제시할 수 없는 경우에는 그러하지 아니하다.[288] 불복을 하는 당사자가 기간 내에 그 불복을 뒷받침하는 증거를 제출하지 못하면 NLRB는 불복을 기각한다.[289] 다만 지역사무소장이 그 기간을 연장하지 않은 것이 재량의 남용이라고 판단되는 경우도 있다.[290] 예컨대 제4항 소법원은 실험실조건이 오염되었다는 것을 보여 주는 정보가 제출된 경우 지역사무소장이 제출된 정보가 실험실조건이 훼손될 수 있었다는 것을 사실상 인정하였다면 NLRB 규칙에 따라 요구되는 조사를 실시하여야 한다고 판결하면서, 불복 신청을 거부한 NLRB 결정을 번복한 판단을 내리고 있다.[291]

불복 신청은 불복의 이유를 특정하여야 한다.[292] 노동조합이 제시한 불복의 내용과 소송 경위가 불복 주장에 대한 명확한 내용을 제공하지 못하였다는 것을 근거로 NLRB가 노동조합의 불복 신청을 기각한 사례가 있다.[293]

NLRB는 선거 불복에 대한 조사 과정에서 발견된 행위가 불복 신청 대상이 아니었다고 하더라도, 그것에 기하여 지역사무소장이 선거를 무효로 할 수 있도록 하고 있다.[294] 노동조합의 불복 신청은 선거가 무효로 되어야

---

288 NLRB Casehandling Manual §11392.6.

289 Kano Trucking Serv., 295 NLRB 514 (1989).

290 Midland Nat'l Life Ins. Co., 244 NLRB 3 (1979), enforced, 621 F.2d 901 (8th Cir. 1980); Vintage Homes, 240 NLRB 609 (1979).

291 Electronic Components Corp. v. NLRB, 546 F.2d 1088 (4th Cir. 1976).

292 Rules and Regs. §102.69(a).

293 Factor Sales, Inc., 347 NLRB 747 (2006).

294 Clark Manor Nursing Home Corp., 254 NLRB 455 (1981), enforced in part and rev'd in part on other grounds, 671 F.2d 657 (1st Cir. 1982); Seneca Foods Corp., 244 NLRB 558 (1979); Midland Nat'l Life Ins., 244 NLRB 3 (1979); Siskin Steel & Supply Co., 240 NLRB 177 (1979); Dayton Tire & Rubber Co., 234 NLRB 504 (1978); American Safety Equip. Corp., 234 NLRB 501 (1978), enforcement denied,

하는 사유를 특정하지 못하고 있기 때문에 선거가 무효로 된 것은 부당하다고 사용자가 주장한 사건에 대하여, 법원은 불복 신청에서 사용자 측 총관리인에 의한 반조합적 발언을 적시하고 있지 않다고 하더라도 그 신청이 사용자의 반조합적 발언이라는 충분한 이유를 근거로 하여 이루어졌고 불복 신청으로 인하여 회사가 불측(不測)의 손해를 받은 것은 아니라는 이유로, 선거가 무효라는 사용자의 주장을 기각하였다.[295]

선거 불복 사유가 될 수 있기는 하지만 선거 불복 신청에서 제외되어 있는 행위를 심문관이 고려하여서는 안 된다.[296] 부당노동행위사건과 대표사건의 병합사건에서 선거 불복 사유로 특정하여 주장되지 않았던 부당노동행위의 인정도 선거 무효 사유가 될 수 있다.[297]

조사 대상이 되는 행위의 시간적 범위는 일반적으로 신청 제기일로부터 개시되며,[298] 문제의 행위가 이 "핵심적(critical)" 기간 동안에 발생하였다는 입증이 필요하다.[299] 그러나 이러한 제한은 일정한 상황에는 적용되지 않는데, 예컨대 NLRB는 노동조합이 이익의 입증을 얻기 위한 캠페인 과정에서 발생한 신청일 이전에 발생한 행위에 기하여 선거를 무효로 한 사례가 있다.[300] 재선거의 "핵심적 기간"은 최초 선거일로부터 기산된다.[301]

643 F.2d 693 (10th Cir. 1981).

295 NLRB v. Leslie Metal Arts Co., 530 F.2d 720 (6th Cir. 1976).

296 Precision Products Group, 319 NLRB 640 (1995).

297 Austal USA, LLC., 356 NLRB No. 65 (2010).

298 Jerome J. Jacomet, 222 NLRB 899 (1976); Ideal Elec. & Mfg. Co., 134 NLRB 1275 (1961).

299 Gibraltar Steel Corp. of Tenn., 323 NLRB 601 (1997); Dollar Rent-A-Car, 314 NLRB 1089 n.4 (1994).

300 Consolidated Foods Co., 234 NLRB 178 (1978); Gibson's Discount Ctr., 214 NLRB 221 (1974).

301 Star Kist Caribe, 325 NLRB 304 (1998).

다) 이의제기 및 불복의 해결

선거가 지역사무소장의 선거 지시에 의하여 이루어지고 지역사무소장이 심문에 의해서만 해결될 수 있다고 판단한 실체적 사실 인정 문제가 존재한다고 인정하는 경우에는 그 문제에 대하여 심문이 실시되어야 한다. 이러한 경우에 해당하지 않으면 이의제기나 불복과 관련한 심문을 개최할 것인지 여부는 지역사무소장의 재량에 맡겨져 있다.[302]

심문 개최가 결정되면 당사자는 지역사무소장이나 심문관 명의의 소환장을 발부할 것을 요청할 수 있다.[303] 그 요청이 타당하다고 판단되면 소환장이 발부될 수 있다.[304] 단순히 사건을 신속하게 처리하기 위한 목적으로 소환장을 신청할 수 없다.[305]

심문 개최 여부와 관계없이 지시선거에 대하여 지역사무소장은 첫째, 불복 또는 이의제기에 관한 보고서를 작성하여 본위원회에 보고할 수 있다. 보고서에서는 처분 내용을 특정하여 본위원회에 대하여 권고하는 내용이 포함되며, 그 보고서는 본위원회에 송부된다. 둘째, 불복과 이의제기를 다룬 보충적 결정(supplemental decision)을 자신이 내릴 수도 있다. 지역사무소장이 본위원회에 보고서를 보내면, 당사자는 본위원회에 14일 이내에 의견을 제출할 권리를 가진다. 지역사무소장이 보충적 결정을 내리면, 당사자는 그 결정에 대하여 본위원회에 심사를 청구할 수 있다. 이 경우 본위원회의 심사는 다음과 같은 네 가지 경우에만 이루어진다. 즉, ① 법 또는 정책에 관한 실체적인 문제를 포함한 공식적인 NLRB 선례로부터 벗어나는 경우, ② 사실의 실체적 쟁점에 관한 기록에 명백하고 편견에 기한 잘못이 있는 경우, ③ 심문의 운영에서 편견이 있는 잘못이 있는 경우, ④ 중요한 NLRB의 판정이나 정책에 대하여 재고려를 할 부득이한 이유가 있

---

302 Rules and Regs. §102.69(c).

303 Rules and Regs. §102.66(c).

304 Id.

305 Millsboro Nursing & Rehab. Ctr., 327 NLRB 879 n.2 (1999).

는 경우가 그것이다.[306]

"순수합의"선거(pure consent election)나 "완전합의"선거(full consent election)에는 위의 절차는 적용되지 않다. 이러한 선거에서는 선거와 관련한 모든 쟁점에 대하여 본위원회로의 이의제기가 불가능하고, 지역사무소장의 결정이 실체적으로 종국적인 효력을 가지기 때문이다. 그러나 본위원회는 지역사무소장의 결정이 자의적 또는 변덕스러운 것이라는 매우 예외적인 경우에는 지역사무소장의 결정을 무효화해달라는 당사자의 신청을 판단할 수 있다.[307] "인준조건 합의협정"에 기한 선거에서는 지역사무소장이 아니라 본위원회가 이의제기와 불복에 대하여 종국적인 결정을 한다.

선거에 대한 불복이 기각된 경우, 해결되지 않은 이의제기가 계류 중이 아니라면, 인준이 행해진다. 불복이 정당한 것으로 인정되면, 선거는 무효가 되고 새로운 선거가 실시된다.[308] 선거 불복 인정, 선거 무효, 새로운 선거 명령 또는 신청 거부에 관한 본위원회의 결정은 법원에 의한 사법심사 대상이 되지 않는다.[309]

(10) 결선선거 및 재선거

결선선거(runoff election)는 최초 선거에서 투표용지에 3개 이상의 선택지가 있고 그 중 어느 하나도 유효투표의 과반수 지지를 얻지 못한 경우에 실시된다. 예컨대 자격이 있는 유권자가 18명이 있는 선거에서, 노동조합 A가 7표, "무노조"가 6표, 노동조합 B가 5표를 받은 경우에는 불확정선거(inconclusive election)가 된다. 이 경우 지역사무소장은 가장 많은 득

---

[306] Rules and Regs. §§102.67(c), 102.69(c). 그러나 불복 신청이 실체적인 쟁점을 제기하고 있는 경우에는 심문이 실시되어야 한다(Rules & Regs. §102).

[307] 순수합의선거에 대해서는 Rules and Regs. §102.62(a), 완전동의선거에 대해서는 Rules and Regs. §102.62(c).

[308] Statements of Procedure §101.19(a)(4).

[309] Bonwit Teller, Inc. v. NLRB, 197 F.2d 640 (2d Cir. 1952).

표를 한 자와 차점자, 즉 노동조합 A와 "무노조" 사이에 결선투표를 실시하게 된다.[310] 2개의 선택지밖에 없는 선거에서는 결선투표가 있을 수 없다.[311] 결선선거는 최초 선거 이후 가능한 한 빨리 개최되나, 불복 신청이 계류 중이거나 불복할 수 있는 시간이 아직 남아 있는 경우에는 그렇지 않다.[312] 결선선거에 대한 적시(適時)의 불복은 최초 선거 이후에 발생한 상황에 관한 것에 대해서만 가능하다.[313] 투표자격자는 최초 선거 시점에서 자격이 있는 자이다.[314] 그러나 예외적으로, 최초 선거와 결선선거 사이에 상당한 수의 근로자가 이직하고 긴 시간적 간격이 있는 경우에는 좀 더 대표성 있는 선거를 위하여 현재 시점에서의 투표자격 기준일이 사용되고 있다.[315]

재선거(rerun election)는 결선투표에 대한 예외라고 할 수 있다. 3개 이상의 선택지가 있는 최초 선거에서 모든 선택지가 동일한 득표를 한 경우 또는 두 개의 선택지가 동일한 득표를 하고 세 번째 선택지는 더 높은 득표를 하였으나 과반수에는 이르지 않은 경우에 지역사무소장은 이 선거를 무효로 선언하고 재선거를 실시하여야 한다. 재선거에서도 동일한 상황이 벌어지면 선거 신청은 기각된다.[316]

3개 이상의 선택지가 있는 교섭단위에서 2개 이상의 선택지가 동일한 득표를 하고 다른 선택지는 무득표를 한 경우에는 결선선거 및 재선거 모두를 실시하지 않고, 그 결과에 대한 인준, 즉 과반수 노조가 없다는 인준을 한다.[317] 재선거는 결선선거로 인하여 발생할 수도 있다.[318] 재선거에서

---

310 NLRB Casehandling Manual §11350.1.

311 이는 선거에서 두 개의 선택지밖에는 없는 직종분리선거에도 적용된다. Id.

312 NLRB Casehandling Manual §11350.3.

313 Id.

314 Id.

315 Interlake S.S. Co., 178 NLRB 128 (1969).

316 NLRB Casehandling Manual §11350.1.

317 Id.

318 NLRB Casehandling Manual §11456.

투표자격을 결정하는 임금 지급기간(payroll period)은 지역사무소장이나 NLRB에 의하여 결정된 "최근의" 것이다.[319]

　　결선선거와 재선거에 관한 이상의 설명은 다음과 같은 사례로 정리할 수 있다.[320]

결선선거가 이루어지는 경우

투표자격자 수 선택지	17명	77명	10명	19명
A 노조	8표	36표	4표	9표
B 노조	8표	0표	4표	9표
무노조	1표	36표	0표	0표 무효표 1표
결선투표 대상	A, B 노조	A노조, 무노조	A노조, B노조	A노조, B노조

재선거가 이루어지는 경우

투표자격자 수 선택지	17명	16명	16명	16명	40명
A 노조	5표	4표	5표	4표	10표
B 노조	5표	4표	5표	4표	10표
무노조	5표	4표	6표	8표	15표
C노조가 있는 경우	N/A*	4표	N/A*	N/A*	5표

* N/A는 A, B노조와 무노조 선택지 등 세 개의 선택지만 있는 선거를 말한다.

결선선거 없이 선거 결과만 인준되는 경우*

투표자격자 수 선택지	18명	16명	77명	17명
A 노조	9표	0표	36표	4표
B 노조	9표	8표	0표	4표
무노조	0표	8표	36표	9표

* 이 경우는 과반수 득표가 없기 때문에 결과적으로 무노조 상태가 된다.

---

319 NLRB Casehandling Manual §11452.
320 NLRB Casehandling Manual §11350.2에서 제시된 사례를 표로 정리한 것이다.

재선거는 최초 선거가 "실험실조건"에 위반하였다는 이유로 취소하는 명령에 따라 이루어지기도 한다. 최초 선거가 사용자 또는 노동조합의 간섭을 이유로 무효로 되면, 선고공고문에는 선거가 재실시되는 이유에 대한 설명이 포함된다.[321]

재선거는 새로운 선거가 아니다. 재선거는 최초 선거의 연속된 국면으로 이해되고 있다.[322] 따라서 NLRB는 최초 선거에서 후보자가 아닌 노동조합은 재선거에 참가할 수 없다고 판정하고 있다.[323] 또한 NLRB는 최초 선거에서의 이익의 입증이 다투어지고 있는 경우에는 재선거에서 이익의 입증을 새로 하여야 한다고 판단하고 있다.[324]

(11) 인준과 인준 취소

불복 신청기간 내에 제기된 불복 신청이 없고 투표 결과가 결정되면, 지역사무소장은 인준증(certification)을 발부한다. 인준증은 본위원회가 직접 교부한 것과 동일한 효력을 가지며, 교섭대표 선거절차는 그것으로 종결된다.[325] 어떤 노동조합도 투표자의 과반수 지지를 받지 못하면, 노동조합이 근로자 과반수의 선택을 받지 못하였다는 것을 보여 주는 선거 결과 자체가 인준된다.

유효투표자의 과반수 지지를 받은 노동조합은 단체교섭을 위하여 그 단위 내 근로자의 대표로서 인준된다. 따라서 정확히 50%가 되어 동수가 되면 교섭대표로 인준되지 않는다.[326] 대표절차의 어떤 단계에서 적법성에 대하여 의문이 제기된 경우[327] 또는 노동단체가 사용자에 의한 지배나 통

---

321 NLRB Casehandling Manual §11452.1.

322 W. M. of New York, 326 NLRB 1126 (1998).

323 Id.

324 Freund Baking Co., 330 NLRB 17 (1999).

325 Rules and Regs. §102.69(b).

326 John W. Thomas Co., 111 NLRB 226 (1955).

327 Worthington Pump & Mach. Corp., 99 NLRB 189 (1952).

제를 받거나 이익 충돌의 결과로서 근로자 대표로서의 성격이 부정될 경우[328] 본위원회는 인준을 거부할 수 있다.

본위원회는 일관하여 인준은 재심의 대상이 될 수 있다고 판정하고 있다. 인준에 대한 수정(amendment), 명확화(clarification), 나아가 철회(revocation)도 가능하다고 판단하고 있다.[329] 예컨대 인준된 노동조합이 인종차별적인 협약을 체결하고 그것이 고용에서 영구적인 인종차별로 이어지는 형태로 협약을 운영한 경우에는 인준을 취소한다.[330] 인준된 노동조합이 강압이나 폭력의 패턴을 보여 준 경우[331] 또는 단위 내 구성원의 상당 수가 근로자가 아니라는 결정이 있는 경우[332]에도 인준이 취소될 수 있다.

NLRB는 주 당국이 관장한 선거절차가 적법절차에 부합하고 연방노동관계법(NLRA)의 정책을 실현하고 있는 경우 권한 있는 주 당국에 의하여 실시되는 선거에 대해서도 인준을 해주고 있다.[333] 그러나 주 당국이 관장한 선거가 NLRA에 위반될 경우에는 인준의 효력이 부정된다. 예를 들어 주당국이 인정한 선거의 교섭단위가 법에 위반될 때에는 주가 관장한 선거의 효력을 인정하지 않는다.[334]

4) 실험실조건 법리

선거 기간 중 사용자에 의한 부당행위를 방지하기 위하여 이른바 실험

---

328 Sierra Vista Hosp., 241 NLRB 631 (1979).

329 Rules and Regs. §§102.60(b), 102.61(d), 102.61(e).

330 Hughes Tool Co., 147 NLRB 1573 (1964).

331 Union Nacional de Trabajadores (Carborundum Co. of P.R.), 219 NLRB 862 (1975), enforced, 540 F.2d 1 (1st Cir. 1976), cert. denied, 429 U.S. 1039 (1977).

332 NLRB v. Health Care & Ret. Corp. of Am., 511 U.S. 571 (1994); Beverly Cal. Corp., 319 NLRB 552 (1995).

333 Doctors Osteopathic Hosp., 242 NLRB 447 (1979), enforced, 624 F.2d 1089 (3d Cir. 1980); Allegheny Gen. Hosp., 230 NLRB 954 (1977).

334 Memorial Hosp. of Roxborough v. NLRB, 545 F.2d 351 (3d Cir. 1976), denying enforcement to 220 NLRB 402 (1975).

실조건 법리를 적용하고 있다. 이 법리는 NLRB가 1948년 General Shoe 사건[335]에서 제시한 이후 현재까지 일관하고 있는 것이다.

실험실조건 법리의 의미와 목적에 대하여 NLRB는 General Shoe 사건에서[336] 다음과 같이 설시하고 있다.

선거절차에서 NLRB의 임무는 근로자들이 가능한 한 이상적인 상태와 유사하게 자신의 의사를 억제당하지 아니하고 결정할 수 있도록 하기 위한 조건하에서 이루어질 수 있는 실험실을 제공하는 것이다. 그러한 조건을 확립하는 것이 우리의 의무이고, 그 조건이 갖추어졌는지 여부를 판단하는 것이 우리의 의무이다. 극단적인 사건에서 NLRB나 다른 자의 잘못으로 인하여 그 기준이 지나치게 낮게 설정되면 필요불가결한 실험실 조건은 존재하지 않기 때문에 실험은 다시 이루어져야 한다.…자유로운 선택이 가능하지 않도록 하는 분위기를 창출하는 행위는, 그러한 행위가 부당노동행위에 해당하지 않는 경우에도, 선거를 무효로 만들 수 있다. 주변 상황이 근로자에게 교섭대표에 관한 자유롭고 구속받지 않는 선택을 가능하도록 하는 경우에만 선거는 그 진정한 목적을 달성할 수 있다.…근로자의 자유로운 선택을 저해하는 것이 확실한 행위가 기록에 의하여 명확하다면 우리는 선거를 무효화하고 재선거를 명할 수 있다. 우리는 모든 선거에 적용되는 상세한 지침을 내릴 수 없기 때문에, 그리고 사용자의 과도한 행위가 없는 경우에만 근로자는 기표소에서 자신의 진정한 생각을 표현할 수 있다고 생각하기 때문에 위원회는 이 권한을 자제하면서 행사하여 왔다. 이 문제는 정도의 문제이다.

실험실조건 법리의 의의는 NLRA 제8조 소정의 사용자의 부당노동행위에 대한 NLRB의 구제 권한과 제9조 소정의 대표선거에 대한 NLRB의 구

---

335 77 NLRB 124, 127 (1948).
336 Id.

제 권한의 관계를 명확히 한 점에 있다. 실험실조건 법리에 위반하는 때에는 사용자의 선거 과정에서의 행위가 법 제8조 소정의 부당노동행위에 해당하지 않는 경우에도 대표선거를 재실시하도록 하는 사유로 된다는 점에서 의미가 있다. 따라서 선거 과정에서 실험실조건 법리에 반하는 사용자의 부당행위, 즉 선거 무효 사유는 부당노동행위에 이르지 않는 경우에도 인정된다.[337] 이는 부당노동행위에 해당하지 않는 사용자의 부당한 행위에 의하여 근로자의 자유로운 대표선출권이 방해받는 것을 예방하기 위한 것이다.

따라서 선거 결과에 영향을 미치는 부당노동행위를 사용자가 행하였다고 NLRB가 판단한 경우에는 첫째 NLRB는 새로운 선거를 명할 수 있고, 둘째 선거 없이 노동조합과 단체교섭하도록 사용자에게 명할 수 있다(이른바 Gissel 교섭명령). 이는 공정한 선거가 개최될 수 없도록 할 수 있는 심각한 부당노동행위 또는 사실상 노동조합의 과반수 지위를 훼손하는 부당노동행위를 사용자가 행하는 경우에 행사된다.[338] 그런데, 부당노동행위가 인정되지 않는 경우에도 선거 결과에 영향을 미치는 부당행위가 인정되면 NLRB는 재선거를 명할 수도 있다.

한 연구에서는, Gissel 교섭명령이[339] 내려진 사건에서 노동조합의 37%만이 실제로 최초 협약을 체결한다고 한다. 선거에 의하여 인준된 노동조합의 63%가 최초 협약을 체결하는 것에 비하면 협약 체결 비율이 현저하게 낮다.[340] 또한 Gissel 법리에 의한 교섭명령의 결과로서 대표 지위를 취

---

337 자세한 것은 Shwan J. Larsen-Bright, Free Speech and the NLRB's Laboratory Conditions Doctrine, 77 *New York Univ. L. Rev.* 204 (2002).

338 338 NLRB v. Gissel Packing Co., 395 U.S. 575 (1969); NLRB v. Katz, 369 U.S. 736, 748 n. 16 (1962); NLRB v. P. Lorillard Co., 314 U.S. 512 (1942); Aaron Bros. Co. of California, 158 NLRB 1077, 1079 (1966).

339 Gissel 명령에 대해서는 p.339에 설명되어 있다.

340 Weiler, Promises to Keep: Securing Worker's Rights to Self-Organization Under the NLRA, 96 *Harv. L. Rev.* 1769, 1770, 1795 n.94 (1983).

득한 노동조합이 사용자와 단체교섭을 실시하게 될 가능성은 10% 미만이라고 한다.[341] 요컨대 사용자의 부당노동행위로 인하여 선거 없이 바로 교섭하도록 하는 NLRB의 구제명령에 대한 사용자의 반발로 인하여 실효성에 의문이 제기되고 있다.

2_ 교섭단위의 결정

1. 전체적인 개요

1) 제도의 개관

교섭단위 결정과 관련하여 NLRA 제9조 (b)는 "연방노동관계위원회는 각 사안에서 본법에서 보장된 권리의 행사에 대하여 근로자에게 가장 완전한 자유를 확보하도록 하는 관점에서, 단체교섭의 목적을 위하여 적정한 단위가 사용자단위(employer unit)인지, 숙련직종단위(craft unit)인지, 공장(사업장)단위(plant unit)인지 또는 그 일부분인지를 결정한다"고 규정하고 있다. 이에 따라 NLRB는 교섭단위의 결정에 대하여 광범위한 재량권을 가진다.[342] 즉, 노동조합이 단체교섭 목적을 위하여 "적정한

---

341 Sheila Murphy, A Comparison of the Selection of Bargaining Representatives in the United States and Canada: Linden Lumber, Gissel, and the Right to Challenge Majority Status, 10 *Comp. Lab. L.J.* 65, 77 (1988).

342 NLRB v. Smythe, 212 F.2d 664, 667, 668 (5th Cir. 1954)에서 연방항소법원은 "피신청인(사용자)이 주장하는 바와 같이, 더 넓은 교섭단위가 (하나의) 적절한 단위라는 사실은 부정할 수 없다. 그러나 피신청인이나 본 법원은 모두, NLRB가 결정한 단위보다도 더 적절한 단위인지 여부, NLRA에 의하여 '보장된 권리의 행사에 대하여 근로자에게 가장 완전한 자유를 확보하도록 하는' 것으로 되는지 여부를 결정할 수 있는 기능을 가지고 있지 않다. 의회는 이 결정을 행하는 권한을 NLRB에 부여하고 있고, 이에 대한 광범위한 재량권을 NLRB에 부여하였다. 이와 같은 의회의 결정은 NLRB가 재량권을 남용하거나 제정법의 명령에 위반하지 않는 한, 우리들을 구속한다."

(appropriate)" 단위 내 근로자의 과반수를 대표하고 있는 경우에만 사용자는 교섭의무를 부담하기 때문에 NLRB는 근로자 집단이 사용자와의 교섭을 위하여 "적정"한 것인지 여부를 확인하여야 한다.

이와 같이 교섭단위의 결정은 기본적으로 NLRB의 재량에 맡겨져 있지만, 실제로는 지역사무소장이 행사하게 된다. 그 결정이 자의적, 임의적 기타 "합리적인 근거가 없는 경우"에 해당하지 않으면 교섭단위에 관한 지역사무소장의 결정은 사법심사의 대상이 되지 않는다. 예외적인 경우에 한하여 법원은 단위의 "적정성"이 최종적으로 결정되기 전까지 선거를 금지할 수 있다(법 제9조 (d)). 즉, NLRB가 특정한 산업에서 이용되던 전통적인 기준으로부터 아무런 설명 없이 벗어나는 경우 또는 타당한 증거에 대하여 그 기준을 정확하게 적용하지 않는 경우가 법원의 사법심사 대상이 된다.[343]

일반적으로 교섭단위 결정에 이의를 제기하고자 하는 사용자는 먼저 노동조합과의 단체교섭을 거부하고, 그 다음 NLRB가 단체교섭거부의 부당노동행위를 인정한 후 NLRB가 연방항소법원에 교섭명령의 집행을 구하는 때에 사용자는 법원에 대하여 교섭단위 문제를 제기하는 형태로 진행한다.

이와 같이 교섭단위의 적정성에 관한 결정은 NLRB의 전속적 권한에 속한다. 따라서 NLRB는 각 대표사건에서 단체교섭을 위하여 적정한 교섭단위인지 여부를 결정하여야 한다. 그러나 아래에서 살펴보는 일정한 예외적인 경우를 제외하고는, 노동조합과 사용자가 합의선거협정에서 교섭단위의 적정성에 관하여 합의하면, NLRB는 이를 존중하는 경향에 있다. 즉, 교섭단위 결정은 원칙적으로 당사자의 합의에 의하여 행하고 특별한 사정이 없는 한 NLRB는 이를 존중하고 있다.

---

343 예컨대 Willamette Industries, Inc. v. NLRB, 144 F.3d 877 (D.C. Cir. 1998); Sundor Brands, Inc. v. NLRB, 168 F.3d 515 (D.C. Cir. 1999).

당사자의 합의선거협정은 일종의 단체협약에 해당되기 때문에, 그 협정에 기한 교섭단위에 대하여 당사자 간의 다툼이 있는 경우에는 NLRB는 교섭단위의 적정성에 관한 독자적인 결정을 내리는 대신에 그 협정에 대한 해석을 하는 것에 머무르게 된다.[344] 즉, 교섭단위가 당사자의 합의에 의하여 설정되어 있다면, NLRB는 분쟁 대상이 되는 범주나 근로자와 관련한 당사자의 의사를 확인하고, 그러한 당사자의 의사가 실정 법규나 확립된 NLRB 정책에 반하는지 여부를 판단하는 데 그친다.[345] 그러나 당사자 간에 합의된 교섭단위가 불명확하다고 NLRB가 판단하는 경우에 NLRB는 증거조사를 포함한 통상적인 협약 해석 방법을 통하여 당사자의 의도를 결정하여야 하며, 당사자의 의사를 NLRB가 확인할 수 없는 경우에 그 협정은 무효가 되고, NLRB는 교섭단위에 관한 합의를 무시하고 이익의 공통성 기준을 근거로 하여 교섭단위를 결정하여야 한다.[346] 이를 교섭단위 명확화 결정(Clarification of Unit)이라고 한다.

NLRB는 교섭단위의 "적정성"의 의미에 대하여 다음과 같이 판단하고 있다. "그 단위가 유일하게(only) 적정한 단위, 최상의(ultimate) 단위 또는 가장(most) 적정한 단위이어야 하는 것은 아니다. 법은 단지 그 단위가 '적정'할 것을 요구하고 있을 뿐이다. 이는 근로자로 하여금 각 사건에서 '이 법에 따라 보장된 권리를 행사하는 데 최대한의 자유'를 보장하는 것이어야 한다."[347] 따라서 NLRB는 더 바람직하거나 더 나은 교섭단위가 존재할 수 있다고 하더라도 그 이유만으로 교섭단위의 적정성을 부정하는 것은 아니다.

NLRB는 교섭단위의 적정성을 결정하는 기준에 대하여 일련의 법리를 형성하여 왔는데, 그 기본적인 기준은 근로자가 "이익의 공통성(community of

344 NLRB v. Lake County Ass'n for Retarded, Inc., 128 F.3d 1181 (7th Cir. 1997).
345 Buckley Southland Oil, 210 NLRB 1060 (1974).
346 Associated Milk Producers, Inc. v. NLRB, 193 F.3d 539 (D.C. Cir. 1999).
347 Morand Brothers Beverage Co., 91 NLRB 409 (1950).

interest)"을 공유하는지 여부이다. 리딩 케이스라고 할 수 있는 Kalamazoo Paper Box Corp.사건[348]에서 NLRB는 이익의 공통성이 존재하는지 여부를 결정하는 판단 기준을 다음과 같이 제시하고 있다.

이익과 근로조건에서의 실질적인 차이의 존부를 결정할 때 고려되어야 하는 요소는 다음과 같다. 임금 또는 보상 방법에서의 차이; 근로시간의 차이; 고용상 부가급여의 차이; 감독의 분리; 자격, 훈련 및 기능의 상이성 정도; 직무상 기능에서의 차이와 일자리나 공장에서 벗어나기 위하여 소요되는 시간의 정도; 다른 근로자와의 접촉 여부 및 그 빈도; 다른 근로자의 업무상 기능과의 통합 정도 및 인사 교류의 정도; 교섭의 연혁.

이러한 다양한 요소를 종합적으로 고려하여 NLRB는 교섭단위의 적정성을 결정한다. 이 중에서 기능, 임금, 근로시간 기타 작업조건의 유사성이 가장 중요한 요소이다.[349] 그 단위 내에서의 단체교섭의 역사, 즉 교섭연혁은 중요한 요소일 수는 있으나 결정적인 것은 아니다. 연혁적인 패턴에도 불구하고 별도의 교섭단위를 지정하는 데 강력한 이유가 있는 경우, 예컨대 인종을 기준으로 한 교섭단위의 전통이 있는 경우, 즉 교섭단위를 인종을 기준으로 차별적으로 설정하는 교섭 관행이 있는 경우 그 교섭 연혁은 위법한 교섭 관행으로서 교섭단위의 적정성 판단에 고려되지 않는다.[350] 다른 요소가 균형을 이루고 있는 경우에는 근로자의 희망이 중요한 기준이 될 수 있다. 뒤에서 살펴보는 바와 같이 근로자의 희망은 근로자의 의사 확인을 위한 선거, 즉 교섭단위 결정에 관한 근로자의 선거에 의하여 판단된다.

---

348 Kalamazoo Paper Box Corp., 136 NLRB 134 (1962).
349 Continental Baking Co., 99 NLRB 777 (1952).
350 Murray Company of Texas, Inc., 107 NLRB 1571 (1954).

1947년 태프트 하틀리법에 따른 개정에 따라 교섭단위 결정에 대한 NLRB의 재량권에 다음과 같은 명문의 제한이 이루어졌다. 첫째, NLRB는 전문직 근로자의 과반수가 찬성하지 않는 한, 전문직 근로자와 그렇지 않은 근로자를 모두 포함하는 단위가 적절하다고 결정하여서는 아니 된다(법 제9조 (b)(1)). 이에 따라 전문직 근로자에게는 그렇지 않은 자와 같은 단위에 포함되는 것을 거부할(이를 위하여 투표를 요구할) 권리가 부여되고 있다.[351] 전문직 근로자의 과반수가 그 포함에 대하여 찬성한 경우에는 양자를 하나의 단위로 할 수 있다(법 제9조 (b)(1)).[352]

둘째, 숙련직종단위는, 그 근로자의 과반수가 분리에 반대하지 않는 한, NLRB가 과거에 그것과 다른(즉 좀 더 큰) 단위로 결정하였던 것을 이유로 하여 그 교섭단위가 부적정하게 되는 것은 아니다(법 제9조 (b)(2)). 그러나 모든 사정을 고려한 뒤, 숙련직종의 분리를 부정하는 것은 방해받지 않는다.[353]

셋째, 경비원과 그 이외의 근로자를 포함한 단위를 NLRB가 적정하다고 결정하는 것은 허용되지 않는다(법 제9조 (b)(3)).[354] 그런데, 법 제9조 (b)(3)은 경비직과 비경비직의 혼합된 단위를 NLRB가 공식적으로 승인하는 것을 금지하고 있기는 하지만, 이것이 사용자에 의한 자발적인 승인을 금지하는 것을 의미하는 것은 아니기 때문에 사용자는 이러한 단위를 자발적으로 승인할 수는 있다. 다만 사용자는 그 승인을 언제라도 철회할 수 있다.[355]

---

351 Leedom v. Kyne, 358 U.S. 184 (1958).

352 Pratt & Whitney, 327 NLRB No. 199 (1999).

353 Mallinckrodt Chem. Works, 162 NLRB 387, 393, 394 (1966).

354 법 제9조 (b)(3)은, 경비원 이외의 자를 구성원으로 하는 조합과, 그와 같은 조합에 직접·간접으로 가입하고 있는 조합은 경비원단위의 교섭대표로서 인준되지 않는 것도 규정하고 있다.

355 Wells Fargo Corp., 270 NLRB 787 (1984); Temple Security, Inc., 328 NLRB No. 87 (1999).

넷째, 단위가 적절한지 여부를 결정할 때 근로자의 조직화의 범위 · 정도, 즉 노동조합의 조직 대상을 결정적(controlling) 요소로 할 수 없다(법 제9조 (c)(5)). 그러나 이를 하나의 요소로서 고려하는 것은 무방하며,[356] 다른 요소를 고려한 결과 조직화의 정도 · 범위에 합치한 단위로 결정하는 것도 허용된다.[357]

다섯째, 이전의 NLRB 결정에 의하여 상이한 단위가 정해졌다는 사실만을 근거로 하여 직종별 단위가 부적정한 것으로 판단되어서는 안 된다(법 제9조 (b)(2)). 즉, 교섭단위에 관한 NLRB의 이전 결정은 구속력을 가지지 않는다.

여섯째, 의료산업에서의 교섭단위에 대해서는 특별한 규정을 두고 있다. 의료산업은 다양한 직종의 근로자가 근로하기 때문에 이익의 공통성을 기준으로 하는 경우에는 교섭단위의 파편화가 널리 이루어질 수밖에 없는 특수한 성격을 가지고 있다. NLRB는 의료산업 교섭단위 결정에 관한 정책을 여러 차례 변경하고 있다.

1982년 NLRB는 의료산업에서 일반적으로 적정하다고 판단되는 단위로서 일정한 직무를 기준으로 교섭단위를 결정하였다.[358] 그러나 2년 후인 1984년 NLRB는 그 기준을 포기하고 "이익의 상이성 기준(disparity-of-interest test)"을 채택하였다. 이에 따르면 근로자 사이의 "통상적이지 않은 명백한" 차이가 입증될 수 없다면 교섭단위 결정에 대하여 전통적인 기준을 적용한다는 것이었다.[359] 항소법원은 이 기준이 적합한지에 대하여 견해가 나뉘고 있었다.[360] 1989년 NLRB는 다시 정책을 변경하여, 응급의

---

356 Foreman & Clark, Inc. v. NLRB, 215 F.2d. 396, 406 (9th Cir. 1954); Westinghouse Elec. Corp. v. NLRB, 236 F.2d 939, 943 (3d Cir. 1956).

357 NLRB v. Morganton Full Fushioned Hosiery Co., 241 F.2d 913 (4th Cir. 1957).

358 St. Francis Hospital, 265 NLRB 1025 (1982).

359 St. Francis Hospital, 271 NLRB 948 (1984).

360 Electrical Workers, IBEW, Local 474 v. NLRB, 814 F.2d 697 (D.C. Cir. 1987) 또는 Southwest Community Health Services v. NLRB, 726 F.2d 611 (10th Cir. 1984).

료기관(acute care hospital)에 대하여 8개의 교섭단위를 인정하고 있다. 즉, 등록간호사, 의사, 기타 모든 전문직, 기술직, 숙련유지보수 근로자, 사무직, 경비직, 기타 모든 비전문직 등 8개의 교섭단위를 인정한 것이다.[361] 다만 NLRB는 병원근로자 5명 이하 단위 및 응급병원이 아닌(non-acute) 병원시설의 교섭단위 결정의 적정성에 대해서는 이 기준을 적용하지 않고 일반적인 기준에 따라 교섭단위를 결정한다.

교섭단위는 당사자가 합의에 의해서도 정할 수는 있지만 이는 임의적 교섭 사항으로서 합의가 이루어지지 않을 경우 교섭단위를 결정하거나 변경할 것을 목적으로 하는 쟁의행위를 할 수 없다는 것은 NLRB와 판례의 일관된 입장이다.[362] NLRB의 교섭단위 결정을 통하여 이루어진 노사관계의 안정을 존중하여야 하기 때문에 당사자에게 하나의 교섭단위 이외의 단위에서 교섭하도록 쟁의행위에 의하여 강제할 수 없기 때문이라는 것을 이유로 한다.[363]

2) 복수노조의 실태

2009년에 NLRB가 주관하여 실시된 교섭대표선거에서 참여 노조의 수와 참여 근로자 수는 다음의 표와 같다.

이 표에 따르면, 미국에서 2009년에 NLRB의 주관하에 이루어진 선거는 단일노조를 교섭대표로서 찬성할 것인지를 묻는 선거가 대부분이며(선거 수 대비 91.0%, 근로자 수 대비 87.0%)), 2개 노조 선거(선거 수 대

---

361 29 C.F.R. § 103.30(a) 내지 (g). American Hospital Association v. NLRB, 499 U.S. 606 (1991) 사건에서 연방대법원은 이러한 NLRB 기준의 적법성을 인정하였다.

362 John Thomas Delaney et al., Bargaining Effects of the Mandatory-Permissive Distinction, 27 Indus. Rel. 21, 22 (1988). Oil, Chem. & Atomic Workers v. NLRB 486 F.2d 1266, 1268 (D.C. Cir. 1973); Canterbury Gardens, 238 NLRB 864, 865 (1978).

363 Oil, Chem. & Atomic Workers, 486 F.2d 1268 (D.C. Cir. 1973).

참여 노조	선거 총수	노동조합이 승리한 선거					노조 패배 선거	투표자격이 있는 근로자		노조별 승리 단위			노조 패배 선거
		%	수	AFL-CIO 노조	기타 전국 노조	기타 지역 노조		전체 (근로자 수)	노조 승리	AFL-CIO 노조	기타 전국 노조	기타 지역 노조	
단일노조 선거	1,473 (91.0%)	61.3	903	355	496	52	570	83,574 (87.0%)	52,199	13,384	35,182	3,633	31,375
AFL-CIO 노조	587	60.5	355	355	–	–	232	26,320	13,384	13,384	–	–	12,936
기타 지역 노조	76	68.4	52	–	–	52	24	5,834	3,633	–	–	3,633	2,201
기타 전국 노조	810	61.2	496	–	496	–	314	51,420	35,182	–	35,182	–	16,238
2개 노조 선거	135 (8.3%)	88.1	119	43	55	21	16	11,619 (12.1%)	10,131	2,768	5,294	2,069	1,488
AFL-CIO v. AFL-CIO	16	75.0	12	12	–	–	4	508	358	358	–	–	150
AFL-CIO v. 기타 지역 노조	19	73.7	14	11	–	3	5	1,551	797	711	–	86	754
AFL-CIO v. 기타 전국노조	37	91.9	34	20	14	–	3	2,801	2,657	1,699	958	–	144
기타 지역 노조 v. 기타 지역 노조	8	87.5	7	–	–	7	1	537	423	–	–	423	114
기타전국 노조 v. 기타 지역 노조	21	95.2	20	–	9	11	1	2,566	2,494	–	934	1,560	72
기타 전국 노조 v. 기타 전국 노조	34	94.1	32	–	32	–	2	3,656	3,402	–	3,402	–	254

참여 노조	선거 총수	노동조합이 승리한 선거					노조 패배 선거	투표자격이 있는 근로자		노조별 승리 단위			노조 패배 선거
		%	수	AFL-CIO 노조	기타 전국 노조	기타 지역 노조		전체 (근로자 수)	노조 승리	AFL-CIO 노조	기타 전국 노조	기타 지역 노조	
3개 이상 노조 선거	11 (0.7%)	100.0	11	1	3	7	0	837 (0.9%)	837	5	202	630	0
AFL-CIO 2개 v. 기타 지역 노조 2개	2	100.0	2	1	–	1	0	10	10	5	–	5	0
AFL-CIO 2개 v. 기타 전국 노조 1개	1	100.0	1	0	1	–	0	196	196	0	196	–	0
기타 지역 노조 3개	1	100.0	1	–	–	1	0	155	155	–	–	155	0
기타 지역 노조 4개	1	100.0	1	–	–	1	0	114	114	–	–	114	0
기타 전국 노조 v. 기타 지역 노조 2개	3	100.0	3	–	0	3	0	225	225	–	0	225	0
기타 전국 노조 2개 v. 기타 지역노조 1개	1	100.0	1	–	0	1	0	131	131	–	0	131	0
기타 전국 노조 4개	2	100.0	2	–	2	–	0	6	6	–	6	–	0
합계	1,619 (100.0%)	63.8	1,033	399	554	80	586	96,030	63,167	16,157	40,678	6,332	32,863

출처: NLRB, 74th Annual Report of the National Labor Relations Board, 2009, 125-127.[364]

---

[364] NLRB가 마지막 발간한 연차보고서이다. NLRB는 2009년 이후에는 연차보고서를 발간하지 않고 있다.

비 8.3%, 근로자 수 대비 12.1%)나 3개 이상 노조 선거(선거 수 대비 0.7%, 근로자 수 대비 0.9%)는 일부에 불과하다는 것을 알 수 있다. 이와 같이 미국에서 교섭대표 결정절차는 1개 노조를 대상으로 그 노조를 교섭 대표로서 인정할 것인지 여부가 주로 문제되고 있다고 할 수 있다. 바꾸어 말하면 미국에서는 사실상 단일노조 체제 하에서 교섭단위가 결정된다고 할 수 있다.

한편, 2009년에 대표선거가 행해진 교섭단위의 규모는 다음의 표와 같다.

교섭단위 규모(근로자 수)	투표자격자 수(%)	선거 수(%)
10명 미만	1,982(2.5%)	320(23.9%)
10~19명	4,002(5.0%)	270(20.2%)
20~29명	3,879(4.9%)	155(11.6%)
30~39명	3,112(3.9%)	91(6.8%)
40~49명	3,980(5.0%)	89(6.6%)
50~59명	4,107(5.2%)	73(5.5%)
60~69명	2,826(3.6%)	43(3.2%)
70~79명	3,362(4.2%)	43(3.2%)
80~89명	3,082(3.9%)	34(2.5%)
90~99명	2,057(2.6%)	21(1.6%)
100~109명	1,655(2.1%)	18(1.3%)
110~119명	1,733(2.2%)	16(1.2%)
120~129명	2,563(3.2%)	20(1.5%)
130~139명	2,222(2.8%)	16(1.2%)
140~149명	1,630(2.1%)	11(0.8%)
150~159명	2,053(2.6%)	13(1.0)
160~169명	1,164(1.5%)	9(0.7%)
170~179명	822(1.0%)	5(0.4%)
180~189명	713(0.9%)	4(0.3%)

교섭단위 규모(근로자 수)	투표자격자 수(%)	선거 수(%)
190~199명	1,264(1.6%)	6(0.4%)
200~299명	8,987(11.3%)	43(3.2%)
300~399명	3,774(4.8%)	12(0.9%)
400~499명	3,593(4.5%)	8(0.6%)
500~599명	2,321(2.9%)	7(0.5%)
600~799명	3,676(4.6%)	6(0.4%)
800~999명	913(1.2%)	1(0.1)
1,000~1,999명	3,271(4.1%)	4(0.3%)
2,000~2,999명	0(0.0%)	0(0.0%)
3,000~9,999명	4,524(5.7%)	1(0.1%)
10,000명 이상	0(0.0%)	0(0.0%)
합계	79,267(100.0%)	1,339(100.0%)

출처: NLRB, *74th Annual Report of the National Labor Relations Board*, 2009, pp.144-145.

이 표에서는 근로자 수의 측면에서 보면 200~299명 규모의 교섭단위가 가장 많으며(전체 대비 11.3%), 교섭단위 수의 측면에서는 10명 미만(전체 대비 23.9%)의 교섭단위 수가 가장 많다는 것을 알 수 있다. 이는 노조가 신규 조직화를 할 때 조직 범위를 가능한 한 적은 범위로 하여 조직력을 집중시키고 있다는 것을 의미한다. 미국의 경우 노동조합은 당연히 교섭권을 가지는 것이 아니라 교섭단위 내 근로자의 과반수 지지가 있는 경우에 한하여 교섭권을 가지기 때문에, 교섭단위가 작을수록 노조가 교섭대표권을 획득하기기 용이하게 된다. 따라서 노조의 입장에서는 교섭단위를 세분화시키는 것이 교섭권을 취득하기가 쉽게 되는 것이다.

위의 두 표를 함께 고려하면, 사실상 단일노조 체제 하에서 노조 찬반을 묻는 선거에서 이익의 공통성 기준을 적용할 경우 교섭단위가 극히 세분화되는 경향을 보이고 있다는 것을 알 수 있다.

2. 교섭단위 결정의 원칙

1) 이익의 공통성

적정교섭단위 선정에 영향을 미치는 요소가 많고 개별적 상황이 다양하기 때문에, NLRB가 모든 교섭단위 결정에 적용할 수 있는 단일한 기준을 설정하는 것은 불가능하다.[365] 따라서 어떤 기준이 존재하거나 결여되어 있는 것이 반드시 결정적인 판단 요소로 작용하는 것은 아니다.[366]

앞에서 본 바와 같이 적정교섭단위를 결정할 때 NLRB가 채택하고 있는 기본적인 기준은 단위 내 근로자가 다른 근로자들과 충분하게 구별되는 "이익의 공통성(community of interest)"을 가지고 있는지 여부이다.[367] 어떤 근로자집단이 실질적인 이익의 공통성을 공유하고 있는지 여부를 판단하기 위하여 앞에서 본 바와 같이 NLRB는 근로자의 임금·근로시간, 기타 근로조건, 감독의 공통성, 숙련의 정도와 공통적 업무, 다른 근로자와의 배치전환 및 접촉의 빈도, 기능의 통합성 등 다양한 요소를 고려하고 있다.[368] 이러한 요소 중 어떤 특정한 요소가 결정적인 의미를 가지는 것은 아니다. 그 밖에 교섭의 연혁, 운영의 통합성, 지리적 근접성, 공통의 감독, 업무의 유사성 등이 고려 대상이 된다.[369] "이익의 공통성"은 근로조건에서의 완전한 동일성을 요구하는 것은 아니기 때문에 임금·근로시간, 근로조건, 기타 다른 요소에 차이가 있는 경우에도 이익의 공통성이 존재할 수 있다.[370] 이익의 공통성은 등록이나 면허에 필요한 특정한 기술,

---

365 NLRB v. Esquire, Inc., 222 F.2d 253 (7th Cir. 1955).

366 Libbey-Owens-Ford Co. v. NLRB, 495 F.2d 1195 (3d Cir. 1974).

367 Amalgamated Clothing Workers of America, El Paso Dist. Joint Bd., AFL-CIO v. NLRB, 491 F.2d 595 (5th Cir. 1974).

368 Sundor Brands, Inc. v. NLRB, 168 F.3d 515 (D.C. Cir. 1999).

369 Brown v. Sandimo Materials, 250 F.3d 120 (2d Cir. 2001).

370 Fraternal Order of Police v. Pennsylvania Labor Relations Bd., 557 Pa. 586, 735 A.2d 96 (1999); West Perry School Dist. v. Pennsylvania Labor Relations Bd., 752

숙련, 교육을 근거로 하는 경우가 많기는 하지만, 경력에 기한 등록 요건을 갖춘 경우에도 인정될 수 있다.[371]

장래에 동일한 사업장에서 근로할 것이라고 합리적으로 기대할 수 없는 근로자는 이익의 공통성을 공유할 수 없다. 따라서 풀타임 근로자나 상시직 단시간 근로자와 이익의 공통성을 공유하지 않는 파견근로자의 교섭단위가 문제되고 있다. 파견근로자가 사용사업주의 근로자와 동일한 교섭단위에 포함될 수 있는지 여부와 관련하여, 과거 NLRB는 이익의 공통성이 있다고 하여 사용사업주의 근로자와 하나의 교섭단위로 결합될 수 있다고 판정하였으나,[372] 이러한 상황은 후술하는 복수사용자 교섭단위에 해당하기 때문에 사용사업주와 파견사업주 양자의 동의를 받는 경우에만 가능한 것으로 입장이 최근 바뀌었다.[373] 불법체류 외국인 근로자에 대하여는 합법적으로 근로하는 근로자와 이익의 공통성을 공유하고 있으면 동일한 교섭단위로 결합될 수 있다.[374]

2) 교섭 연혁 및 노동조합의 조직 대상

NLRB는 당해 회사의 과거 교섭 연혁 및 당해 산업에서 일반적으로 이루어지고 있는 교섭 패턴을 고려하여 교섭단위를 결정할 수 있다.[375] 교섭 연혁은 중요한 요소이기는 하지만, 새로운 교섭단위의 정당성을 평가하는 데 고려되어야 하는 고려 요소의 하나에 지나지 않는다.[376] 따라서 NLRB

A.2d 461, 144 Ed. Law Rep. 1001 (Pa. Commw. Ct. 2000).

371 Pontiac Osteopathic Hospital, 227 NLRB 1706 (1977).

372 M.B. Sturgis, 331 NLRB 1298 (2000).

373 Oakwood Care Center, 343 NLRB 659 (2004).

374 Agri Processor Co. v. NLRB, 514 F.3d 1 (D.C. Cir. 2008), enforcing 347 NLRB 1200 (2006).

375 Smith Steel Workers v. A. O. Smith Corp., 420 F.2d 1 (7th Cir. 1969).

376 South Jersey Catholic Teachers Organization v. Diocese of Camden, 347 N.J. Super. 301, 789 A.2d 682, 161 Ed. Law Rep. 880 (Ch. Div. 2000).

는 교섭 연혁에만 근거하여 교섭단위를 결정하는 것이 확립된 NLRB 정책으로부터의 이탈을 야기하게 되는 경우 또는 NLRA에 규정되어 있는 임무로부터 벗어나게 되는 경우에는 교섭 연혁에 기하여 교섭단위를 결정할수 없다.[377] 예컨대 다음과 같은 경우에는 교섭 연혁이 중요한 요소로 판단되지 않는다. 즉, 교섭 연혁이 부당노동행위에 의하여 형성된 경우,[378] 적정교섭단위에 대하여 NLRB에 의한 인준이 이루어진 적이 없었던 경우,[379] 과거에는 두 개의 공장이 하나의 교섭단위였으나 상황이 변화하여 두 개의 공장이 완전히 독립적인 회사로서 독자적인 운영구조를 가지고 운영되고 있고, 기능적 통합성도 존재하지 않으며, 중앙집권적인 노동관계도 결여되어 있고 두 공장 사이의 근로자 인사 교류도 없는 경우,[380] 기술적 변화가 미숙련 일자리에 대한 배치전환을 초래하는 방식으로 모든 근로자에게 영향을 미친 경우[381] 등에서는 교섭 연혁은 교섭단위 결정에 중요한 고려 요소로 인정되지 않는다.

한편, 노동조합의 조직 대상은 적정교섭단위의 결정에서 고려될 수 있다.[382] 그러나 근로자가 이미 조직화되어 있는 범위는 적정교섭단위 결정에서 결정적 요소는 아니다.[383] 따라서 노동조합이 NLRB가 과거에 결정하였던 단위에 대하여 노조 결성을 시도하였으나 실패하고 그 이후 더 작은 단위에서 노조 결성에 성공한 경우에는 NLRB는 원래의 교섭단위 결정을 번복하고 더 작은 단위를 적정교섭단위로서 인정할 수 있다.[384] 또한

---

377 William J. Keller, Inc., 198 NLRB 1144 (1972).
378 Tom's Monarch Laundry & Cleaning Co., Inc., 168 NLRB 217 (1967).
379 NLRB v. Porter County Farm Bureau Co-op. Ass'n, 314 F.2d 133 (7th Cir. 1963).
380 Rock-Tenn Co., 274 NLRB 772 (1985).
381 Calpine Containers, 251 NLRB 1509 (1980).
382 NLRB v. Metropolitan Life Ins. Co., 380 U.S. 438, 85 S. Ct. 1061, 13 L. Ed. 2d 951 (1965).
383 29 U.S.C.A. § 159(c)(5).
384 Singer Sewing Mach. Co. v. NLRB, 329 F.2d 200, 12 A.L.R.3d 775 (4th Cir. 1964).

노사가 합의한 교섭단위가 적정한 경우에는 NLRB가 그 단위보다 "더 적정"하다는 이유로 교섭단위를 변경할 수는 없다.[385]

3) 근로자의 의사

근로자의 의사는 NLRB가 적정교섭단위를 결정하는 데 관련성을 가지기는 하지만, NLRB가 반드시 이를 고려하여야 하는 것은 아니다.[386] NLRB는 그 교섭단위 결정과 관련하여 근로자의 입장을 청취할 수 있는 권한을 묵시적으로 가지고 있기는 하지만,[387] 교섭단위 결정 책임을 근로자에게 위양할 수 없기 때문이다.[388]

그렇지만, 단체교섭의 효율성은 교섭단위 내 근로자의 동질성에 따라 크게 좌우된다.[389] 따라서 둘 이상의 동등하게 적정한 단위가 존재하는 경우에는 근로자의 희망이 핵심적인 요소가 된다. 그러한 상황이 발생하면 NLRB의 이른바 Globe 법리에[390] 따라 교섭단위 문제에 관한 근로자의 희망을 결정하기 위하여 선거가 실시된다. NLRB는 이 법리가 적용된 전형적인 사건에서 다음과 같이 설시하였다.[391]

---

385 Amalgamated Meat Cutters and Butcher Workmen of North America, Local Union 576, AFL-CIO v. NLRB, 516 F.2d 1244 (D.C. Cir. 1975).

386 Pittsburgh Plate Glass Co. v. NLRB, 313 U.S. 146, 61 S.Ct. 908, 85 L. Ed. 1251 (1941).

387 United Glass and Ceramic Workers of North America, AFL-CIO-CLC v. NLRB, 463 F.2d 31 (3d Cir. 1972).

388 Marshall Field & Co. v. NLRB, 135 F.2d 391 (C.C.A. 7th Cir. 1943).

389 근로자의 동질성 요소는 직종 및 부서 분리 문제에서 특히 중요하며, Globe 법리는 이 분야에서 특별한 효과를 가진다. Libbey-Owens-Ford Glass Co., 169 NLRB 126, 127, 130 (1968) ; Rinker Materials Corp., 294 NLRB 738 (1989) 참조.

390 Globe Mach. & Stamping Co., 3 NLRB 294 (1937). 이 법리는 NLRB v. Underwood Machinery Co., 179 F.2d 118 (1st Cir. 1959) 사건에서 항소법원에 의하여 인정받았다. 또한 Pittsburgh Plate Glass Co. v. NLRB, 313 U. S. 146 (1941) 판결에서 연방대법원도 승인하였다.

391 NLRB, 1949 Annual Report 33 n. 26 (1950).

(직종별 근로자는) 더 넓은 교섭단위의 일부로서 직종별 근로자를 대표하고
자 하는 산업별 노동조합에 대하여, 자신들을 분리하여 대표하고자 하는 직종
별 노조에 지지 투표를 함으로써 더 넓은 산업별 교섭단위와는 별도의, 독자적
인 교섭단위를 자신들이 선호하고 있다는 것을 보여 줄 기회를 부여받는다. 그
러나 그러한 선거에서 그 직종 집단의 근로자의 과반수는 "무노조" 선택에 투
표할 수도 있고, 산업별 교섭단위를 구성하고자 하였으나 실패한 산업별 노동
조합 지지 투표를 할 수도 있다.

Globe 법리에 따르면 동일한 선거에서 두 개 이상의 투표지를 이용하
거나 다른 집단에 대하여 둘 이상의 선거가 동시에 실시된다. 예컨대, 더
작은 집단, 통상적으로는 직종별 집단의 근로자는 ① 작은 직종별 교섭단
위로 자신들을 대표하고자 하는 노동조합 또는 ② 더 큰 (예컨대 제조 및
유지 보수) 단위 내의 모든 근로자를 대표하고자 하는 노동조합에 의하여
대표될 것인지 여부에 대하여 각각 투표한다. 만약 작은 집단의 과반수가
자신의 대표를 선택하면 그 선택받은 노동조합이 더 작은 교섭단위의 교
섭대표로서 인준된다. 더 큰 "산업별" 교섭단위의 나머지 근로자의 대표는
그 작은 집단을 배제한 단위에서 과반수 지지를 받아 교섭대표가 된다. 작
은 집단이 독자적인 교섭대표를 선택하지 않고 또 산업별 노동조합이 통
합된 양 집단에서 과반수 지지를 받으면, 양 집단의 근로자를 하나의 단일
한 교섭단위로 인준이 이루어진다.[392]
하나의 노동조합만이 교섭대표를 원하고 NLRB가 ① 더 큰, 모두를 포
괄하는 교섭단위 및 ② 더 큰 교섭단위 내의 더 작은 집단의 교섭단위 양
자가 모두 적정하다고 판단하는 경우에도 Globe 선거가 명해질 수 있다.
이 경우 NLRB는 소규모 근로자 집단의 희망이 결정적인 요소라고 판단하

---

392 Higgins, Hedian, Kearney, Starling III, & Torres eds, *The Developing Labor Law*,
6th ed., Vol. 1, BNA Books, 2012, p.696.

였다.[393] 따라서 NLRB는 먼저 두 근로자 집단에 대하여 각각 선거를 명하고, 그 결과를 보고, 적정교섭단위를 하나로 할 것인지 두 개로 할 것인지를 판단한다. 노동조합이 더 큰 (제조) 집단만의 투표자 과반수의 지지를 확보하였다면, NLRB는 소규모 집단(조립 및 유지 부서)을 배제한 더 큰 집단이 적정교섭단위가 된다고 판단하게 될 것이지만, 소규모 집단의 과반수가 그 노동조합을 지지하면, 소규모 집단은 동일한 교섭단위에 포함된다고 판단한다. 그러나 NLRB가 Globe 유형의 선거를 거부한 사례도 있다.[394] 이 사건에서 노동조합은 노동조합에 의하여 대표되지 않은 사용자의 근로자만을 이미 존재하는 교섭단위에 포함시키는 것을 구하였기 때문이다. NLRB는 이 사건에서 Globe 선거 대신 근로자들이 분리하여 대표되기를 원하는지, 아니면 대표되기를 원하지 않는지 여부를 결정하기 위한 선거를 명하였다.

4) 금지 요소

교섭단위 결정에 고려하여서는 안 되는 요소는 성별과 인종이다. 따라서 성별에만 근거하여 설정한 교섭단위는 적정하지 않다.[395] 예컨대 교섭단위가 복수의 부서를 대상으로 하고 있고, 모든 근로자는 동일한 복리후생을 받고 있으며, 동일한 근로시간을 일하고 동일한 임금을 지급받고 있고, 그 단위 내에의 일부 직종이 다른 단위의 직종과 동일한 업무를 하고 있는 경우 여성 근로자만을 위한 독자적인 단위는 적정하지 않다.[396]

인종 역시 교섭단위의 적정성을 판단하는 데 고려하여야 할 요소가 아니다.[397] 과거에 확립된 교섭단위라고 하여도 인종에 따라 근로자를 구분

---

393 Underwood Machinery Co., 59 NLRB 42 (1944).

394 Syracuse University, 325 NLRB 162 (1997).

395 United States Baking Co., 165 NLRB 951 (1967).

396 Land Title Guarantee and Trust Co., 194 NLRB 148 (1971).

397 Jno. H. Swisher & Son, 209 NLRB 68 (1974).

하고 있는 경우에는 과거의 교섭 연혁이 적정교섭단위를 결정하는 데 고려되지 않는다.[398] 마찬가지로 노동조합이 백인 근로자만을 조직하고 있는 경우 그 노동조합의 조직 대상은 NLRB의 교섭단위를 결정하는 데 고려 요소가 되지 않는다.

5) NLRB의 과거 교섭단위 결정

NLRB의 과거 교섭단위 결정이 교섭단위 결정에서 결정적인 의미를 가지는 것은 아니다. 이 결정은 과거에 NLRB가 적절하다고 판단한 사실관계에 따라 내려진 것이기 때문이다.[399] 따라서 동일한 공장과 동일한 당사자가 관련된 이전의 교섭단위 결정이 존재하는 경우에도 NLRB가 그 이후 새로운 신청에 기하여 적정교섭단위를 다시 결정할 수 있다.[400] 예컨대 과거에는 더 큰 교섭단위가 있었으나 시간이 경과함에 따라 개별 레스토랑 지배인이 행사하는 권한이 상당히 확대되었고 레스토랑들이 지리적으로 상당히 광범위하게 분포되어 있으며 레스토랑 간의 근로자의 상호교류 정도가 낮은 경우에는 개별 레스토랑 단위를 적정하다고 판단하고 있다.[401]

6) 교섭단위의 추가

이익의 공통성이 존재하고 있고 기존 교섭단위에 새로운 근로자를 포함시키는 것이 좀 더 효율적인 교섭 관계로 이어진다고 판단될 경우에 NLRB는 선거를 실시하지 않고 새로운 근로자를 기존 교섭단위에 포함시키는 결정을 할 수 있다. 이러한 조치를 기존 교섭단위에 대한 "추가

398 Port Richmond Elevator Co., Inc., 167 NLRB 608 (1967), decision supplemented, 170 NLRB 1352 (1968).
399 NLRB v. Krieger-Ragsdale & Co., 379 F.2d 517 (7th Cir. 1967).
400 Cement Transport, Inc., 162 NLRB 1261 (1967).
401 Victoria Station, Inc. v. NLRB, 586 F.2d 672 (9th Cir. 1978).

(accretion)"라고 한다.[402] 교섭단위 추가 결정에 대한 NLRB의 판단 기준은 다음과 같은 두 가지이다. 첫째, 대상 근로자가 매우 적거나 독자적인 집단이 확인되지 않아 독립된 적정교섭단위로 될 수 없는지 여부, 둘째, 대상 근로자가 추가될 교섭단위와 압도적인 이익의 공통성을 공유하는지 여부가 그것이다.[403] 즉, 대상 근로자의 수가 적고 동시에 기존의 교섭단위와 이익의 공통성이 있는 경우에는 독자적인 교섭단위를 인정하기보다는 기존 교섭단위에 추가하는 판단을 내린다.

교섭단위 추가는 입증책임의 측면에서 교섭단위의 분리(spin-off)와 구별된다. 교섭단위에 추가하려면 노동조합은 새로운 근로자집단이 기존의 근로자집단과 유사하다는 사실을 입증하여야 한다. 이에 대하여 교섭단위 "분리"의 경우에는 사용자가 새로운 근로자의 배제를 정당화할 정도로 기존 단위와 충분하게 상이하다는 사실을 입증하여야 한다.[404]

교섭단위 추가가 인정되기 위해서는 근로자집단이 기존 교섭단위와 이익의 공통성을 공유하는지 여부를 판단할 때 NLRB는 작업조건의 유사성, 직무 분류, 숙련과 기능, 제품의 유사성, 근로자 능력의 상호대체성, 지리적 근접성, 경영통제의 중앙집중화, 사업의 기능적 통합성, 단체교섭의 연혁 등 여러 요소를 고려하고 있다.[405]

사용자가 새로운 사업을 추가적으로 개시한 경우 그것이 기존 교섭단위에 추가될 수 있는지 여부를 판단하기 위해서는 운영의 통합성, 경영 및 행정통제의 중앙집중성, 지리적 근접성, 작업조건·기술·기능의 유사성, 노동관계에 대한 공통적 통제, 단체교섭의 연혁, 일상적 감독의 분리 정도, 근로자 상호 교류 정도 등을 포함한 다양한 요소가 고려된다.[406]

---

402 Westinghouse Elec. Corp. v. NLRB, 440 F.2d 7 (2d Cir. 1971).

403 Baltimore Sun Co. v. NLRB, 257 F.3d 419 (4th Cir. 2001).

404 NLRB v. Coca-Cola Bottling Co. of Buffalo, 936 F.2d 122 (2d Cir. 1991).

405 Baltimore Sun Co. v. NLRB, 257 F.3d 419 (4th Cir. 2001).

406 Archer Daniels Midland Co., 333 NLRB 673, 675 (2001).

추가를 요구하는 집단이 독자적인 적정교섭단위로 존재할 수도 있고 기존 단위에 포함될 수도 있는 경우 NLRB는 교섭단위의 추가 대신 독자적인 교섭단위를 선호한다.[407] 추가되는 집단의 규모가 기존 교섭단위의 근로자 수를 능가하는 경우에도 NLRB는 새로운 근로자의 기존 교섭단위로의 추가를 허용하지 않는다.[408]

일반적으로 NLRB는 교섭단위 추가를 인정하지 않는 경향에 있다.[409] 예컨대 비조합원 전체가 노동조합이 대표하고 있는 회사에 합류하는 경우 NLRB는 사실관계에 기하여 근로자의 자기결정권이 침해되지 않을 것이라는 확신이 있는 경우에만 교섭단위 추가를 인정하고 있다.[410]

이에 대하여, 13명의 비조직 근로자가 있는 기존 시설에 노동조합에 의하여 대표되고 있는 17명의 근로자가 배치전환되어 양자를 합친 노동력의 과반수를 차지하는 경우에는 교섭단위 추가를 인정한 사례도 있다. 이 사건에서 NLRB는 두 집단의 근로자가 거의 동일한 규모라는 사실은 과반수 지위라는 핵심적 사실을 번복할 수 없다고 판단하였다.[411]

그러나 다음과 같은 경우에는 교섭단위 추가가 인정되지 않는다. 즉, 직무숙련도, 비교 대상 업무 및 근로조건 사이의 유사성 또는 차이에 관계없이 두 집단의 사용자가 상이한 경우,[412] 교섭단위가 해당 교섭단위를 포함하고 있는 다른 시설로 재배치된 후에도 배치전환된 근로자의 직무 분류가 변경되지 않았고 부서 이동도 없었으며 선임권도 별도로 산정한 경우,[413]

---

407 Save Mart of Modesto, 293 NLRB 1190 (1989).

408 NLRB v. Superior Protection, Inc., 401 F.3d 282 (5th Cir. 2005), cert. denied, 546 U.S. 874 (2005).

409 Westinghouse Elec. Corp. v. NLRB, 440 F.2d 7 (2d Cir. 1971).

410 Sara Lee Bakery Group, Inc. v. NLRB, 296 F.3d 292 (4th Cir. 2002).

411 Central Soya Co., 281 NLRB 1308 (1986), judgment aff'd, 867 F.2d 1245 (10th Cir. 1988).

412 Hunts Point Recycling Corp., 301 NLRB 751 (1991).

413 NLRB v. Paper Manufacturers Co., 786 F.2d 163 (3d Cir. 1986).

102 미국 교섭대표노동조합 결정의 법리와 실제

교섭단위 설정 이후 전통적으로 서기직 그룹이 배제되었던 경우[414] 등에서는 교섭단위 추가를 인정하지 않는다.

3. 교섭단위의 유형

1) 1인 교섭단위와 단일공장단위

NLRB는 1인 교섭단위를 인준할 수 없다. 단체교섭은 2명 이상의 적격자가 근로조건을 교섭하기를 원하는 것을 전제로 하고 있기 때문이다.[415]

이에 대하여 단일공장 교섭단위는 적정한 것으로 추정된다. NLRB는 단일공장에서는 이익의 공통성이 근로자 사이에 본질적으로 존재한다고 전제하기 때문이다.[416] 이러한 추정을 뒷받침하는 요소에는 그러한 추정에 반하는 교섭 연혁이 존재하지 않을 것, 소정의 공장이 물리적으로 분리된 장소에서 일상적인 운영이 자율적으로 이루어지는 경우, 동일한 사용자에 의하여 운영되는 공장 사이의 근로자 상호 교류가 실질적으로 존재하지 않을 것, 관련 근로자집단의 동질성 및 구분 등이 있다.[417]

예컨대 다수공장으로 운영되는 경우 단일공장 단위는 다음과 같은 경우에 적정한 것으로 판단되고 있다. 특정 점포의 지배인이 일상적 운영에 대하여 상당한 지배권을 가지고 있고, 그 지배인의 결정이 중앙관리자에 의하여 거의 번복되지 않으며, 점포 사이에 근로자의 상호 교류가 거의 없고, 특정한 단일 점포에서만 조직화와 교섭 시도의 움직임이 있는 경우[418] 또는 특정 공장의 지배인이 채용과 해고 권한을 가지고 있으며 작업 스케줄을 배정하고 분쟁을 해결하며, 공장 간의 근로자 이동이 거의 이루어지

---

414 United Parcel Service, 303 NLRB 326 (1991).

415 NLRB v. WGOK, Inc., 384 F.2d 500 (5th Cir. 1967).

416 Kalamazoo Paper Box Corp., 136 NLRB 134 (1962).

417 Maryland Cup Corp., 171 NLRB 367 (1968).

418 NLRB v. Forest City Enterprises, Inc., 663 F.2d 34 (6th Cir. 1981).

지 않고 그 공장의 근로자가 사용자의 다른 공장의 근로자와 거의 접촉을 하지 않는 경우이다.[419]

그러나 좀 더 큰 단위에서 교섭이 행해진 관행이 있거나 기능상의 통합에 대한 입증이 있는 경우에는 단일공장 단위 추정에도 불구하고 복수 지역 단위 설정이 인정될 수 있다.[420] 예컨대 특정 지역에서 청소업에 종사하는 근로자가 용역업체의 변경으로 다른 업체에 새로이 채용되어 동일한 지역에서 동일한 업무에 종사한다고 하더라도 그 지역의 단일시설단위로 인정받지 못한다. 새로이 채용된 근로자가 다음과 같은 경우에 해당하면 다른 빌딩에서 근로하는 청소근로자와 이익의 공통성을 공유하고 있다고 판단된다.[421] ① 노동관계와 고용정책이 중앙집중화되어 있고 모든 근로자가 동일한 출퇴근 타임카드 절차와 징계제도 하에서 동일한 취업규칙의 적용을 받고 있고, ② 모든 채용 결정이 새로운 용역업체 사장 또는 지역 관리인에 의하여 이루어지고 있으며, ③ 근로자가 특정한 작업 장소에 근무하도록 채용되지 않고 사용자의 전반적인 필요에 따라 채용되었으며 근로자의 상호 이동이 통상적이고 빈번하고, ④ 중앙사무소에서 모든 근로자가 공통적으로 감독된다는 의미의 현장 관리직이 없는 경우가 그것이다.

이와 반대로, 교섭단위 내 근로자가 고립된 지리적 장소에서 안정적이고 식별 가능한 집단인 경우에는 사용자 측의 고도의 중앙집중화, 근로자 상호 이동의 역사, 지역 구분의 유동성이 있다고 하더라도 단일공장 단위로 인정된다.[422]

2) 공장 내 별도 단위

관련되는 근로자들이 동일한 공장 내에서 일하는 다른 근로자와 구별

---

419 NLRB v. Living and Learning Centers, Inc., 652 F.2d 209 (1st Cir. 1981).
420 Warehouse Markets, Inc., 174 NLRB 401 (1969).
421 P.S. Elliott Services, 300 NLRB 1161 (1990).
422 NLRB v. Pan Am. Petroleum Corp., 444 F.2d 328 (10th Cir. 1971).

되는 이익의 공통성을 공유하고 있는 경우에는 공장 내에서 별도의 교섭단위가 적정하다고 인정되고 있다.[423] 예컨대 육류가공공장에서 제조에 종사하는 근로자와 일반유지관리직에 종사하는 근로자로 구성된 공장 내 단위는, 개별 부서의 장과 감독직이 이들 근로자에 대하여 상당한 일상적 통제력을 행사하며 근로자 간에 기능적 통합이나 긴밀한 협조가 없다는 것이 명백한 경우에는 각각 적정교섭단위로 인정된다.[424]

일부 근로자가 공장 내에서 충분하게 구분되고 독자적인 공정에서 일하고 있는 경우에는 사용자의 물리적 시설과 생산 과정이 완전히 통합되어 있다고 하더라도 공장 내 별도 교섭단위가 인정될 수 있다.[425] 예컨대 전화회사의 교통부서와 판매부서는 플랜트부서와 휴게시설, 화장실, 주차장을 포함하여 부서 간 접촉이 있는 경우라고 하더라도 플랜트부서가 동일한 시설 내에서 기능적으로 구분되어 있다면 플랜트부서와 하나의 교섭단위에 포함되지 않는다.[426]

그러나 근로자는 인위적으로 설정된 공장 내 별도 단위로 자의적으로 편입되어서는 안 된다.[427] 자의적인 교섭단위는 독자적인 감독, 물리적 분리, 기능상 구분과 같은 관련 요소를 고려하지 않고 오로지 직책명이나 행정부서명만으로 설정되는 것을 의미한다. 예컨대 바지제조공장에서 재단사, 검수원, 봉제사가 공장 전체를 통하여 적용되는 임금, 근로시간, 작업조건에 관한 동일한 회사정책의 규율을 받고 있으며, 다른 근로자와 물리적으로 구분되어 있지 않고, 독자적인 부서에 배치되거나 독자적으로 감

423 Amalgamated Clothing Workers of America, El Paso Dist. Joint Bd., AFL-CIO v. NLRB, 491 F.2d 595 (5th Cir. 1974).

424 Purnells Pride, Inc., 252 NLRB 110 (1980), on reconsideration, 265 NLRB 1190 (1982).

425 NLRB v. Krieger-Ragsdale & Co., 379 F.2d 517 (7th Cir. 1967).

426 The Concord Telephone Company, 248 NLRB 253 (1980).

427 Amalgamated Clothing Workers of America, El Paso Dist. Joint Bd., AFL-CIO v. NLRB, 491 F.2d 595 (5th Cir. 1974).

독받고 있지 않으며, 특별한 자격이나 훈련을 받지 않은 경우에는 독자적인 교섭단위를 인정받을 수 없다.[428] 또한 전화회사의 영업근로자들이 한 명의 매니저가 통제하는 일상적 운영을 하는 독립채산제 단위를 구성하지 못하고 있고, 전화회사의 다른 근로자와 구별되는 명확한 이익의 공통성을 가지지 못하는 경우에는 별도의 교섭단위를 인정받지 못한다.[429]

3) 복수공장 단위

동일한 사용자에 의하여 운영되고 있는 독립된 복수의 공장에서 일하는 근로자가 유사한 임금의 유사한 조건 하에서 유사한 업무를 수행하며 통일된 관리통제와 공통적인 노무정책의 적용을 받고 있는 경우에는 복수공장이 하나의 교섭단위로 인정될 수 있다.[430]

지리적 요소는 단일공장 단위가 적정한지 복수공장 단위가 적정한지 여부를 결정하는 데 관련성이 있는 요소이기는 하지만 결정적인 요소는 아니다.[431] 따라서 두 개의 시설이 일정한 거리로 떨어져서 운영되고 있다는 사실만으로는 복수공장 단위의 적정성이 부정되는 것은 아니다.[432] 그러나 사용자의 사업이 지리적으로 광범위하게 흩어져 있는 경우에는 전체 사업을 하나로 하는 단위의 적정성을 정당화시키는 요소가 없다면, 각 공장 단위가 적정교섭단위로 된다.[433] 또한 사용자가 한번도 영업을 하지 않은 지역에서는 잠재적 일자리를 고려한다고 하여도 하나의 교섭단위로 인정되지 않는다.[434]

---

428 Id.

429 New England Telephone and Telegraph, 242 NLRB 793 (1979).

430 Pittsburgh Plate Glass Co. v. NLRB, 313 U.S. 146, 61 S. Ct. 908, 85 L. Ed. 1251 (1941).

431 Szabo Food Services, Inc. v. NLRB, 550 F.2d 705 (2d Cir. 1976).

432 National Labor Relations Board v. A. K. Allen Co., 252 F.2d 37 (2d Cir. 1958).

433 NLRB v. Groendyke Transport, Inc., 372 F.2d 137 (10th Cir. 1967).

434 Oklahoma Installation Co., 305 NLRB 812 (1991).

동일한 사용자의 다수 사업장으로부터 기능적으로 구분되거나 특수한 근로자로 구성되는 단위도 있을 수 있다. 이러한 상황은 공장 내 단위가 확장된 것과 같다. 즉, 하나의 특정한 기능에 기초한 복수공장 단위가 각 공장에서 분리된 근로자집단에 속하면 각각 분리된 단위인 공장 내의 별도 집단과 유사한 모습을 가진다. 따라서 동일한 사용자가 운영하는 10개 사업장의 식당 근로자가 공통된 노무정책에 따라 단일하고 통합된 관리구조로 통제되는 경우에는 단일 단위를 구성한다.[435]

사용자를 위하여 전국적인 지원 업무 기능을 제공하는 인접 지역 내의 사무소들과 같이 행정부서로 구성된 복수지역 교섭단위도 인정될 수 있다.[436]

4) 단일 사용자 단위

NLRB는 단일 사용자가 두 개의 사업을 영위한다는 사실만으로는 각 사업의 근로자가 단일한 교섭단위를 구성한다는 것을 반드시 의미하는 것은 아니라고 하고 있다.[437] 따라서 단일한 사용자가 운영하는 두 개의 사업이 있는 경우에는 각 사업에서 독립적인 교섭단위가 역사적으로 확립되어 있고, 각 사업이 근로자의 이해관계와 일상적 감독과 관련하여 실질적으로 분리 운영되고 있으며, 각 사업의 근로자 간 인적 교류가 최소한으로 이루어지고 있다면, 각 사업이 각각 별도의 교섭단위가 된다.[438] 이에 반하여 분리된 두 회사의 근로자들이 공통의 이해관계를 가지고 있고, 작업 성격에서 유사성이 있으며, 두 회사의 운영이 상호 의존적이며 노무에 관하여 공통된 통제를 하는 경우에는 두 개의 사업이 하나의 단일한 교섭단위로

---

435 Szabo Food Services, Inc. v. NLRB, 550 F.2d 705 (2d Cir. 1976).

436 Dean Witter & Company, Inc., 215 NLRB 4 (1974).

437 NLRB v. DMR Corp., 699 F.2d 788 (5th Cir. 1983).

438 Local 627, Intern. Union of Operating Engineers, AFL-CIO v. NLRB, 595 F.2d 844 (D.C. Cir. 1979).

될 수 있다.[439] 또한 세 개의 독립된 케이블 TV 회사의 근로자들이 동일한 직무 분류 체계 하에 있고 동일한 업무를 수행하며 근로자 간의 상호교류의 정도가 개별 단위로 인정될 수 있을 정도로 최소한의 것이 아니고 일상적인 노무관리가 각 회사별로 수행되었다고 하더라도, 각 회사의 매니저가 관리회사에 의하여 채용되고 관리회사에 대하여 책임을 부담하고 있는 경우에는 하나의 교섭단위로 인정될 수 있다.[440] 그러나 두 개의 법인이 단일한 사용자에 속한다고 하더라도 각 법인 근로자가 분리된 이익의 공통성을 가지고 있고, 두 집단의 각각이 상이한 업무를 수행하고 있으며, 관련되는 기술의 정도나 성격이 구별 가능하다면 교섭단위는 별도로 인정된다.[441]

5) 복수사용자 단위

(1) 예외로서의 복수사용자 단위

NLRB의 일관된 입장에 따르면 교섭단위는 집단적으로 결정되는 것이 아니라 개별적으로 결정되는 것이 원칙이다.[442] 따라서 복수사용자 교섭단위(multi-employer bargaining unit)와 같은 집단교섭단위는 교섭단위 결정에 대한 원칙에서 벗어나는 현상이기 때문에 NLRB는 다음과 같은 예외적인 경우에만 복수사용자 교섭단위를 인정하고 있다. 우선, 복수사용자 교섭단위가 인정되기 위해서는 교섭단체 구성 사용자들과 노동조합이 "개별 교섭보다는 집단교섭에 구속될 것이라는 명백한 의사"가 표시되어야 하고, 이들 사이에 합의가 이루어진 경우에만 인정된다.[443] 당해 교섭단

---

439 NLRB v. Williams, 195 F.2d 669 (4th Cir. 1952).

440 NLRB v. Carson Cable TV, 795 F.2d 879 (9th Cir. 1986).

441 Edenwald Const. Co., 294 NLRB 297 (1989).

442 Cab Operating Corp., 153 NLRB 878, 879 (1965); Carbondale Retail Druggists' Ass'n, 131 NLRB 1021, 1022 (1961); John Breuner Co., 129 NLRB 394, 396 (1960).

443 Joseph McDaniel, 226 NLRB 851, 852 (1976), enforced sub nom. NLRB v. Beckham, Inc., 564 F.2d 190 (5th Cir. 1977); Bill O'Grady Carpet Serv., Inc., 185

위를 구성하는 개별 사용자 전체와 노동조합의 동의를 받아야 한다는 것이 연방대법원의 입장이다.[444]

그러나 이러한 명시적 의사가 없는 경우에도 예외적으로 집단교섭단위가 NLRB에 의하여 인준되는 경우도 있다. NLRB는 집단교섭에 대한 의사표명이 반드시 "문서로 체결되고 왁스에 의하여 봉인될 정도로 엄격하게 이루어질 필요는 없다. 행위 등을 통하여 당해 사용자가 자신을 위하여 그 집단이 교섭할 것을 인정한 경우 그 권한의 명백한 형성에 의하여 구속될 것이다"라고 하고 있다.[445] 즉, 집단교섭에 따를 것이라는 의사가 묵시적으로 인정될 수도 있다.

(2) 복수사용자 단위의 실태

복수사용자 교섭은 노사 양측에 이익이 있기 때문에 미국에서는 보편적인 교섭 형태를 이루고 있다. 예컨대 1947년까지 미국에서 복수사용자 집단에 의하여 체결된 단체협약은 의류, 석탄, 세탁, 항만, 해운, 조선산업의 전체 조합원 중 80%에서 100%를 포괄하였다. 사용자집단에 의하여 체결된 단체협약은 금융, 인쇄, 통조림 제조, 건설, 섬유, 어업, 유리, 주류, 요업, 트럭 운송, 창고 산업 조합원의 60%에서 79%를 대상으로 하였다.[446] 또한 1980년 조사에 의하면 1,000명 이상의 근로자를 대상으로 하는 협약

NLRB 587 (1970); Korner Kafe, Inc., 156 NLRB 1157 (1966); Fairbanks Dairy, 146 NLRB 893 (1964).

444 NLRB v. Sheridan Creations, Inc., 357 F.2d 245, 248 (2d Cir. 1966), cert. denied, 385 U.S. 1005 (1967).

445 Joseph McDaniel, 226 NLRB 853.

446 Bureau Of Labor Statistics, U.S. Dep't of Labor, Bull. No. 897, Collective Bargaining with Associations and Groups of Employers 3 table 1 (Michael H. LeRoy, Lockouts Involving Replacement Workers: An Empirical Public Policy Analysis And Proposal To Balance Economic Weapons Under The NLRA, *Washington University Law Quarterly*, 1996, p.1000 재인용-).

중 42%가 복수사용자 교섭에 의하여 체결되었으며, 그러한 단체협약에 의하여 포섭되는 근로자의 수는 3백만 명에 이르고 있었다.[447]

미국에서 교섭구조가 분권화되고 있다는 지적에도 불구하고[448] 실제로는 복수사용자 단체교섭은 지금도 여전히 보편적인 단체교섭 방법이라고 할 수 있다. 최근의 통계는 입수할 수 없으나, 1996년 연방지방법원 판결에서 복수사용자 단체교섭은 전체 협약교섭의 40%를 차지하며, 주로 건설, 교통, 소매업, 의류 제조, 부동산, 프로스포츠에서 이루어지고 있다고 판시하고 있는 것에서[449] 이를 추측할 수 있다.

미국에서 교섭의 분권화 경향에도 불구하고, 복수사용자 단체교섭의 비율이 그다지 저하되지 않는 이유는 뒤에서 보는 바와 같이 복수사용자 교섭단위에서는 당해 교섭단위를 대표하는 노동조합을 변경하기가 매우 어렵기 때문에 사용자 측이 집단교섭을 반대하여 집단교섭을 해체하려고 적극적으로 시도하지 않는 한 교섭대표노동조합이 변경되어 집단교섭이 해체되는 경우는 거의 발생하지 않기 때문이라고 생각된다. 즉, 집단교섭의 일방 당사자가 매우 안정적으로 교섭상 지위를 유지할 수 있기 때문에 집단교섭의 비율은 상당히 안정적으로 높은 수치를 보이고 있는 것이다. 또한 뒤에서 보는 바와 같이, 집단교섭은 장단점이 혼재되어 있기 때문에 일방 당사자 또는 당사자 쌍방이 각각 집단교섭의 장점보다 단점이 크다고 생각하는 경우에 집단교섭은 해체될 수 있으나, 집단교섭이 상대적으로 높은 비중을 보이고 있는 것은 집단교섭의 장점이 여전히 기능하기 때문이라고 할 수 있다.

---

447 Bureau of Labor Statistics, U.S. Dep't of Labor, Characteristics of Major Collective Bargaining Agreements 12 table 1.8 (*Bulletin* No. 2065, April 1980)(Comment, Employer Withdrawal From Multi-Employer Bargaining Units: A Proposal For Self-Regulation, 130 *U. PA. L. Rev.* 689 (1982) 재인용).

448 자세한 것은, 김삼수·노용진, 산업별 노조로의 전환에 따른 단체교섭구조의 현황과 정책 방안, 2002.12. 국회환경노동위원회 보고서, p.16 이하 참고.

449 Brown v. Pro Football, Inc. 116 S.Ct. 2116, 2122 (1996).

(3) 복수사용자 교섭의 요인

복수의 사용자가 하나의 교섭집단을 이루어 노동조합과 교섭하는 복수사용자 교섭이 이루어지는 필요조건은 종업원이 동일한 노동조합에 의하여 대표되고 있는 둘 이상의 경쟁적인 사용자들이 일정한 산업이나 지역에 존재하는 경우이다. 즉, 상품시장이 경쟁적인 곳에서 이루어진다. 그렇지만 경쟁적인 사업자의 존재는 복수사용자 교섭의 필요조건이지 충분조건은 아니다. 특정한 산업 또는 지역에서 경쟁적인 사업자가 존재하더라도 개별적으로 노동조합과 각각 단체교섭하는 경우도 있기 때문이다.[450] 미국에서 복수사용자 교섭, 즉 집단교섭은 원칙적으로 당사자들의 동의에 기하여 성립하기 때문에 집단교섭을 유지하는 데에 인센티브가 없으면 집단교섭은 유지되지 않는다. 즉, 집단교섭의 장점이 단점보다 클 때 사용자나 노동조합은 집단교섭을 유지하는 것이다. 따라서 노사 양측에 대한 집단교섭의 장단점을 살펴볼 필요가 있다.

집단교섭을 성립시키고 유지하는 데 사용자 측에 장점으로 되는 것은 첫째, 교섭력이 증대되기 때문이다. 전국적으로 조직된 산별노조라는 거대한 노조와 상대할 때 소규모 사용자는 교섭 지위가 약할 수밖에 없다. 따라서 사용자들이 복수사용자 교섭집단으로 결집함으로써 교섭력을 강화시킬 수 있다. 경쟁적인 소규모 사용자는 강력한 노조의 장기간에 걸친 노무 제공 중지에 단독으로 대항할 수 있는 경제적 자원이 없기 때문이다.[451]

둘째, 집단교섭을 위한 복수사용자집단은 교섭상 지위를 강화시킬 수 있다. 연방대법원 판례도 복수사용자 교섭은 "와그너법의 제정 이후 매우 확대되어 왔는데, 사용자들은 노동조합의 증대된 힘에 균형을 이루기 위

---

450 Jan Vetter, Commentary on "Multiempoloyer Bargaining Rules": Searching for the Right Questions, 75 *Virginia L. Rev.* 286 (1989).

451 Comment, Employer Withdrawal From Multi-Employer Bargaining Units: A Proposal For Self-Regulation, 130 *U. PA. L. Rev.* 693 (1982).

하여 집단교섭을 시도하여 왔기 때문이다"라고 하고 있다.[452] 사용자의 규모가 커지면 노동조합은 쟁의행위 전술을 용이하게 사용할 수 없다. 경쟁적인 상품시장에서 특정 사용자에 대하여 파업이 이루어지면, 그 사용자는 이중적인 피해를 입게 된다. 파업에서 야기되는 직접적인 경제적 손실 외에도, 자신은 파업으로 인하여 영업을 중단하고 있는 반면 경쟁 사용자는 영업을 계속하기 때문에 고객을 상실하게 된다. 그러나 교섭집단을 이루면 이러한 피해를 방지할 수 있다. 또한 교섭집단을 이루면 교섭전문가를 채용하는 등 다양한 교섭전술의 구사가 가능하다.

셋째, 사용자가 집단을 이루어 노동조합과 임금 등 근로조건에 대하여 합의하면 그 근로조건은 교섭집단에 참가하고 있는 모든 사용자에게 동일하게 적용되기 때문에 치열한 경쟁 관계에 있는 사용자들은 최소한 노동비용에 관하여는 경쟁하지 않아도 된다.[453]

노동조합 측의 장점으로는[454] 첫째, 사용자집단과 교섭함으로써 동일한 지역 내지 산업에서 근로조건을 평준화시킬 수 있다.

둘째, 교섭비용을 절감할 수 있고 협약관리비용을 줄일 수 있다.

셋째, 사용자로부터 양보를 얻어내기가 용이하다. 경쟁적인 상품시장에서 개별적으로 교섭하게 되면 경쟁력 상실을 우려하는 사용자로부터 양보를 얻어내기가 어렵지만, 집단적으로 교섭하게 되면 노동비용에 차이가 없어지기 때문에 사용자로부터 교섭 사항에 대하여 양보받기가 용이해질 수 있다.

넷째, 가장 중요한 것으로 노동조합의 지위를 안정화시킬 수 있다. 복수사용자 교섭단위를 일단 인준받게 되면, 복수사용자 교섭단위를 대표하는 노동조합을 대체하는 것은 매우 어렵다. 경쟁노조가 교섭대표선거

---

452 NLRB v. Truck Drivers Local 449, 353 U.S. 87, 94, 95 (1957).
453 Jan Vetter, 앞의 논문, p.291.
454 Jan Vetter, 앞의 논문, p.290.

를 신청하기 위하여 교섭단위 내 근로자의 30% 이상의 서명을 받아야 하는데(법 제9조 (e)(1)), 복수사용자 교섭단위에서는 이것도 용이하지 않다. 그뿐만 아니라 교섭대표가 변경되기 위해서는 새로운 노조에 대하여 교섭단위 전체의 과반수의 찬성이 있어야 한다. 즉, 특정 공장의 모든 근로자가 교섭대표노조에 대하여 반대할 때에도 복수사용자 교섭단위 내 전체 근로자의 과반수가 되지 않으면 기존의 노조는 교섭대표권을 유지할 수 있다.[455]

이러한 장점에도 불구하고, 집단교섭이 더 확대되지 않는 이유는 집단교섭이 노사 양측에 단점으로 작용하는 경우도 있기 때문인데, 주된 요인은 상품시장의 구조에서 기인한다. 노조 측의 입장에서 볼 때에는 독과점시장이 존재하는 경우에는 노동조합은 집단교섭보다는 개별 교섭을 선호하게 된다. 이러한 시장에서는 소수의 대규모 사용자에 대하여 개별적으로 단체교섭을 신청하고 파업의 압력을 가하는 것이 다수의 소규모 사용자를 포섭하는 집단교섭보다는 더 많은 양보를 사용자로부터 받아낼 수 있다. 사용자 측의 입장에서 볼 때에는 독점시장에서 지배적인 사용자가 있는 경우 그 사용자는 집단교섭을 수용할 이유가 없다. 이러한 경우의 대표적인 예로는 자동차산업을 들 수 있다.[456]

(4) 복수사용자 교섭의 성립

앞에서 본 바와 같이 복수사용자 교섭단위는 원칙적으로 교섭단체 구성 사용자들과 노동조합이 "개별교섭보다는 집단교섭에 구속될 것이라는 명백한 의사"가 표명된 경우에만 인정된다.[457] 연방대법원의 판례에 따르

---

455 Joseph J. Callier, 243 NLRB 1114 (1979), enforced, 630 F.2d 595 (8th Cir. 1980); Sheridan Creations, Inc., 148 NLRB 1503 (1964), enforced, 357 F.2d 245 (2d Cir. 1966), cert. denied, 385 U.S. 1005 (1967).

456 Jan Vetter, 앞의 논문, p.291.

457 Joseph McDaniel, 226 NLRB 851, 852 (1976), enforced sub nom. NLRB v.

면 당해 교섭단위를 구성하는 개별 사용자 전체와 노동조합의 동의를 받아야 하는 것이다.[458] 이와 같은 당사자의 합의가 없는 경우에도 NLRB는 복수사용자 교섭단위를 인준하는지 여부를 결정할 때 당사자의 과거 교섭 실태와 행위 태양을 고려하여 결정하고 있다.[459] 따라서 당사자가 집단적으로 교섭하여 왔고 과거에 교섭 결과를 준수하여 왔다면 집단교섭단위는 인준될 가능성이 많다.[460] 여기에 해당하면 노동조합이나 특정한 개별 사용자가 집단교섭에 반대하는 경우에도 당사자는 그 반대 의사에도 불구하고 당해 단위에 구속된다고 NLRB는 판단하고 있다.[461]

이와 같이 미국에서는 관련 당사자의 명시적인 동의가 있는 경우만이 아니라 예외적으로 교섭 실태와 행위 태양에서 객관적으로 인정되는 경우에도 집단교섭의무를 부담하게 된다. 즉, 사용자가 공식적으로 사용자집단을 이루어 집단교섭을 하는 경우만이 아니라 비공식적으로 집단적으로 교섭하여 온 "실태"나 그러한 "행위 태양"이 있다면 그 경우에도 집단교섭단위가 성립하는 것이다. 따라서 복수의 사용자와 노조가 집단적으로 교섭은 하지만 단체협약은 각 사용자가 개별적으로 노동조합과 동일한 내용으로 체결하는 경우에도 집단교섭단위가 인정될 수 있다. NLRB는 과거의

Beckham, Inc., 564 F.2d 190 (5th Cir. 1977); Bill O'Grady Carpet Serv., Inc., 185 NLRB 587 (1970); Korner Kafe, Inc., 156 NLRB 1157 (1966); Fairbanks Dairy, 146 NLRB 893 (1964).

458 NLRB v. Sheridan Creations, Inc., 357 F.2d 245, 248 (2d Cir. 1966), cert. denied, 385 U.S. 1005 (1967).

459 Electric Theatre, Inc., 156 NLRB 1351 (1966); Jahn-Tyler Printing & Publishing Co., 112 NLRB 167 (1955).

460 "사용자들이 복수사용자 교섭에 기한 근로자와의 단체교섭의 지배적 역사를 형성하여 왔다면 NLRB는 그러한 단위를 적절한 것으로 거의 항상 인준할 것이다"(Continental Baking Co., 99 NLRB 777 (1952)).

461 예컨대 Shreveport-Bossier Cleaners & Laundries, Inc., 124 NLRB 534 (1959); Stouffer Corp., 101 NLRB 1331 (1952); Crucible Steel Castings Co., 90 NLRB 1843 (1950); Waterfront Employers Ass'n, 71 NLRB 80 (1946).

집단교섭 실태가 없는 때에도 관련된 모든 기업이 유사한 근로조건과 상호 고용상 이익이 인정되고 노동조합도 집단교섭을 선호하고 있는 경우에는 독자적인 교섭에 대한 개별 사용자의 명시적인 의사에도 불구하고 집단교섭의무를 부담한다고 보고 있다.[462]

노동조합 측은 집단교섭을 결정할 때 개별 근로자의 동의나 협의를 필요로 하지 않는다. 즉, 집단교섭단위 내 모든 근로자의 과반수를 대표하고 있는 노동조합은 처음부터 교섭단위 전체를 대상으로 하여 과반수의 지지를 받아 교섭대표권을 인정받는 것이 아니라 각 공장별로 과반수의 지지를 받은 때에는 노동조합이 사후에 개별 교섭할 것인지 집단교섭할 것인지를 결정할 수 있다. 따라서 특정 공장의 과반수 근로자가 집단교섭에 반대하더라도 이들 근로자에게는 독자적인 교섭권이 인정되지 않는다.[463]

(5) 복수사용자 교섭단위로부터의 이탈

집단교섭단위, 즉 복수사용자 교섭단위에서 개별 사용자가 임의적으로 이탈하는 것은 원칙적으로 금지된다. 따라서 집단교섭단위에서 사용자단체와 노동조합 간의 교섭이 결렬되어 있다는 이유만으로 개별 사용자가 사용자단체에서 탈퇴하여 개별교섭할 수는 없다. 다만 사용자가 심각한 경제적 어려움에 처해 있는 경우[464] 또는 교섭단위가 지나치게 파편화되는 경우와[465] 같은 예외적인 상황이 있는 경우에만 집단교섭단위로부터 탈퇴

---

462 Checker Cab Co., 141 NLRB 583, 587 (1963), enforced, 367 F.2d 692 (6th Cir. 1966), cert. denied, 385 U.S. 1008 (1967). 이 사건은 택시업에 관한 사건이다. 택시업 사용자를 구성원으로 하는 단체가 구성 사용자와 노조 간의 개별교섭을 주장하였으나, NLRB는 위의 논리로 사용자의 집단교섭 의무를 인정하였다.

463 Stouffer Corp., 101 NLRB 1331, 1332 n.3 (1952).

464 Atlas Electrical Serv. Co., 176 NLRB 827, 830 (1969); Spun-Jee Corp., 171 NLRB 557, 558 (1968); United States Lingerie Corp., 170 NLRB 750, 751 (1968).

465 Typographic Serv. Co., 238 NLRB 1565, 1566 (1978); Connell Typesetting Co.,

하고 개별 교섭이 가능하다.[466]

교섭이 개시된 이후에 집단교섭에서 벗어나 개별교섭할 수 있는 "심각한 경제적 어려움"이 인정되기 위하여 NLRB는 사용자의 경제적 생존에 대한 실제적 위협(real threat)이 필요하다고 하여 엄격하게 판단하고 있다. "교섭단위의 지나친 파편화"는 구체적인 사건에 따라 개별적으로 판단하고 있다. 예컨대 단체 구성 사용자 14명 중 단위 내 총 근로자의 42%를 고용한 2명의 사용자가 집단교섭에서 이탈한 경우,[467] 11명의 사용자로 구성된 교섭집단에서 교섭집단 내 전체 근로자의 30%를 고용하고 있는 1명의 사용자가 이탈한 경우[468]에는 교섭단위의 지나친 파편화는 인정되지 않았다. 반면 교섭단위를 구성하는 36명의 사용자 중 23명이 이탈하였는데, 이들이 전체 근로자 209명 중 173명을 고용하고 있는 경우[469]에는 교섭단위의 심각한 파편화를 인정하여 개별교섭을 인정하였다. NLRB는 교섭단위의 지나친 파편화인지 여부를 판단할 때 특정 사용자가 교섭집단에서 차지하고 있는 교섭력의 정도는 고려하지 않고 있기 때문에[470] 전체적으로는 상당히 엄격하게 해석하고 있음을 알 수 있다.

NLRB는 심각한 경제적 어려움이나 교섭단위의 지나친 파편화가 발생하는 경우 이외에는 교섭이 개시된 이후의 교섭단체 이탈을 허용하지 않기 때문에 교섭이 결렬된 경우,[471] 교섭단위를 구성하는 사용자가 개별적

---

212 NLRB 918, 921 (1974).

466 Charles D. Bonanno Linen Service, Inc. v. NLRB, 454 U.S. 404 (1982).

467 Tobey Fine Papers, 245 NLRB 1393 (1979), enforced on other grounds, 659 F.2d 841 (8th Cir. 1981).

468 Birkenwald, Inc., 243 NLRB 1151 (1979).

469 Connell Typesetting Co., 212 NLRB 918 (1974).

470 Charles D. Bonanno Linen Serv., Inc., 243 NLRB 1097 (1979).

471 Golden Bear Motors, Inc., 245 NLRB 300 (1979); Florida Fire Sprinklers, Inc., 237 NLRB 1034 (1978); Bill Cook Buick, Inc., 224 NLRB 1094 (1976); Hi-Way Billboards, Inc., 206 NLRB 22 (1973), enforcement denied, 500 F.2d 181 (5th Cir. 1974).

으로 노동조합과 잠정협정을 체결한 경우,[472] 노동조합의 과반수 대표 지위에 대하여 사용자가 의문을 제기한 경우,[473] 특정 사용자가 자신의 종업원 중 조합원을 모두 해고한 경우,[474] 사업 실적이 저하된 경우[475] 등에 대하여 개별교섭을 허용하지 않고, 집단교섭으로부터의 이탈은 부당노동행위로 된다.[476]

그러나 개별 사용자가 단체교섭이 행해지기 전에 명확한 의사 표시에 기하여 탈퇴하는 것은 원칙적으로 허용된다.[477] 복수사용자단체에서 탈퇴하고자 하는 사용자는 새로운 단체협약 체결을 위한 교섭이 개시되기 전에 서면으로 명백하게 탈퇴 의사를 밝히고 이를 노동조합에게 통고하여야 한다.[478] 복수사용자단위에서 단체교섭이 개시된 지 2개월 후 탈퇴 의사를 밝히는 경우 그 탈퇴는 무효이다.[479]

복수사용자 단체교섭단위로부터 노동조합이 이탈하는 것에 대해서도

---

472 잠정협약의 체결이 예외적인 상황에 해당하지 않는다고 판단한 근거는 그러한 협약은 교섭단위 구조에 대한 사용자의 정당한 기대를 침해하지 않는다는 것이다(Charles D. Bonanno Linen Service, Inc., 243 NLRB 1093 (1979), enforced, 630 F.2d 25 (1st Cir. 1980), aff'd, 454 U.S. 404 (1982); Hi-Way Billboards, Inc., 206 NLRB 22 (1973), enforcement denied, 500 F.2d 181 (5th Cir. 1974)).

473 Sheridan Creations, Inc., 148 NLRB 1503 (1964), enforced, 357 F.2d 245 (2d Cir. 1966), cert. denied, 385 U.S. 1005 (1967).

474 John J. Corbett Press, Inc., 163 NLRB 154, 156 (1967), enforced, 401 F.2d 673 (2d Cir. 1968).

475 Serv-All Co., 199 NLRB 1131, 1141 (1972), enforcement denied, 491 F.2d 1273 (10th Cir. 1974).

476 H & D, Inc. v. NLRB, 670 F.2d 120 (9th Cir. 1982); Charles D. Bonanno Linen Service, Inc., 243 NLRB 1093 (1979), enforced, 630 F.2d 25 (1st Cir. 1980), aff'd, 454 U.S. 404 (1982); Hi-Way Billboards, Inc., 206 NLRB 22 (1973), enforcement denied, 500 F.2d 181 (5th Cir. 1974).

477 NLRB v. Spun-Jee Corp., 385 F.2d 379 (2d Cir. 1967).

478 Sheet Metal Workers' Intern. Ass'n Local 19 v. Herre Bros., Inc., 201 F.3d 231 (3d Cir. 1999).

479 Sound Contractors Ass'n, 162 NLRB 364 (1966).

사용자에게 적용되는 법리가 그대로 적용된다.[480]

4. 근로자 범주에 따른 교섭단위의 유형

1) 근로자가 아닌 자

연방노동관계법(NLRA)에 따르면,[481] 교섭단위는 NLRA에 정의된 근로자만으로 구성되어야 한다.[482] 근로자들이 회사 주식의 과반수를 소유하고 있고 경영권을 행사하고 있는 경우에 그 교섭단위는 적정성이 없다고 판단되고 있다. 경영 또는 노무정책 형성에의 참가 정도는 주식을 소유하고 있는 근로자가 교섭대표권을 가질 수 있는지 여부를 판단하는 데 핵심적인 요소이다.[483] 그러나 고위직 지위를 가진 근로자[484] 또는 군인[485]은 적정 교섭단위에 포함될 수 있다.

당사자는 법적인 의미의 근로자가 아닌 자를 교섭단위에 포함시키는 합의를 할 수 없다.[486]

---

480 Pacific Coast Ass'n of Pulp & Paper Mfrs., 163 NLRB 892 (1967). 이 사건에서 NLRB는 복수사용자 단위로부터 탈퇴하겠다는 노동조합의 명시적인 요청이라는 요건은 사용자에게 적용되는 것과 동일하다고 판단하고 있다. 그러나 복수사용자 교섭단위에 속한 특정 사용자의 4개 공장 중 2개 공장에서만 탈퇴하겠다는 노동조합의 의사는 무효라고 판단하였다.

481 29 U.S.C.A. § 159(b).

482 Booth Broadcasting Co., 134 NLRB 817 (1961).

483 Science Applications Corp., 309 NLRB 373 (1992). 이 사건에서 NLRB는 근로자들이 주식의 과반수 미만을 소유하고 있고 달리 경영에 참가하고 있지 않다는 이유로 근로자는 완전한 교섭대표권을 가질 수 있다고 판단하였다.

484 Shayne Bros., Inc., 213 NLRB 113 (1974).

485 Winsett-Simmonds Engineers, Inc., 164 NLRB 611 (1967).

486 The Oakland Press Co., 266 NLRB 107 (1983).

2) 전문직 근로자

"전문직(professionals)"은 "근로자"로서 보호를 받기는 하지만, 다른 근로자와는 구별된다. NLRA는 전문직 직종은 그 과반수가 비전문직 근로자가 포함된 단위에 같이 포함되는 것에 동의하지 않는 한 비전문직 근로자와 함께 동일한 교섭단위에 속할 수 없다고 규정하고 있기 때문이다.[487] 전문직 근로자는 독자적인 교섭대표를 선출하거나 전문직 근로자의 과반수 찬성이 있는 경우에는 비전문직을 포함하는 교섭단위를 구성할 수 있다.[488]

전문직 근로자 지위 결정을 위해서는 관련된 직무기재서(job description)와 수행하는 업무에 대한 상세한 분석이 필요하다. 전문직 근로자인지 여부는 그 담당 업무가 지적이고 비일상적인 것인지 여부, 업무가 재량권의 행사와 독자적인 판단을 포함하는지 여부, 시간에 의하여 정형화될 수 없는 것인지 여부, 특수한 훈련을 받은 고도의 지식을 요하는지 여부에 따라 판단된다.[489] 또한 NLRB는 직업상담원, 물리치료교사, 특수교육교사, 예술치료사, 무용치료사 등은 그 기능이 특수한 고등 지식을 요하는 것이 아니고 급여 수준이 상대적으로 낮다는 이유로 전문직 근로자가 아니라고 판단하고 있다.[490]

전문직의 범주에는 이미 자격을 갖춘 전문직의 감독 하에서 전문직으로 근로할 자격을 갖추기 위하여 특수한 교육과정을 완료하고 수습하고 있는 자도 포함된다.[491]

3) 경비직

NLRB는 경비직(guards)과 비경비직을 동일한 적정교섭단위에 둘 수

---

487 29 U.S.C.A. § 159(b).
488 Leedom v. Kyne, 358 U.S. 184, 79 S. Ct. 180, 3 L. Ed. 2d 210 (1958).
489 29 U.S.C.A. § 152(12).
490 Lakeshore Manor, Inc., 225 NLRB 908 (1976).
491 29 U.S.C.A. § 152(12).

없다고 하고 있다.[492]

경비직은 사용자의 재산과 사용자시설 내에서 사람의 안전을 보호하기 위하여 채용된 근로자를 말한다.[493] 백화점 피팅룸 관리자,[494] 비무장 택배 운전기사,[495] 공장 화재 예방 및 진화 요원(소방관),[496] 트럭 기사,[497] 창고 직원은[498] 경비직으로 판단되고 있다.

NLRA는 경비직과 경비직이 아닌 자 양자를 대표하는 혼합 노동조합에 대한 인준을 금지하고 있으나, 그렇다고 하여 사용자가 그러한 노동조합을 자발적으로 승인하는 것이 금지되는 것은 아니며, NLRB가 경비직만으로 구성된 교섭단위를 적정한 것으로 판단하는 것을 금지하고 있는 것도 아니다.[499]

4) 기술직 근로자

기술직 근로자(technical employees)는 전문직 근로자의 엄격한 요건을 갖추지 못하고 있기는 하지만, 그 업무가 독립된 판단의 활용과 특별한 훈련의 행사를 요하는 특수한 성격을 가지는 자이다. 그러한 훈련은 통상적으로 대학이나 기술전문학교 또는 특수한 교육과정을 통하여 습득된다.[500]

---

492 Elite Protective & Sec. Services, 300 NLRB 832 (1990).

493 29 U.S.C.A. § 159(b)(3).

494 The Broadway, 215 NLRB 46 (1974).

495 Local 851, Intern. Broth. of Teamsters, Chaueffeurs, Warehousemen and Helpers of America v. NLRB, 732 F.2d 43 (2d Cir. 1984).

496 McDonnell Aircraft Co., a Div. of McDonnell Douglas Corp. v. NLRB, 827 F.2d 324 (8th Cir. 1987).

497 Drivers, Chauffeurs & Helpers Local 639, 211 NLRB 687 (1974).

498 Raymond Metal Products Co., 223 NLRB 127 (1976). 근로시간의 25% 이상을 통상적인 경비활동에 종사하는 자인 경우.

499 General Service Employees Union, Local No. 73, SEIU, AFL-CIO, CLC v. NLRB, 230 F.3d 909 (7th Cir. 2000).

다른 근로자와 함께 기술직 근로자를 하나의 교섭단위에 포함시킬 수 있는지는 다른 근로자와 기술직 사이의 이익의 공통성에 달려 있다. 기술직 근로자는 다른 근로자의 교섭단위에서 자동적으로 배제되는 것은 아니다.[501] 그러나 기술직 근로자가 신청된 교섭단위에서 다른 기술직 근로자들과는 충분하게 구별되는 기능을 수행하고 있는 경우에는 이들의 교섭단위를 다른 근로자들의 교섭단위와 분리시키는 것은 정당하다.[502] 이와 관련하여 그 기술직 범주 내에 속하는 모든 근로자를 포함하고 있지 않으면 기술직 근로자의 독립한 교섭단위는 적정하지 않은 것으로 판단된다.[503] 따라서 방사능 활동과 방사능 수준을 모니터하는 방사능 통제기사는 독립된 교섭단위에 속하여야 하는 부수적 업무를 수행하는 다른 기술직 근로자와 기능적으로 구분되는 그룹은 아니다. 다른 기술자들과 함께 일하고 이들로부터 직접적인 지원 서비스를 제공받아야 하기 때문에 이들은 완전히 통합되고 상호의존적이기 때문이다.[504]

5) 복수 업무 수행 근로자

둘 이상의 기능을 수행하고 있는 근로자는 자신의 통상 근로시간의 51% 미만을 특정 교섭단위가 대상으로 하는 업무에 소요하고 있는 경우에도 그 단위에 포함될 수 있다.[505] 그러나 그러한 근로자는 관련된 단위에 항상 포함될 필요는 없다.[506] 교섭단위 대상 업무에 소요하는 시간의 양은 교섭단위의 적정성을 판단하는 증거의 하나에 불과하며, 이익의 공통성을 보여 주는 다른 요소가 결여되어 있지 않은 한 결정적인 것은 아니다.[507]

---

500 Western Gear Corp., 160 NLRB 272 (1966).

501 Westinghouse Electric Corp., 163 NLRB 914 (1967).

502 New Orleans Public Service, Inc., 215 NLRB 834 (1974).

503 Astronautics Corp. of America, 210 NLRB 650 (1974).

504 Westinghouse Elec. Corp., 300 NLRB 834 (1990).

505 Berea Pub. Co., 140 NLRB 516 (1963).

506 NLRB v. Sunnyland Refining Co., 474 F.2d 407 (5th Cir. 1973).

복수 업무를 수행하는 근로자는 특정 교섭단위의 작업 조건에 상당한 이해관계를 가지고 있다는 것을 입증할 정도로 충분한 시간 동안 그 교섭단위의 다른 근로자와 유사한 업무를 통상적으로 수행한다면 그 단위에 포함될 수 있다.[508] 예컨대 복수 업무를 수행하는 근로자가 특정 교섭단위 내 일반적인 근로자가 수행하는 것과 유사한 택배 배송 업무에 자신의 근로시간 중 30~50%를 투입하고 있는 경우에는 이익의 공통성이 인정된다.[509] 이중적 업무를 수행하는 근로자인 박판철강 근로자들이 실제로는 철강 근로자로 되었다고 하더라도 이들이 동일한 철강패널 작업에 종사하고 있는 경우에는 박판철강 교섭단위에 속한다.[510]

6) 기밀직 근로자

기밀직 근로자(confidential employees)는 교섭단위에서 제외된다.[511] 따라서 기밀직 근로자는 교섭대표자를 선출할 수 없다. 즉, 기밀직 근로자는 단체교섭의 주체가 될 수 없다. 이와 같이 교섭단위에서 기밀직 근로자를 배제하는 취지는 노사관계 문제에 대하여 기밀을 기대하는 사용자와, 교섭상 우위를 얻기 위하여 기밀 사항에 접근하려고 하는 노동조합 사이에서 이들의 성실성이 유지되지 못하는 것을 방지하기 위한 것이다.[512]

NLRA에 기하여 교섭단위에서 배제되는 기밀직 근로자가 되기 위하여는 그 근로자가 이용할 수 있는 노동 관련적 기밀 정보가 노동조합에 대하

---

507 NLRB v. Georgia, Florida, Alabama Transp. Co., 566 F.2d 520 (5th Cir. 1978).

508 Medline Industries, Inc. v. NLRB, 593 F.2d 788 (7th Cir. 1979).

509 Wilson Engraving Co., Inc., 252 NLRB 333 (1980).

510 M.R.S. Enterprises, Inc. v. Sheet Metal Workers' Intern. Ass'n, Local 40, 429 F. Supp. 2d 72 (D.D.C. 2006).

511 Westinghouse Elec. Corp. v. NLRB, 398 F.2d 669 (6th Cir. 1968).

512 One Equal Voice v. Illinois Educ. Labor Relations Bd., 333 Ill. App. 3d 1036, 267 Ill. Dec. 845, 777 N.E.2d 648, 170 Ed. Law Rep. 775 (1st Dist. 2002), appeal denied, 202 Ill. 2d 674, 272 Ill. Dec. 359, 787 N.E.2d 174 (2003).

 미국 교섭대표노동조합 결정의 법리와 실제

여 이미 알려진 것이 아닌 정보이거나 또는 기밀 유지 과정에 있는 정보여야 한다.[513]

노동관계 정책을 형성 · 결정 · 실시하는 경영진을 지원하고 기밀 업무를 다루는 자는 기밀직 근로자로서 교섭단위에서 배제된다.[514] 도서관 관장 비서가 경영정책의 형성, 결정 및 시행에 책임을 부담하는 자를 위하여 일을 하고 있지 않고 비서 사무실에서 그가 보관하고 있는 기록이 모두 공개적인 것인 경우, 그 도서관 관장의 비서는 교섭단위에서 배제되는 기밀직 근로자는 아니다.[515]

기밀 사항인지 여부는 법에 따라 객관적으로 해석되어야 하고, 회사 취업규칙에서 기밀 사항으로 분류되어 있다는 것만으로 그 사항을 다루는 근로자가 기밀직 근로자로서 단체교섭을 할 수 없는 것은 아니다. 회사 업무규칙에서 기밀 사항으로 분류되어 있는 것이 NLRA에 기한 근로자 활동을 명시적으로 금지하는 것도 아니고 그 근로자가 그 기밀규칙에 대한 논의를 금지하고 있는 것으로 해석하였다는 증거가 없다고 하더라도, 근로자가 그 문언을 다른 근로자나 노동조합과 임금 기타 근로조건에 관하여 논의할 자신의 권리를 제한하는 것으로 해석할 가능성이 합리적으로 존재할 수 있었다면, 그러한 기밀 사항은 지나치게 광범위하여 이들 근로자를 교섭 주체에서 배제하는 것은 불법이라고 NLRB가 판단한 사례가 있다.[516] "회사나 파트너"에 관한 "일체의 정보"의 공개를 금지한 회사 업무규칙의 기밀 사항 문언을 근로자가 다른 근로자나 노동조합과 임금 기타 근로조건에 관하여 논의할 권리를 제한한 것으로 해석할 가능성

---

513 NLRB v. Meenan Oil Co., L.P., 139 F.3d 311 (2d Cir. 1998).

514 Westinghouse Elec. Corp. v. NLRB, 398 F.2d 669 (6th Cir. 1968); NLRB v. Lorimar Productions, Inc., 771 F.2d 1294 (9th Cir. 1985).

515 Board of Trustees, Robert H. Champlin Memorial Library v. Rhode Island State Labor Relations Board, 694 A.2d 1185 (R.I. 1997).

516 Cintas Corp. v. NLRB, 482 F.3d 463 (D.C. Cir. 2007).

이 있다고 판단한 NLRB의 판단에 대하여 항소법원은 타당하다고 판결하였다.[517]

근로자의 감독자가 단체교섭에 적극적으로 참여하고 있는 것은 노동관계 분야에서 실질적이고 의미있는 업무를 행하고 있다는 것을 나타내는 것일 수 있기 때문에 그 근로자가 기밀적 지위에 있다는 결정이 내려질 수 있다.[518] 그러나 사실이나 통계에 관한 정보를 제공하거나 교섭위원에 대하여 조언을 제공하지만 교섭에 적극적으로 참여하고 있지 않은 자는 노동관계 분야에서의 경영정책을 형성 · 결정 또는 실시하는 것이라고 할 수 없다.[519] 또한 관리직에 있는 자의 책임이 자신의 특정 부서나 과에만 미치고 전체 공장 차원 또는 회사 차원에는 미치지 않는 경우 그 관리직은 노동관계 정책을 형성, 결정 또는 실시한다고 할 수 없다.[520]

근로자의 감독자가 고충처리 활동에 참여하고 있다는 것은 기밀직 근로자인지 여부를 결정할 때 판단 요소의 하나이기는 하지만,[521] 그 자체로 그 감독자의 부하직원이 기밀직 근로자로 되는 것은 아니다.[522]

단시간 근로자가 독자적으로 기밀직 근로자의 필요 기준을 충족하고 있는 경우에는 그 단시간 근로자는 기밀직 근로자로서 교섭단위에서 배제된다.[523] 그러나 노동관계에 관한 책임을 부담하는 회사 간부를 위하여 일하는 단시간 근로자들이라고 하더라도 그 간부에 대하여 밀접하고 기밀적인 관계가 없는 경우에는 기밀직 근로자가 아니다.[524]

한편 기밀직 근로자를 대체한 자가 독자적으로 NLRB가 설정한 기밀직

517 Cintas Corp. v. NLRB, 482 F.3d 463 (D.C. Cir. 2007).

518 Vulcanized Rubber & Plastics Co., Inc., 129 NLRB 1256 (1961).

519 Standard Brands, Inc. (Peekskill, N. Y.), 101 NLRB 1349 (1952).

520 Westinghouse Elec. Corp. v. NLRB, 398 F.2d 669 (6th Cir. 1968).

521 National Cash Register Co., 168 NLRB 910 (1967).

522 Chrysler Corp., 84 NLRB 516 (1949).

523 Gulf States Telephone Co., 101 NLRB 270 (1952).

524 Grocers Supply Co., 160 NLRB 485 (1966).

의 기준을 충족하지 않는 한 그 근로자는 기밀직 근로자가 아니다.[525]

7) 상시적 단시간 근로자

상시적 단시간 근로자(regular part-time employees)는 풀타임 근로자와 충분한 이익의 공통성이 있는 경우에는 교섭단위에 일반적으로 포함된다.[526] 단시간 근로자가 시간급으로 임금 지급을 받으며 휴일수당과 연차휴가수당에서 상이한 요건의 적용을 받는다고 하더라도 충분한 이익의 공통성이 인정될 수 있다. NLRB는 단시간 근로자가 적정교섭단위에 포함될 수 있는지 여부를 판단할 때는 다른 근로자에게 적용되는 것과 동일한 객관적인 요소를 단시간 근로자에게 적용하여야 한다고 하고 있다.[527] 그러나 NLRB는 노동조합과 사용자가 단시간 근로자 사용을 제한하고 그러한 근로자를 교섭단위에서 배제하기로 하는 합의를 한 경우 단시간 근로자는 적정교섭단위에서 배제된다고 하고 있다.[528]

상시적 단시간 근로자는 다른 곳에서는 노동조합에 의하여 대표되는 상시적 고용이라는 이유만으로 교섭단위에서 배제할 수는 없다.[529]

상시적 단시간 근로자가 근로하는 근로시간 수는 상당히 관련되는 요소이기는 하지만 그 자체가 그 자가 교섭단위에 포함될 것인지를 결정하는 요소는 아니다.[530]

8) 기타 근로자

적정교섭단위에 포함될 수 있는 다른 범주의 근로자에는 수습 중인 자,

---

525 Phillips Chemical Co., 91 NLRB 568 (1950).

526 Westchester Plastics of Ohio, Inc. v. NLRB, 401 F.2d 903 (6th Cir. 1968).

527 Sears, Roebuck & Co., 193 NLRB 330 (1971).

528 Kardon Chevrolet, Inc., 249 NLRB 598 (1980).

529 Paragon Products Corp., 134 NLRB 662 (1961).

530 NLRB v. Greenfield Components Corp., 317 F.2d 85 (1st Cir. 1963).

직업훈련 중인 자, 시용 중인 자 등이 있다. 이러한 근로자는 상시 근로자의 교섭단위에 포함될 수 있다.[531]

휴직 중에 있는 근로자는 그 근로자가 합리적인 기간 내에 그리고 당해 교섭단위에 존재하고 있는 근로조건에 대해 현존하는 이해를 가진 경우에는 교섭단위에 포함된다.[532] 부당하게 기간 만료된 근로자나 해고된 근로자는 근로 복귀에 대하여 합리적인 기대를 가지고 있고, 따라서 여전히 "근로자"인 경우에는 교섭단위에 포함된다.[533]

풀타임 근로자나 상시 단시간 근로자와 이익의 공통성을 공유하지 않는 임시직 근로자는 대표선거의 투표권이 없다.[534] 다양한 근무시간대에서 다양한 근무조로 비정기적으로 근로하며 다른 근로자와 비교하면 임금이 매우 적은 임시직 근로자는 상시 근로자의 교섭단위에서 제외된다.[535] 이와 같이 임시직 근로자는 교섭단위에서 제외되는 경우가 많기는 하지만 기간의 정함이 없는 계절적 근로자가 교섭단위 내 근로자와 상당한 이익의 공통성이 있는 경우[536] 또는 당사자가 이들 근로자를 교섭단위에 포함시키는 관행이 있는 경우[537]에는 교섭단위에 포함될 수 있다.

5. 산업별 교섭단위의 유형

1) 제조업

제조업의 경우 일반적으로 생산직 교섭단위와 유지보수직 교섭단위는

---

531 Johnson's Auto Spring Service, 221 NLRB 809 (1975).

532 Kinkel, John & Son, 157 NLRB 744 (1966).

533 Marlene Industries Corp., 171 NLRB 848 (1968).

534 TradeSource, Inc. v. NLRB, 17 Fed. Appx. 159 (4th Cir. 2001).

535 Mead Nursing Home, 229 NLRB 620 (1977).

536 William J. Keller, Inc., 198 NLRB 1144 (1972).

537 See's Candy Shops, Inc., 231 NLRB 156 (1977).

각각 적정한 것으로 판단되고 있다.[538] 생산직 근로자와 유지보수직 근로자는 근로조건, 기술 및 기능이 각각 분리되어 있고 생산직 교섭단위와 유지보수 교섭단위 사이에 근로자의 상호 교류가 거의 없는 지역으로 이전된 이후에도 양자는 각각 독자적인 교섭단위가 될 수 있다.[539]

분명하게 구별할 수 있는 유지보수직 근로자에 대한 독자적인 교섭단위는 이를 포함하는 교섭 연혁이 없는 경우에는 적정할 수 있다.[540] 그러나 NLRB는 전통적으로 당해 산업에서의 교섭 연혁에서 독자적인 교섭단위로 인정받고 있는 경우가 아니라면 이미 확립된 하나의 교섭단위로부터 유지보수직 교섭단위의 분리를 인정하지 않고 있다.[541]

제조공장 내 사무실에서 근로하고 있고 회사의 주된 사무실 빌딩에서 근로하는 근로자와 인적 접촉이 거의 없는 사무직 근로자는 공장 사무직(plant clerical) 단위에 속하고, 사무실 사무직(office clerical) 단위에 속하는 것은 아니다.[542]

생산 및 재고 통제 기록을 보관하고 생산진행보고서를 작성하고 생산 및 유지보수 직원과 같은 근로시간을 근로하며 동일한 후생복리를 받고 있는 "생산통제조정인(production control coordinator)"과, 작업 현장에서 대부분의 시간을 자재의 확인 및 전달, 생산 기록의 유지에 투입하며 생산 및 유지관리 근로자와 동일한 복리후생과 편의시설을 공유하고 있는 "공급계원(expediter)"은 '공장 사무직' 단위에 포함되는 것으로 판단되고 있다. 반면, 일반 사무실 지역에서 업무를 배당하고 기록을 유지하며 생산 및 유지관리 근로자와는 다른 근로시간과 휴가제도의 적용을 받는 "계약조정자(contracts coordinator)", 공장의 생산지역에서 벗어난 사무실에서 근로하

---

538 Myers Drum Co., 165 NLRB 1060 (1967).

539 NLRB v. Paper Manufacturers Co., 786 F.2d 163 (3d Cir. 1986).

540 Wah Chang Albany Corp., 171 NLRB 385 (1968).

541 Madison General Hosp. Ass'n, 218 NLRB 954 (1975).

542 Fisher Controls Co., 192 NLRB 514 (1971).

고 사무실 사무직과 동일한 근로시간을 근무하며 공장장의 감독을 받지 않는 "비용조정인(cost coordinator)"과 "자재조정인(material coordinator)", 공장 현장에서 벗어난 일반 사무실 지역에서 근로시간의 90%를 소요하며 주된 업무가 자재와 노동비용에 관한 정보 수집에 있는 "견적인(estimator)"은 "사무실 사무직"으로 판단되어 독자적인 교섭단위가 인정된다.[543]

사무실 사무직과 공장 사무직 양자의 성격을 공유하지만 그 업무가 생산 과정과 관련되어 있는 근로자는 공장 사무직에 더 가까우며, 따라서 생산 및 제조 근로자 교섭단위에 포함된다.[544] 공정설계자는 생산 현장에서 주당 1시간 이하 근로하는 데 불과하고 신용분석가는 학사학위를 가지고 생산직 근로자와는 아무런 접촉을 하지 않았으며, 양자는 생산 현장에서 떨어진 사무실 빌딩에서 근로하고 있는 경우, 공장 사무직인 위 공정설계자와 신용분석가 2명을 애완식량 포장지를 제조하는 생산직 근로자로 이루어진 교섭단위에서 제외한 NLRB의 판단에 대하여 법원은 타당하다고 보았다.[545]

현장 사무직 근로자가 선거에서 생산 및 유지보수 근로자 노동조합에 의하여 대표되기를 희망한 경우 이들은 생산 및 유지보수 교섭단위에 포함된다. 그러나 사무실 사무직 근로자는 생산 및 유지보수 교섭단위에서 제외된다. 반대의 약정이 없는 한 NLRB는 일반적으로 사무실 사무직과 현장 사무직을 단일한 교섭단위에 포함하지 않고 있다.[546]

2) 언론산업

언론산업에서 NLRB는 생산시설과 관련하여 생산직 교섭단위와 유지보수직 교섭단위를 통합한 하나의 단일한 단위를 선호하는 경향에 있다.

---

543 Container Research Corp., 188 NLRB 586 (1971).
544 Columbia Textile Services, 293 NLRB 1034 (1989).
545 Werthan Packaging, Inc. v. NLRB, 64 Fed. Appx. 476 (6th Cir. 2003).
546 Fisher Controls Co., 192 NLRB 514 (1971).

NLRB는 신청 교섭단위에 대한 교섭 연혁이나 당사자 간의 합의가 없을 때에는 교섭단위 분리를 구하는 근로자의 이익의 공통성에 따라 케이스 바이 케이스로 판단하고 있다.[547]

신문산업의 경우 NLRB는 전통적으로 기계공이 아닌 근로자로 구성되는 모든 단위를 적정하다고 판단하고 있다.[548] 그러나 제4항소법원은 신문사의 홈페이지 부문의 근로자는 독자적인 그룹으로서의 정체성을 가지고 있기 때문에 뉴스 및 편집 부문 근로자와 다른 독자적인 교섭단위로 판단될 수 있고, 따라서 그러한 단위에 추가될 수 없다고 판단하고 있다. 그 부서는 독립적인 부서로서 일상적으로 효과적으로 운영되고 있고, 그 직접 감독자는 그 부서에 대하여 지시를 행하며 다른 부서와 중복되지 않고, 그 부서 근로자는 신문 제작에 참여하지 않으며 상이하게 임금을 지급받고 있고, 신문 제작에 고용된 자와 다른 기술과 전문성을 가져야 하기 때문이다.[549] 시급(時給)으로 급여를 지급받는 신문배달원이나 신문배달 관리자(route managers)는 배급업자 단위, 트럭 배달원(jumpers) 단위, 영업보조원(sales helpers) 단위, 휴가자 대체근로자 단위에 포함되지 않는다.[550]

3) 운송업

철도노동법(Railway Labor Act)의 적용 대상이 아닌 항공운항 관련 근로자로 구성되는 교섭단위에는 각각 항공배차원(aircraft dispatchers) 단위, 항공승무원 단위(flight crews), 비행터미널의 유지보수 기계공 및 램프 조작원 단위, 조종사·부조종사·비행엔지니어로 구성된 항공승무원 단위가 각각 별도로 인정되고 있다.[551]

---

547 Doubleday & Co., 165 NLRB 325 (1967).
548 Valley News and Green Sheet, 223 NLRB 455 (1976).
549 Baltimore Sun Co. v. NLRB, 257 F.3d 419 (4th Cir. 2001).
550 Atlanta Newspapers, 263 NLRB 632 (1982).
551 Air California, 170 NLRB 18 (1968).

그러나 항공운송기 운행과 관련하여 동일한 기본적 직무 분류에 속한 근로자라도 상이한 장소에서 근로하여 이익의 공통성이 결여되어 있는 경우에는 동일한 단위에 속하지 않는다.[552]

버스회사와 관련해서는 회사의 조직기구상 부서와 일치하는 부서 단위,[553] 운영유지 업무 근로자에 대한 회사 전체 차원의 단위,[554] 다른 회사에서 상당한 잔업을 수반하는 풀타임 일자리를 가진 단시간 근로자를 제외한 버스운전사 및 유지보수 근로자 단위[555] 등이 적정한 것으로 판단되고 있다.

택시회사와 관련해서는 비영리택시사업자협회의 구성원인 모든 사용자 소속 택시기사를 하나의 단위로 한 것을 적정하다고 판단한 예가 있다.[556] 다만 택시사업자협회 소속 택시기사로 구성되는 하나의 교섭단위에서 정비근로자(service employees)는 제외된다.[557] 지입택시 차량의 운전기사는 사용자 소속 운전기사와 충분한 이익의 공통성이 없기 때문에 그 운전기사의 교섭단위에 포함되지 않는다.[558]

트럭회사와 관련해서는 화물트럭기사의 단일한 화물터미널 단위가 적정한 것으로 일반적으로 판단되고 있다.[559] 트럭산업과 관련해서는 다음과 같은 단위도 적정한 것으로 판단된다. 즉, 정비기사를 제외한 트럭기사로 구성되는 하나의 교섭단위,[560] 특정 지역의 트럭기사와 일부 다른 지

---

552 Beckett Aviation Corp., 254 NLRB 88 (1981).

553 NLRB v. Norfolk Southern Bus Corp., 159 F.2d 516 (4th Cir. 1946).

554 NLRB v. Eastern Massachusetts St. Ry. Co., 235 F.2d 700 (1st Cir. 1956).

555 Simmons, 171 NLRB 1469 (1968), decision supplemented, 179 NLRB 641 (1969).

556 NLRB v. Checker Cab Co., 367 F.2d 692 (6th Cir. 1966).

557 Diamond Cab, 164 NLRB 859 (1967).

558 Trade Wind Transp. Co., Ltd., 168 NLRB 860 (1967), decision supplemented, 185 NLRB 373 (1970).

559 Groendyke Transport, Inc., 164 NLRB 231 (1967).

560 NLRB v. Overland Hauling, Inc., 461 F.2d 944 (5th Cir. 1972).

역의 트럭기사로 구성되어 있으나 장거리 트럭기사는 제외한 하나의 교섭 단위[561] 등에 대해서는 교섭단위의 적정성이 인정되고 있다.

해운산업에서는 과거 선단 단위의 교섭 연혁에도 불구하고 선박별 단일 교섭단위가 일반적으로 적정한 것으로 판단되고 있다.[562]

4) 건설산업

건설산업에서의 적정교섭단위는 "직무(function)"와 "이익의 공통성"에 따라 결정된다.[563] 숙련그룹 내 근로자는 그 교섭단위를 인정받기 위하여 그 숙련직종의 기술을 모두 행하고 있을 필요가 없고, 숙련성을 유지하기 위하여 반드시 능력 개발을 위한 도제 프로그램에 참여할 필요는 없다. 또한 다른 숙련그룹과 업무의 일부 상호 교환이 있다고 하여도 직종별 교섭 단위가 부적정하게 되는 것은 아니다. 일부 근로자가 그 직무 분류 내에서 엄격한 의미의 업무를 수행하고 있지 않다고 하여도 교섭단위에 포함될 수 있다.[564]

공사프로젝트에 종사하는 근로자는 직종별 또는 부서별에 대신하여 공사프로젝트 단위에서 다양한 업무를 수행하는 고도로 통합된 요원으로 조직되는 경우도 있을 수 있다. 즉, 공사프로젝트 단위가 적정교섭단위로 될 수 있다.[565] 경우에 따라서는 건설업에 종사하기도 하지만 주된 임무는

---

561 NLRB v. Alterman Transport Lines, Inc., 465 F.2d 950 (5th Cir. 1972). 이 사건에서 NLRB의 과거 결정에서는 이들 모두를 하나의 교섭단위로 하였으나, 이 사건에서 교섭 단위를 분리하였다.

562 National Maritime Union of America, AFL-CIO v. McLeod, 160 F. Supp. 945 (S.D. N.Y. 1958).

563 NLRB v. Crockett-Bradley, Inc., 523 F.2d 449 (5th Cir. 1975). 이 사건에서는 관련 공사 현장에서 다른 근로자의 직무와 다른 직무를 행하는 노무자에 대하여 독자적인 교섭단위가 인정되었다.

564 Hychem Constructors, Inc., 169 NLRB 274 (1968).

565 Longcrier Co., 277 NLRB 570 (1985).

자재 운송인 트럭기사는 건설근로자의 적정교섭단위 내에 포함되지 않는다.[566]

하나의 종합건설회사가 각 현장을 독립적으로 자치적 운영을 하고 있는 경우에는 그 회사가 감독하는 다수의 공사 현장의 각각에 대하여 독자적인 교섭단위가 적정한 것으로 판단된다.[567] 그러나 같은 주 내에서 한 사용자의 여러 공사 현장 중 하나에서 일하는 건설근로자의 독자적인 교섭단위는 부적절한 것으로 판단되었는데, 여기에서 근로자는 현장 간 상호 이동되었고 사용자는 복수 현장 교섭을 한 연혁이 있다는 것을 이유로 하였다.[568]

5) 예능산업

예능산업에서의 교섭단위 결정은 영화관과 스튜디오 근로자에 관한 사건이 문제되고 있다. 특정 주 내에서 동일한 사용자가 운영하는 50마일 거리 이내에 위치한 복수의 드라이브인 극장에서 근로하는 근로자는 하나의 교섭단위가 된다. 또한 영화관 스낵판매대 직원에 대한 독자적인 교섭단위는 부적정한 것으로 판단되었다.[569] 한편 영화관 영사기사에 대한 독자적인 단위가 적정한 것으로 판단된 사례도 있다.[570] 트럭기사와 두 명의 사무직 근로자는[570]영화스튜디오 제작 근로자 단위에 포함되지 않는다.[571]

부서가 일반적으로 생방송과 녹화방송을 포함한 전통적인 방송 기능을

---

566 NLRB v. Crockett-Bradley, Inc., 523 F.2d 449 (5th Cir. 1975). 이 사건에서 트럭기사, 조수, 일꾼(batchers), 지게차 조작기사는 수영장 건설회사의 수영장 건설 종사자와는 다른 교섭단위를 구성한다고 판단하였다.

567 Longcrier Co., 277 NLRB 570 (1985).

568 Teer, Nello L., Co., 162 NLRB 1175 (1967).

569 Pacific Drive-In Theatres Corp., 167 NLRB 661 (1967).

570 Martin Theatres of Georgia, Inc., 164 NLRB 1175 (1967).

571 NLRB v. Esquire, Inc., 222 F.2d 253 (7th Cir. 1955).

운영하고 있는 경우[572] 텔레비전 근로자 단위는 적정한 것으로 판단되며,[573] 단시간 근로자와 라디오 종사자를 포함한 경우에도 그러하다.[574] 생방송 라디오 종사자와 녹화방송 라디오 종사자의 혼합 단위도 이들 근로자 간의 전통적인 구별이 없는 경우에는 적정할 수 있다.[575]

6) 유통산업

사용자가 마트매장 체인을 소유하고 있는 경우, 단일 매장은 적정교섭단위로 추정된다.[576] 이러한 법리의 근거는 특정 매장의 근로자는 동질적이며 마트체인의 다른 매장에서 근무하는 근로자와 물리적으로 구별되는 식별 가능한 그룹이라는 것이다. 이들 근로자는 다른 매장의 근로자와는 상이한 문제와 고충을 가지고 있으며, 상이한 감독 하에서 관련 업무를 수행한다.[577] 매장 체인이 전국적으로 고도의 중앙통제적인 운영을 하고 있다고 하더라도 매장 매니저들이 중앙사무소 직원보다 근로자들의 일상적인 업무에 더 밀접하게 관련되어 있는 경우에는 단일 매장 근로자가 적정교섭단위를 구성한다.[578]

그러나 마트체인에서 단일 매장 단위가 적정하다는 추정은 복수 매장

---

572 Booth Broadcasting Co., 134 NLRB 817 (1961).

573 WTMJ, Inc., 222 NLRB 1111 (1976).

574 Booth Broadcasting Co., 134 NLRB 817 (1961). 이 사건에서 단시간 라디오 및 TV 근로자가 다른 근로자와 이익의 공통성이 있을 때에는 다른 근로자와 동일한 교섭단위에 포함시키는 것이 적정하다고 판단되었다. 그러나 풀타임 엔지니어의 교섭단위에 단시간 라디오 엔지니어를 포함시키는 것은, 그 단시간 엔지니어의 업무가 계절적이고 근로시간이 풀타임 일자리로 되지 않도록 배정되고 있으며, 풀타임 근로자에게 부여되는 부가급여를 전혀 받지 못하고 있는 경우에는 부정적하다고 판단되었다(NLRB v. WGOK, Inc., 384 F.2d 500 (5th Cir. 1967)).

575 Perry Broadcasting, Inc. and Newport Broadcasting, Inc., 300 NLRB 1140 (1990).

576 Office Depot, Inc. v. NLRB, 184 F.3d 506 (6th Cir. 1999).

577 Haag Drug Co., 169 NLRB 877 (1968).

578 NLRB v. Child World, Inc., 817 F.2d 1251 (6th Cir. 1987).

의 근로자 사이에 기능상의 통합성이 입증되는 경우에는 반증된다. 이 입증은 문제 매장의 근로자에 대한 독자적인 정체성을 부정할 정도로 충분하여야 한다.[579] 예컨대 매장 체인의 각 매장이 유사한 작업 스케줄을 가지고 있으며, 유사한 가격으로 유사한 유형의 제품을 판매하고 모든 매장에 대한 노무정책이 중앙에서 관리되며, 개별 매장의 매니저가 노동관계에 제한적으로만 관여하고 교섭 관행이 복수 매장 교섭단위에서 이루어진 경우에는 복수 매장 교섭단위가 적정하다.[580]

화장품, 식품 기타 약국매장에서 판매되는 제품에 관한 주 법만을 근거로 하여 교섭단위를 주 관할지역 내로 제한시킬 수 없다. 주 관할에 따른 구분이 정당하기 위해서는 주 내의 근로자 사이에 특별한 이익의 공통성에 대한 입증이 있어야 한다.[581]

하나의 교섭단위 내에서 판매직 직원과 비판매직 직원을 함께 포함하여야 하는지 여부를 판단할 경우 NLRB는 케이스 바이 케이스로 모든 관련된 요소를 평가하는 것이 일반적이다.[582] 예컨대 자동차 딜러점에서 사무실 근로자는 일반적으로 1일 8시간 근로하며 다른 자에 의한 감독을 받고 있고 4명의 사무실 근로자 중 3명이 월급으로 임금 지급을 받는 반면, 판매직 근로자는 교대제로 일하고 판매수당으로 임금 지급을 받고 있는 경우 사무실 근로자는 판매직 근로자의 교섭단위에 포함될 수 없다.[583]

마트 내에서 다른 자가 허가를 받아 매장을 운영하고 그 자가 그 허가와 관련한 노무정책을 통제하는 독자적인 규칙을 두고 있는 경우에는 마트 소유자와 매장 운영자는 공동사용자(joint employer)이며, 마트 전체를

---

579 Levitz Furniture Co., 223 NLRB 47 (1976).

580 NLRB v. Chicago Health & Tennis Clubs, Inc., 567 F.2d 331 (7th Cir. 1977).

581 Local 1325, Retail Clerks Intern. Ass'n, AFL-CIO v. NLRB, 414 F.2d 1194 (D.C. Cir. 1969).

582 John's Bargain Stores Corp., 160 NLRB 1519 (1966).

583 Merry Oldsmobile, 287 NLRB 847 (1987).

대상으로 하는 하나의 교섭단위가 적정하다.[584] 이에 대하여 매장 임차인은 공동 운영을 할 의사를 포기하고 있고 임대인은 임차인 근로자의 활동에 대하여 아무런 통제를 하지 않는 경우에는 매장 임차인과 임대인은 공동사용자가 아니다.[585] 즉, 교섭단위가 분리된다.

7) 보험업

NLRB는 일반적으로 보험중개인의 개별 지역사무소를 적정교섭단위로 판단한다.[586] 보험회사의 단일 지역사무소는 단일 제조공장이나 마트체인의 단일 매장과 유사하기 때문이다.

그러나 보험회사의 지역사무소 사이에 합리적인 정도의 지리적 근접성이 존재하고 그 경계가 붙어 있거나 매우 가까운 경우에는 복수지역 교섭단위가 적정할 수 있다. 복수의 보험사무소를 하나의 교섭단위로 하기 위한 합리적인 지리적 영역에 대한 결정을 할 때는 사실관계에 따라서 광역시도 또는 특정 시 전체를 대상으로 한 단위로 하는 것이 적정할 수도 있다.[587]

보험업에서의 적정교섭단위는 업무에 따라 설정될 수도 있다. 따라서 예컨대 재택근로자와 사무실 근로자로 구성되는 하나의 교섭단위는 각각을 관리하는 사무실이 동일한 빌딩 내에 있는 경우에는 적정하며,[588] 특정 사무소 또는 복수 사무소의 보험모집인으로 구성된 하나의 교섭단위가 적정하다고 인정된 사례도 있다.[589]

---

584 Gallenkamp Stores Co. v. NLRB, 402 F.2d 525 (9th Cir. 1968).

585 Disco Fair Stores, Inc. et al., 189 NLRB 456 (1971).

586 Metropolitan Life Ins. Co., 156 NLRB 1408 (1966).

587 Id.

588 Utica Mut. Ins. Co., 165 NLRB 964 (1967).

589 NLRB v. Western & Southern Life Ins. Co., 391 F.2d 119 (3d Cir. 1968).

8) 의료산업

앞에서 본 바와 같이 NLRB는 응급의료기관에서의 적정교섭단위를 다음과 같은 8개 단위로 정한 규칙을 운영하고 있다.[590]

① 등록 간호사

② 의사

③ 등록 간호사 및 의사 이외의 전문직

④ 기술직 근로자

⑤ 숙련직 유지보수 근로자

⑥ 사무직 근로자

⑦ 경비직 근로자

⑧ 기술직, 숙련직 유지운영 근로자, 사무직 근로자 및 경비원을 제외한 비전문직 근로자

이와 같이 NLRB가 응급의료기관에 대하여 8개의 적정교섭단위를 설정한 것이 교섭단위의 부당한 파편화를 초래하는 것은 아니며, 따라서 정당하다는 것이 연방대법원의 입장이다.[591]

NLRB 규칙에서는 "응급의료기관"을 평균 입원 기간이 30일 미만인 단기 의료기관 또는 전체 환자의 50%를 넘는 환자가 평균 입원 기간이 30일 미만인 단위에서 접수되고 있는 단기 의료기관으로 정의하고 있다. 주된 업무가 간호 서비스를 제공하는 의료기관, 정신과병원 또는 재활병원인 의료기관은 위의 NLRB 규칙 소정의 응급의료기관 내지 응급치료기관에서 제외된다.[592] 이 규칙 소정의 응급의료기관이 아닌 모든 의료시설에 대하여 NLRB는 일반적인 기준에 따라 적정교섭단위를 결정한다.[593]

---

590 29 C.F.R. § 103.30(a) 내지 (g).

591 American Hosp. Ass'n v. NLRB, 499 U.S. 606, 111 S.Ct. 1539, 113 L. Ed. 2d 675 (1991).

592 29 C.F.R. § 103.30(f)(2).

593 29 C.F.R. § 103.30(g).

이와 같은 NLRB 규칙은 "모든 사건에서" NLRB가 적정교섭단위를 결정하여야 한다고 규정한 NLRA 제9조 (b)를 위반한 것이 아니다. 그 규칙을 제정할 때 NLRB가 장기간의 통지 기간과 의견 청취 기간을 거쳤고 접수된 의견에 대하여 세심하게 분석하였으며, 그 근거가 명확하다는 점을 고려하면 자의적인 것이라고 할 수 없다는 것이 연방대법원의 입장이다.[594]

사용자가 의료산업에 속하는 복수의 시설을 운영하고 있는 경우 하나의 단일시설 교섭단위가 적정하다는 추정이 이루어진다. 그러나 사용자가 100여 개의 간호시설을 운영하고 있다고 하더라도 가장 가까운 시설 간의 거리가 10마일이며, 시설 간 및 다른 시설의 근로자 간의 상호 교류가 거의 없으며, 충분한 기능적 통합성이 결여되어 있고, 환자 간호는 각 시설에서 독자적으로 이루어지며 모든 일상적인 노무문제가 각 시설 내에서 관리되고 있는 경우에는 개별시설 단위가 적정하다고 판단된다.[595]

9) 교육기관

대학의 경우 재고관리 단위와 유지관리 단위는 각각 적정한 것으로 추정되는데, 이들 단위는 제조업이나 다른 산업에서의 생산 단위 및 유지관리 단위와 유사하기 때문이다.[596]

NLRB는 학생에 대해서는 독자적인 단위로 분류하고 있으며,[597] 교수에 대해서도 독자적인 단위로 판단하고 있다.[598] 또한 NLRB는 대학의 시간

---

[594] American Hosp. Ass'n v. NLRB, 499 U.S. 606, 111 S.Ct. 1539, 113 L. Ed. 2d 675 (1991).

[595] Manor Healthcare Corp., 285 NLRB 224 (1987).

[596] Georgetown University, 200 NLRB 215 (1972). 이 사건에서 도서관에서 근무하는 사서보조와 우편물배달원은 하나의 교섭단위로 설정되었는데, 이들이 수행하는 업무가 본질적으로 육체적 업무라는 점을 근거로 하였다.

[597] Georgetown University, 200 NLRB 215 (1972). 이 사건에서 NLRB는 학생인 단시간 근로자는 기존의 유지관리 근로자 단위에서 제외된다고 판단하였다.

[598] NLRB v. Wentworth Institute, 515 F.2d 550 (1st Cir. 1975).

강사를 독자적인 교섭단위로 인정하는데, 시간강사의 전문직 근로자로서의 지위에 관계없이 시간강사의 이익의 공통성은 다른 근로자와 구별된다는 것을 이유로 하였다.[599] 종합대학에서 특정 단과대학의 교수는 독자적인 교섭단위로 인정받지 못한다. 종합대학교의 모든 교수는 교육, 연구 및 공익에 종사하고 있으며, 인사정책은 모든 교수에게 동일하게 적용되고 교수평의회는 각 단과대학 대표로서 구성되고 있다는 것을 이유로 하였다.[600]

6. 교섭단위 명확화

1) 교섭단위 명확화제도의 개요

교섭단위 명확화절차(Clarification of Unit)는 적정한 교섭단위에 대한 공식적인 결정을 하기 위한 수단으로서 부당노동행위 제소의 대안으로 고안된 것이다.[601] 교섭단위 명확화절차는 실정법상의 제도가 아니라 NLRB가 판례법에 의해 형성한 제도이지만, 연방대법원이 그 타당성을 인정하고 있다.[602]

기존 교섭단위의 명확화 신청은 대표성과 관련하여 문제가 없는 경우 노동조합 또는 사용자에 의하여 제기될 수 있으며,[603] 그 신청에 대하여 지역사무소장은 심문을 한 이후에 결정을 내리거나 심문하지 않고 결정을 내릴 수 있다.[604]

---

599 College of English Language, 277 NLRB 1065 (1985).
600 Berks/Lehigh Valley College Faculty Ass'n v. Pennsylvania Labor Relations Bd., 763 A.2d 548 (Pa. Commw. Ct. 2000).
601 Smith Steel Workers v. A. O. Smith Corp., 420 F.2d 1 (7th Cir. 1969).
602 Carey v. Westinghouse Elec. Corp., 375 U.S. 261, 84 S.Ct. 401, 11 L. Ed. 2d 320 (1964).
603 29 C.F.R. § 102.60(b).
604 29 C.F.R. § 102.63(b).

교섭단위 명확화 신청이 제기될 수 있는 상황은 다음과 같은 네 가지 경우이다.[605]

첫째, 교섭단위에서 이미 포함되어 있는 기능과 유사한 업무상 기능을 수반한 직무 분류가 새로이 이루어진 경우

둘째, 기존 직무 분류상의 의무와 책임이 최근 상당히 변화하여 특정 직위가 그 교섭단위에 계속 포함될 것인지 제외될 것인지에 대하여 문제가 제기된 경우

셋째, 교섭단위가 설정되었을 당시 부주의나 오해로 인하여 노사 당사자가 간과하였던 근로자가 있는 경우

넷째, 근로자의 교섭권에 영향을 미치는 실정법 또는 판례법의 변경이 있는 경우

교섭단위 명확화절차에서 근로자의 희망을 결정하기 위한 선거는 NLRB가 둘 이상의 단위 모두가 적정하다고 판단한 경우에만 실시될 수 있다.[606] 이는 적정교섭단위를 결정할 의무를 근로자에게 위양하여서는 안 된다는 NLRB의 실정법상의 의무에 부합하는 것이다.[607]

NLRB가 합의에 따라 설정된 교섭단위에 대한 명확화 신청을 접수받은 경우 NLRB는 그 합의 당사자의 의사를 특별히 고려할 수 있다. 그러나 합의가 명확하지 않은 경우 NLRB는 당사자의 의사에 따라 그 합의를 해석할 권한을 가진다. 또한 합의된 단위 내에 근로자를 포함시키거나 제외하는 것이 확립된 NLRB의 정책이나 실정 법령에 일부 위반할 수 있는 경우 NLRB는 그러한 정책이나 실정 법령을 고려할 수 있다.[608]

---

605 American Federation of State, County and Mun. Employees, Council 31 v. Illinois State Labor Relations Bd., 333 Ill. App. 3d 177, 266 Ill. Dec. 957, 775 N.E.2d 1029 (5th Dist. 2002).

606 United Glass and Ceramic Workers of North America, AFL-CIO-CLC v. NLRB, 463 F.2d 31 (3d Cir. 1972).

607 Id.

608 NLRB v. Detective Intelligence Service, Inc., 448 F.2d 1022 (9th Cir. 1971).

2) NLRB가 교섭단위를 명확히 할 수 있는 경우

교섭단위의 적정성에 관한 결정은 오로지 NLRB의 전속적 권한에 속한다. 즉, NLRB는 각 대표사건에서 단체교섭을 위하여 적정한 교섭단위인지 여부를 결정하여야 한다. 그러나 아래에서 살펴보는 일정한 예외적인 경우를 제외하고는, 노동조합과 사용자가 합의선거협정에서 교섭단위의 적정성에 관하여 합의하면, NLRB는 이를 존중하는 경향에 있다. 그 경우 NLRB는 독자적으로 교섭단위의 적정성 결정을 내리는 대신에 그 협정에 대한 해석을 하게 된다.[609] 당사자의 합의에 따라 정해진 교섭단위의 경우 NLRB는 분쟁 대상이 되는 범주나 근로자와 관련한 당사자의 의사를 확인하는 데 그치며, 그 다음 그러한 의사가 실정 법령이나 확립된 NLRB 정책에 반하는지 여부를 판단하게 된다.[610] 당사자 간에 합의된 교섭단위가 불명확하다고 NLRB가 판단하는 경우, NLRB는 증거조사를 포함하여 통상적인 협약 해석 방법을 통하여 당사자의 의도를 결정하여야 하며, 당사자의 의사를 NLRB가 확인할 수 없는 경우에는 그 협정은 무효가 되고, NLRB는 교섭단위에 관한 합의를 무시하고 이익의 공통성 기준을 근거로 하여 교섭단위를 결정하여야 한다.[611]

특정 근로자를 교섭단위에 포함시키기로 교섭대표와 사용자가 합의하고 그러한 근로자를 포함시키는 것이 현재 NLRB 정책에 부합한다고 당사자가 성실하게 신뢰하였으며, 그 합의가 NLRB 직원이 임석한 가운데 체결된 경우 NLRB는 그 합의가 합리적인 한 그 합의의 효력을 존중할 의무가 있다.[612]

따라서 교섭단위 명확화 결정은 다양한 근로자의 교섭단위 설정에 관

---

609 NLRB v. Lake County Ass'n for Retarded, Inc., 128 F.3d 1181 (7th Cir. 1997).

610 Buckley Southland Oil, 210 NLRB 1060 (1974).

611 Associated Milk Producers, Inc. v. NLRB, 193 F.3d 539 (D.C. Cir. 1999).

612 NLRB v. Mike O'Connor Chevrolet-Buick-GMC,Co., Inc., 512 F.2d 684 (8th Cir. 1975).

한 노동조합과 사용자 사이의 합의나 확립된 관행을 배제할 목적으로 이루어져서는 안 된다.[613] 그러나 NLRB는 자신이 인준하지 않았고 또한 오로지 당사자의 합의에 의해서만 설정되고 그 합의에 따른다면 NLRA를 위반하여 특정한 자를 합의된 단위 내에 포함시키게 되는 결과가 되는 그러한 교섭단위에 대해서는 이를 명확히 할 권한을 가지고 있다.[614]

적정교섭단위를 설정할 때 NLRB는 두 가지 방법으로 그 권한을 행사할수 있다. 우선 교섭단위 명확화 절차에서 신청된 단위의 범위를 정하고, 다음으로 영향을 받는 근로자에 대하여 교섭대표에 대한 찬반을 묻는 선거를 명하는 것이다. 그러나 NLRB는 주로 행정상의 편의를 이유로 선거를 실시하지 않고 소규모 근로자집단을 더 큰 기존의 단위에 추가시켜 추가된 근로자를 기존의 교섭단위 내 교섭대표에게 배당할 수 있다.[615]

일반적으로 NLRB는 특정 교섭단위에서 전통적으로 배제되어 온 직종이나 범주의 근로자를 그 교섭단위에 추가시키는 형태로 교섭단위 명확화신청을 인준하지는 않는다.[616] 그러나 교섭단위에 관한 노사 간의 협정에서 명시적으로 적용 대상이 되지 않았던 직책 및 협정 체결 당시 존재하지않았던 직책에 대해서는 교섭단위 명확화를 행한다.[617]

노동조합이 이미 대표로서 인준받은 단위를 역시 대표로서 인준받은다른 단위에 흡수시키고자 하는 경우 NLRB는 교섭단위 명확화 신청을 기각한다.[618]

작업 분배 분쟁을 해결하기 위하여 교섭단위 명확화 절차가 이용될 수없다.[619] 노동조합 간의 분쟁이 있는 경우에는 NLRB가 교섭단위 명확화

---

613 Al J. Schneider & Associates, Inc., 227 NLRB 1305 (1977).

614 Peerless Publications, Inc., 190 NLRB 658 (1971).

615 Baltimore Sun Co. v. NLRB, 257 F.3d 419 (4th Cir. 2001).

616 SunarHauserman, 273 NLRB 1176 (1984); Plough, Inc., 203 NLRB 818 (1973).

617 Safeway Stores, Inc., 216 NLRB 819 (1975).

618 Libbey-Owens-Ford Co., 189 NLRB 869 (1971).

619 Pacific Northwest Bell Telephone Co., 211 NLRB 1021 (1974).

명령을 내리기 전에, NLRB는 그 분쟁이 작업 관할권에 관한 것이 아니라 대표권에 관한 것이라고 판단하여야 한다. 따라서 작업 분배 분쟁이 발생한 경우에 노동조합이 교섭단위 명확화 신청을 하여 그 조합원에게 더 많은 일자리를 확보하기 위하여 교섭단위 명확화 신청을 한 것이 아니라고 NLRB는 인정하여야 한다.[620]

NLRB는 교섭단위 명확화 절차를 통하여 경비직과 비경비직의 혼합된 교섭단위에서 경비직을 배제시킬 수 있다.[621]

3) 교섭단위 명확화 결정과 기존 단체협약의 효력

NLRB는 기간이 만료되지 않은 유효한 단체협약이 존재하는 때에도 교섭단위 명확화 신청을 인용하는 경우가 있다.[622] 그러나 기존 단체협약에서 규정된 교섭단위 설정에 관한 내용에 따라 일정한 근로자의 배치가 명확하고 그 근로자들의 지위가 협약 시행 이후 변화하지 않고 있는 경우에는 당사자 일방의 신청에 기한 교섭단위 명확화 신청절차에서 그 교섭단위 변경을 허용하지 않는다. 그러한 상황에 변화를 인정하게 되면 확립된 교섭관계가 와해될 것이라는 것을 이유로 한다.[623]

교섭대표노조에 의하여 대표되고 있지 않은 근로자가 단체협약의 적용대상이 되는 교섭단위에 교섭단위 명확화 신청을 통하여 추가될 수 있는 것은 이들 근로자가 협약 체결 당시 예상되지 않았고 기존 단위에 포함된 근로자의 직무와 기능적으로 동일한 경우에만 허용된다. 그러나 근로자들이 기존 교섭단위에서 의도적으로 그리고 연혁적으로 배제되어 온 경우 그 근로자는 교섭단위 명확화 신청에 의하여 추가될 수 없다.[624]

---

620 Smith Steel Workers v. A. O. Smith Corp., 420 F.2d 1 (7th Cir. 1969).

621 Peninsula Hospital Center and Peninsula General Nursing Home Corp., 219 NLRB 139 (1975).

622 San Jose Mercury and San Jose News, 197 NLRB 213 (1972).

623 Monongahela Power Co., 198 NLRB 1183 (1972).

미국에서는 단체협약의 해석·이행을 둘러싼 분쟁은 통상적으로 중재인이 해결하도록 단체협약에서 규정하고 있는데, 중재인이 사용자의 새로운 공장 근로자를 기존 공장 교섭단위에 추가하도록 단체협약을 해석한 경우에도 NLRB는 사용자의 교섭단위 명확화 신청에 대하여 판단할 수 있다. 교섭단위 명확화를 포함한 분쟁은 NLRB의 전속적 권한이기 때문이다.[625]

3_ 교섭대표권의 기간

NLRB는 ① 조합이 대표선거에서 승리하여 NLRB의 인준을 받은 시점에서 1년 동안(1년 인준년 법리[one-year rule]), ② 조합이 기간의 정함이 있는 단체협약을 체결한 경우 그 기간 중(최장 3년)에 대해서는 다수 근로자의 지지가 있다고 확정적으로 추정하는 법리, 즉 협약장벽 법리(contract bar doctrine)를 적용한다. 따라서 이 기간 중에는 NLRB에 선거 신청을 하여도 기각되고, 사용자가 노동조합의 교섭대표로서의 지위를 다투어 단체교섭을 거부한다면 부당노동행위가 성립한다. 결국 그 기간 중에는 현실적으로 다수 근로자의 지지를 상실한다고 하여도 노동조합은 교섭대표로서의 지위를 보장받게 된다.

① 또는 ②의 기간이 종료한 후에도 노동조합에 대한 다수 근로자의 지지는 계속해서 있는 것으로 추정되고 있다. 다만, 이 단계에서는 확정적 추정은 아니고 반증이 가능하기 때문에 확정적으로 선거 신청이 불가능한 것은 아니다. 따라서 ①, ②의 기간이 경과한 후 교섭대표로서의 지위를 다투어 NLRB에 선거 신청을 하는 경우에는 과반수 지위를 의심하게 하는 대표성 문제가 존재한다는 것을 사용자가 입증할 필요가 있고, 또 사용자가 단

---

624 NLRB v. Mississippi Power & Light Co., 769 F.2d 276 (5th Cir. 1985).
625 Super Valu Stores, 283 NLRB 134 (1987).

체교섭을 거부하는 때에도 조합의 과반수 지위에 대한 성실한 의문을 입증하여야 한다.

이러한 법리는 NLRA가 교섭대표의 임기를 규정하고 있지 않기 때문에 NLRB가 근로자의 선택의 자유와 단체교섭 관계의 안정 사이의 균형을 도모하기 위하여 형성한 것이다.

1. 1년 인준년 법리

1) NLRB에 의한 인준을 받은 경우

이전의 대표선거에서 노동조합이 다수의 지지를 얻어 NLRB로부터 인준받은 경우에는, NLRB는 특별한 사정이 없는 한 그 인준이 이루어진 때로부터 1년간은 교섭대표로서의 지위를 존중하여 다른 노동조합 또는 근로자에 의한 선거 신청을 받지 않는다.[626] 따라서 인준된 조합은 인준 후 1년간은 교섭대표로서의 지위를 위협받지 아니하고 단체교섭을 행할 수 있다. 노동조합이 선거에 승리하여도 사용자가 선거의 취소를 요구하여 다투는 경우에는 그것이 해결되고 종국적인 인준이 이루어질 때까지 상당한 시간이 걸리기 때문에 1년간 교섭대표 지위 유지 법리의 개시 시점은 선거가 이루어진 시점이 아니라 인준된 시점이 된다. NLRB는 인준 후

---

[626] Brooks v. NLRB, 348 U.S. 96 (1954). 이 법리의 효과는 선거 신청이 인정되지 않는 것에 국한하지 않는다. 인준된 노동조합은, 이후 1년간은 현실적으로 다수 근로자의 지지를 잃어도 대표 권한을 유지하고, 사용자가 (근로자의 지지가 상실되었다는 이유로) 그 노동조합과의 교섭을 거부하는 것은 허용되지 않는다는 효과도 있다. 이와 같이 선거 신청의 시기 문제는 노동조합의 대표 권한의 존속기간 문제와 밀접하게 관련하고 있다. 이 법리는 1959년 NLRA 개정에 의하여 제8조 (b)(7)(A)로 명문으로 규정되었고, 이후에도 연방대법원에 의하여 단체교섭 의무의 승계(Fall River Dying & Finishing Corp. v. NLRB, 482 U.S. 27 (1987)), 혹은 파업대체자의 노동조합 지지 유무의 추정 법리(NLRB v. Curtin Matheson Scientific, Inc., 494 U.S. 775 (1990))로 이어지고 있다.

1년 동안 사용자의 단체교섭거부 등으로 인하여 노동조합이 실제 단체교섭의 기회를 충분하게 부여받지 못한 경우에는 이 기간의 연장을 인정하고 있다.[627]

2) 사용자의 자발적 승인을 받은 경우

어떤 노동조합이 사용자에 의하여 자발적으로 승인된 경우 NLRB는 사용자의 승인 후 "합리적 기간" 동안은 선거를 인정하지 않는다.[628] 여기에서 "합리적 기간"이란 경우에 따라 다르지만 통상적으로는 1년보다는 짧은 것으로 해석된다. 이를 "자발적 승인 장벽(voluntary recognition bar)"이라고 한다.[629]

이와 같이 1966년 이후 사용자의 자발적 승인이 이루어진 경우에는 승인 후 "합리적 기간" 동안에는 새로운 선거 신청이 봉쇄되는 법리가 확립되어 왔으나, 2007년 Dana 사건에서[630] NLRB는 종래 입장을 번복하여 큰 파장을 불러일으켰다. 이 사건에서 NLRB는 사용자에 의한 자발적 승인도 근로자의 선택을 보여 주는 하나의 수단이고, 법 제9조도 그것을 인정하고 있기는 하지만, NLRB에 의한 대표선거가 근로자의 "자유로운 선택"을

---

627 Mar-Jac Poultry Co., 136 NLRB 785 (1962). 인준 후 9개월째에 사용자의 그 때까지의 교섭 거부에 대한 부당노동행위 구제 신청에 대하여 이후 성실하게 단체교섭을 행하도록 하는 내용의 화해가 성립하였으나, 그 7개월 후에 사용자가 선거 신청을 한 사안이다. NLRB는 이와 같은 신청을 인정하게 되면 사용자에게 자신의 의무 불이행의 이익을 부당하게 인정하는 결과가 된다고 지적하고, 조합에 대하여 화해일로부터 1년 동안 실제 교섭 기간을 부여하여야 한다고 하여, 사용자의 선거 신청을 기각하였다.

628 예컨대 Ridge Care, Inc., 209 NLRB 873 (1974) (승인 6일 후에 다른 노동조합이 한 인준 신청을 각하); Montgomery Ward & Co., 162 NLRB 294 (1966)(승인 3일 후의 인준박탈 신청을 각하) 등 참조. 이는 부당노동행위 사건인 Keller Plastics Eastern, Inc., 157 NLRB 583 (1966)에서 확립된 법리이다.

629 Keller Plastics Eastern, Inc., 157 NLRB 583 (1966); Sound Contractors, 162 NLRB 364 (1966); Josephine Furniture, 172 NLRB 404 (1968).

630 Dana Corp., 351 NLRB 434 (2007).

좀 더 잘 실현하며 더 바람직한 수단이라는 것을 강조하였다. 비밀선거와 달리 수권카드는 주위의 압력에 노출되고 노조의 일방적이거나 부정확한 정보에 기하여 서명되기도 하며, 시간적으로도 일정한 시점이 아니기 때문에 근로자의 심정 변화의 가능성이 있고 또 부당한 행위가 있을 경우 NLRB가 선거를 취소하는 제어장치도 없다는 점을 근거로 하고 있다. 따라서 수권카드에 기한 자발적 승인이 있는 것에서 바로 교섭대표의 지위를 확정하는 것은 부당하다고 하면서, 다수 의견은 자발적 승인 장벽 법리에 다음과 같은 2개의 제한을 제시하였다. 즉, ① 당해 교섭단위의 근로자에 대하여 교섭대표의 승인이 이루어진 사실과, 이후 45일 이내에 NLRB에 선거 신청을 할 수 있다는 취지의 고지를 할 것[631] 및 ② 이 고지일로부터 45일 이내에 교섭대표가 되려고 하는 다른 노조로부터 또는 교섭대표를 희망하지 않는 근로자로부터 NLRB에 대하여 이익의 입증을 수반한 정식 선거 신청이 이루어지지 않을 것이 그것이다.[632]

①과 ②가 모두 충족되면 종래와 같이 "합리적 기간"에 걸쳐 노조의 지위가 확정되고 그 사이의 선거 신청은 각하된다. 그러나 ①의 고지가 이루어지지 않은 경우에는 그와 같은 효과가 발생하지 않을 뿐만 아니라 설령 사용자와 노조 사이에 단체협약이 체결되어도 협약장벽(contract bar)의 적용이 부정되고, 협약 기간 중에 선거 신청을 배제할 수 없다고 판단하였다. 요컨대 종래의 "합리적 기간" 내에는 선거 신청이 불가능하던 것을 자발적 승인 후 45일 이내에는 선거 신청이 가능하도록 변경한 것이다.

그러나 Dana 결정은 2011년 Lamons Gasket 사건에서[633] 다시 번복되

---

[631] 구체적으로는 사용자 또는 노조가 지체없이 NLRB에 자발적 승인의 보고를 하고, 그것에 기하여 NLRB가 근로자에 대한 고지서를 발부하고 이를 사용자가 직장에 게시하는 절차로 진행된다.

[632] 자발적 승인을 행한 사용자 자신이 이 사이에 (노조가 과반수 지지를 상실하였다고 주장하여) 선거 신청을 할 수 있는지 여부에 대해서는 판단이 유보되어 있다.

[633] 357 NLRB No. 72 (2011).

어, 종래와 같이 사용자에 의한 자발적인 승인이 이루어진 경우 "합리적 기간" 동안에는 선거 신청이 배제된다는 종래의 룰로 다시 복귀하여 현재에 이르고 있다.

2. 노동력이 변동되는 과정에 있는 경우

대표하고자 하는 근로자집단의 정원이 아직 확정되지 않았거나 또는 기타 회사조직의 실질적인 변경이 이루어지고 있는 경우 변화하는 노동력에 대한 선거 신청은 기각된다.[634] 그러나 현재 근로자의 수가 예상되는 근로자 정원의 상당한 비율을 차지하는 경우 및 현재 근로자들이 계획되고 있는 직무의 거의 대부분을 차지하는 경우에는, 사용자가 인력을 확충할 예정에 있다고 주장하더라도, NLRB는 선거 신청을 기각하지 않는다. 따라서 NLRB는 노동력이 변동하는 과정에 있다고 하더라도 현재 재직 중인 근로자가 종국적으로 계획된 근로자 정원의 상당한 부분을 차지하는 경우에는 선거를 명하고 있다.[635] 이와 관련하여 장래 운영의 불확설성에 대한 단순한 예측[636]만으로는 선거를 기각하는 사유가 되지 않는다.[637] 그러나 사용자가 단위 내 근로자들을 기존의 장소에서 이전하여 교섭단위의 적정성에 영향을 미치는 실질적인 회사 변경을 결정한 경우에는 심문 이후에 기

---

634 물론 이 경우 이후에 노동력이 확정될 때에는 선거 신청이 가능하다.

635 Y & S Candies, Inc., 233 NLRB 1311 (1977); Cincinnati S. I. Co., 225 NLRB 1196 (1976); Hearth Craft, Inc., 222 NLRB 1304 (1976); World Southern Corp., 215 NLRB 287 (1974); Bell Aerospace Co., 190 NLRB 509 (1971).

636 Canterbury of Puerto Rico, Inc., 225 NLRB 309 (1976); Meramec Mining Co., 134 NLRB 1675 (1961); Douglas Motors Corp., 128 NLRB 307 (1960); Gordon B. Irvine, 124 NLRB 217 (1959); General Eng'r, 123 NLRB 586 (1959); General Elec. Co., 106 NLRB 364 (1953).

637 Bekaert Steel Wire Corp., 189 NLRB 561 (1971); Gerlach Meat Co., 192 NLRB 559 (1971); Witteman Steel Mills, Inc., 253 NLRB 320 (1980).

록에 대한 재심사를 청구하는 것을 인정하고 있다.[638]

계절적 산업에서 NLRB는 통상적으로 선거는 신청과 근접한 계절적 피크 또는 그 부근에 실시되어야 한다고 판정하고 있고, 이미 피크가 지났다면 일반적으로 선거일을 특정하거나 또는 그 다음의 계절적 피크로 결정한다.[639]

사용자가 운영을 중지하고 근로자가 장래 고용에 대하여 합리적인 기대를 가지지 않는 경우에는 선거는 인정되지 않는다. 사용자가 요양시설에서 경제적인 이유로 공연을 중지한 경우에는 무대설치 단위에 대한 신청을 기각하였으나, 사용자가 가까운 장래에 새로운 공연을 개시한다면 지역사무소장은 선거 신청을 다시 할 수 있다고 판단한 사례가 있다.[640]

3. 협약장벽 법리

1) 의의

협약장벽 법리(contract-bar doctrine)는 기존의 유효한 단체협약이 존재하는 경우 일정한 기간 동안 대표선거를 신청할 수 없다는 내용의 법리이다. NLRB는 근로자가 현재 배타적 교섭대표에 의하여 체결된 유효한 협약의 적용을 받고 있는 경우에는 이미 확립하고 있는 단체교섭 관계를 존중하여, 그 협약이 선거 신청에 대하여 장벽, 즉 선거 신청을 배제하는 사유로 된다는 법리를 형성하고 있다. 협약을 체결한 노조가 선거에 의하여 인준된 교섭대표이든 사용자에 의하여 자발적으로 승인된 교섭대표이

---

638 Risdon Mfg. Co., 195 NLRB 579 (1972); NLRB v. Caravelle Wood Prods., Inc., 466 F.2d 675 (7th Cir. 1972); Clack's Gamble Corp. v. NLRB, 422 F.2d 845 (6th Cir. 1970), cert. denied, 400 U.S. 868 (1970).

639 Cleveland Cliffs Iron Co., 117 NLRB 668 (1957); Bordo Prods. Co., 117 NLRB 313 (1957); Dick Kelchner Excavating Co., 236 NLRB 1414 (1978).

640 Tracinda Investment Corp., 235 NLRB 1167 (1978).

든 관계없다. 다만 자발적으로 승인된 교섭대표와 체결한 단체협약의 협약장벽 효력은 제한이 있다. 즉, 사용자가 자발적으로 승인한 노동조합과 체결한 단체협약이 다른 노동조합의 선거 신청에 대한 장벽이 되기 위해서는 사용자가 근로자 과반수에 의하여 서명된 수권카드와 같은 구체적인 증거에 기하여 그 노동조합을 승인한 경우에만 인정된다. 따라서 그와 같은 노조에 대한 지지의 증거가 없는 경우에는 자발적으로 승인된 교섭대표와 체결한 단체협약은 어떠한 기간에 대해서도 장벽으로 작용하지 않는다.[641]

2) 협약장벽의 요건

단체협약이 새로운 선거에 대한 장벽이 되기 위해서는 단체협약은 라이벌 노동조합이 대표신청을 하기 전에 이미 성립하여 실시되고 있어야 하며, 특정한 유효기간 동안 일반적인 고용조건을 내용으로 하는 서면계약이어야 한다. 3년 이상의 기간을 정한 협약은 최장 3년까지만 장벽으로 기능할 수 있다.[642] 3년 이하의 유효기간을 가진 단체협약은 그 협약 자체의 유효기간 동안에만 라이벌 노동조합의 선거 신청에 대한 장벽으로 작용한다. 즉, 1년의 단체협약은 1년 동안만 장벽으로 작용한다.[643]

이에 대하여 기간의 정함이 없는 협약은 장벽으로 되지 않는다.[644] 또 클로즈드 숍과 같이 위법한 조합 보장 조항을 포함한 협약도 장벽으로서의

---

641 NLRB v. Air Master Corp., 339 F.2d 553 (3d Cir. 1964).

642 Pure Seal Dairy Co., 135 NLRB 76 (1962). 3년 이상의 기간을 정한 협약의 경우 그 당사자인 사용자가 한 선거 신청은 협약의 전체 기간 동안 인정되지 않는다(Montgomery Ward & Co., 137 NLRB 346 (1962)). 이와 관련하여 협약장벽으로 되는 기간이 경과한 후에 선거 신청이 이루어지고, 다른 노조가 새로운 교섭대표로서 인준된 경우에는 사용자는 종전의 (이전 노조와의) 협약의 기간 만료 전이라도 새로운 노조와의 교섭을 거부할 수 없다(American Seating Co., 106 NLRB 250 (1953)).

643 General Cable Corp., 139 NLRB 1123 (1962).

644 Pacific Coast Association of Pulp & Paper Manufacturers, 121 NLRB 990 (1958).

효력을 인정받지 않는다.[645] 그러나 핫카고(hot cargo) 조항과 같이 위법한 조항을 포함하고 있는 단체협약이 당연히 장벽으로서의 기능을 하지 못하는 것은 아니다.[646] 이와 같이 명백하게 위법한 조합 보장 조항을 가진 단체협약은 유효한 실효 또는 개정에 의하여 그 위법한 조합 보장 조항이 제거된 경우에는 장벽으로서 작용할 수 있다.

3) 협약장벽의 소멸

(1) 일반적인 상황

장벽으로 기능하는 단체협약이 존재하고 있는 경우 선거 신청은 협약 만료일 또는 3년을 초과하는 단체협약의 경우에는 협약 체결 후 3년이 되는 날의 90일 전부터 60일 전까지의 기간 동안에만 가능하다. 이 기간을 "개방기간(open period)"이라고 한다. 이 30일 동안에 선거 신청이 이루어지지 않으면 협약 만료 전까지의 60일 동안은 협약 당사자가 신협약의 체결을 위한 단체교섭을 할 수 있게 되고, 새로운 선거 신청은 인정되지 않는다.[647] 이 기간을 "격리기간(insulated period)"이라고 한다. 격리기간을 둔 이유는 이 기간 중에 당사자로 하여금 선거에서 비롯되는 "'긴박한 대립의 위협과 불확실성'으로부터 벗어나 자유롭게"[648] 교섭할 수 있도록

---

645 조합 보장 조항은 일견 명백하게 위법한 것 및 부당노동행위 절차에서 실제로 NLRB에 의하여 위법으로 판단된 것만이 협약의 장벽으로서의 효력을 부정받는다(Paragon Prods, Corp., 134 NLRB 662 (1961)).

646 NLRB는 핫카고 조항은 당연히 위법이라고 할 수 없고 근로자의 대표 선택의 자유를 방해하지 않기 때문에 이를 포함한 협약도 장벽으로 될 수 있다고 판단하였다(Food Haulers, Inc., 136 NLRB 394 (1962)).

647 City Cab, Inc., 128 NLRB 493 (1960).

648 General Dynamics Corp., 158 NLRB 956 (1966). 또한 Hart Motor Express, Inc., 164 NLRB 382 (1967); Kenrich Petrochem., Inc., 149 NLRB 910 (1964); City Cab, Inc., 128 NLRB 493 (1960).

하기 위한 것이다.

당사자 간에 개방기간 이전에 이루어진 협약의 갱신이나 연장은 협약 장벽으로 기능하지 않는다. 예컨대 3년 유효기간을 가진 단체협약이 2014 년 4월에 종료하게 되는 경우 노동조합 A와 사용자가 2013년 4월에 그 협약을 2015년 4월까지 연장하기로 합의하더라도, 노동조합 B는 최초 3년의 기간이 만료하는 날인 2014년 4월 30일 전 90일에서 60일 사이에 선거를 요구할 수 있다.

기존 단체협약이 자동갱신 조항을 가지고 있는 경우 라이벌 노조에 의한 선거 신청이 위의 기간 내에 제기되지 않거나 또는 당사자 자신이 자동갱신을 원하지 않는 경우에 해당하지 않으면(예컨대 일방 당사자가 기존 단체협약상 조항의 개정을 하고자 한다고 선언한 경우가 아니면) 장벽은 단체협약과 함께 갱신된다.[649]

교섭대표노조가 휴면노조가 된 경우에도 협약장벽은 그 효력을 상실한다.[650]

(2) 교섭단위의 확장과 협약장벽 법리

단체협약의 유효기간 중에 사업의 인수합병이나 이전 등으로 인하여 교섭단위 자체가 확장된 경우에도 당해 협약이 선거 실시에 대하여 장벽으로 작용하는지가 문제된다.

가) 이전 및 통합

NLRB는 "사업의 이전"과 "둘 이상의 사업의 통합"을 구별하고 있다.[651] NLRB는 주요한 인원 구성의 변화와 함께 완전히 새로운 사업의 창설을 초래하는 둘 이상의 사업의 통합[652] 또는 폐쇄 이후 새로운 근로자로 동일

---

649 Deluxe Metal Furniture Co., 121 NLRB 995 (1958).

650 Francis L. Bennett, 139 NLRB 1422 (1962).

651 Kroger Co., 155 NLRB 546, 548 (1965).

한 사업 재개나 새로운 장소에서의 사업 재개[653]와 같이 협약의 실시와 선거 신청 사이에 사업 규모의 변화가 아니라 사업 속성의 변화가 발생한 경우에는 협약은 장벽이 되지 않는다고 판단하고 있다. 반면에, 직무의 성격과 근로자의 기능에 변화가 없이 다른 사업장으로 근로자를 이동시키는 "단순한 이전(mere relocation)"인 경우 단체협약은 장벽으로서 계속 기능한다.

다른 노동조합과의 별개의 협약이 적용되는 둘 이상의 회사를 합병하여 사업 운영이 통합된 경우에는 새로운 사업으로 간주된다. 따라서 이 경우에는 일반적으로 기존의 단체협약은 소멸하게 되며, 이전에 인정되던 교섭단위는 적정교섭단위로서의 성격이 부정될 수도 있다.[654]

반면에, 합병 이전에 독립하게 운영되었던 회사들이 합병 이후에도 여전히 새로이 설립된 회사의 독립된 사업부서로서 계속하고 있으면, 이전에 존재하는 교섭단위는 그 단체협약과 함께 계속 존재하게 된다.[655]

나) 사업의 승계

NLRB는 이전 사용자의 단체협약을 인수할 의무를 부담하지 않는 선의

---

652 General Extrusion Co., 121 NLRB 1167 (1958); General Elec. Co., 170 NLRB 1272 (1968); Mego Corp., 223 NLRB 279 (1976); Arrow Co., 147 NLRB 829 (1964); Bowman Dairy Co., 123 NLRB 707 (1959).

653 General Extrusion Co. 121 NLRB 1167 (1958); Slater Sys. Md., Inc., 134 NLRB 865 (1961); Sheets & Mackey, 92 NLRB 179 (1950).

654 Massachusetts Elec. Co., 248 NLRB 155 (1980); Hooker Electro-chem. Co., 116 NLRB 1393 (1965); Pacific Isle Mining Co., 118 NLRB 740 (1957); Industrial Stamping & Mfg. Co., 111 NLRB 1038 (1955); L. B. Spear & Co., 106 NLRB 687 (1953); Greyhound Garage, Inc., 95 NLRB 902 (1951); Hudson Berlind Corp., 203 NLRB 421 (1973), enforced, 494 F.2d 1200 (2d Cir. 1974); General Elec. Co., 170 NLRB 1272 (1968); National Carloading Corp., 167 NLRB 801 (1967); Panda Terminals, Inc., 161 NLRB 1215 (1966).

655 Consolidated Edison Co., 132 NLRB 1518 (1961), 134 NLRB 1137 (1961); Illinois malleable Iron Co., 120 NLRB 451 (1958).

의 양수인(good-faith purchaser)에 의하여 사업이 인수되면 당해 사업에 존재하는 협약은 장벽으로서의 성격을 상실하게 된다고 판단하고 있다(General Extrusion 법리).[656] 이는 그 이전의 법리를 재확인한 것이다.[657] General Extrusion사건 이후에도 NLRB는 특별한 사정이 없으면 승계 사용자는 이전 사용자의 협약에 법적으로 구속된다고 판시하여 왔으나[658] 연방대법원은 승계인이 이전 사용자의 협약을 자동적으로 인수하는 것은 아니라고 하여 그 판정을 파기하였다.[659] 그러나 General Extrusion 법리는 단체협약이 인수되지 않은 사업 양수에 대해서는 여전히 유효하기 때문에 이 경우에는 장벽으로서의 성격을 상실한다.

(3) 교섭단위의 추가와 협약장벽 법리

단체협약의 실시 이후에 사용자가 추가적인 사업 또는 시설을 인수하거나 구축한 경우에는 "추가(accretion)"의 문제가 발생한다. 협약당사자의 일방 또는 쌍방은 특정 시설을 "추가"한 것으로 볼 것을 요구할 수 있다. 어떤 시설이 기존의 운영에 대한 "추가"라고 인정되면, 이전에 존재하던 협약은 새로운 사업에서의 근로자를 포함하는 것으로 확대될 수 있으며, 따라서 그곳에서의 선거에 대하여 장벽으로 작용한다.

교섭단위의 "추가"가 인정되는지 여부에 대하여 NLRB는 다음과 같은 기준을 확립하고 있다. 근로자 간의 상호교환의 정도,[660] 지리적 근접성,[661]

---

656 General Extrusion Co. 121 NLRB 1165, 1168 (1958).

657 Jolly Giant Lumber Co., 114 NLRB 413 (1955).

658 Burns Int'l Sec. Serv., Inc., 182 NLRB 348 (1970), enforced in part, 441 F.2d 911 (2d Cir. 1971), aff'd, 406 U.S. 272 (1972).

659 Id. Howard Johnson Co. v. Detroit Executive Bd., Hotel & Restaurant Employees, 417 U.S. 249 (1974).

660 Dura Corp., 153 NLRB 592 (1965), enforced, 375 F.2d 707 (6th Cir. 1967); Buy Low supermarket, Inc., 131 NLRB 23 (1961).

661 Meijer, Inc. v. NLRB, 564 F.2d 737 (6th Cir. 1977), enforcing 222 NLRB 18 (1976);

운영의 통합, 설비와 생산라인의 통합,[662] 중앙관리적 통제, 근로조건, 기술 및 기능의 유사성,[663] 노사관계에 대한 공통적 통제, 교섭 연혁, 기존의 운영에 비교하여 인수된 시설에서의 근로자의 수[664] 등을 고려한다. 이러한 요소는 새로운 시설이 기존의 운영에 통합되었는지 여부를 판단하는 데 기본적 요소가 된다.[665] 이러한 요소가 인정되면, 당해 협약은 여전히 장벽으로서의 기능을 유지하게 된다. 반면에 새로운 근로자가 새로운 시설을 위하여 특별히 채용되고, 그 시설이 독립적으로 관리되며, 새로운 운영과 이전의 운영 사이에 근로자의 상호교류가 없고, 그리고 시설이 지리적으로 떨어져 있거나 또는 새로운 시설의 운영이 지리적 근접성에도 불구하고 독립적으로 이루어지는 경우에는 새로운 시설은 독립된 사업으로서 취급되고, "추가"로 인정되지 않는다.[666] 이 경우에는 협약은 장벽으로서의 성격을 상실하기 때문에 새로운 시설에 대하여 선거 신청이 가능하게 된다.

(4) 교섭단위의 분열 등이 발생한 경우의 협약장벽

협약 유효기간 중 교섭단위에서 분열이 발생한 경우 또는 협약 당사자인 노동조합이 소멸한 경우에 당해 협약이 선거 신청에 대하여 장벽으로 되는지 여부가 문제된다.

가) 분열

일반적으로 교섭단위 내의 근로자의 상당수가 교섭대표에 대하여 불만

Pay Less Drug Stores, 127 NLRB 160 (1960).

[662] Beacon Photo Serv., Inc., 163 NLRB 706 (1967).

[663] Public Serv. Co., 190 NLRB 350 (1971).

[664] Renaissance Center Partnership, 239 NLRB 1247 (1979); United Hosps., 249 NLRB 562 (1980).

[665] Bryan Infants Wear, 235 NLRB 1305 (1978).

[666] Pay Less Drug Stores, 127 NLRB 160 (1960); Denver Publishing Co., 238 NLRB No. 33 (1978); Illinois Bell Tel. Co., 222 NLRB 485 (1976).

을 표시하는 경우에 교섭단위의 분열이 발생할 수 있다. 근로자 간의 대립으로 인하여 근본적인 정책문제에 대한 조합 내부의 분쟁이 존재하고 교섭관계에서의 혼란이 초래되어 선거에 의해서만 노사관계의 안정성이 회복될 수 있는 근로자의 행위가 이루어진 경우에 교섭단위의 "분열"이 인정된다. 이러한 의미의 "분열"이 인정되기 위해서는 분쟁이 지부조합 내에서만이 아니라 주 또는 전국적인 차원에서 이루어져야 하며, 분쟁이 지나치게 격렬하여 산업의 평화가 근로자에게 새로운 교섭대표를 선출할 기회를 제공할 때 비로소 달성될 수 있는 경우여야 한다. 따라서 교섭단위의 "분열"로 인하여 협약이 장벽으로서의 성격을 상실하는 경우는 거의 인정되지 않고, NLRB가 분열로 인하여 협약장벽이 소멸되어 새로운 선거를 명한 사건은 공산주의자와 관련되거나 교섭대표의 부패와 관련되는 사건에 국한되고 있다.[667]

나) 노동조합의 소멸

소멸한 노동조합과 체결한 단체협약은 장벽으로 기능하지 않는다.[668] 일반적으로 NLRB는 다음과 같은 경우 노동조합이 소멸하였다고 인정한다. 즉, 노동조합이 유효한 노동단체로서 존속하는 것을 중지하고 더 이상 협약을 관리할 책임을 이행할 능력이 없거나 의사가 없는 경우가 그것이다. NLRB는 노동조합이 고충처리를 진행하고 있는지 여부, 총회를 소집하는지 여부, 조합비를 징수하는지 여부, 그리고 임원을 선출하는지 여부 등을 검토하게 된다. 노동조합이 교섭대표로서의 책임을 다하지 못하였다고 주장할 수 있는 근로자가 노조에 한 명도 남지 않을 경우에는 근로자가 남아 있지 않다는 사실 자체가 노동조합이 소멸하였다는 증거로 될 수 있

---

667 Hershey, Great Atl. & Pac. Tea Co., 120 NLRB 656 (1958); Lawrence Leather Co., 108 NLRB 546 (1954); Clayton & Lamber Mfg. Co., 128 NLRB 209 (1960); Swift & Co., 145 NLRB 756 (1963).

668 Francis L. Bennett, 139 NLRB 1422 (1962).

다. 그러나 주 또는 전국적 노동조합을 탈퇴한 후 당해 노동조합과의 관계를 단절하고 있는 단계에서는 교섭대표가 소멸하였다고 할 수 없다.[669]

그런데, 이러한 분열이나 소멸 청구는 주로 노동조합이 협약장벽 법리를 회피하기 위한 수단으로서 주장하는 경우가 많다. 따라서 NLRB는 그러한 청구에 대하여 성실성(good faith) 여부를 검토한다. 노동조합을 소멸하게 한 조치의 진정한 목적이 지부 조합원들이 불리하다고 생각하는 협약을 적용하지 않도록 하는 데에 있는 경우 NLRB는 협약장벽 법리를 회피하기 위한 것이라는 이유로 선거 신청을 기각한다.[670] 또한 "새로운" 노동조합이 실제로는 이전 조합의 "분신(alter ego)"이나 "승계인(successor)"인 경우 "이전" 조합이 소멸하였기 때문에 새로운 선거가 필요하다는 주장을 NLRB는 받아들이지 않는다.[671]

4. 정리

배타적 교섭대표 권한을 획득한 노동조합이 그 후 단위 내 다수 근로자의 지지를 상실하는 경우가 있을 수 있다. 이것은 차별적 해고 등 사용자의 부당노동행위의 결과인 경우는 물론이고,[672] 그 밖에 근로자가 자유 의

---

669 Aircraft Turbine Serv., Inc., 173 NLRB 709 (1968); Polar Ware Co., 139 NLRB 1006 (1962); Herbron Brick Co., 135 NLRB 245 (1962); Pepsi-Cola Bottling Co., 132 NLRB 1441 (1961); W. H. Nicholson & Co., 119 NLRB 1412 (1958); A. O. Smith Corp., 107 NLRB 1415 (1954).

670 교섭단위의 분열을 주장한 사건으로 Allied Container Corp., 98 NLRB 580 (1952); Saginaw Furniture Shops, Inc., 97 NLRB 1488 (1952). 교섭단위의 소멸을 주장한 사건으로 News-Press Publishing Co., 145 NLRB 803 (1964).

671 Charles Beck Mach. Corp., 107 NLRB 874 (1954); Habor Carries v. NLRB, 306 F.2d 89 (2d Cir. 1962), cert. denied, 372 U.S. 917 (1963); NLRB v. Weyerhaeuser Co., 276 F.2d 865 (7th Cir. 1960); Carpinteria Lemon Ass'n v. NLRB, 240 F.2d 554 (9th Cir. 1957), enforcing 112 NLRB 121 (1955).

672 NLRB v. Brandford Dyeing Ass'n, 310 U.S. 318 (1940); Franks Bros. Co. v. NLRB,

사에 따라, 예컨대 노조의 교섭 방식이 마음에 들지 않는다든지, 단순히 마음이 바뀌었다든지 하는 이유에서, 그 노조에 의하여 대표되는 것을 희망하지 않게 되는 경우가 있다. NLRA에서는 배타적 교섭대표의 임기에 관한 명문의 규정이 없기 때문에 이와 같이 교섭대표에 대한 근로자의 지지가 변경된 경우에 교섭대표로서의 지위를 상실하게 할 수 있는지가 문제된다.

한편에서는, 교섭대표인 지위는 근로자의 자유로운 선택에 기하고 있는 것이기 때문에, 근로자가 이후에도 역시 자유로운 선택에 기하여 교섭대표를 변경 내지 배제하는 것을 인정하여야 한다. NLRA는 일단 선출된 교섭대표가 후에 변경·배제되는 것을 당연한 전제로 하고 있기 때문이다. 그러나 다른 한편에서, 항상 변동할 수 있는 근로자의 지지 정도에 따라 노동조합의 대표 권한(및 이에 대응한 사용자의 단체교섭 의무)이 완전히 좌우된다고 하면, 안정적인 단체교섭 관계의 성립은 도저히 기대할 수 없다. 이 두 가지 상반하는 요청, 즉 근로자의 자유로운 선택의 보장과 단체교섭 관계의 안정의 조정을 위하여 NLRB는 위에서 살펴본 법리를 전개하고 있는 것이다. 이를 요약하면 다음과 같다.

첫째, NLRB에 의한 선거를 통하여 인준된 노동조합은 인준 후 1년간은 다수 근로자의 지지를 잃어도 배타적 교섭 권한을 유지하게 된다. 따라서 이 기간 동안 사용자는 노조가 다수의 지지를 잃었다는 것을 이유로 하여 교섭을 거부할 수 없다. 위에서 살펴본 이른바 인준 후 1년간 룰이다. 인준된 조합은 이후 1년간은 확정적으로 대표 권한을 가지기 때문에, 그 1년간은 일체의 선거 신청(인준박탈 신청, 다른 노조의 인준 신청 및 사용자의 신청)이 인정되지 않는 것이다. 연방대법원도 인준 후 1년간 룰을 인정하고 있다.[673] 사용자의 단체교섭거부 등으로 인하여 현실적인 단체교섭

---

321 U.S. 702 (1944).

673 Brooks v. NLRB, 348 U.S. 96 (1954).

기회가 충분히 주어지지 않았던 경우에는 이 기간이 연장된다.[674] 또한 사용자에 의한 자발적인 승인을 받았던 노조도 승인 후 "합리적 기간"[675]은 다수의 지지를 상실하여도 대표 권한을 유지하게 된다.[676]

둘째, 협약장벽 법리가 적용되는 협약을 체결한 노동조합은 그 협약이 선거 신청에 대한 장벽으로 되는 기간 동안은 과반수 지지를 상실하여도 대표 권한을 확정적으로 유지하게 된다. 따라서 사용자는 당해 노조가 NLRB의 인준을 얻었는지 여부에 관계없이, 위 기간 중에 노조의 대표 권한을 다투면서 교섭을 거부할 수 없다.[677] 여기에서도 부당노동행위 절차와 대표절차가 대응하고 있는 것이다.[678]

---

674 Commerce Co., 140 NLRB 226 (1962), enforced, 328 F.2d 600 (5th Cir. 1964); Gebhardt. Vogel Tanning Co., 158 NLRB 1289 (1966). 이러한 사건에서는, 인준 후 1년간에 사용자의 부당한 단체교섭거부에 의하여 충분한 단체교섭 기회가 부여되지 않았던 것을 이유로, 1년 경과 후에도 인준 박탈 신청이 기각되었다. 이 연장 기간 동안 사용자는 노조가 과반수 지지를 상실하였는지 여부에 관계없이 단체교섭 의무를 부담하며, (연장 기간 중의) 단체교섭거부는 부당노동행위로 되고, 단체교섭명령이 내려졌다.

675 앞에서 본 바와 같이 "합리적 기간"의 길이는 사정에 따라 다르나, 1년보다는 짧은 것으로 운영되고 있다.

676 Montgomery Ward & Co., 162 NLRB 294 (1966), enforced, 399 F.2d 409 (7th Cir. 1968). 이 사건에서는 사용자의 자발적인 승인이 이루어진 3일 후에 근로자가 인준박탈 신청을 하였다. 이 신청을 과반수의 근로자가 지지하였던 것을 이유로 사용자는 노조와의 교섭을 거부하였으나, NLRB는 부당노동행위의 성립을 인정하였다. 항소법원도, 노동조합은 "합리적 기간" 동안은 선거 신청이 거부되어야 하나 이러한 기간이 노동조합에게 부여되지 않았다고 하여, 인준박탈 신청을 기각하고 기존 노조에 대한 단체교섭명령을 인정하였다.

677 인준되었던 노조의 예로서, Hexton Furniture Co., 111 NLRB 342 (1955). 승인되었던 노조의 경우의 예로서, Shamrock Dairy, Inc., 119 NLRB 998 (1957).

678 Hexton Furniture Co., 111 NLRB 342 (1955)는, "따라서 협약이 장벽으로 되어 대표 문제가 유효하게 제기되지 않은 기간 동안 피신청인은 노조를 승인하고 교섭할 의무를 부담하게 된다. 이렇게 해석하지 않으면 NLRB가 적절한 시기가 아니라고 하여 근로자의 교섭대표의 재결정을 거부하고 있는 때에 사용자는 일방적으로 그와 같은 재결정을 행하는 것을 허용받게 되는 변칙적인 결과로 되어버리고 말 것이다"고 하고 있다.

셋째, 위와 같이 노동조합이 확정적으로 대표 권한을 가지는 기간이 경과한 후에도 과반수 근로자의 지지는 계속하고 있다고 추정된다.[679] 따라서 위 기간 경과 후에 사용자가 대표 권한을 다투면서 노조와 교섭을 거부하는 경우 사용자 측이 단체교섭거부의 시점에서 그 노동조합이 이미 과반수 지지를 받지 못하였던 사실을 입증하거나 또는 단체교섭거부가 노조의 과반수 지지에 대한 "성실하고 합리적 근거가 있는 의문(a good faith and reasonably grounded doubt)"에 기하였던 것을 입증하지 않으면, 그 단체교섭거부는 부당노동행위가 된다.

이상과 같이 NLRB는 전술한 두 가지 상반된 요청의 조정을 위하여 근로자의 교섭대표 변경의 자유를 일정 범위에서 제한하고, 그 범위에서 노조에 안정된 대표 권한을 부여하는 법리를 채택하고 있다. 그리고 이러한 법리는 대표절차(선거 신청이 각하되는 형태로 나타난다) 및 부당노동행위절차(사용자의 단체교섭거부가 부당노동행위로 되는 형태로 통상 나타난다)에서 서로 대응하면서 적용되고 있다.

따라서 미국에서는 이러한 법리에 의하여 부당노동행위 절차, 단체교섭제도, 교섭대표절차가 유기적으로 연관되어 운영되고 있다는 것을 알 수 있다. 다시 말하면, 교섭대표권과 관련한 법적 규제는 단체교섭제도의 명확하고 자세한 규정이 뒷받침되어 효과적으로 운영되고 있다고 평가할 수 있다.

---

[679] 인준 후 1년 경과 후에 대하여 Celanese Corp., 95 NLRB 664, 671-672 (1951)(구체적 사안에서는 반증의 성립을 인정), 협약 종료 후에 대하여 Terrell Machine Co., 173 NLRB 1480 (1969), enforced, 427 F.2d 1088 (4th Cir. 1970)(인준 있음); Bartenders, Hotel, Motel & Restaurant Employers Bargaining Ass'n, 213 NLRB 651 (1974)(인준 없음) 등을 참조.

4_ 교섭대표노동조합의 공정대표의무

1. 공정대표의무의 의의

1) 배타적 교섭대표제와의 관계

공정대표의무는 "연방노동관계법에서 판례에 의하여 형성되어 온 연방 차원의 의무이다."[680] 미국에서는 공정대표의무에 관한 법령상 명문의 규정은 없다. 이 의무는 연방노동관계법(NLRA)과[681] 철도노동법(Railway Labor Act)에[682] 규정된 배타적 교섭대표제라는 법적 지위에 수반되는 필수적인 의무로서 판례에 의하여 발전되어 온 것이다. 위 법들은 과반수의 대표가 "교섭단위 내의 모든 종업원의 배타적인 대표"가 된다고 규정하고 있는데, 이것이 판례법상 공정대표의무의 근거가 되고 있다.

공정대표의무 법리는 철도노동법 사건에 대한 연방대법원의 판결로부터 형성되기 시작하였다. 최초의 판례는 Steele v. Louisville & Nashville Railroad 사건 연방대법원 판결이다.[683] 이 사건은 교섭단위 내 흑인 근로자의 선임권을 박탈하는 차별에 대하여 흑인 근로자가 소를 제기한 사건이다. 연방대법원은 철도노동법이 흑인에 차별적인 노동조합에 배타적 교섭대표를 인정하는 것은 헌법적 문제를 불러일으킬 수 있기 때문에 조합원에 대한 균형잡힌 법령상 의무를 교섭대표노동조합에 부과할 필요가 있다고 판단하였다.[684] 이 판결에서 연방대법원은 교섭대표가 부여받은 권한

---

[680] Abrams v. Carrier Corp., 434 F.2d 1234, 1251 (2d Cir. 1970), cert. denied, 401 U.S. 1009 (1971).

[681] 29 U.S.C. §§151-169.

[682] 44 Stat. 577 (1926) (as amended by 48 Stat. 1185 (1934), 49 Stat. 1198 (1936), 54 Stat. 785, 786 (1940), 64 Stat. 1236 (1951), 78 Stat. 748 (1964), and 80 Stat. 208 (1966)); 45 U.S.C. §§151-188 (1994).

[683] 323 U.S. 192 (1944).

[684] Id. at 198.

은 입법기관이 가지는 권한과 다를 바 없다고 하면서, 그러한 권한으로 인하여 권리 주체의 권리를 부인, 제한, 무효화 또는 차별하려는 규범을 제정할 때는 헌법적 한계를 준수하여야 하며, 그러한 권리를 보호하기 위하여 헌법상 적극적인 의무를 지는 것이라고 판시하였다.[685] 연방대법원은 철도노동법상 교섭대표제는 근로자를 대표하는 대표 권한을 행사할 때 교섭대표에게 적대적 차별 없이 근로자를 위하여 공정하게 대표권을 행사할 의무를 묵시적으로 부과하는 입법 목적을 가지고 있다고 판시하였다.[686]

나아가, 연방대법원은 "어떤 직종의 법령상 대표는 조합원에게 불리한 영향을 미치는 협약을 체결하는 것이 허용"되지만[687] 교섭대표는 인종과 같이 협약의 목적과 무관하고 부당한 고려에 근거한 차별적인 협약을 체결해서는 안 된다고 판시하였다. 공정대표의무 위반이 발생한 경우, 피해를 입은 조합원은 "적절한 경우 금지명령(injunction)과 손해배상이라는 일반적인 사법상 구제를 청구"할 수 있다고 판단하였다.

Steele 사건과 함께 다투어진 사건인 Tunstall v. Locomotive Firemen 사건에서[688] 연방대법원은 교섭대표로서의 노동조합에 대하여 철도노동법상 공정대표의무가 부과되어 있고, 이에 따라 차별 없이 대표될 근로자의 권리는 제정법 및 그 입법 취지로부터 도출되는 연방법상 권리(federal right)라고 판시하였다.

철도노동법과 관련한 Steele과 Tunstall사건 판결이 발표된 날에 NLRA와 관련된 Wallace Corp. v. NLRB 사건의 연방대법원 판결도 나왔는데,[689] 이 판결에서 연방대법원은 NLRA 하에서의 배타적 교섭대표는 "공정하고 불편부당하게 근로자들의 이익을 대표하여야 할 책임을 부담한다"

---

[685] Id.
[686] Id. at 202-03.
[687] Id. at 203. 또한 Ford Motor Co. v. Huffman, 345 U.S. 330 (1953).
[688] 323 U.S. 210 (1944).
[689] 323 U.S. 248 (1944).

고 판시하였다.[690]

이로부터 거의 10년 후, Ford Motor Co. v. Huffman[691] 사건에서 연방대법원은 철도노동법 사건에서 원래 전개되었던 공정대표 법리를 NLRA 사건에 명시적으로 적용하였다. 이 사건에서 연방대법원은 다음과 같이 설시하였다.[692]

　교섭대표의 권한은 철도노동법의 대응하는 조항과 관련하여 판단할 때에 Steele 사건에서 인정된 것과 같이 절대적인 것은 아니다. 적정교섭단위 내 모든 구성원을 대표할 교섭대표의 법령상 의무는 어느 누구에게도 적대적이지 않으면서 그 모든 구성원의 이익에 봉사하기 위한 진지한 노력을 하도록 부과되고 있는 것이다.

이 사건은 1955년에 흑인 근로자와 백인 근로자의 선임권에 대하여 차별적인 기준을 설정한 단체협약을 교섭한 노동조합은 모든 조합원을 차별 없이 대표하여야 한다는 배타적 교섭대표의무를 위반한 것이라고 하여 흑인 근로자들이 소를 제기한 것이다. 연방대법원은 Steele 사건과 철도노동법과 관련하여 제기된 초기 공정대표의무 사건들을 인용하며, 이 사건에 관하여 연방 차원의 관할권을 가진다고 하면서 Syres v. Oil, Chemocal & Atomic Workef Local 23 사건에 대한 제5항소법원의 결정을 파기하였다.[693]

이와 같은 법원 차원에서의 공정대표의무 법리 인정과 함께 NLRB는 1962년 Miranda Fuel Co.[694] 사건에서 공정대표의무 위반은 부당노동행

---

690 Id. at 255.

691 345 U.S. 330 (1953).

692 Id. at 337.

693 350 U.S. 892 (1955), rev'g per curiam 223 F.2d 739 (5th Cir. 1955).

694 140 NLRB 181 (1962), rev'd, 326 F.2d 172 (2d Cir. 1963).

위에 해당한다고 처음으로 판정하였다. 이 사건에서 NLRB는 "제7조는 근로자의 고용에 영향을 미치는 문제에서 자신의 배타적 교섭대표에 의하여 부당하거나(unfair) 부적절하거나(irrelevant) 또는 불공평한(invidious) 대우를 받지 않을 권리를 근로자에게 부여하고 있다"고 판시하였다.[695]

1964년 Humphrey v. Moore 사건에서[696] 연방대법원은 "단체교섭 및 단체협약의 운영에서 배타적 교섭대표로서 노동조합의 매우 광범위한 권한은 평등의 관점, 공정대표의 책임과 의무를 수반하는 것이다"라고 판시하여,[697] 공정대표의무의 범위를 단체교섭만이 아니라 단체협약의 운영 차원으로 확대하였다.

2) 공정대표의무의 의의: Vaca v. Sipes 판결

1967년 연방대법원은 리딩 케이스인 Vaca v. Sipes 사건[698] 판결에서 공정대표의무의 의의를 명확히 하고 있다. 이 사건에서 연방대법원은 판례에 따라 발전하여 온 법리를 상세히 판시하고, 배타적 교섭대표로서의 노동조합의 지위가 공정대표의무의 근거라고 밝혔다.

지정된 교섭단위 내 모든 구성원을 대표할 배타적 교섭대표의 법령상 권한에는 어느 누구에 대해서도 적대적이거나 차별하지 않고 모든 구성원의 이익에 봉사하여야 할 법령상의 의무, 그 재량권을 완전하게 성실하고 정직하게 행사할 법령상의 의무, 그리고 자의적인 행위를 회피할 법령상의 의무를 포함하고 있다.…(원고의) 청구가 노동조합에 의한 연방법령에 근거한 의무 위반을 주장하고 있다는 것은 명백하다.[699]

---

695 140 NLRB at 185.
696 375 U.S. 335 (1964).
697 Id. at 342.
698 386 U.S. 171 (1967).
699 Id. at 177.

따라서 "공정대표의무는…철도노동법과 마찬가지로 연방노동관계법이 노동조합에 대하여 교섭단위 내 모든 근로자를 대표할 배타적인 권한을 부여하고 있다는 사실로부터 연방노동관계법에 의하여 묵시적으로 설정된 것이다."[700]

이 사건에서 연방대법원은, 노동조합의 공정대표의무 위반은 NLRA 제8조 (b)에 기한 부당노동행위를 구성한다고 시사하기는 하였으나, 그 법리를 명확하게 제시한 것은 아니었다. Vaca 사건에서의 쟁점 중 하나는 공정대표의무 위반이 부당노동행위가 된다고 한다면 공정대표의무 위반에 대하여 연방법원이 관할권을 가지는지 여부였다. NLRA에 따르면 부당노동행위에 대한 관할권은 NLRB의 전속에 속하기 때문에 발생하는 문제이다. 연방대법원은 공정대표의무 위반 사건과 관련하여 의회는 교섭대표의 공정대표의무 위반에 의하여 발생한 개별 근로자의 권리 침해에 대하여 연방법원에 관할권을 부여한 것은 아니라는 NLRB의 주장을[701] 받아들

---

700 375 U.S. 335, 342. 또한 Electrical Workers (IBEW) v. Foust, 442 U.S. 42, 46 n.8 (1979); Emporium Capwell Co. v. Western Addition Community Org., 420 U.S. 50 (1975) 참조. 일부에서는 노동조합 간부의 충실의무(fiduciary responsibility)와 관련되어 있는 랜드럼 그리핀법(Landrum-Griffin Act: 29 U.S.C. §501) 하에서도 공정대표의무가 발생한다고 하고 있다. Pawlak v. Greenawalt, 464 F. Supp. 1265 (M.D. Pa. 1979); Schatzki, Majority Rule, Exclusive Representatzon and the Interests of Individual Workers: Should Exclusivity be Abolished?, 123 U. PA. L. Rev. 897 (1975).

　　한편 철도노동법 하에서 소수노조의 근로자는 고충 제기에 관하여 소수노조를 지정할 수 있다. Locomotive Eng'rs v. Denver & Rio Grandew. RR, 411 F.2d 1115 (10th Cir.1969); McElroyv. Terminal RR Ass'n, 392 F.2d 966 (7th Cir. 1968), cert. denied, 393 U.S. 1015, (1969). 그러나 그러한 소수노조는 철도노동법에 기한 공정대표의무가 없다고 판단되고 있다(Wells v. Railway Conductors, 442 F.2d 1176 (7th Cir. 1971), aff'd 308 F. Supp. 393 (N.D. Ill. (1970)).

701 Vaca v. Sipes, 386 U.S. 171, 183. 앞에서 본 바와 같이 NLRB는 1962년이 되어서야 비로소 공정대표의무 위반이 부당노동행위를 구성한다고 판단하였다. Miranda Fuel Co., 140 NLRB 181 (1962), rev'd, 326 F.2d 172 (2d Cir. 1963).

이지 않고 연방법원의 관할권을 인정하였다.[702]

Vaca 사건에서 근로자는 노동조합에 대하여 공정대표의무 위반을 이유로 한 손해배상을 청구하였다. 이 사건 근로자는 건강을 이유로 해고되었는데, 노동조합은 고충처리절차에서 중재 전(前) 단계를 통하여 그의 고충을 처리하였으나, 고충 제기인에 관하여 일할 능력과 관련한 상충되는 의학적 의견을 근거로 중재에 사건을 회부하는 것을 거부하였다. 손해배상 사건이었기 때문에 주법원에 처음으로 제기된 이 사건의 1심 법원은 이 사건이 NLRB의 배타적 관할권에 속한다는 이유로 보상적 손해배상 및 징벌적 손해배상을 명한 배심원 평결을 기각하였다. 이에 대하여 미주리주 대법원은 노동조합이 원고 사건을 중재회부하는 것을 거부함으로써 원고의 고충을 처리할 때 원고를 대표하는 것을 자의적으로 거부하였다는 점에 관한 배심의 판단은 타당하다고 하면서 배심 평결의 집행을 명하였으나,[703] 이를 파기한 것이 이 사건 연방대법원 판결이다.

관할권에 대한 NLRB의 상고를 기각한 뒤, 연방대법원은 공정대표의무의 실체적인 성격에 관하여 판단하였다. 연방대법원은 여기에서 핵심적 쟁점은 고충처리에서 노동조합의 성실성이라고 하였다. 교섭단위 내 근로자에 대한 노동조합의 행위가 "자의적, 차별적 또는 불성실(arbitrary, discriminatory, or in bad faith)"한 경우 법령상 의무 위반이 발생한다고 판시하면서, 연방대법원은 단체협약상 고충처리 및 중재절차의 이행과 관련한 노동조합의 의무의 범위에 대하여 다음과 같이 판시하였다.[704]

일부에서는 모든 개별 근로자가 자신의 고충을 중재로 회부할 권리를 가져야 한다고 주장한다. 다른 입장에서는 인종차별이나 개인적 적대감과 같은 명

---

702 Vaca v. Sipes, 386 U.S. 171, 183 (1967).
703 배심평결은 보상적 손해배상액으로 7,000달러를, 징벌적 손해배상액으로 3,300달러를 명하였다. Sipes v. Vaca, 397 S.W.2d 658 (Mo. Sup. Ct. 1965).
704 Vaca v. Sipes, 386 U.S. 171, 183.

백하게 그릇된 행위를 하지 않는 한 (단체협약에서 그렇게 규정하는 경우) 노동조합이 고충을 중재에 회부하여야 하는지 여부에 대하여 결정할 실체적인 재량권을 가져야 한다고 주장한다.

우리는 노동조합이 정당한 고충을 자의적으로 무시할 수 없다거나 또는 고충을 피상적인 방식으로 처리할 수 없다는 전제를 인정하기는 하지만, 단체협약 조항과 관계없이 개별 근로자가 자신의 고충을 중재에 회부할 절대적인 권리를 가진다는 주장에는 동의하지 않는다.

즉, 교섭대표노조는 근로자에 대하여 공정대표의무를 부담하기는 하지만, 그렇다고 하여 개별 근로자가 이를 근거로 자신의 고충을 중재에 회부하도록 노동조합에 요구할 수 있는 적극적 권리가 인정되는 것은 아니라는 것이다. 이 판결은 공정대표의무 법리 하에서 개별 근로자의 권리에 관하여 중요한 의의를 가지고 있다.

나아가, 연방대법원은 다음과 같이 설시하였다.[705]

노동조합에 고충처리제도를 감독하고 중재 회부를 판단할 재량을 부여하고 있는 고충 및 중재절차를 단체협약에서 규정하는 경우 사용자와 노동조합은 각각 중재 회부의 대상이 되지 않는 고충을 해결하기 위하여 성실하게 임할 것이라는 점을 전제로 하고 있다. 이러한 해결절차를 통하여 사소한 고충은 고충처리절차에서 가장 저렴하고 신속한 단계에서 종료된다.

연방대법원은 위와 같이 고충 해결을 노동조합이 협의할 수 있도록 허용함으로써 당사자들은 유사한 고충을 일관성있게 처리하게 될 것이고, "단체협약의 해석에서 중요한 문제 영역을 분리하여 해결할 수 있"으며[706]

---

705 Vaca v. Sipes, 386 U.S. 171, 191.
706 Id.

이에 의하여 교섭대표로서의 노동조합의 이익을 증진시킬 수 있을 것이라고 지적하였다. 이렇게 하여 연방대법원은 고충을 중재에 회부할 것인지 여부는 원칙적으로 노동조합의 재량에 맡겨져 있다는 것을 명확히 하였다.

이상에서 본 바와 같이 Steele 판결에서 Vaca 판결에 이르기까지, 그 실체적 내용을 포함한 공정대표의무 법리는 판례에 의하여 주로 전개되었다. 이하에서는 주법원 및 연방법원에서의 동 법리의 전개와 NLRB에서의 법리 전개를 살펴본다.[707] 주법원 및 연방법원과 NLRB는 경합적으로 관할권을 가지고 있기 때문에 양자 모두 공정대표의무 위반사건을 판단할 수 있다.[708]

2. 공정대표의무의 주체와 절차

1) 법원

(1) 협약상 구제절차의 사전 이행
공정대표의무 위반을 주장하는 소송에서 근로자가 사용자에 의한 관련

---

[707] 한편, 1964년 민권법(Civil Rights Act) 제7편이 제정된 이후에 일부 법원은 NLRA 하에서의 노동조합의 공정대표의무는 민권법 제7편 소정의 의무와 중첩되는 영역이 있다고 판단하고 있다. Farmer v. Hotel Employees Local 1064, 660 F.2d 1096 (6th Cir. 1981); Fountain v. Safeway Stores, 555 F.2d 753 (9th Cir. 1977); Patterson v. American Tobacco Co., 535 F.2d 257 (4th Cir.), cert. denied, 429 U.S. 920 (1976); Macklm v. Spector Freight Sys., 478 F.2d 979 (D.C. Cir. 1973); Rubber Workers Local 12 (Goodyear Tire & Rubber Co.) v. NLRB, 368 F.2d 12 (5th Cir. 1966), cert. denied, 389 U.S. 837 (1967); Hairston v. McLean Trucking Co., 62 F.R.D. 642 (M.D.N.C. 1973), rev'd on other grounds, 520 F.2d 226 (4th Cir. 1975); McDonald v. Santa Fe Transp. Co., 427 U.S. 273 (1977).

[708] 일반적으로 근로자들은 공정대표의무 위반소송을 주법원에 제기하는 경향이 있다고 한다. 추후에 연방대법원에 의하여 다시 다툴 여지가 있기 때문이다. Cox, The Duty of Fair Representation, 2 Vill. L. Rev. 151, 170 (1957).

되는 협약 위반에 대한 구제를 구하는 경우, 사용자에 대한 근로자의 청구는 NLRA 제301조에 따라 단체협약 위반에 대한 연방법원의 관할권에 기한 것이지만, 동시에 대부분의 단체협약은 고충-중재 절차 기타 협약상 분쟁 해결절차를 포함하고 있다. 여기에서 개별 근로자가 교섭대표노조의 공정대표의무 위반을 재판상 주장하기 위해서는 먼저 협약에 규정된 구제 절차를 이행하여야 하는지 아니면 바로 재판상 청구를 할 수 있는지 여부가 문제된다.

이에 대하여 연방대법원은 Republic Steele Corp. v. Maddox 사건에서[709] 단체협약 위반을 주장하는 소송을 개시하기에 앞서, "협약고충을 주장하고자 하는 개별 근로자들은 배상 방식으로서 사용자와 노동조합 사이에 합의된 협약상 고충처리절차를 먼저 이용하도록 시도하여야 한다"고 판단하였다.[710] 연방대법원은 "근로자는 노동조합에 대하여 자신을 대신하여 행위할 기회를 부여하여야 한다는 점은 의문이 있을 수 없다"고 설시하였다.[711]

Vaca v. Sipes 사건에서[712] 연방대법원은 Maddox사건에서 나타난 일반 원칙, 즉 근로자가 협약 위반을 이유로 사용자에 대하여 NLRA 제301조에 기한 소송을 하기 위해서는 먼저 협약상의 구제절차를 이행하여야 한다는 원칙을 확인하였다. 그러나 연방대법원은 또한 다음과 같이 판시하였다.

이러한 협약상 구제조치가 고안되어 왔고 이는 노동조합과 사용자에 의하여 일반적으로 통제되고 있기 때문에, 협약상 구제 조치가 개별 고충 제기인에게는 불만족스럽거나 비효율적인 것이라는 점을 용이하게 입증할 수 있을 것

---

709 379 U.S. 650 (1965).
710 Id. at 652.
711 Id. at 653.
712 386 U.S. 171 (1967).

이다. 그러면 문제는 어떠한 상황 하에서 개별 근로자가 협약상 구제절차를 통한 구제를 먼저 시도하지 않은 채 협약 위반에 대한 사법심사를 행할 수 있는가 하는 것이다.[713]

연방대법원은 협약위반소송을 제기하기 전에 협약상 구제절차를 거치지 않아도 되는 "명백한 상황"은 "사용자의 행태가 그러한 협약상 절차의 부정에 상당하는 경우"라고 하였다.[714] 그 다음 연방대법원은 다수의 공정대표의무 소송에서 발견되는 상황에 대하여 다음과 같이 설시하고 있다.

이 사건에서와 같이 노동조합이 고충처리절차의 가장 높은 단계를 진행할 수 있는 협약상 유일한 권한을 가지고 있고 그리고(and) 이 사건에서와 같이 고충처리절차의 진행을 노동조합이 **부당하게**(wrongful) 거부하여 원고인 근로자가 자신의 협약상 구제절차를 이행할 수 없는 경우 그 근로자는 협약상 권리의 사법상 청구를 할 수 있는 또 다른 상황이 발생하게 된다고 우리는 판단한다.[715]

따라서 연방대법원에 따르면, 개별 근로자가 공정대표의무 위반을 재판상 청구하기 전에 원칙적으로 협약상의 고충처리절차를 먼저 거쳐야 하지만, 예외적으로 사용자가 그러한 협약상 절차를 부인하고 있다고 인정되고 고충처리절차의 진행을 노동조합이 부당하게 거부하여 개별 근로자가 협약상 절차를 이행할 수 없다면 바로 재판상 청구를 할 수 있다는 것이다.

이와 관련하여 노동조합이 고충처리를 진행하지 않았고 근로자도 노동조합에 대하여 고충처리를 진행하도록 하기 위한 노조 내부의 이용할 수

---

713 Id. at 185.
714 Id.
715 Id. (강조는 법원).

있는 적합한 절차를 거치지 않았다면 노동조합이 고충처리를 진행하지 않은 것은 "부당"한 경우에 해당하지 않으며, 이를 이유로 근로자는 협약상 구제절차를 먼저 이행하여야 한다는 요건의 적용이 면제되는 것은 아니라는 판결이 있다.[716] 이에 대하여 노동조합이 고충처리 이전에 이미 공정대표의무를 위반한 경우에는 근로자는 협약상 구제절차의 사전 이행을 하지 않아도 된다.[717] 또한 노동조합이 근로자에 대하여 고충의 원인이 된 사실을 고지하지 않아 노동조합이 공정대표의무에 위반한 경우[718] 및 노동조합이 지연의 이유를 설명하지 않은 채 고충처리를 지연한 경우[719]에도 협약상 구제절차의 사전 이행 요건이 면제되고 있다.

이와 같이 협약상 구제절차를 사전 이행하려는 시도가 무용한 경우에 근로자는 공정대표의무 소송을 제기하기 전에 그러한 협약상 구제절차를 먼저 거쳐야 할 의무에서 면제된다.[720] 또한 근로자가 협약 위반을 주장하는 것이 아니라 특정한 협약을 체결하여 노동조합이 공정대표의무에 위반하였다고 주장하는 경우에는 협약상 구제절차를 먼저 이행하여야 할 필요는 없다. 이러한 상황에서는 고충처리제도에 의해 부당한 단체협약 내용을 개정하는 것이 가능하지 않기 때문이다.[721] 나아가 협약상 구제 조치의

---

716 Clayton v. ITT Gilfillan Div., 623 F.2d 563 (9th Cir. 1980), aff'd in part, rev'd in part. and remanded sub nom. Clayton v. Auto Workers, 451 U.S. 679 (1981).

717 Glove v. St. Louis-San Francisco Ry., 393 U.S. 324 (1969); Flint Glass Workers Local 90 v. Flint Glass Workers, 374 F. Supp. 600 (D. Md. 1974), aff'd (4th Cir. 1976).

718 Pratt v. United Airlines, 468 F. Supp. 508 (N.D. Cal. 1978) (철도노동법사건).

719 Williams v. Pacific Maritime Ass'n, 617 F.2d 1321 (9th Cir. 1980), cert. denied, 449 U.S. 1101 (1981).

720 Glove v. St. Louis-San Francisco Ry., 393 U.S. 324 (1969).

721 Williams v. Pacific Maritime Ass'n, 617 F.2d 1321 (9th Cir. 1980), cert. denied, 449 U.S. 1101 (1981)(단체협약의 실제 조항이 아니라 협의를 통하여 만들어진 작업규칙이 관련되어 있는 경우에도 작업규칙상 절차의 사전 이행은 필요하지 않다고 판단). Beriault v. Longshoremen (ILWU) Local 40, 501 F.2d 258 (9th Cir. 1974);

사전 이행이 원고가 적절한 구제를 받을 기회를 침해하는 경우 또는 그 절차가 적합한 구제를 제공할 수 없는 경우에는 협약상 구제 조치의 사전 이행을 필요로 하지 않는다고 판단되고 있다.[722]

한편, 노동조합과 사용자가 근로자의 고충을 협약 소정의 공동중재위원회에 회부하였고 단체협약은 중재위원회 결정이 근로자를 포함하여 모든 당사자에게 최종적이고 구속적이라고 규정하고 있는 경우 사용자는 고충중재절차를 통하여 성실하게 행동하였다고 할지라도 노동조합이 공정대표의무를 위반하고 그 결과 중재심문에서 근로자의 고충 제기가 심각하게 침해되었다면 협약 위반을 이유로 한 사용자에 대한 근로자의 소송은 노동조합에 대한 소송과 병행하여 계속될 수 있다는 것이 연방대법원의 입장이다.[723]

(2) 노조 내부 구제절차의 사전 이행

노동조합 규약에서 개별 근로자의 고충에 대한 심사절차를 정하는 경우가 있는데, 이 경우 소송으로 다투기 전에 그러한 노조 내부의 구제절차를 먼저 이행하여야 하는지가 문제된다. Clayton v. Auto Workers 사건에서[724] 이와 관련한 쟁점이 문제되었는데, 연방대법원은 그 쟁점을 다음과 같이 정리하고 있다.

노동조합이 자신의 고충을 처리할 때 공정대표의무를 위반하였으며 그리고 사용자는 단체협약을 위반하였다고 주장하는 근로자는 법 제301조에 기한 소

Coleman v. Kroger Co., 99 F. Supp. 724, (W.D. Va. 1975).

722 Dorn v. Meyers Parking Sys., 395 F.Supp. 779 (E.D. Pa. 1975); Lucas v. Philco-Ford Co., 380 F. Supp. 139 (E.D. Pa. 1974); Yeager v. C. Schmidt & Sons, 355 F.Supp. 332 (E.D. Pa. 1973).

723 Hines v. Anchor Motor Freight, 424 U.S. 554 (1976).

724 451 U.S. 679 (1981).

송을 제기하기 전에 노동조합의 규약에서 정한 노조 내부의 이의절차를 거쳐야 하는지 여부, 거쳐야 한다면 어떠한 경우에 거쳐야 하는지 하는 것이다.[725]

이 사건에서 노동조합은 해고에 항의하는 근로자의 고충을 중재에 회부하지 않았다. 근로자는 노조 내부의 절차를 거치지 않은 채 노동조합을 공정대표의무 위반으로 제소하고 동시에 사용자를 단체협약 위반으로 제소하였다. 1심 법원은 근로자는 노조 내부의 절차를 거치지 않았다는 것을 이유로 노동조합에 대한 근로자의 청구를 기각하였고, 항소법원은 이를 인용하였다.[726] 1심 법원은 사용자에 대한 근로자의 청구도 기각하였으나, 항소법원은 노동조합 내부 절차는 사용자로부터 구하고자 하는 고충처리절차상의 구제를 근로자에게 제공할 수 없다는 이유로 그 청구를 인용하였다.[727]

노동조합에 대한 원심의 청구기각을 파기하면서 연방대법원은 다음과 같이 판시하였다.[728]

노조 내부의 이의제기절차가 근로자 고충의 재개(reactivation)를 초래할 수 없거나 근로자가 제301조 소송에서 구하고자 하는 완전한 구제를 제공하는 중재재정으로 이어질 수 없는 경우, (노조 내부 절차의) 사전 이행은 사용자에 대한 소송에서도 노동조합에 대한 소송에서도 필요하지 않다.

연방대법원은 "고충을 해결하는 데 적절하지 않을 수 있는 장기간의 노조 내부 절차에 자신의 고충을 회부하도록 함으로써 제301조 소송의 근거가 있는 근로자가 자신의 자원과 시간을 소진하는 것을 강제받지 않도록,

---

725 Id. at 682.
726 Id. at 684.
727 Id.
728 Id.

일반적인 사전 이행 요건을 부과"하는 것은 타당하지 않다고 판단하였다.[729] 나아가 연방대법원은 노조 내부 절차의 사전 이행이 공정대표의무 소송에서 필요한지 여부를 결정하는 데 다음과 같은 세 가지 관련되는 요소가 있다고 판시하였다.[730]

첫째, 노조 간부가 근로자에게 적대적이어서 그 근로자의 청구에 대하여 공정한 심문을 받는 것이 가능한지 여부, 둘째, 노조 내부의 이의제기 절차가 근로자 고충을 재개하거나 근로자에게 제301조에 기하여 그 근로자가 구하는 완전한 구제를 부여하는 데 부적절한지 여부, (노조 내부 절차에 기한 구제의 적합성) 셋째, 노조 내부 절차의 사전 이행이 근로자의 청구 내용에 대하여 사법판단을 구할 근로자의 기회를 불합리하게 지연하게 되는지 여부

결론적으로 연방대법원은 "침해받은 근로자가 구하고자 하는 실체적인 구제를 받을 수 없는 경우 또는 고충의 재개를 누릴 수 없는 경우"[731]에는 노조 내부 절차의 사전 이행은 근로자에 의한 공정대표소송의 요건이 되어서는 안 된다고 판단한 것이다.

(3) 공정대표의무 위반 소송의 당사자

공정대표의무 위반을 주장하는 법 제301조에 기한 소송에서는 근로자의 교섭대표자인 지부 노동조합 기타 노동단체가 피고적격을 가진다. 전국 노조는, 스스로 그 근로자의 교섭대표이거나 또는 지부 노조가 전국 노조를 대신하여 행하거나 전국 노조의 재량에 따라 행하는 경우가 아니면 일반적으로 책임이 없으며 당사자가 아니다. 개별적인 노조 임원 역시 피고적격

---

[729] Id. at 689.
[730] Id.
[731] Id. at 693.

을 가지지 않는다. 개별 조합원 및 배타적 교섭대표가 아닌 노동조합은 교섭단위 내 그 구성원에 대하여 공정대표의무를 부담하지 않는다.[732]

해고 근로자는 그 사용자 또는 노동조합에 대하여 각각 소송을 진행할 수 있다. 또한 공정대표사건은 집단소송(class action)으로서 진행될 수도 있다.

노동조합도 공정대표소송을 제기할 수 있다. 상부단체인 전국 노조가 공정대표의무를 위반한 경우 지부 노조는 전국 노조에 대하여 공정대표의무 위반의 소송을 제기할 수 있다.[733]

2) NLRB

(1) 공정대표의무와 부당노동행위

과거 연방노동관계위원회(NLRB)는 노동조합에 대한 공정대표의무 위반을 부당노동행위절차로 다루지 않았다. 1962년 Miranda Fuel Co. 사건에서[734] 처음으로 공정대표의무 위반을 부당노동행위사건으로 다루었다. 이 사건에서 NLRB는 교섭단위 내 근로자의 선임권 지위를 노동조합이 자의적으로 침해한 것은 NLRA 제8조 (b)(1)(A) 및 제8조 (b)(2)를 위반하는 노동조합의 공정대표의무 위반이라고 판정하였다. NLRB는 모든 근로자를 공정하고 불평부당하게(fairly and impartially) 대표할 노동조합의 법 제9조에 기한 의무는 근로자에게 노동조합에 의한 공정한 대표를 받을 제7조에 기한 권리를 부여하는 것이라는 점을 근거로 하였다. 법 제9조에 기한 의무를 노동조합이 이행하는 과정에서 발생한 부당한 대표는 법 제7조

---

732 Wells v. Southern Airways, 616 F.2d 107 (5th Cir. 1980).

733 Hospital & Health Care Employees Local 1199 DC v. Hospital & Health Care Employees, 533 F.2d 1205 (D.C. Cir. 1976); Plumbers & Pipe Fitters v. Plumbers & Pipe Fitters Local 334, 452 U.S. 615 (1981).

734 140 NLRB 181 (1962), rev'd, 326 F.2d 172 (2d Cir. 1963).

소정의 권리에 대한 침해이고, 따라서 제8조 (b)(1)(A)[735] 위반이라고 판단되었다. 노동조합의 공정대표의무 위반은 제8조 (b)(2) 위반(고용에서의 부당한 차별 금지)에도 해당하는데, 특정 근로자에게 불이익하게 작용하는 노동조합에 의한 일체의 자의적인 행위는 "그 동기가 특정 노조의 가입 또는 영향을 받는 근로자의 활동과 관련되지 않는 경우"라고 하더라도 노조 가입을 장려하거나 방해하는 경향이 있기 때문이다. 또한 Miranda 판정에서의 다수 의견은 사용자는 공정대표의무를 위반한 노동조합의 요구에 동의하여 제8조 (a)(1) 및 제8조 (a)(3)을 위반하였다고 판정하였다.

이후 Independent Metal Workers Locals 1 and 2 (Hughes Tool Co.) 사건에서[736] NLRB는 노동조합이 인종을 이유로 근로자의 고충처리를 하지 않은 것은 법 제8조 (b)(1)(A), 제8조 (b)(2) 및 제8조 (b)(3)에 기한 부당노동행위라고 판정하였다. 이 판정에서는 공정대표의무 위반에 대한 위반 법조로서 제8조 (b)(3)을 추가하였는데, 노동조합의 법령상 성실교섭의무는 사용자만이 아니라 노조가 대표하는 근로자에 대해서도 부담하기 때문이고, 따라서 단체협약의 운영에서 공정대표의무 위반은 불성실교섭으로 간주된다는 것이다. 법원도 노동조합의 공정대표의무 위반은 제8조 (b)(1)(A) 위반이라는 데 동의하였다.[737]

Red Ball Motor Freight 사건에서[738] D.C. 항소법원은 선거 캠페인 기간 중 관련된 두 경쟁 노조의 조합원들로 구성된 선임권명부를 하나로 작성하는 것을 거부한 노동조합은 제8조 (b)(1)(A) 위반을 구성한다고 한

---

735 이 조항은 보호 대상이 되는 권리에 대한 노동조합의 개입 금지를 규정하고 있다.
736 147 NLRB 1573 (1964).
737 NLRB v. Teamsters Local 282 (Transit-Mix Concrete Corp.), 740 F.2d 141 (2d Cir. 1984); NLRB v. Carpenters Local 608 (Harte), 811 F.2d 149 (2d Cir.), cert. denied, 484 U.S. 817 (1987).
738 Red Ball Motor Freight, 157 NLRB 1237 (1966), enforced sub nom. Teamsters Local 568 v. NLRB, 379 F.2d 137 (D.C. Cir. 1967).

NLRB의 판정을 확인하였다. D.C. 항소법원은 어떤 한 집단의 근로자를 선임권명부의 하위 순번에 자의적으로 두는 것 또는 "수적으로 다수인 투표자를 우대하는 입장을 약속함으로써 선거에서 승리할 순전히 정치적인 동기"에 기하여 조직화 캠페인 기간 중에 그러한 행위를 한다고 위협하는 것은 공정대표의무 위반이고 부당노동행위라는 NLRB의 판단에 동의하였다.

한편, 노조 내부 절차를 거치지 않고 부당노동행위구제신청을 한 구성원에 대하여 노동조합이 징계 조치를 취한 것은 공정대표의무 위반이다.[739] 노동조합 대표자가 근로자에게 노동조합은 비조합원 근로자를 대표하지 않을 것이라고 말한 경우 실제로는 비조합원 근로자도 대표하였다고 하더라도 공정대표의무 위반이 인정된다.[740] 마찬가지로, 고충 제기에 의하여 안전하지 않고 유해한 작업환경을 시정하려고 한 것 또는 NLRB에 대한 제소나 증언을 이유로 근로자를 공개적으로 모욕하거나 다른 방법으로 제재를 가한 것은 공정대표의무 위반이다.[741]

(2) NLRB에 의한 대표선거 절차와 공정대표의무

NLRB 대표선거 절차에서 인준된 노동조합은 당해 교섭단위 내 모든 근로자의 대표가 될 의무를 부담한다. 앞에서 본 바와 같이 연방대법원에 따르면 공정대표의무는 배타적 교섭대표의 지위 그 자체에 내재한 것이기 때문이다. 따라서 법 제8조 (b)에 기한 공정대표사건에서 구제 방법으로서 NLRB는 노동조합의 인준 취소를 명할 수 있다.[742]

인종, 성별, 출신 국적을 이유로 한, 즉 민권법 제7편을 위반한 차별을

---

739 Painters Local 1115 (C&O Painting), 312 NLRB 1036 (1993).

740 Letter Carriers Local 233 (U.S. Postal Serv.), 311 NLRB 541 (1993).

741 Auto Workers Local 235 (General Motors Corp.), 313 NLRB 36 (1993).

742 A . O. Smith Corp., 119 NLRB 621 (1957); Pittsburgh Plate Glass Co., 111 NLRB 1210 (1955).

행한 노동조합에 대하여 공정대표의무 위반을 이유로 NLRB가 인준을 거부할 수 있는지 여부에 대하여 초기 NLRB는 인준 거부를 인정하였으나,[743] 바로 그 법리를 번복하여 노동조합의 인종, 출신 국적 등에 의한 차별을 이유로 인준을 거부하는 방법 대신, 그러한 문제를 해결하는 적절한 절차는 부당노동행위 절차라고 판정하였다.[744] 즉, 노동조합의 부당노동행위라는 관점에서 이 문제를 처리하는 것으로 변경되었다.

교섭대표로 인준되기 전에는 공정대표의무를 부담하지 않는다.[745] 따라서 교섭대표 선출 이전에 공정대표의무를 위반한 노동조합에 대하여 그것을 이유로 인준이 무효가 되는 것은 아니다.

(3) 관할권 문제

부당노동행위에 대해서는 법에 의하면 NLRB가 전속관할을 가지고 있는데, 공정대표의무 위반을 부당노동행위로 인정하면 법원에 대해서도 부당노동행위에 대한 관할권을 인정하는 결과가 되기 때문에 그것이 허용되는지 여부가 다투어졌다.

앞에서 살펴본 Vaca v. Sipes 사건에서는 연방대법원은 공정대표의무 위반에 대하여 법원은 경합적 관할권을 가진다고 판단하였다. Humphrey v. Moore 판결에서도[746] 연방대법원은 이러한 법리를 지지하였다. 이 판결에서는 공정대표의무 위반이 부당노동행위에 해당하는지 여부에 관계없이, 공정대표의무 위반이 협약 위반에 해당하는 경우 연방법원은 관할권을 가진다고 판단하였다. 이와 같이 연방대법원은 공정대표의무 소송에서 주법원 및 연방법원의 병존적인 관할권을 인정하였다.

---

743 Bekins Moving & Storage Co., 211 NLRB 138 (1974).

744 Handy Andy, Inc., 228 NLRB 447 (1971).

745 Bell & Howell Co., 230 NLRB 420 (1977), enforced, 598 F.2d 136 (D.C. Cir. 1979), cert. denied, 442 U.S. 942 (1979).

746 375 U.S. 335 (1964).

따라서 NLRB 사무총장이 노동조합의 공정대표의무 위반을 주장하는 신청에 대한 심판 회부를 거부하더라도 개별 근로자는 공정대표의무 위반을 이유로 연방법원에 소를 제기할 수 있다. 마찬가지로 연방법원은 공정대표의무 위반을 주장하는 소송에서 "부수적 쟁점(collateral issues)"으로서 제기되는 부당노동행위 문제를 판단할 수 있다.

3. 공정대표의무의 내용

1) 의무의 범위

앞에서 본 바와 같이 연방대법원은 초기에는 공정대표의무는 교섭대표가 모든 근로자의 이익을 "공정하고, 불편부당하게 그리고 성실하게 (fairly, impartially and in good faith)" 대표할 책임이라고 정의하였다. NLRB는 Miranda 사건에서 처음으로 제시한 공정대표의무의 정의에 관하여 "교섭대표로부터 불공정하거나 또는 악의적인 취급을 받지 않을" 권리라고 하였다. Vaca v. Sipes 사건에서 연방대법원은 "노동조합이 대표하고 있는 근로자에 대한 노동조합의 행위가 자의적, 차별적 또는 불성실한" 경우에 공정대표의무 위반이 인정된다고 전제하였으나 실제로는 노동조합에 광범위한 재량권을 부여하였다. 앞에서 본 바와 같이 연방대법원은 "우리는 노동조합은 정당한 고충을 자의적으로 무시하거나 이를 피상적인 방식으로 처리할 수 없다는 전제를 받아들이기는 하지만, 자신의 고충을 중재에서 다루도록 할 절대적인 권리를 개별 근로자가 가진다는 것에 대해서는 동의하지 않는다"고 판시하였던 것이다.[747] Steele 판결과 Huffman 판결에서 연방대법원은 "교섭대표가 대표하는 단위에서 활동할 때 법령상 교섭대표에게는 '광범위한 합리성(wide range of reasonableness)'이 부여되어야 한다"고 적시하였다.

---

747 Vaca v. Sipes, 386 U.S. 171, 183.

따라서 모든 공정대표의무 소송에서는 노동조합의 행위 또는 부작위가 "부적절하고 악의적인(irrelevant and invidious)" 고려에 기한 "적대적인 차별"인지 여부 또는 교섭대표에게 부여된 "광범위한 합리성"의 범위 내에서 교섭대표가 성실하게 행위하였는지 여부가 판단 대상이 된다.

협약 운영과 관련한 교섭대표노조의 재량은 Humphrey v. Moore 사건에서[748] 구체적으로 설시되어 있는데, 여기에서 연방대법원은 노동조합이 "정직하고, 성실하게 그리고 적대성이나 자의적 차별 없이(honestly, in good faith, and without hostility or arbitrary discrimination)" 행위하는 경우에는 노동조합은 공정대표의무를 위반한 것이 아니라고 판단하고 있다.

노동조합의 공정대표의무는 1979년 Foust 사건 판결에서[749] 명시적으로 판단한 바와 같이 단체교섭, 단체협약의 운영 및 시행 기간 동안의 모든 국면에서 미치며, 조합원 여부를 불문하고 교섭단위 내 모든 근로자에게 미친다.[750]

연방대법원의 판례에 따르면, 정당한 고충을 자의적으로 무시하거나 이를 피상적인 방식으로 처리하는 경우, 노동조합의 행위 또는 부작위가 "부적절하고 악의적인" 고려에 기한 "적대적인 차별"에 해당하는 경우에는 공정대표의무 위반이 인정되고 있다. 반면에, 노동조합이 "정직하고, 성실하게 그리고 적대성이나 자의적 차별 없이" 행위하는 경우에는 공정대표의무 위반이 인정되지 않는다. 나아가 노동조합의 행위가 단순한 과실,[751] 무지, 그릇된 판단에 기한 경우에도 공정대표의무 위반을 인정하지 않는 경향이 있다.

따라서 연방대법원의 판례에 따르면 공정대표의무는 ① 자의적이지 않

---

748 375 U.S. 335 (1964).

749 Electrical Workers (IBEW) v. Foust, 442 U.S. 42 (1979).

750 Conley v. Gibson, 355 U.S. 41, 46 (1957).

751 Steelworkers v. Rawson, 495 U.S. 362 (1990).

을 것, ② 차별적이지 않을 것, ③ 불성실하지 않을 것이라는 세 가지 요소로 구성되어 있다.

이러한 기준에 따라 하급심에서는 공정대표의무의 내용을 구체화하고 있다.

첫째, "자의성"에 대해서는, 노동조합이 자의적으로 행위하였는지 여부는 노동조합의 행위가 "광범위한 합리성"의 범위를 지나치게 벗어나 그 행위가 "비합리적" 또는 "자의적"이 될 정도가 필요하다.[752] 여기에 해당하기 위해서는 근로자 권리에 대한 "악의적 무시"가 있어야 한다. 이에 대하여 비의도적인 행위 또는 부작위도 일정한 요건, 즉 노동조합의 행위가 개별 근로자의 권리를 무모하게 무시하고 있고, 이로 인하여 개별 근로자의 권리가 심각하게 침해되고 있는 경우에는 자의적인 것에 해당한다고 한 사례도 있다.[753] 이에 대하여 과실이나 그릇된 판단,[754] "현명하지 못한" 또는 "사려깊지 못한" 행위는[755] "자의적"에 해당하지 않는다고 판단되고 있다.

둘째, 불성실 및 차별과 관련해서는 노동조합의 주관적 동기를 심사하여 판단하여야 한다.[756] 불성실이 인정되기 위해서는 노동조합에 의한 사기, 기망적 행위 또는 정직하지 않은 행위에 대한 증거가 있어야 한다.[757] 예컨대 사용자와의 이면 합의를 한 경우가[758] 여기에 해당한다.

---

752 Household Manufacturing, Schwitzer Division, 961 F.2d 1293 (7th Cir. 1992).

753 Marquez v. Screen Actors Guild, 124 F.3d 1034 (9th Cir. 1997), aff'd on other grounds, 119 S.Ct. 292 (1998).

754 Black v. Ryder/P*I*E Nationwide, 15 F.3d 573 (6th Cir. 1994).

755 Stevens v. Moore Bus, Forms, 18 F.3d 1443 (9th Cir. 1994); Nida v. Plant Protection Ass'n Nat'l, 7 F.3d 522 (6th Cir. 1993).

756 Rakestraw v. United Airlines, 981 F.2d 1524 (7th Cir. 1992), reh'g denied, 989 F.2d 944 (7th Cir. 1993), cert. denied, 510 U.S. 906 (1993).

757 Schmidt v. Electrical Workers (IBEW) Local 949, 980 F.2d 1167 (8th Cir. 1992).

758 Aguinaga v. Food & Commercial Workers, 993 F.2d 1463 (10th Cir. 1993), cert. denied, 510 U.S. 1072 (1994).

2) 단체교섭과 공정대표의무

단체교섭에서 교섭대표인 노동조합이 공정대표의무를 위반하였는지 여부를 판단할 때는 노동조합 활동의 성과 내지 결과를 기준으로 판단하여야 하는지 아니면 활동에 대한 노조의 재량권을 존중하여야 하는지가 문제된다. 이에 대하여 1991년 Air Line Pilots v. O'Neill 사건 연방대법원 판결[759]에서는 후자의 입장을 취하고 있다. 연방대법원은 다음과 같이 판시하고 있다.

정부는 단체교섭의 과정을 규율하고자 한 것이지 그 실체적 결과를 규율하고자 한 것은 아니다. 의회는 "협의에서 당사자는 광범위한 재량권을 가져야 하며, 그 재량권은 당사자 간의 차이에 대한 실체적 해결책을 규율할 어떠한 정부의 권한에 의해서도 제약받지 않는다"고 의도하였다.

그럼에도 불구하고 앞에서 본 바와 같이 단체교섭에 관여하는 노동조합은 그 구성원에 대하여 Vaca v. Sipes 사건에서 제시한 공정대표의무를 부담하며, 따라서 교섭에서 노동조합의 활동에 대한 사법심사는 불가피하다. 그러나 그러한 사법심사는 매우 상세하게 한계가 설정되어야 한다.

의회는 법원과 노동조합 사이의 관계를 법원과 의회와의 관계와 유사한 것으로 상정하였다. 따라서 노동조합의 활동에 대한 일체의 실체적 검토는 교섭자들이 교섭상 책임을 효과적으로 수행할 필요성을 전제로 하는 광범위한 재량을 인정하면서 고도로 자제하여야 한다.

우리는 Vaca v. Sipes 판결에서 선언한 법리, 즉 노동조합의 행위가 "자의적, 차별적 또는 불성실"한 경우 노동조합은 공정대표의무에 위반한 것이라는 법리는 단체교섭을 포함한 모든 노동조합의 활동에 적용된다고 판단한다. 나아가 우리는 노동조합의 행위가 있었던 시점에서의 사실관계와 법률관계의 측면에서 노동조합의 행위가 "광범위한 합리성"(Ford Motor Co. v. Huffman)을

---

[759] 499 U.S. 65 (1991).

일탈한 경우에만 노동조합의 행위가 비합리적인 것으로서…자의적인 것이라고 판단한다.

요컨대 노동조합 입장의 합리성은 "당해 결정이 행해진 시점에서 교섭자가 직면한 사실관계 및 법적 환경 양자의 관점에서" 평가되어야 한다고 하면서 교섭대표노동조합은 단체교섭에서 "광범위한 합리성"의 재량권을 가진다는 것이다. 이 판결을 기점으로 노동조합의 공정대표의무 위반을 판단할 때 노동조합의 교섭 결과의 내용, 성과의 충분성 등 행위의 내용에 대해서는 실질심사를 하지 않는 경향에 있다.

광범위한 합리성 재량에 대하여 판단하고 있는 Ford Motors Co. v. Huffman 사건 연방대법원 판결에서는[760] 배타적 교섭 권한의 주요한 동력은 교섭위원에게 양보와 타협을 할 수 있는 광범위한 재량을 부여한 것에서 비롯되는 것이라고 하고, 단체교섭에서는 "협약상 조건이 개별 근로자와 각 근로자 집단에 미치는 방법과 정도에는 불가피하게 차이가 발생한다. 그러한 차이가 단순히 존재한다는 것만으로 이를 무효로 하여서는 안 된다. 대표하고 있는 모든 자를 완전하게 만족시키는 것은 기대하기 어렵다. 교섭대표가 대표하는 단위를 위하여 봉사할 때 광범위한 합리성 재량이 법령상 교섭대표에게 허용되어야 한다. 다만 그 재량을 행사할 때는 완전한 성실성과 목적의 정직성이 전제로 되어야 한다"고 판시하고 있다.

연방대법원 판결에 의하면, 교섭에서 노동조합의 행위는 "광범위한 합리성"의 재량권 내에 속하고 이를 일탈하여 자의적, 비합리적 또는 불성실하지 않다면 공정대표의무 위반은 인정되지 않는다고 하여 교섭에서의 재량권을 매우 폭넓게 인정하고 있다.

구체적으로는, 노동조합이 교섭단위 구성원에게 평등하게 영향을 미치는 협약 조항을 교섭하는 경우에 공정대표의무 위반이 인정되지 않았으

---

[760] 345 U.S. 330 (1953).

며, 교섭단위 구성원의 이익에 불리하게 영향을 미치는 협약 조항을 노동조합이 합의하는 경우에도 불리하다는 이유만으로 공정대표의무 위반이 되는 것은 아니라고 판단되었다. 따라서 노동조합은 자의적이거나 불성실한 것이 아닌 한, 상이한 범주의 근로자에게 불균등한 대우를 포함하는 협약 조항을 교섭하고 합의할 수 있다. 예컨대 제대군인에 대하여 선임권 혜택을 주는 단체협약을 체결하는 것은 공정대표의무 위반이 아니고, 제대군인이 이전에 그 사용자에게 고용된 적이 없는 경우에도 마찬가지이다.[761] 또한 기업연금제도와 정년퇴직제도를 실시하는 단체협약도 공정대표의무 위반이 아니며, 수년간의 근무를 통하여 적치되어 온 고령 근로자의 작업권이 소멸된다고 하더라도 마찬가지이다.[762] 그 밖에, 정리해고 상황에서 근속 연수가 더 긴 근로자보다 노조 임원에 대하여 선임권 우대를 하는 단체협약,[763] 시용 중인 근로자를 다른 근로자와 상이하게 대우하는 단체협약에[764] 대해서도 공정대표의무 위반이 인정되지 않았다. 나아가, 노동조합이 결과적으로 일부 소수 근로자집단의 구성원에게 불리하게 하였더라도 전체로서의 근로자 이익에 봉사하기 위하여 행한 경우에는 공정대표의무 위반이 아니다.[765] 사기적 또는 적대적 동기가 없는 경우에는 선임권명부 통합 시 특정 근로자 집단의 선임권명부를 다른 집단의 선임권 뒤에다 붙이는 endtail 방식, 양 집단의 선임권을 순서대로 짜맞추는 dovetail 방식, 일정한 날 이후에 입사한 자에 대해서는 선임권을 부정하는 방식 등 다양한 제도를 설정할 수 있고 그것은 공정대표의무 위반이 되지 않는다.

---

761 Id.; Taylor v. Armco Steel Corp., 429 F.2d 498 (5th Cir. 1970).

762 Goodin v. Clinchfield R. Co., 229 F.2d 578 (6th Cir. 1956), cert. denied, 351 U.S. 953 (1956).

763 Machinists Aeronautical Lodge 727 v. Campbell, 337 U.S. 521 (1949).

764 Van Leetlwen v. U.S. Postal Serv., 628 F.2d 1093 (8th Cir. 1980).

765 Rakestraw v. United Airlines, 981 F.2d 1524 (7th Cir. 1992), reh'g denied, 989 F.2d 944 (7th Cir. 1993), cert. denied, 510 U.S. 906 (1993).

교섭 시 과거의 교섭 입장을 변경하여 일부 조합원이 손해를 받은 경우에도 이에 따라 전체적인 조합원이 그 변경에 의하여 손해를 입지 않은 경우에는 공정대표의무 위반이 되지 않는다고 판단되고 있다. 이에 대하여 교섭에서의 노동조합의 행위가 일부 근로자집단에 대한 적대감 또는 위법한 고려에 기인한 경우, 예컨대 교섭에서 인종적 소수자에 대한 노동조합의 의도적 차별은 공정대표의무 위반으로 판단되고 있다.

3) 고충처리 및 협약 적용에서 공정대표의무

Vaca 판결에서 연방대법원은 노동조합은 모든 고충을 중재에 회부할 의무는 부담하지 않으며, 개별 근로자가 고충을 중재에 회부시킬 절대적인 권리를 가지는 것도 아니라는 점을 명확히 하였다. 이는 연방대법원이 사용자와 노동조합 사이의 분쟁 해결절차의 운영의 효율성에 더 중요성을 부여한 것이라고 평가할 수 있다. 따라서 노동조합이 적시에 고충을 처리하지 않거나 중재에 회부하지 않은 것이 공정대표의무 위반이 되기 위해서는 불성실 또는 차별적인 이유를 동기로 하거나 또는 그 행위가 "자의적"인 경우에 한한다고 판단하고 있다.

공정대표의무 위반이라고 인정된 사례로는, 노동조합이 아무 이유 없이 고충처리를 거부한 경우, 고충처리에 관한 근로자의 권리에 대하여 차별적인 조건을 부과한 경우, 고충처리 진행 여부를 특정 근로자집단의 투표에 근거하여 결정한 경우, 비조합원이 제기한 고충을 조합원만이 참석한 조합원 총회에서 결정한 경우 등이 있다. 경쟁 노조를 지지하거나 기타 노동조합에 충실하지 않은 것으로 판단되는 행위에 관여하였다는 것을 이유로 노동조합이 고충처리를 하지 않거나 고충처리를 거부하는 것도 공정대표의무 위반이라고 판단하고 있다.[766]

---

766 NLRB V. Pacific Coast Utils. Serv., 638 F.2d 73 (9th Cir. 1980); Abilene Sheet Metal v. NLRB, 619 F.2d 332 (5th Cir. 1980) 등.

공정대표의무 위반이라고 인정되지 않은 사례로는, 고충처리를 거부하였으나 사전에 정해진 절차를 준수하고 그러한 절차가 교섭대표에게 부여된 "광범위한 합리성"의 재량권 내에 있는 경우, 고충처리 진행 여부를 전체 근로자집단의 투표에 근거하여 결정한 경우 등이 있다.

Bayley-Seton Hospital 사건에서는[767] 이전에 인준이 박탈된 노조에 의하여 대표되고 있던 단위의 근로자들에 대한 배타적 교섭대표로서 경쟁노조를 NLRB가 인준한 이후에 인준박탈 노조가 근로자의 고충을 중재를 통하여 처리하는 것을 거부한 것은 공정대표의무 위반이 아니라고 판정되었다. 중재에 회부하지 않겠다는 인준박탈된 노조의 결정은 성실하게 이루어졌다는 것을 근거로 하였다. 그리고 Forsyth Hardwood Co. 사건에서[768] NLRB는 다른 노조를 최근 대표선거를 통하여 대체한 노동조합이 단체협약을 잘못 해석하여 조합비를 납부하지 않은 근로자는 해고될 수 있다고 해석한 것은 공정대표의무 위반이라는 주장을 받아들이지 않았다. 차별 또는 적대성에 대한 증거가 없기 때문에 해고의 정당성을 노동조합이 조사하지 않은 것이 바로 공정대표의무 위반이 되는 것은 아니다.

4. 공정대표의무 위반에 대한 구제

1) NLRB

(1) 부당노동행위 사건
공정대표의무 위반을 구제하기 위하여 NLRB는 노동조합에 대하여 그 부당한 행위를 중지하고 신청 당사자에게 원상회복을 하기 위한 적극적인 조치를 취하도록 명한다. 교섭대표노조가 고충처리를 부당하게 거부한 경

---

[767] 323 NLRB 717 (1997).
[768] 243 NLRB 1039 (1979).

우에는 고충을 처리하도록 하거나 중재에 회부하도록 명하고 있다. 노동조합이 근로자의 고충을 처리하여 근로자의 고충이 받아들여지면, 근로자는 중재재정에 기하여 사용자에 의한 "원상회복"을 받게 된다. 근로자가 중재에서 패배한다면 근로자의 협약상 권리는 침해되지 않았다는 이유로 원상회복은 이루어지지 않게 된다.

사용자와 노동조합 양자가 노동조합에 의한 공정대표의무 위반을 포함한 부당노동행위를 행한 경우에 NLRB는 노동조합 및 사용자에 대하여 그 위반으로 인하여 발생한 모든 손해에 대하여 연대책임을 명하고 있으며, 노동조합에 대해서는 성실한 대표를 하지 않는 것을 중지할 것을 명한다.

사용자에 대하여 부당노동행위 구제신청이 제기되지 않은 경우 또는 사용자의 행위가 협약 위반은 될 수 있지만 부당노동행위에는 해당하지 않은 경우에는 NLRB는 사용자에 대하여 근로자에 대한 원직복귀나 기타 보상을 행할 것을 명할 권한을 가지지 않는다. 이러한 점이 문제된 Automotive Plating Corp. 사건에서[769] NLRB는 먼저 노동조합에 대하여 단체협약에 기한 입장을 재고할 것을 사용자에게 "요구"하도록 명하고, 필요하다면 고충을 중재에 회부할 것을 명하였다. 사용자가 중재를 거부하자, NLRB는 추가 결정에서 노동조합은 그 공정대표의무를 이행하기 위하여 예컨대 근로자의 해고에 대하여 "협약상 정당성의 판단을 받기 위하여 NLRA 제301조에 기한 소송을 제기"하는 것과 같은 "효과적인 조치"를 취하지 않았다고 판정하였다. 공정대표의무 이행을 하지 않았기 때문에 NLRB는 노동조합에 대하여 근로자가 노동조합에 고충처리를 부탁한 날로부터 노동조합이 공정대표의무를 이행할 때 또는 근로자가 다른 곳에서 실질적으로 동

---

769 Electrical Workers (IUE) Local 485 (Automotive Plating Corp.), 170 NLRB 1234 1609 (1968), supplemented, 183 NLRB 1286 (1970), enforced in part, 454 F.2d 17 (2d Cir. 1972).

등한 고용에 종사할 때 중 먼저 도래한 날까지 발생한 손해에 대하여 배상할 것을 명하였다.

노동조합에 대해서만 제기된 부당노동행위 절차에서 NLRB는 노동조합에 대하여 노동조합의 고충처리 불이행으로 인하여 발생한 소득손실 전부를 원고에게 지급할 것을 명한다. 또한 노동조합에 대하여 ① 고충이 처리되지 않은 근로자의 복직을 요구하도록 하고, ② 사용자가 고충처리 접수에 대한 기간 제한을 포기하도록 요구하도록 하며, ③ 고충을 진지하고 성실하게 처리하도록 하고, 그리고 ④ 근로자가 복직되거나 다른 곳에서 실질적으로 동등한 고용에 종사할 때까지 또는 고충이 타당한 결론으로 처리될 때까지 근로자에게 경제적으로 보상하도록 명하고 있다. 그러나 Graphic Communications Local 4 (San Francisco) (San Francisco Newspaper Printing Co.) v. NLRB 사건에서[770] 제9항소법원은 NLRB의 소급 임금을 지급하라는 잠정명령에 대한 집행을 거부하였다. 동 법원은 노동조합의 소급 임금 지급 책임은 근로자가 부당하게 해고되었다는 증거에 달려 있다고 판단하였다.

이 사건 이후, NLRB는 원상회복명령을 재검토하여, Rubber Workers Local 250 (Mack-Wayne Closures) 사건에서[771] 사무총장은 당해 고충이 명백하게 사소한 것이 아니었던 점 및 노동조합이 공정대표의무를 위반하였다는 점에 대하여 입증 책임을 일단 부담하도록 하고, 그 다음 고충이 정당한 것이 아니었다는 것을 입증할 책임은 노동조합으로 전환된다고 판단하였다. 노동조합은 부당노동행위 구제신청에서의 심문 과정 또는 이행 단계에서 고충의 내용에 대하여 다툴 선택지를 가지게 된 것이다.

1998년 Iron Workers Local Union 377 (Alamillo Steel Corp.) 사건에서[772]

---

770 794 F.2d 420 (9th Cir. 1986).
771 290 NLRB 817 (1988).
772 326 NLRB 375 (1998).

NLRB는 그 입장을 다시 수정하여, 사무총장이 적극적으로 배상적 구제를 요청하고, 또 사무총장이 노동조합이 공정대표의무를 위반하였다는 사실만이 아니라 노동조합이 공정대표의무를 위반하지 않았더라면 고충 제기인이 고충-중재 절차에서 이겼을 것이라는 점을 입증하지 않으면, 노동조합이 고충을 잘못 처리한 결과로서 받은 손해를 고충 제기인에게 배상하라는 명령을 내리지 않는다고 하였다. 이에 따라 사무총장이 노동조합이 불법적으로 행위하였다는 것을 입증한 후에야 비로소 NLRB는 피신청인 노조에 대하여 사실관계에 따라 고충을 타당하게 처리하기 위하여 필요할 수 있는 적극적인 조치를 명할 수 있다. 이는 부당노동행위 절차에서 고충의 정당성에 대한 다툼을 배제하는 것을 목적으로 한 것이라고 할 수 있다.

NLRB는 소급 임금의 지급명령을 다양한 상황에서 내리고 있다. 예컨대 노동조합이 근로자가 자신의 선임권을 유지하기 위하여 일정한 조치를 취하도록 한 중재재정의 요건을 근로자에게 적절하게 알려 주지 않은 경우 NLRB는 그 노동조합에 대하여 중재인에게 심문을 재개하고 동시에 그 권리가 침해된 근로자에게 지급되어야 할 소급 임금 대상 기간을 연장하도록 명하였다.[773] 또한 노동조합이 불법적으로 보호하지 않았던 리콜권을 얻을 수 있도록 변호사를 선임하도록 하고 그 변호사 비용을 노동조합이 부담하도록 하는 명령도 내리고 있다.[774] 나아가 노동조합의 공정대표의무 위반으로부터 발생하는 다른 절차에서 신청인 당사자가 입은 법률비용의 지급을 명하고 있다.[775] 또한 NLRB는 노동조합에 대하여 공정대표의무 위반으로 인하여 징수된 벌금을 납부하거나 벌금액을 보상할 것을

---

773 Teamsters Local 282 (Transit-Mix Concrete Corp.), 267 NLRB 1130 (1983), enforced, 740 F.2d 141 (2d Cir. 1984).

774 Steelworkers Local 15063 (Shanks), 281 NLRB 1275 (1986).

775 NLRB v. Teamsters Local 396 (United Parcel Serv.), 509 F.2d 1075 (9th Cir. 1975), cert. denied, 421 U.S. 976 (1975).

명하기도 하였다.[776]

Miller Brewing Co. 사건에서[777] NLRB는 선임권을 근로자가 유지하기 위하여 행하여야 하는 요건을 변경한 중재재정을 해고된 근로자에게 통보하지 않은 노동조합에 그로 인하여 근로자가 일하지 못한 날 전체에 대한 소급 임금의 배상을 하라는 명령을 내렸다. 또한 NLRB는 노동조합에 대하여 근로자가 특정한 임금제도를 계속 고집한다면 직장이 상실될 위험성을 근로자에게 자의적으로 알리지 않은 결과 일자리를 상실한 근로자에게 소급 임금의 지급을 명하고 있다.[778]

NLRB가 부당노동행위 절차에서 공정대표의무를 위반한 노동조합의 인준을 취소하는 명령을 내린 사례도 있다.[779]

(2) 교섭대표 결정 사건

앞에서 본 바와 같이 NLRB는 Handy Andy, Inc. 사건에서[780] 인준 이전에 발생한 노동조합의 공정대표의무 위반을 인준 거부 사유로 고려하지 않는다고 판정하였다. 같은 이유에서, 노동조합이 인종차별 또는 남녀차별에 관여하였다는 주장은 사용자가 단체교섭을 거부하는 정당한 이유가 되지 않는다.[781] 노동조합의 인준이 취소되었던 경우에도 노동조합은 일반적으로 이후 새로운 선거에 참가하는 것을 방해받지 않는다.[782] Community Service

---

776 Painters Local 1066 (W. J. Siebenoller), 205 NLRB 651 (1973).

777 Machinists Local 2699 (Miller Brewing Co.), 292 NLRB 1222 (1989).

778 Iron Workers Local 111 (Northern States Steel Builders), 298 NLRB 930 (1990), review denied and enforcement granted, 946 F.2d 1264 (7th Cir. 1991).

779 Teamsters Local 671 (Airborne Freight Corp.), 199 NLRB 984 (1972); Independent Metal Workers Locals 1 and 2 (Hughes Tool Co.), 147 NLRB 1573 (1964); Alto Plastics Mfg. Corp., 136 NLRB 850 (1962); A. O. Smith Corp., 119 NLRB 621 (1957) 등.

780 228 NLRB 447 (1977).

781 Power Packaging Corp., 299 NLRB No. 52 (1990).

782 Hughes Tool Co., 104 NLRB 318 (1953).

Publishing 사건에서[783] NLRB는 전국 협약에서 위법한 차별적 조항을 포함하고 있는 경우에도 그 노동조합의 인준을 허용하였다. 다만, 이 사건에서 NLRB는 노동조합이 교섭단위 내 모든 근로자를 공정하게 대표할 법령상의 의무를 위반하였다는 것을 입증하면 인준이 취소될 수 있다고 하였다.

단체협약에 명백하게 차별적인 조항이 있는 경우에는 대표선거 신청에 대한 장벽으로 되는 단체협약으로서의 효력이 부정될 수 있다. NLRB는 Pioneer Bus Co. 사건에서[784] "적정교섭단위 내 근로자의 교섭대표가 인종에 따라 분리된 협약을 체결하거나 단일한 협약을 체결하더라도 흑백을 차별하는 경우 NLRB는 그러한 협약을 선거의 장벽이 되는 단체협약으로 판단하지 않을 것이다"라고 판시하였다.

2) 법원

(1) 손해배상

Vaca 판결에서 연방대법원은 "노동조합의 공정대표의무 위반에 대한 적절한 구제는 특정한 위반의 상황에 따라 달라져야 한다"고 지적하였다. 연방대법원은 사용자의 단체협약 위반으로부터 직접적으로 도출되는 손해에 대해서는 사용자만이 책임을 부담하게 될 것이라는 점을 명백히 하였다. 그러한 사건에서의 노동조합의 책임은 노동조합이 고충처리를 거부한 것에서 야기되는 손해에 국한하게 될 것이다. 연방대법원은 다음과 같이 판시하여 노동조합과 사용자 사이에 손해를 배분하고 있다.[785]

---

783 216 NLRB 997 (1975).
784 140 NLRB 54 (1962).
785 Vaca v. Sipes, 386 U.S. 171, 197, 198 (1967).

지배적인 원칙은… 각각의 잘못에 의하여 야기된 손해에 따른 사용자와 노동조합 사이의 책임을 배분하는 것이다. 따라서 오로지 사용자의 협약 위반에만 기인하는 손해는 노동조합에 대하여 부과되어서는 아니되지만, 노동조합의 고충처리 거부에 의하여 그러한 손해가 증가하였다면 그 부분은 사용자에게 부과되어서는 안 된다.

노동조합의 공정대표의무 위반과 사용자의 협약 위반으로 인하여 임금 손해를 입은 근로자에 대하여 소급 임금, 장래의 손해, 보상적 손해배상 및 변호사 비용의 지급 등의 재판상 구제가 이루어지고 있다.

정신적 손해배상을 인정하는 경우도 있다. 예컨대 제8항소법원은 "고의적 차별로 인하여 발생한 정신적 손해에 관하여는 노동조합에 대하여 별도의 청구를 하는 것으로 원고의 청구를 변경하는 것이 적절하다"고 하고 있다.[786]

공정대표소송에서 징벌적 손해배상은 노동조합에 대하여 인정되지 않는다. Electrical Workers (IBEW) v. Foust 사건은[787] 노동조합이 고충을 적절하게 처리하지 않은 것에 기한 소송인데, 연방대법원은 "실제 손해와 무관한 막대한 금전 보상의 가능성은 공정대표의무 위반소송을 제기할 강력한 유인으로 될 것이고," 이는 "개별 고충을 처리하려는 노동조합의 의사에 영향을 미칠 것이다"고 하여 노동조합에 대한 징벌적 손해배상을 인정하지 않았다. 즉, 징벌적 손해배상을 인정하게 되면, 징벌적 손해배상에 대한 우려로 인하여 노동조합은 정당하지 않은 고충처리를 처리하려고 할 것이고 고충처리에서 노동조합의 재량을 축소받게 될 것이기 때문에 연방대법원에 따르면 이러한 "징벌적 손해배상의 위협은 평화로운 노동관계의 핵심을 이루는 합리적인 결정을 저해시키게 될 것이다"라고 한다.

---

786 Richardson v. Communications Workers Dist. 7, Local 7495, 443 F.2d 974 (8th Cir. 1971), cert. denied, 414 U.S. 818 (1973).
787 442 U.S. 42 (1979).

(2) 변호사 비용

다수의 법원들은 공정대표의무 소송에서 승소한 원고에게 변호사 비용의 지급을 명하고 있다.[788] Richardson v. Communications Workers (Western Electric) 사건에서[789] 제8항소법원은 Alyeska Pipeline Service Co. v. Wilderness Society 사건[790] 연방대법원 판결을 근거로 다음과 같이 설시하였다.

> 연방대법원은 법령의 규정이 없는 한 변호사 비용은 연방소송에서 통상적으로 승소 당사자에게 지급하도록 명하지 않는 "미국법의 원칙"에 대한 일정한 예외를 인정하고 있다. 여기에서는 패소 당사자가 "불성실하게, 남소로, 제멋대로 또는 공격적 이유에서 행위한" 경우가 포함된다.

이 사건에서 제8항소법원은 노동조합이 원고를 대표하는 것과 그의 해고에 "불성실"하게 행위하였다는 "충분한 증거"를 인정하면서 변호사 비용의 지급을 명하였다.

(3) 금지명령 기타 형평법상의 구제

공정대표의무를 위반한 행위에 대해서는 법원의 금지명령(injunction)이 내려지고 있다. 예컨대 Figueroa de Arroyo v. Sindicato de Trabajadores Packinghouse 사건에서[791] 원고는 원직복귀명령의 가처분을 청구하였으나, 사용자는 노리스 라과디아법(Norris-LaGuardia Act)이

---

788 Lowe v. Pate Stevedoring Co., 595 F.2d 256 (5th Cir. 1979); Christopher v. Safeway Stores, 476 F. Supp. 950 (E.D. Tex. 1979), aff'd, 644 F.2d 467 (5th Cir. 1981).
789 530 F.2d 126 (8th Cir. 1976), cert. denied, 429 U.S. 824 (1976).
790 421 U.S. 240 (1975).
791 425 F.2d 281 (1st Cir. 1970), cert. denied sub nom. Puerto Rico Tel. Co. v. De Arroyo, 400 U.S. 877 (1970).

그러한 명령을 금지하고 있다고 주장하였다. 제1항소법원은 사용자의 주장을 받아들이지 않았는데, 노리스 라과디아법은 "사용자 보호를 목적으로 한 것은 아니었고", "부당하게 해고된 근로자의 재고용은 노리스 라과디아법이 배제하고자 하였던 남용의 한 형태라고 말하기는 어렵다"고 판시하였다. 다만 동 법원은 모든 사건에서 원직 복귀가 적절한 것은 아닐 수도 있으며 장래의 구제가 보장되는지 여부, 해고 이후의 시간 경과로 인하여 원직 복귀가 사용자 및 근로자 양자에 대하여 "비실제적"인지 여부에 따라 결정된다고 지적하고 있다.

Vaca v. Sipes 사건에서 연방대법원은 "중재를 강제하는 가처분(injunction)은 노동조합의 공정대표의무 위반이 입증된 경우 이용 가능한 구제 방법의 하나로 보아야 한다. 그러나 우리는 모든 사건에서 중재가 필요하다고 하는 경직성을 채용할 이유는 없다고 본다"고 판시한 바 있다.[792] 중재가 명해지면, 중재인이 고충의 내용에 대하여 사용자에게 유리하게 판정하는 경우라도, 사실심 법원은 공정대표의무 위반 소송에서 노동조합에 대한 적절한 구제를 명할 권한을 보유한다.[793] 연방대법원은 Vaca 판결에서, "중재 대상이 될 수 있는 쟁점이 공정대표 논란을 해결하는 과정에서 실질적으로 해결될 수 있는 경우에는 법원은 고충에 대한 중재를 명할 필요가 없다. 그러한 상황에서는 법원은 협약상 청구를 자유롭게 결정할 수 있어야 하며, 형평적 구제(equitable relief)에 의하여 근로자에게 적절한 손해배상을 자유롭게 명할 수 있어야 한다"고 판시하였다.[794]

따라서 1심 법원은 노동조합에 의한 공정대표의무 위반에 대하여 임시적 금지명령(injunctive relief)을 내릴 수 있다. Butler v. Teamsters

---

792 386 U.S. 171, 196 (1967).
793 Ruzicka v. General Motors Corp., (Ruzicka 1), 523 F.2d 306 (6th Cir. 1975).
794 386 U.S. 171, 196 (1967).

Local 823 사건에서[795] 공정대표의무 위반을 판단한 법원의 초기 판정
(earlier judgement)은 원고에 대하여 새로운 선임권 직위를 부여하여야
한다는 것이었다. 몇 개월이 지난 후 동 법원은 다른 근로자가 원고의 새
로운 선임권 부여를 항의하면서 제기한 고충을 피고 노동조합이 처리하지
못하도록 하는 또 다른 금지명령을 내렸다.

Higdon v. Entermann's Sale Co. 사건에서[796] 근로자는 구제 내용으로
서 사용자와 노동조합에 의한 단체협약에 대한 장래의 위반을 금지하라는
금지명령을 신청하였다. 법원은 그 근로자를 해고하였던 동일한 자가 사
용자 및 노동조합의 직책에 남아 있다는 점에 주목하여, "그 근로자에게
사실심에서 승소한 법적 보호를 제공하기 위하여" 요청한 금지명령을 발
령하였다.

(4) 노동조합과 사용자 사이의 책임 배분

Bowen v. U.S. Postal Service 사건에서[797] 연방대법원은 Vaca v.
Sipes 판결에서 선언한 원칙, 즉 책임은 사용자 및 노동조합의 각각의 귀
책에 의하여 야기된 손해에 상응하여 사용자 및 노동조합 사이에 배분되
어야 한다는 원칙을 재확인하였다. 사용자와 노동조합 사이에 배분한 소
급임금 지급명령을 지지하면서, 연방대법원은 근로자가 입은 손해는 처음
에는 불법적인 해고에 의하여 야기되었기는 하지만, 고충을 잘못 처리하
는 과정에서 노동조합의 공정대표의무 위반에 의하여 더 확대되었다는 점
에 주목하면서 다음과 같이 판결하였다.[798]

사용자 및 노동조합 양자가 근로자가 입은 손해를 야기하고 있기는 하지만

---

795 514 F.2d 442 (8th Cir. 1975), cert. denied, 423 U.S. 924 (1975).
796 2002 WL 1821666 (N.D. Ill. 2002).
797 459 U.S. 212 (1983).
798 Id.

노동조합은 손해의 증가에 책임이 있고 따라서 손해의 그 비율에 대한 책임을 부담하여야 한다.

그런데, 그러한 배분을 행하는 방법이 항상 분명한 것은 아니다. 예컨대 Cruz v. Electrical Workers (IBEW) Local 3 사건에서[799] 사용자는 직무를 폐지하고 불법적으로 재배치하기 전에 선임권을 무시하고 근로자를 해고하여 단체협약을 위반하였다. NLRB는 노동조합은 선임권소송에서 패소한 1명의 근로자에 대해서는 100% 손해배상, 나머지 7명의 승소 근로자에 대해서는 90%의 손해배상을 명하였으나, 제2항소법원은 선임권 조항을 실시하는 것은 노동조합만의 책임, 즉 노동조합의 100% 손해배상책임이라는 1심 판결을 지지하였다.

Aguinaga 사건에서[800] 사용자는 공장을 부당하게 폐쇄함으로써 단체협약을 위반하였고, 노동조합은 이러한 조치에 대하여 적절하게 항의하지 않고 대표를 포기함으로써 공정대표의무에 위반하였다. 1심 법원은 손해배상책임의 배분에 대하여 퍼센트에 의하여 배상책임을 배분하는 방법을 사용하여, 사용자에 대하여 손해액의 75%를, 노동조합에 대하여 25%의 배상을 명하였다. 항소심에서 제10항소법원은 1심의 배상 배분을 지지하였다. 다만 제10항소법원은 이러한 배상책임 배분에 대한 가정적인 산정이 모든 제301조 소송에 적용되는 것은 아니라고 판결하였다.[801]

---

799 34 F.3d 1148 (2d Cir. 1994).

800 Aguinaga v. Food & Commercial Workers, 993 F.2d 1480 (10th Cir. 1993), cert. denied, 510 U.S. 1072 (1994), on remand, 854 F.Supp. 757 (D. Kan. 1994), aff'd, 58 F.3d 513 (10th Cir. 1995).

801 항소심법원의 이 판결에 기하여 1심법원은 직장폐쇄가 발생하지 않았을 경우 1년 뒤에 해고가 발생하게 될 것이라고 가정하고, 선임권에 따라 매월 9%의 비율로 계산하였다(Aguinaga v. Food & Commercial Workers, 58 F.3d 513 (10th Cir. 1995)). 결국 이 사건에서 노동조합의 책임 비율은 25%, 책임 액수는 13,739,612달러였다.

Kinslow v. American Postal Workers Union 사건에서,[802] 우체국은 근로자에게 시간외근로를 거부하였고 노동조합은 근로자의 요청에도 불구하고 고충을 제기하지 않았다. 근로자는 고충을 제기하지 않은 노동조합의 결정은 지부 노조의 조합장이 조합기금의 횡령으로 기소된 이후 노조의 재정 기록을 조사하라는 근로자 구성원의 요청 때문이었다고 주장하였고, 법원은 이를 인정하였다. 법원은 사용자가 단체협약에 위반하여 잔업을 거부하는 것을 시정할 수 있었던 고충 제기를 노조가 하지 않음으로써 야기된 잔업수당 상실액에 대해서만 노조는 책임을 부담한다고 판단하였다. 방론에서 법원은 근로자가 사용자에 대하여 소송을 제기하였더라면 노동조합이 고충을 처리하여야 하였을 때까지 단체협약 위반에서 기인한 잔업수당 손실액 전액에 대하여 책임을 부담하여야 한다고 판결하였을 것이라고 하였다.

---

802 222 F.3d 269 (7th Cir. 2000).

제2장

교섭대표노동조합과
부당노동행위제도

1_ 미국 부당노동행위제도의 개관

연방노동관계법(NLRA) 제7조에 따르면, 노동조합을 결성하고 단체교섭하며 단체활동에 관여할 근로자 권리를 NLRA의 기본적인 목적으로서 보호 대상으로 하고 있다. 법 제7조 소정의 근로자 권리는 제8조 (a)(1) 내지 (5) 및 제8조 (c)에 기하여 부당노동행위제도에 의하여 보호되고 있다. 복수노조와 관련한 부당노동행위제도는 주로 조직화 과정에서 발생하는 사용자 또는 노동조합의 부당행위를 규율하기 위한 법적 제도로서 기능한다.

조직화 과정에서 발생하는 사용자나 노동조합의 부당행위는 부당노동행위제도에 의하여 기본적으로 규율되고 있다. 예컨대 법 제8조 (a)(1)은 사용자가 "법 제7조에서 보장된 권리 행사에서 근로자에게 개입, 제한 또는 억압하는 것"을 부당노동행위로 하고 있다. 제8조 (a)(2)는 사용자의 지배 또는 개입을 금지하고 있고, 제8조 (a)(3)은 사용자가 고용의 기간이나 근로조건에 대하여 차별함으로써 노조 가입을 장려하거나 방해하는 것을 금지하며, 제8조 (b)는 근로자 권리의 제한, 억압, 차별 등 노동조합에 의한 부당노동행위를 규정하고 있다.

조항	내용
제8조 (a)(1)	사용자가 "제7조에서 보장된 권리의 행사와 관련하여 근로자에게 개입, 제한 또는 억압"하는 경우
제8조 (a)(2)	근로자의 단결권에 대한 사용자의 지배 또는 개입 금지
제8조 (a)(3)	사용자가 고용의 기간이나 근로조건에 관하여 차별함으로써 노조 가입을 장려 또는 방해
제8조 (b)	단결권의 행사 또는 조합활동에의 관여와 관련하여 노동조합이 근로자를 억압하는 것을 금지
제8조 (b)(2)	노조 가입에 기하여 노동조합이 차별하거나 차별을 시도하는 것을 금지
제8조 (c)	견해, 주장 또는 의견의 표현을 보호. 사용자와 노동조합은 이 조항에 의하여 보호 대상이 됨.

한편, 조직화 과정에서 발생하는 부당노동행위에는 이르지 않은 사용자나 노동조합의 부당행위도 법적 규제의 대상이 된다. 이러한 행위가 선거를 위한 "실험실조건"을 침해하고 선택을 방해한다면 선거 무효 사유가 될 수 있다. 예컨대 앞에서 살펴본 바와 같이 노동조합이 연방노동관계위원회(NLRB)에 대하여 선거를 신청하면 NLRB는 사용자에게 노조에 대하여 근로자 성명과 주소가 기재된 근로자명부, 소위 Excelsior 리스트[1]를 제공하도록 명한다. 사용자가 Excelsior 리스트 제공을 거부하면 부당노동행위가 되는 것은 아니지만, 선거 무효 사유로 될 수 있다.

그런데, NLRA에 의하여 근로자의 조직화 노력을 방해할 수 있는 사용자의 모든 행위가 금지되는 것은 아니다. 법은 사용자가 사업의 운영에 영향을 미치는 사항에 관하여 표현의 자유를 포함한 일정한 권리를 가지고 있다는 것을 인정하고 있다. 즉, 법 제8조 (c)는 단순한 견해의 표명, 주장

---

1 Excelsior Underwear, Inc., 156 NLRB 1236 (1966).

또는 의견이 "보복이나 강제의 위협 또는 이익의 약속을 포함하고 있지 않은 경우에는 부당노동행위가 되지 않는다"고 규정하고 있다. 그러나 일정한 유형의 사용자의 표현은 보복의 위협이나 이익의 약속을 포함하지 않는 경우에도 금지될 수 있다. 예컨대 인종적 편견에 호소하는 발언은 제8조 (a)(1) 위반이 될 수 있고, 따라서 제8조 (c)에 의하여 보호되지 않는다.[2]

이하에서는 근로자에 대한 면담조사, 설문조사, 감시 등 노조 결성 과정에서 단결권에 영향을 미치는 사용자의 행위, 유인물 배포 등 노조 결성 과정에서 발생하는 근로자에 대한 사용자의 허가와 같은 사용자의 부당노동행위만이 아니라, 복수노조 설립 과정에서 근로자를 억압하거나 제한하는 사용자의 부당노동행위, 노동단체에 대한 사용자의 지배·개입 행위, 노조 가입 여부에 따른 사용자 및 노동조합의 차별행위에 대하여 살펴본 후, 복수노조를 이용한 사용자에 의한 지배개입의 부당노동행위에 관한 미국의 법리를 살펴본다.

2_ 복수 노동조합 간 차별과 관련한 부당노동행위

1. 단결권의 행사에 영향을 미치는 사용자의 행위

노동조합의 조직화 등 단결권 행사에 영향을 미치는 사용자의 행위는 다양하게 나타날 수 있다. 예컨대 교섭대표의 선정 과정에서 근로자와 개별 면담을 하여 조합 지지 여부를 조사하는 행위, 종업원에 대하여 반조합적 문건을 배포하거나 특정 노조를 지지하는 문건을 배포하는 행위, 노조 지지자의 신원을 확인하기 위한 근로자에 대한 감시행위, 회사시설 내에

---

2 NLRB v. Bush Hog, Inc., 405 F.2d 755 (5th Cir. 1968).

서 조합활동을 제한하는 행위, 특히 비종업원인 조합활동가의 사업장 출입을 제한하는 행위, 선거에 영향을 미칠 목적으로 행하는 복리후생제도의 변경 등이 문제될 수 있다. 이와 관련하여 미국에서는 사용자의 표현의 자유가 기본적으로 인정되고 있으나 보복이나 폭력의 행사 등 일정한 행위는 금지되고 있는데, 그 범위도 문제가 될 수 있다. 이하에서는 이러한 문제에 대한 NLRB와 법원의 입장을 살펴본다.

1) 근로자에 대한 조사

사용자가 근로자의 노조 가입이나 활동에 대하여 근로자에게 질문하는 행위는 그 자체로는 위법한 것은 아니다.[3] 즉, 근로자가 노동조합에 의하여 대표되기를 원하는지에 관하여 사용자가 근로자를 조사하는 것은 그 자체로는 억압적인 것은 아니다. 그러나 그러한 행위는 노동조합의 설립이나 가입, 교섭대표의 선출에 영향을 미칠 가능성이 많기 때문에 엄격한 심사 대상이 된다.[4]

근로자의 노조 지지 여부에 관련한 사용자에 의한 일시적인 또는 개별적인 면담이 행해지는 경우 부당노동행위에 해당하는지 여부에 관한 NLRB의 기본적인 판단 원칙은 "제반 상황"을 고려하여 판단한다는 것 ("totality of circumstances" approach)이다. 이를 위하여 사용자의 노조에 대한 기존의 태도, 사용자가 요구한 정보의 유형, 면담자의 직위나 직책, 조사의 시기와 장소, 근로자 답변의 성격 등을 고려한다.[5] 이러한 요소를 고려하여, 근로자에 대한 조사의 적법성은 그 조사가 "억압적인 분위기" 속에서 이루어졌는지 여부가 핵심적인 관건이 된다.

---

3 NLRB v. Lorben Corp., 345 F.2d 346 (2d Cir. 1965).

4 NLRB v. Dale Industries, Inc., 355 F.2d 851 (6th Cir. 1966).

5 Blue Flash Express, 109 NLRB 591 (1954); Rossmore House, 269 NLRB 1176 (1984), enforced sub. nom. Hotel Employees Local 11 v. NLRB, 760 F.2d 1006 (9th Cir. 1985).

근로자에 대한 조사는 설문조사를 실시하는 형태로 진행되는 경우가 많다. 교섭대표 선출에서는 근로자의 과반수 지지 여부 내지 근로자 과반수 지지의 계속이 무엇보다 중요하기 때문에 그러한 설문조사는 노조가 과반수 대표를 주장하면서 사용자에게 승인을 요구할 때 이루어지기도 하고(과반수 지지 여부의 판단), 노조에 대한 승인 이후에 이루어지기도 한다(과반수 지지의 계속 여부의 판단). 그 밖에 대표선거를 실시하는 대신 설문조사로 선거를 대체하는 합의가 노사 간에 이루어진 경우에 실시되기도 한다.

근로자에 대한 사용자의 설문조사는 다음의 요건을 갖추지 않으면 불법, 즉 부당노동행위가 된다.[6] 첫째, 설문조사의 목적은 근로자 과반수를 대표하고 있다는 노동조합 주장의 타당성을 판단하기 위한 것이어야 한다. 둘째, 근로자들은 이러한 설문조사의 목적을 알고 있어야 한다. 셋째, 보복에 대한 보호장치가 마련되어 있어야 한다. 넷째, 설문조사는 비밀조사로 행해져야 한다. 다섯째, 사용자는 이전에 부당노동행위에 관련되거나 기타 "억압적인 분위기"를 창출하여서는 아니 된다.

노동조합이 승인되어 있는 상태에서는 설문조사에 추가적인 요건이 부과된다. 즉, 사용자는 설문조사를 하기 전에 노동조합이 계속하여 과반수 지지를 받고 있다는 점에 대한 성실하고 합리적인 의문을 가지고 있을 것을 요건으로 하고 있다. 인준박탈 신청이나 승인 철회에 대해서도 동일한 기준이 적용된다는 것이 NLRB와 연방대법원의 입장이다.[7]

따라서 근로자 과반수 지지에 대한 사용자의 성실하고 합리적인 의문이 존재하는지 여부는 객관적인 증거에 의하여 엄격하게 심사되고 있다. 설문조사를 정당화하기 위해서는 상당한 객관적인 증거가 있어야 하고, 그 증거는 노동조합에 대한 근로자의 단순한 불만 이상의 것이어

---

6 Struksnes Construction Co., 165 NLRB 1062 (1967).

7 Allentown Mack Sales & Service v. NLRB, 522 U.S. 359 (1998).

야 한다.[8]

한편, 설문조사는 대표선거에 대한 대체물로서 사용자와 노동조합 간에 합의될 수 있다. 사용자와 노동조합이 설문조사의 결과에 따라 구속될 것이라는 점에 대하여 합의하고 설문조사의 결과가 교섭단위 내 근로자의 과반수가 노동조합을 지지하는 것으로 나타난 경우 NLRB는 선거를 실시하지 않고 또는 선거 결과와 관계없이 사용자에게 노동조합과 교섭할 것을 명하고 있다. 즉, 설문조사는 선거에 대한 대체물로서 간주될 수 있다.[9] 따라서 사용자가 그러한 합의를 하였으나 이를 위반하고 노동조합과 교섭하지 않으면 부당노동행위가 될 수 있다.[10]

2) 반조합 캠페인 물건 배포

"무노조에 투표하자(Vote No)"는 버튼을 배포하고 그 문구가 새겨진 머그잔을 배포하거나 근로자의 노조 지지 여부를 확인하기 위한 기타의 물건을 배포하는 사용자의 행위는 근로자의 자유로운 선택권에 영향을 미치고 노동조합을 지지하는 근로자의 신원을 확인하는 부당한 수단으로서 사용될 수 있기 때문에 부당노동행위로 판단되고 있다.[11]

3) 근로자에 대한 감시

교섭대표 선출 과정이나 근로자의 노조 가입, 활동 등 근로자의 단결권과 관련한 모든 국면과 관련하여 사용자가 공개적이든 은닉된 것이든 관계없이 감시인이나 정보 제공자를 이용하는 것은 부당노동행위에 해당한다.[12]

---

8 Wagon Wheel Bowl, Inc., 310 NLRB 915 (1993), enforced, 47 F.3d 332 (9th Cir. 1995).

9 Sullivan Electric Co., 199 NLRB 809 (1972).

10 Derse, 198 NLRB 998 (1972).

11 Circuit City Stores, 324 NLRB 147 (1997); A.O. Smith Automotive Products Co., 315 NLRB 994 (1994).

12 Excelsior Laundry Co., 186 NLRB 914 (1970), enforced, 459 F.2d 1013 (10th Cir.

또한 그러한 상황 하에서 노동조합이 이후에 실시된 대표선거에서 패배하게 되면 선거 무효 사유로 될 수 있다.[13] 근로자에 대한 감시행위가 부당노동행위가 되기 위해서는 사용자가 그 감시를 야기하였다거나 승인하였다는 증거가 있어야 한다.[14]

근로자에 대한 감시와 관련하여 특히 문제가 되는 것은 노조 지지 여부 또는 특정 노조 지지 여부와 관련하여 근로자의 신원을 식별하기 위하여 사용자가 비디오 촬영이나 사진 촬영을 하는 것이다. NLRB는 근로자에 대한 비디오 촬영이나 사진 촬영은 단결권에 대한 부당한 침해라고 판단하고 있다. 예컨대 단체교섭 요구를 위한 노동조합의 평화적인 시위를 3개월 동안 비디오 촬영한 것은 부당한 감시로서 부당노동행위로 인정되었다. 사용자는 비디오 촬영은 사업시설의 안전을 확보하기 위한 조치라고 항변하였으나, NLRB는 이를 받아들이지 않았다.[15]

또한 NLRB는 사용자의 비디오 촬영을 근로자에 대한 "설문조사"의 부당한 간접적인 수단으로 판단하고 있다. 이와 관련하여 법원은 사업시설의 안전 확보와 같은 사용자의 정당한 사업상 목적으로 이루어지는 비디오 촬영도 있을 수 있기 때문에 부당한 비디오 촬영과 정당한 비디오 촬영의 판단 기준을 제시할 것을 요구하였다.[16] 이에 따라 NLRB는 사용자가 합법적으로 비디오 촬영을 하기 위해서는 다음의 요건을 갖추어야 한다고 제시하고 있다.[17] 첫째, 비디오 촬영을 위한 지원자를 모집할 때에는 그 촬영의 목적이 교섭대표 선출과 관련되는 캠페인에서 근로자의 사진을 확보하기 위한 것이라는 점 및 촬영 참가는 자발적이라는 점을 제시하고, 비참

1972).

13 General Engineering, Inc., 131 NLRB 901 (1961).

14 Montgomery Ward & Co. v. NLRB, 385 F.2d 760 (8th Cir. 1967).

15 National Steel and Shipbuilding Co., 324 NLRB 499 (1997), enforced, 156 F.3d 1268 (D.C. Cir. 1998).

16 Allegheny Ludlum Corp. v. NLRB, 104 F.3d 1354 (D.C. Cir. 1997).

17 Allegheny Ludlum Corp., 333 NLRB 734 (2001).

가자에게는 보복이 이루어지지 않을 것이라는 점, 참가에는 보상이나 이익을 부여하지 않을 것이라는 점을 서술한 일반적인 공고문 형태여야 한다. 둘째, 근로자는 관리직이 보는 상태에서 의사 결정을 강요받지 않아야한다. 셋째, 비디오 촬영에 참가하는 근로자에 대한 보복의 위협이나 이익의 부여나 약속과 같이 사용자의 공고에 관련된 기타의 억압적인 태도가 없어야 한다. 넷째, 사용자가 심각하거나 광범위한 부당노동행위 기타 이에 상응하는 억압적인 행위에 관여함으로써 억압적인 분위기를 창출하지 않아야 한다. 다섯째, 노동조합의 내부문제에 관한 정보를 구하거나 기타 근로자의 법령상 권리에 개입하는 방식으로 비디오 촬영의 정당한 목적을 사용자가 일탈하지 않아야 한다.

이와 같이 사용자에 의한 비디오 촬영이나 사진 촬영은 기본적으로 부당하다고 판단되고 있으나, 노동조합에 의한 비디오 촬영이나 사진 촬영은 허용되는 것으로 판단되고 있다. 예컨대 노동조합이 사업장 외에서 유인물을 배포하고 있는 그 조직활동가를 사진 촬영하거나 비디오 촬영하는 것은 이로 인하여 지지 또는 반대 근로자의 신원이 노출될 수 있다고 하더라도 허용되는 것으로 판단되고 있다.[18]

4) 회사시설 내 조합활동의 제한

교섭대표 결정을 위한 노동조합의 조직화활동이 회사시설 내에서 이루어지는 경우 단결권은 사용자의 재산권과 충돌할 수 있다. Republic Aviation Corp. v. NLRB 사건에서 연방대법원은 법 제7조 소정의 근로자 권리를 보장하기 위하여 사용자는 이 점에서 일정한 수인의무가 있다고 판단하고 있기는 하지만,[19] 하급심 법원과 NLRB는 사용자가 회사시설 내에서 근로시간 중 선전과 유인물 배포에 관하여 일정한 비차별적인 제한,

---

18 Randall Warehouse of Arizona, 328 NLRB 1034 (1999).
19 Republic Aviation Corp. v. NLRB, 324 U.S. 793 (1945).

즉 노조에 대해서만이 아니라 일반적으로 적용되는 제한을 부과하는 것은 허용하고 있다.

(1) 근로자의 선전활동

먼저, 근로자의 선전활동과 관련해서는, 비차별적인 제한이라는 요건을 갖추면 사용자는 근로자의 자유시간(예컨대 근로시간 전후, 식사시간 또는 휴게시간)에 친조합적인 선전을 하는 것을 제한할 수 있으며, 노조 캠페인이 개시된 이후에도 이러한 제한을 부과할 수 있다.[20]

여기에서 "선전(solicitation)"은 일반적으로 언어적인 대화(communication)를 의미하지만 조합수권카드의 배포도 포함된다.[21] 따라서 근로시간 중 회사시설 내에서 노조 지지를 확보하기 위한 노동조합의 수권카드 배포도 제한될 수 있다.

근로자가 근로시간 외에는 원칙적으로 자유롭게 교섭대표 선출과 관련한 선전활동을 할 수 있지만, 일반 공중과의 상당한 접촉이 있는 사업장, 예컨대 소매점포에서는 좀 더 엄격한 제한이 부과될 수 있다.[22] 또한 의료기관과 관련하여, 연방대법원은 의회가 1974년 의료법개정법(Health Care Amendments)에서 노조 선전에 관하여 의료기관에 대한 특별한 취급을 의도하지 않았다고 판단하고 있다. 따라서 병원은 공공의 공간(예컨대 식당)에서 노동조합의 배포나 선전을 금지할 수 없다. 다만 그러한 활동이 의료 운영을 저해하거나 환자에게 불편을 초래할 경우에는 그러하지 않으며, 그러한 저해나 불편이 존재한다는 입증 책임은 병원에 있다.[23] 그

---

20 Whitcraft Houseboat Division, 195 NLRB 1046 (1972); Our Way, Inc., 268 NLRB 394 (1984).

21 Rose Co., 154 NLRB 228 (1965).

22 Marshall Field & Co. v. NLRB, 200 F.2d 375 (7th Cir. 1953).

23 Beth Israel Hospital v. NLRB, 434 U.S. 1033 (1978). 이 사건에서 병원은 "환자 간호 장소와 기타 모든 업무 장소" 및 "로비, 식당…복도, 엘리베이터…등"과 같이 "공중에 개방된 장소"에서의 선전이나 유인물 배포를 금지하였다. 사용자는 식당에서 노동조

러나, 병원은 복도 및 입원실이나 수술실 복도의 대기장소에서의 선전은 금지할 수 있다. 환자의 회복에 불리하게 작용할 수 있기 때문이다.[24]

비번 중인 근로자가 회사시설 내에서 선전하는 것을 금지하는 사규는 그 규칙이 비차별적으로 적용되는 한(예컨대 비번 중인 근로자에 의한 회사시설 이용을 그 사유와 관계없이 일절 금지하는 경우) 허용될 수 있다.[25] 그렇지만, 교대제 작업이 이루어지는 사업장의 경우 비번 중인 근로자는 상대적으로 회사시설 내 선전활동이 폭넓게 용인되고 있다. NLRB는 교대제 하에서 근로하는 다른 근로자와 커뮤니케이션할 근로자의 법령상 권리에 사용자는 부당하게 개입하여서는 안 된다고 해석하고 있다. 따라서 예컨대 비번 중인 근로자가 주차장, 출입구 기타 비업무용 지역을 출입하는 것을 금지하는 사용자 규칙은 무효인 것으로 판단되고 있다.[26]

(2) 근로자에 의한 유인물 배포

유인물 배포는 근로자의 근로시간 외와 비업무용 장소(즉 출입구, 화장실, 식당, 주차장 등) 양자로 제한될 수 있다.[27]

그렇지만 그 경우에도 유인물 배포에 대한 제한이 노동조합에 대하여

합의 뉴스레터를 배포한 것을 이유로 근로자를 징계하였다. NLRB는 제8조 (2) 및 (3)이 위반되었다고 판단하고, 그 규칙을 식당과 커피숍에는 적용하지 않을 것을 명하였다. 연방대법원은 선전유인물 배포활동이 환자 간호를 저해할 것이라는 증거가 없다고 하여 NLRB의 조치를 인정하였다. 그것은 의학적 판단이라는 병원의 주장을 배척하고 연방대법원은 NLRB의 판단을 지지하면서, 효과적인 근로자 커뮤니케이션을 위한 다른 적절한 장소가 없었다고 판시하였다.

24 NLRB v. Baptist Hospital, Inc., 442 U.S. 773 (1979).

25 GTE Lenkurt, Inc., 204 NLRB 921 (1973), overruled on other grounds, Resistance Technology, Inc., 280 NLRB 1004 (1986).

26 Tri-County Medical Center, Inc., 222 NLRB 1089 (1976); Diamond Sharmrock Co. v. NLRB, 443 F.2d 52 (3d Cir. 1972); Automotive Technologies, 313 NLRB 462 (1993).

27 NLRB v. Walton Manufacturing Co., 289 F.2d 177 (5th Cir. 1961).

차별적으로 적용되어서는 안 된다. 즉, 문제의 장소나 시간에 다른 단체나 근로자에 의한 유인물 배포나 선전은 허용하면서 노동조합에 대해서만 허용하지 않으면 이는 부당노동행위가 된다.[28]

한편, 근로시간 외에 유인물을 배포할 권리는 노동조합도 포기할 수 없다. 따라서 단체협약에 의하여 근로시간 외의 유인물 배포를 금지하는 것은 다른 근로자의 표현의 자유, NLRA 제7조 소정의 권리를 포기하는 것으로서 허용되지 않는다는 것이 연방대법원의 입장이다.[29]

근로자가 고객편의시설에서 통상적으로 그리고 배타적으로 일하고 있고 배포가 비근로시간에 비업무 장소에서 이루어진 경우라면 노동조합 유인물을 고객편의시설에서 배포하는 것은 허용된다.[30]

(3) 비종업원에 의한 선전 또는 유인물 배포

사용자는 회사시설 내의 비종업원에 의한 선전이나 유인물 배포를 업무 장소 여부를 불문하고 금지시킬 수 있다. 다만 노동조합이 근로자와 커뮤니케이션할 수 있는 다른 합리적인 수단이 없다면 그러하지 않다는 것

---

28 Mason & Hanger-Silas Mason Co., 167 NLRB 894 (1967).
29 NLRB v. Magnavox Co., 415 U.S. 322 (1974). 이 사건에서 회사는 비근로시간 중 비작업 장소라고 하더라도, 공장과 주차장에서 근로자가 유인물을 배포하는 것을 수년간 금지하였다. 이 회사 종업원을 대표하는 노동조합은 이 금지에 대하여 동의하였었다. 그러나 노동조합은 회사 게시판에 통지문을 붙이는 것은 허용받았다. 회사는 그 규칙을 개정하자는 노동조합의 제안을 거부하여 NLRB는 제8조 (a)(1) 위반이 인정되었다. 항소법원은, 노동조합은 시설내 유인물 배포 금지를 포기하였다고 하면서, NLRB 명령에 집행력 부여를 거부하였다. 연방대법원은 예외적인 상황에 대한 증거가 없는 한, 노동조합은 비작업시간 중 유인물을 배포할 조합원의 권리를 포기할 수 없다고 판단하였다. 연방대법원은 "기존 노조가 자신이 교섭대표로서 영속적으로 행위할 수 있다고 가정하는 것은 어렵다"고 판시하였다. 연방대법원은 작업의 장소는 교섭대표에 관한 입장의 유포에 매우 적합하다고 지적하고, 노동과 관련된 다양한 관점의 유포는 법원이 촉진하고자 하는 어떤 것이라고 설시하였다. 연방대법원은 노동조합의 게시판 이용은 적절한 대체물이 아니라고 판단하였다.
30 Southern Services, 300 NLRB 1154 (1990).

이 연방대법원의 입장이다.[31] 종업원에 의한 선전이나 유인물 배포가 비업무 장소인 경우에는 허용되는 것과 비교된다.

이에 대한 NLRB의 입장은 수차례 변화를 겪어 왔다. 초기에 NLRB는 조합활동가가 대체적인 수단을 이용할 수 있다면 비종업원의 활동을 사용자가 전면적으로 금지하는 것은 허용된다는 입장을 취하였다. 예컨대 회사 주차장에서 전단을 돌리는 것을 회사가 금지한 것은 노동조합이 근로자에게 접근하려는 다른 시도(전화 통화 등)가 실패하였다고 하더라도 허용된다고 판단하였다.[32] 이후 NLRB는 "형량 기준"을 적용하여, 사용자의 재산권에 대하여 근로자의 법 제7조 소정의 권리를 형량하여 사용자시설 내에서의 비종업원 활동의 정당성을 판단하는 입장으로 바뀌었다.[33] 그러나 Lechmere, Inc. v. NLRB 사건에서[34] 연방대법원은 이러한 NLRB 입장을 비종업원 접근과 관련되는 모든 사건을 판단할 때에 사용자 재산권에 대하여 근로자의 법 제7조 소정 권리를 형량하여야 한다는 것으로 해석하고, 이러한 NLRB의 입장은 Babcock & Wilcox 사건[35] 연방대법원 판결을 잘못 해석한 것이라고 하여 이를 수용하지 않았다. 연방대법원은 그러한 형량 기준은 비종업원 조직활동가가 회사시설 이외에서는 근로자에 대하여 합리적인 접근을 하지 못하는 경우, 즉 근로자가 지리적으로 떨어지고 접근 불가능한 지역에서 일하는 예외적인 경우에만 적용된다고 판단하였다.

Lechmere 사건 판결 이후의 사건에서 연방대법원은 "사유재산시설 내에서 조합활동가를 배제할 사용자의 권리는 주법상 커먼로(common law)에서 유래하는 것이며, 이러한 권리는 NLRA에 의하여 대체되는 것이

31 NLRB v. Babcock & Wilcox Co., 351 U.S. 105 (1956).

32 Dexter Thread Mills, Inc., 199 NLRB 543 (1972).

33 Jean Country, 291 NLRB 11 (1988).

34 502 U.S. 527 (1992).

35 NLRB v. Babcock & Wilcox Co., 351 U.S. 105 (1956).

아니기는 하지만, 마찬가지로 NLRA의 어떠한 조항도 그러한 권리를 명시적으로 보호하고 있는 것은 아니다"고 판시하였다.[36] 따라서 캘리포니아주 헌법에 의하여 보장되는 광범위한 표현의 자유는 비종업원 조합대표가 점포 소유지에서 피케팅하는 것을 배제할 수 있는 사유재산권에 우선한다고 판단하였다. 따라서 이러한 상황에서 Lechmere 법리는 적용되지 않는다. 즉, 캘리포니아주 헌법 하에서는 비종업원에 의한 사용자시설 내에서의 조합활동은 인정된다.[37]

(4) 쇼핑센터에서의 조합활동

쇼핑센터는 사용자의 사유재산이기는 하지만 그 규모나 준공공적인 성격으로 인하여 일반적인 조합활동 법리를 적용하기는 적절치 않은 특수성이 있다. 이와 관련하여 연방대법원은 초기에는 Logan Valley 사건에서[38] 노동조합의 표현의 자유는 대규모 쇼핑센터의 도보 장소, 거리 장소 및 주차 장소가 공공 장소와 같이 "공중의 이용에 제공"된 경우에는 그 시설에 대한 재산소유자의 통제권(예컨대 선전 및 유인물 배포 금지)에 우선한다고 판단하였다. 그러나 이후 Central Hardware Co. 사건에서[39] 연방대법원은 그러한 노동조합의 표현의 자유를 사유재산이 공공재산으로서의 성격을 띠는 경우로 제한하였다. 여기에서 연방대법원은 대규모 공구 매장의 주차장에서 노조 선전 및 피케팅을 금지하는 규칙을 타당하다고 인정하였는데, "공중에게 개방"되어 있다는 사실만으로는 그 장소가 Logan Valley 판결 기준에 따른 "쇼핑몰"의 장소로 되는 것은 아니라는 것이다.

Central Hardware Co. 사건에서 연방대법원은 앞에서 살펴본 비종업

---

36 Thunder Basin Coal Co. v. Reich, 510 U.S. 200 (1994).
37 NLRB v. Calkins, 181 F.3d 1080 (9th Cir. 1999).
38 Amalgamated Food Employees Union, Local 590 v. Logan Valley Plaza, Inc., 391 U.S. 308 (1968).
39 Central Hardware Co. v. NLRB, 407 U.S. 539 (1972).

원에 의한 선전에 관한 "대체적 수단" 판단 기준("alternative means" test)을 공중에게 개방된 주차장에서의 선전을 제한하거나 금지하는 법리로서 제시하였다. 이후 NLRB는 소매점포 부근의 선전에 대하여 이 법리를 적용하였고,[40] NLRB의 이러한 입장은 Lechmere 사건에서 연방대법원에 의하여 인정되었다.[41]

1976년 판결에서[42] 연방대법원은 Central Hardware Co. 사건 법리의 기준을 쇼핑센터에까지 확대하여 Logan Valley 법리를 번복하였다. 이 사건에서 연방대법원은 "특정 회사 지역(company town)"에 해당하는 경우가 아니라면, 사유재산시설에 표현의 자유를 위하여 출입할 헌법상의 권리는 존재하지 않는다고 판단하였다.

이러한 연방대법원의 입장에 따라서 NLRB는 노동조합이 근로자에 대한 교섭대표 선출을 위한 선전활동을 목적으로 한 것이 아니라 일반 대중의 여론에 호소하기 위한 것이라고 하더라도 비종업원인 조합원에 의한 피케팅과 전단지 배포는 Lechmere 법리에 따라 배제된다고 판단하고 있다.[43] 제6항소법원은 Lechmere 법리를 적용하여, 공중에게 개방된 식당이라고 하더라도 사용자는 비종업원 조합활동가를 퇴거시킬 권리를 가진다고 판시하고 있다.[44]

그러나 NLRB는 사용자에 대해서도 비차별적으로 "선전 금지"정책을 적용할 것을 요구하고 있기 때문에 다른 목적을 위한 것인 경우에 비종업원에 의한 선전이나 배포가 허용되고 있다면 쇼핑몰의 소매매장에서 비종업원 조합활동가를 퇴거시킬 수 없다고 하고 있다는 점에 유의할 필요가 있다.[45]

---

40 Dexter Thread Mills, Inc., 199 NLRB 543 (1972).

41 Lechmere, Inc. v. NLRB, 502 U.S. 527 (1992).

42 Hudgens v. NLRB, 424 U.S. 507 (1976).

43 Leslie Homes, Inc., 316 NLRB 123 (1995); Makro, Inc. and Renaissance Properties Co., 316 NLRB 109 (1995).

44 Oakwood Hospital v. NLRB, 983 F.2d 698 (6th Cir. 1993).

45 Riesbeck Food Markets, Inc., 315 NLRB 940 (1994). 다만 항소법원은 이 쟁점에 대

5) 교섭대표 선출 과정에서 사용자의 표현의 자유

사용자는 수정헌법 제1조에 기한 표현의 자유권을 가지고 있으며, 이 권리는 NLRA 제8조 (c)에서 명시적으로 인정되고 있다. 법 제8조 (c)는 단순한 견해의 표명, 주장 또는 의견은, 그러한 표현이 "보복이나 강제의 위협 또는 이익의 약속을 포함하고 있지 않은 경우에는 부당노동행위가 되지 않는다"고 규정하고 있다.

이와 관련해서는 공장폐쇄 등 노동조합 조직화로 인하여 근로자에게 초래될 불리한 결과에 대한 사용자의 예측, 의무적 참가 회의(이른바 "captive audience") 등이 근로자에게 억압적인 것인지 여부, 대표선거 전 24시간 이내의 표현의 자유 제한, 선거 전 11시간 동안의 표현의 자유 제한, 선거에 개입하는 발언 등이 문제로 되고 있다.

(1) 억압적인지 여부의 판단

사용자는 종업원에 대하여 상당한 경제적 힘을 가지고 있기 때문에 노사관계에서 사용자의 발언은 종업원에게 미치는 영향력이 다른 관계에서 보다 훨씬 크다. 이러한 점이 사용자의 종업원과의 커뮤니케이션이 정당한 "표현의 자유"인지 부당노동행위인지를 판단하는 데 일반적인 기준으로서 고려된다.[46]

법 제8조 (c)에 따르면 근로자의 단결권 행사에 대하여 보복이나 폭력의 위협을 하는 것 또는 그러한 권리를 행사하지 않는 자에 대한 이익의 약속은 "표현의 자유"의 보호 대상이 아니다. 따라서 사용자의 표현의 자유의 허용 여부를 판단할 때는 사용자의 발언이 보복의 위협이나 이익의 약속을 포함하고 있는지 여부가 고려된다. 발언이 보복이나 약속을 포함하고 있다면 그것은 "억압적(coercive)"인 것이라고 할 수 있으며, 부당노

하여 입장이 나뉘어 있다.

46　NLRB v. Gissel Packing Co., 395 U.S. 575 (1969).

동행위와 선거 무효 사유가 될 수 있다. 이 경우 발언이 이루어지는 상황을 고려하여야 한다. 일반적인 상황이라면 중립적인 발언이 상황이 달라지면 억압적인 것으로 될 수 있기 때문이다. 뒤에서 살펴보는 바와 같이 교섭대표 결정 과정에서 어려운 경제 상황에 대한 사용자의 예측은 객관적인 사실에 근거하여야 하며, 그것이 사용자의 통제권 밖에 있다는 것이 입증되어야 정당한 것이 된다.

보복이나 약속은 명시적이든 묵시적이든 억압성이 인정될 수 있다. 그러나 사용자가 노동조합을 법적으로 어떻게 처리할 것인가를 단순히 주장하는 경우라면 그것은 억압에 해당하지 않는다. 예컨대 사용자가 "나는 노동조합과 엄격하게 교섭하고자 한다", "당신들이 파업한다면 당신들은 대체될 것이다"라고 한 발언은 자신의 법적인 권리를 단순히 설명한 것에 지나지 않기 때문에 묵시적인 억압으로서 판단되지 않았다.[47] 즉, 사용자의 법적 권리를 표현한 경우에는 억압에 해당하지 않는다.

교섭대표의 결정에서 기인하는 불리한 결과를 사용자가 예측하는 것도 경우에 따라서는 근로자에 대한 억압으로서 부당노동행위 내지 선거 무효 사유가 될 수 있다. 즉, 노동조합 결성으로 인한 불리한 경제적 결과를 예측하는 사용자의 발언은, 그러한 예측이 사용자가 통제권을 가지고 있는 요소에 근거하고 있는 경우 또는 사용자의 주관적 의사에서 기인하는 경우에는 억압적인 것으로 판단될 수 있다. 이에 대하여 사용자가 통제권을 가지지 않는 객관적인 사실에 합리적으로 근거하고 있는 예측은 사용자의 "표현의 자유"로서 보장받는다는 것이 연방대법원의 입장이다.[48]

이 기준에 따르면, 노동조합이 회사가 받아들일 수 없는 요구를 하고 사업을 망하게 하는 "파업깡패(strike-happy hoodlums)"에 의하여 지배되

---

47 NLRB v. Herman Wilson Lumber Co., 355 F.2d 426 (8th Cir. 1966).

48 NLRB v. Gissel Packing Co., 395 U.S. 575 (1969); NLRB v. Golub Corp., 388 F.2d 921 (2d Cir. 1967).

고 있다고 사용자가 한 발언은 객관적 사실에 근거한 것이 아니고, 따라서 억압적인 것으로 판단되었다.[49] 반면에, 노동조합이 선거에서 승리한다면 사용자는 교섭할 의사가 있다고 강조하면서 사용자가 폭탄 소지나 총격 등 노동 투쟁에 관한 사실을 분석한 것에 지나지 않는 경우에는 사용자의 표현의 자유에 해당한다고 판단되었다.[50]

또한 노동조합이 근로자의 기존의 복리후생을 희생하여 사용자에게 일정한 요구를 받아들이도록 강요할 것이라는 사용자의 예측에 기한 발언은 그것이 동일한 공장에서 다른 노동조합과의 과거의 교섭 경험에서 도출된 것이고, 따라서 객관적인 사실에 근거한 것으로 입증된 경우에는 보호 대상이 되는 표현의 자유에 해당한다고 판단되었다.[51] 마찬가지로, "영점에서부터 교섭"할 것이라는 사용자의 발언("근로자들은 최저임금과 최저재해보상을 보장받을 것이고, 그것이 우리 단체교섭이 개시되는 지점이다")은 비억압적인 것이고 사용자 측의 적절한 "기브 앤 테이크(give and take)" 태도라고 판단되었다.[52]

교섭대표의 결정과 관련하여 사용자가 공장폐쇄를 위협하는 경우가 특히 문제된다. 이와 관련하여 연방대법원은 진지한 것이라고 할지라도 노동조합의 결성은 공장폐쇄를 야기"하거나 할 수 있다"("will or may")는 사용자의 예측은 폐쇄의 가능성에 객관적인 증거가 없다면 억압적인 것으로 인정된다.[53]

---

49 NLRB v. Gissel Packing Co., 395 U.S. 575 (1969).

50 Louisburg Sportswear Co. v. NLRB, 462 F.2d 380 (4th Cir. 1972).

51 NLRB v. Lenkurt Electric Co., 438 F.2d 1102 (9th Cir. 1971).

52 Shaw's Supermarkets v. NLRB, 884 F.2d 34 (1st Cir. 1989).

53 NLRB v. Gissel Packing Co., 395 U.S. 575 (1969). 이에 대하여 공장폐업에 대한 사용자의 예측, 즉 위협이 아니라 실제로 폐쇄하는 것에 대해서는 연방대법원은 사용자는 반조합적 적의를 포함한 일체의 이유에 기하여 사업을 폐업할 절대적인 권리를 가지고 있다고 판단하고 있다(Textile Workers Union v. Darlington Manufacturing Co., 380 U.S. 263 (1965)).

이에 대하여, 노동조합의 성공적인 조직화 이후 "경제적" 이유로 점포를 폐쇄한 경험을 언급하는 것 또는 노동조합 조직화의 결과로서 발생할 수 있는 해고와 공장폐쇄를 예측하는 것은, 그러한 발언이 사용자의 통제권 밖의 객관적 사실에 근거하거나 또는 노조가 조직화된 때에 이미 행하였던 폐쇄 결정을 반영한 것이라면, 보호 대상인 사용자의 표현의 자유로 판단되고 있다.[54]

외견상 보복의 위협이나 이익의 약속을 포함하고 있지 않은 발언도 그것이 행해진 맥락에 따라서는 억압적인 것으로 될 수 있다.[55] 예컨대 근로자들이 이전의 경험에서 사용자의 강력한 반발을 초래할 것이라는 사실을 이미 알고 있는 상황에서 이루어진 사용자의 "제안" 또는 "선호"는 억압적인 것이 될 수 있다.[56] 이와 관련하여 NLRB는 사용자 발언의 억압성을 판단하기 위한 기준으로서, 첫째, 어떠한 조치가 위협되었는가, 둘째, 제반 상황을 고려하여 위협을 근로자들이 심각하게 받아들일 가능성이 있는가(예컨대 위협의 근거, 고의성, 일반성), 셋째, 위협이 근로자들 사이에서 얼마나 광범위하게 유포되었는가 등을 제시하고 있다.[57]

법 제8조 (c) 소정의 표현의 자유에 기하여 보호되는 발언, 즉 사용자의 비억압적인 발언은 사용자가 행하였다고 주장되는 다른 부당노동행위에 대한 증거, 즉 사용자의 반조합적 동기를 판단하는 증거로서 이용될 수 없다.[58] 나아가 사용자의 비억압적인 발언은 주법상 명예훼손의 대상으로도 되지 않는다. 연방법인 NLRA는 주법에 우선하기 때문에, 발언이 NLRA에 기한 보호 대상이 되는 범위에서는 주법상의 명예훼손이 적용되지 않는

---

54 Crown Cork & Seal Co. v. NLRB, 36 F.3d 1130 (D.C. Cir. 1994); J.J. Newberry Co., 202 NLRB 420 (1973).

55 NLRB v. Virginia Electric & Power Co., 314 U.S. 469 (1941); NLRB v. Pentre Electric, 998 F.2d 363 (6th Cir. 1993).

56 International Association of Machinists, Lodge 35 v. NLRB, 311 U.S. 72 (1940).

57 General Stencils, Inc., 195 NLRB 1109 (1972).

58 Pittsburgh S.S. Co. v. NLRB, 180 F.2d 731 (6th Cir. 1950).

다. 따라서 노동조합의 조직화 활동과 관련한 사용자에 의한 명예훼손적인 허위 발언은 최소한 그 발언이 억압적인 것이 아니고 진실을 무시하고 무모하게 이루어지거나 잘못을 알면서 발언한 것이 아니라면, 주법상의 명예훼손을 근거로 기소될 수 없다.[59]

금지되는 억압에 해당하는지 여부가 다투어지는 상황으로서 이른바 "의무적 참가 회의(captive audience)"가 문제된다. 근로시간 중 근로자가 의무적으로 참가하여야 하는 회의에서 사용자가 발언하는 행위가 부당노동행위에 해당하는지 여부가 문제되는 것이다. 연방대법원은 사용자의 발언 그 자체가 억압적인 것이 아닌 한, 사용자는 근로시간 중 회사시설 내에서 근로자에게 반조합적 발언을 할 수 있다고 하고 있다. 근로시간 중 회사시설 내에서 회사의 발언에 반박할 기회를 노조에게 동등하게 부여하는 것을 사용자가 거부하는 경우에도 마찬가지이다.[60] NLRB도 사용자는 노동조합 활동가에게 동일한 기회를 부여하지 않은 상태에서 자신의 시설을 자신의 견해를 표현하고 근로시간 중에 근로자에게 접근할 수 있는 장(forum)으로서 이용할 수 있다고 하고 있다.[61]

(2) 교섭대표선거와 관련되는 상황에서 표현의 자유 제한

NLRB는 공정한 교섭대표선거의 실시를 보장하기 위한 각종 선거준칙을 제시하고 있는데, 그 중 표현의 자유와 관련하여서는 교섭대표선거가 실시되기 전 24시간 동안의 "냉각기간"을 설정하고 있다. 선거일 전 24시간 동안에는 사용자 및 노동조합 양자의 표현의 자유는 제한된다. 이 기간 중에는 사용자에 의한 "의무적 참가 회의" 발언은 금지되며, 선거 전 24시간 동안의 선전금지 법리를 위반하면 선거 무효 사유가 된다.[62] 예컨대 선

---

59 Linn v. United Plant Guard Workers, Local 114, 383 U.S. 53 (1966).

60 NLRB v. United Steelworkers of America, 357 U.S. 357 (1958).

61 Livingston Shirt Corp., 107 NLRB 400 (1953).

62 Peerless Plywood Co., 107 NLRB 427 (1953).

거 당일 9시간 30분 동안 노동조합의 확성기 차량은 테이프에 녹음된 음악(노조 지지 노래 포함)을 틀 수 없다.[63]

24시간 금지규칙은 근로자 참가가 임의에 맡겨져 있고 근로시간 외에 이루어지는 사용자의 발언, 캠페인 문건 기타 정당한 선전물의 배포(예컨대 24시간 이내에 이루어진 비억압적인 라디오 메시지)에는 적용되지 않는다.[64] 따라서 근로시간이 아닌 때에 근로 장소에서 "개별" 근로자에게 공장지배인이 노조에 반대하는 투표를 할 것을 주장한 간단한 발언은 선거 당일 아침인 경우라고 하더라도 허용된다.

이와 같이 일반적으로 표현의 자유 권리는 선거 시간으로부터 24시간 이내에는 제한되며, "의무적 참가 회의" 발언도 금지되지만, 참가가 임의적이고 근로시간 외에 이루어진 경우에 사용자는 여전히 발언을 할 수 있고, 나아가 작업 장소에서 개별 근로자에게 간단하게 말하는 것도 할 수 있으며, 캠페인 문건 기타 정당한 선전물을 배포할 수 있다.

과거 NLRB는 어떠한 형태의 발언이라고 하더라도 그것이 캠페인 기간 중에 다른 당사자가 대응하기에 부적절할 정도로 늦게 이루어진 경우에는 더 빠른 시기에 이루어진 것보다 더 엄격하게 판단될 것이라고 하면서, 그 기준을 "11시간"으로 제시하고 이 시간 중에 이루어진 발언이 사실관계에서 잘못된 내용을 포함하고 있다면, 그 선거는 무효가 될 수 있다고 하였다.[65] 수차례에 걸친 입장 변경을 거쳐,[66] 현재 NLRB는 최후 순간의 캠페인 발언에 포

---

63 Bro-tech Corp., 330 NLRB 37 (1999).

64 Peerless Plywood Co., 107 NLRB 427 (1953).

65 Hollywood Ceramics Co., 140 NLRB 221 (1962).

66 "11시간" 제한이라는 Hollywood Ceramics 법리는 Shopping Kart Food Market, Inc., 228 NLRB 1311 (1977) 사건에서 NLRB에 의하여 번복되었다. 1년 후 NLRB는 이를 재고하여, Shopping Kart 법리를 번복하고 다시 Hollywood Ceramics 법리를 부활시켰다(General Knit of California, Inc., 239 NLRB 619 (1978)). 그러나 4년 뒤, NLRB는 다시 General Knit 법리 및 Hollywood Ceramics 법리를 다시 번복하고, Shopping Kart 법리, 즉 24시간 룰을 부활시켰다(Midland National Insurance Co.,

함된 사실이나 법을 잘못 표현한 것은 그 자체로는 선거 무효 사유로 하지 않고 있다.[67] 이러한 NLRB의 입장은 항소법원에 의하여 지지되고 있다.[68]

(3) 선거에 개입하는 선전

선거전에 이루어진 사용자나 노동조합의 비억압적 발언은 그 내용에 과장, 부정확 또는 오류가 있다고 하여 일반적으로 규제되는 것은 아니지만, 그러한 발언이 선거운동을 지나치게 손상시켜 근로자가 억압되지 않은 선택을 하였다고 말할 수 없게 된 경우에는 선거 무효 사유가 될 수 있다. 그 기준은 그러한 선전이 선거가 실시되는 "실험실조건"을 저해한 것이었는지 여부이다.[69] General Shoe 사건에서 NLRB는 행위(표현을 포함)가 "자유로운 선택을 가능하지 않도록 하는 분위기를 창출"한다면, 선거를 무효로 하고 재선거를 명할 수 있다고 판정하였다. NLRB는 "근로자가 억제되지 않은 의사를 결정할 수 있도록 실험이 실시될 수 있는 실험실을 제공하고, 가능한 한 이상적인 조건 하에서 실험이 이루어질 수 있도록" 하고자 하는 것이라고 표현하고 있다.

따라서 잘못된 내용을 포함한 반조합 문건을 배포한 것은 그 자체로는 부당노동행위가 되지 않는다고 판단되고 있다. 근로자들은 선거 선전인 사용자 발언을 평가할 능력이 있고, 이에 의하여 반드시 오도되는 것은 아니라고 추정되기 때문이다.[70]

이에 대하여 잘못된 발언의 내용이 악질적일수록, 그리고 노동조합이 이에 반박할 기회가 제한되면 될수록, 선거 무효로 될 가능성이 높다. 예컨대 재선거 직전에 사용자가 근로자에게 노동조합이 승리할 경우 발생할

---

263 NLRB 127 (1982)).

67 Furr's, Inc., 265 NLRB 1300 (1982); Riveredge Hospital, 251 NLRB 196 (1980).

68 NLRB v. Best Products, 765 F.2d 903 (9th Cir. 1985).

69 In re General Shoe Corp., 77 NLRB 124 (1948).

70 St. Margaret Memorial Hospital v. NLRB, 991 F.2d 1146 (3d Cir. 1993).

수 있는 위험(예컨대 파업, 대체고용 등)을 강조하고 교섭이 "냉정한 사업상 판단"에 기하여 이루어져 상실될 수 있는 혜택을 강조하는 발언을 한 것에 대하여, NLRB는 이러한 발언은 억압적인 것이며 부당노동행위의 증거가 된다고 판단하고, 노동조합이 패배한 선거를 무효로 하는 사유가 된다고 하였다. 이 사건에서 NLRB는 향후에는 노사관계의 경제적 현실을 고려하여 발언의 형식에 관계없이 사용자의 행위가 선거에 "상당한 개입"을 야기한 경우 선거를 무효로 할 것이라고 선언하였다.[71] 또한 파업 참가자의 재고용권에 대한 NLRB의 잘못된 문건을 사용자가 이용한 것은 선거 무효 사유에 해당한다.[72] 선거 전날 노동조합의 파업 참가자에 의한 폭력을 그릇되게 묘사한 영화를 상영한 것 역시 교섭대표의 자유로운 선출에 사용자가 개입한 것으로 판단되었다.[73] 선거 캠페인에 인종적 편견을 사용자가 선동적인 방법으로 주장한 것도 그 발언 내용이 억압적인 것은 아니라고 하더라도 이는 "실험실조건"을 저해한 것이기 때문에 선거 무효 사유가 된다고 판단되고 있다.[74]

다만 최근에 NLRB는 선거 선전에 대하여 좀 더 완화된 입장을 보여 주고 있다. 예컨대 근로자가 사용자에 대하여 행하였던 종교적·윤리적 비방은 선거 무효가 되기에는 충분하지 않다고 판단하거나,[75] 선거 하루 전날 유포된 인종적으로 선동하는 소문이 그 출처가 불명확하고 "합리적인 선택을 불가능하게 만들 정도로 심각한 것은 아니"었던 경우에는 선거 무효 사유에는 해당하지 않는다고 판단하였다.[76] 그러나 히스패닉 근로자에 대한 선동적인 호소는 선거 무효로 판단하였다.[77]

---

71 Dal-Tex Optical Co., 137 NLRB 1782 (1962).
72 Thiokol Chemical Corp., 202 NLRB 434 (1973).
73 Industrial Steel Products Co., 143 NLRB 336 (1963).
74 Sewell Manufacturing Co., 138 NLRB 66 (1962).
75 DID Building Services v. NLRB, 915 F.2d 490 (9th Cir. 1990).
76 Flambeau Airmold Corp. v. NLRB, 178 F.3d 705 (4th Cir. 1999).
77 Zartic, Inc., 315 NLRB (1994).

6) 선거에 영향을 주기 위한 근로자 복리후생의 변경

교섭대표 결정을 위한 선거운동 기간 중 사용자는 기존의 인사 정책 및 관행과 관련하여 "평상시대로 사업(business as usual)"을 영위하여야 한다. 그렇지 않을 때에는 부당노동행위가 성립할 수 있고, 특히 새로운 조치가 선거에 영향을 미칠 목적으로 취해진 경우에 그러하다.[78] 이와 관련해서는 경제적 이익을 부여하는 행위, 정기적인 임금 인상을 보류하는 행위가 특히 문제된다.

경제적 이익의 부여와 관련하여, 사용자는 선거 직전에 추가적인 유급 휴일과 휴가 또는 잔업수당의 증액과 같은 경제적 이익을 부여하여서는 안 된다. 그러한 행위는 그 급여가 "영속적이고 무조건적"으로 이루어지는 경우라도 그 자체로 부당노동행위에 해당한다는 것이 연방대법원의 입장이다.[79] 연방대법원은 노조를 교섭대표로 선택하지 말라는 위협이 동기가 된 이익의 부여는 일시적이고 근로자에게 실질적인 가치가 없을 가능성이 많으며, 사용자가 근로자의 경제적 지갑을 통제하고 있다고 근로자들이 받아들일 가능성이 있다는 것을 그 근거로 하였다.[80]

정기적인 임금 인상의 보류도 부당노동행위가 된다. 근로자가 노조 대표를 선택하였다는 이유로 사용자는 매년 일정한 시기에 행해진 정기적인 임금 인상을 보류하여서는 안 된다.[81] 그런데, 승진 보류는 다르다.

---

[78] NLRB v. Exchange Parts Co., 375 U.S. 405 (1964).

[79] Id.

[80] 연방대법원은 이러한 경제적 이익을 "비단장갑 속의 철주먹(iron fist in the velvet globe)"이라고 표현하였다. 한편 하급심은 이러한 연방대법원의 입장을 축소 해석하려는 경향에 있다. 예컨대 혜택이 캠페인이 개시되기 전에 계획되거나 시행될 움직임이 있었던 경우에는 법 제8조 (c)에 의하여 캠페인 기간 중 선거에 영향을 미칠 목적으로 이루어진다고 하더라도 이후에 실시될 혜택을 사용자는 발표할 수 있다고 하고 있다(Raleys, Inc. v. NLRB, 703 F.2d 410 (9th Cir. 1983); NLRB v. Tommy's Spanish Foods, Inc., 463 F.2d 116 (9th Cir. 1972)).

[81] Pacific Southwest Airlines, 201 NLRB 647 (1973).

NLRB는 대표선거 기간 동안 근로자 승진을 보류한 것은, 그러한 승진이 노동조합의 캠페인이 없었다면 "아마 부여되었을 것"이라고 하더라도, 억압적인 것은 아니라고 판단하였다. NLRB는 사용자에 의한 승진이 과거에 정기적 또는 통상적으로 행해져 왔던 것은 아니며, 사용자는 승진에 관한 어떠한 공식적인 발표도 한 적이 없었다는 것을 근거로 하였다.[82]

2. 노동조합에 의한 제한 또는 억압으로부터의 보호

법 제8조 (b)는 노동조합이 근로자가 단결권을 행사하거나 단체행동에 관여하지 못하도록 근로자를 억압하는 것을 노동조합에 의한 부당노동행위로서 금지하고 있다.

1) 사용자의 부당노동행위와의 차이점

법 제8조 (b)는 사용자의 개입, 제한 또는 억압을 금지한 제8조 (a)와 유사한 내용으로 이루어져 있으나, 차이점은 제8조 (a)는 사용자의 금지되는 행위 유형에 "개입"을 포함시키고 있는 반면, 노동조합의 행위를 규제하는 제8조 (b)(1)(A)는 "개입"을 포함시키지 않고 있다는 점이다. 따라서 노동조합은 교섭대표로 선출되면 근로조건을 개선시키겠다는 약속을 할 수 있고 사회적 압력도 행사할 여지가 있다.

이와 같이 법문상의 차이는 상당한 의의가 있다고 연방대법원은 판단하고 있다. NLRB v. Local 639, International Brotherhood of Teamsters 사건에서,[83] 연방대법원은 법 제8조 (b)(1)(A)는 폭력, 협박 및 보복 또는 그 위협을 포함하는 노동조합의 전술에 대한 NLRB의 규제 권

---

82 Singer Co., 198 NLRB 870 (1972).
83 362 U.S. 274 (1960).

한을 제한하고 있다고 판단하였다. 따라서 조직활동과 관련하여 노동조합은 사용자에 비하여 더 큰 재량의 여지를 가진다. 예컨대 사용자에 의한 설문조사와 달리 노동조합에 의한 선거 전 설문조사는 본질적으로 억압적인 것은 아니라고 판단되고 있다.[84]

그러나 노동조합은 선거 선전 기타 득표활동과 관련하여 사용자와 동일한 "실험실조건" 법리의 적용을 받는다. 따라서 노동조합의 행위가 법 제8조 (b)에 기한 부당노동행위에 해당할 정도로 심각한 것이 아니라고 하더라도, 선거의 실험실조건을 저해하는 것에 해당하는 경우에는 선거 무효 사유가 될 수 있다. 예컨대 NLRB의 공식적인 문건인 것처럼 보이지만 실제로는 그렇지 않은 문건을 노동조합이 배포한 것은 교섭단위 내의 스페인어를 사용하는 근로자를 오도할 가능성이 있다고 판단되어 선거가 무효로 되었다.[85]

2) 노동조합에 의한 억압 및 표현의 자유

사용자의 표현의 자유에 적용되는 보장과 제한은 노동조합에 대해서도 동일하게 적용된다. 예컨대 선거 캠페인 기간 중 노동조합에 의하여 행해진 선동적인 인종적 비방은 선거 무효 사유가 된다.[86]

단순한 의견을 표명하는 노동조합의 선언이나 발간물은 표현의 자유로서 보호 대상이 된다. 예컨대 노동조합을 "후원하지 않는 자" 명단에 사용자 이름을 게시하는 것은 허용된다.[87] 그러나 억압적인 발언은 법 제8조 (b)(1)(A)에 위반된다. 예컨대 교섭대표를 선출하는 과정에서 "노동조합에 가입하지 않는 자는 결국 일자리를 잃게 될 것이다", "우리는 노동조합

---

84 Kusan Manufacturing Co. v. NLRB, 749 F.2d 362 (6th Cir. 1985).

85 SOC Investment, 274 NLRB 556 (1985).

86 NLRB v. Triplex Manufacturing Co., 701 F.2d 703 (7th Cir. 1983).

87 NLRB v. International Association of Machinists, Lodge 942, 263 F.2d 796 (9th Cir. 1959).

에 반대하는 사람들을 다루는 방법이 있다"는 노조대표자의 발언은 부당노동행위에 해당한다.[88]

사용자의 발언과 마찬가지로, 노동조합의 발언도 NLRA에 의하여 보호 대상이 되는 한, 그 발언이 비억압적이고 허위라는 것을 알지 못한 상태에서 발언한 경우 또는 진실을 무모하게 무시하고 행한 발언이 아닌 경우에는 주법상의 명예훼손의 대상이 되지 않는다.[89] 비조합원을 "썩어빠진 무리들"이라고 부르는 것과 같이 단순한 의견의 표명은 그것이 모욕적인 것이라고 하더라도 NLRA에 의한 보호 대상이 된다.[90] 또한 사실에 대한 잘못된 발언이 있다고 하여도 그 발언이 비억압적이고 "허위라는 사실을 알지 못한 경우 또는 무모하게 무시하고 행한 것"이 아니라면 명예훼손의 대상이 아니다.[91]

3) 신체적인 제한 또는 억압

법 제8조 (b)(1)(A)는 노동조합에 협조하기를 거부한 근로자에 대한 육체적 위협 또는 실제적인 폭력 행사를 금지하고 있다. 따라서 이에 따르면 신체를 위해하겠다는 공연한 위협은 모두 불법이다.[92]

폭력행위가 근로자가 아니라 사용자에게 행해진 경우에도 이 조 위반의 노동조합에 의한 제한이나 억압이 인정될 수 있다. 따라서 노조활동가에 의한 회사재산의 파괴는 법 제8조 (b)(1)(A) 위반으로 판단된다. 그 행위는 그 공장에 출입하려고 하는 모든 근로자에 대한 위해의 묵시적 위협에 해당하기 때문이다.[93]

---

88 Lane v. NLRB, 186 F.1d 671 (10th Cir. 1951).
89 Linn v. United Plant Guard Workers, Local 114, 383 U.S. 53 (1966).
90 Branch 496, National Association of Letter Carriers v. Austin, 418 U.S. 264 (1974).
91 Linn v. United Plant Guard Workers, Local 114, 383 U.S. 53 (1966).
92 Teamsters Local Union No.5. v. NLRB, 406 F.2d 439 (5th Cir. 1969).
93 Local 542, International Union of Operating Engineers v. NLRB, 328 F.2d 850 (3d Cir. 1964), cert. denied, 379 U.S. 826 (1964).

또한 파업 불참자에 대한 폭력적인 보복의 위협과 같이 노동조합에 의한 위협은, 그 위협이 근로자의 투표에 직접 관련되는 것이 아니라고 하더라도, 선거 무효 사유가 될 수 있다.[94]

4) 경제적 억압

법 제8조 (b)(1)(A)는 노동조합에 의한 미묘한 형태의 제한이나 억압에 대해서도 적용된다.

단체협약에 의하여 조성된 기금을 조합원에게만 사용하는 것이 그 예이다. 노동조합이 건강보험기금을 조합원에게만 사용하도록 운영하는 것은 비조합원을 노동조합에 가입하도록 억압하는 것이고, 따라서 법 제8조 (b)(1)(A) 위반이 된다.[95] 또한 노동조합이 사용자로 하여금 차별하도록 하는 것도 여기에 해당한다. 노동조합의 압력으로 인하여 사용자가 조합 가입 여부에 기하여 일체의 방법으로 차별하도록 하는 경우 어떠한 위력이나 폭력이 행사되지 않았다고 하더라도 노동조합은 법 제8조 (b)(1)(A)를 위반한 것이다.[96]

일부 근로자에 대한 노조가입비의 면제도 문제된다. 선거 전에 수권카드에 서명한 모든 근로자에 대하여 통상적인 노조가입비를 면제할 것을 약속하는 방법으로 노동조합은 근로자들의 노조 가입에 영향을 미쳐서는 안 된다. 연방대법원은 그러한 행위가 노동조합에 의한 수권카드의 매수 행위에 상당하며, 법 제8조 (c)에 기한 경제적 이익에 관한 사용자의 약속에 대한 제한은 노동조합에 대해서도 적용된다고 하고 있다.[97] 반면에, 수권카드에 서명한 자만이 아니라 모든 근로자에 대하여 가입비를 면제하는

---

94 Industrial Disposal Service, 266 NLRB 100 (1983).

95 Indiana Gas & Chemical Corp., 130 NLRB 1488 (1961).

96 Local 17, International Union of Operating Engineers, 143 NLRB 29 (1963).

97 NLRB v. Savair Manufacturing Co., 414 U.S. 270 (1973); Teamsters Local 420, 274 NLRB 603 (1985).

것은 유효하다.[98]

한편 노동조합의 모든 경제적 조치가 억압적인 것은 아니다. 조직화 관련 회의에 참석하여 임금을 삭감당한 근로자에게 노조가 보상하는 것은 선거를 무효로 하는 충분한 사유는 되지 않는다. 즉, 그러한 노조의 보상은 자유로운 선거 선택을 행할 근로자의 권리를 침해하는 것이 아니다.[99]

5) 교섭대표 인정 목적의 피케팅 및 파업

일반적인 상황에서, 즉 노조가 교섭대표로 활동하고 있는 상황에서 이루어진 평화적 피케팅은 그 자체로 직접적인 경제적 압력에 해당한다고 하더라도 법 제8조 (b)(1)(A)에 기한 "억압"에 해당하지 않는다.[100] 그러나 파업 불참자를 근로하지 못하도록 저지하기 위한 피케팅은 법 제8조 (b)(1)(A)를 위반할 수 있다.[101] 반면에, 공장 출입구를 봉쇄하는 전술은 피케팅이 평화적이라고 하더라도 불법이다. 즉, 평화적 피케팅만으로는 억압적인 것으로 인정되는 것은 아니지만, 공장 출입구를 봉쇄하는 것은 평화적으로 이루어졌다고 하더라도 법 제8조 (b)(1)(A)에 기하여 불법이다.[102]

이와 같이 노조가 이미 교섭대표로서 활동하고 있는 경우에 이루어진 피케팅과 달리 교섭대표 선출 과정, 즉 교섭대표로 인정되지 않은 노동조합에 의하여 이루어진 피케팅이나 파업에 대해서는 별도의 명문 규정을 두어 규율하고 있다.

---

98 NLRB v. VSA, Inc., 24 F.3d 558 (4th Cir. 1994), cert. denied, 513 U.S. 1041 (1995).

99 Commercial Letter, Inc., 200 NLRB 534 (1972).

100 NLRB v. Local 639, International Brotherhood of Teamsters, 362 U.S. 274 (1960).

101 American Newspaper Guild, 151 NLRB 1558 (1965).

102 International Woodworkers Local Union 3-3, 144 NLRB 912 (1963).

(1) 승인 목적의 피케팅 및 조직화를 위한 피케팅

교섭대표로서의 승인을 목적으로 한 피케팅이나 교섭대표로서의 선출 과정에서 이루어진 피케팅은 ① 법 제8조 (b)(7)(미인준된 노동조합이 승인 또는 조직화 목적으로 행하는 1차 피케팅 제한), ② 법 제8조 (b)(4)(C) (다른 노동조합의 인준을 위한 2차 피케팅 제한), ③ 법 제8조 (b)(4)(B)(미인준된 노동조합의 승인을 요구하는 2차 피케팅 제한)에서 각각 규제되고 있다.

가) 미인준된 노동조합의 승인을 강제하는 피케팅

법 제8조 (b)(7)(A), (B), (C)는 ① 사용자가 현재 다른 노동조합을 승인하고 있고, ② 법 제9조 (c)에 따른 유효한 선거가 12개월 이내에 실시되었거나 피케팅 노조가 합리적인 기간 내에(즉 피케팅 개시일로부터 30일 이내) NLRB에 선거 신청을 제기하지 않았고, ③ 피케팅의 목적이 미인준 노조를 승인하거나 교섭할 것을 사용자에게 강제하거나 또는 그 노동조합을 교섭대표로서 받아들일 것을 강제하는 경우, 미인준 노조가 일체의 사용자에 대하여 피케팅을 하는 것 또는 피케팅을 하도록 하는 것을 불법으로 하고 있다.

노동조합이 30일 이내에 선거 신청을 제기하여야 한다는 요건이 노동조합이 피케팅에 의하여 소비자 보이콧을 유도하는 것(이를 "정보제공 피케팅[informational picketing]"이라 한다)을 금지하는 것은 아니다. 피케팅이 30일을 넘어서 계속되는 경우에도 마찬가지이다. 나아가 그 피케팅이 ① 주로 공중을 상대로 한 것이고, ② 내용이 진실하며, ③ 다른 사용자가 수행하는 서비스나 공급에 상당하게 개입하는 것이 아니라면, 그 피케팅이 추가적으로 조직화 또는 승인 목적을 가지고 있는 경우에도 이 적용제외에 해당한다(법 제8조 (b)(7)(C)).[103]

---

103 Smith v. NLRB("Crown Cafeteria Case"), 327 F.2d 351 (9th Cir. 1964).

법 제8조 (b)(7)(또는 제8조 (b)(4)(A), (B), (C))의 위반이 주장되면, 이 사건은 NLRB의 우선적 처리 대상이 된다. 사용자가 법 제8조 (b)(7)(C)에 기한 부당노동행위 구제신청을 제기하면, NLRB는 동 조항 단서에 기하여 신속선거(expedited election)를 지시할 수 있다. 노동조합이 선거에서 승리하면 법 제8조 (b)(7)에서 규정하고 있는 피케팅에 대한 제한은 더 이상 문제되지 않는다. 노동조합이 선거에서 패배하면, 승인을 위한 피케팅 또는 조직화를 위한 피케팅은 법 제8조 (b)(7)(B)에 기하여 1년간 금지된다. 선거에 대하여 이의가 제기되면 노동조합은 그 분쟁이 해결될 때까지 피케팅을 계속할 수 있다.[104] NLRB가 선거를 명하지 않는 경우 법 제8조 (b)(7)에 기한 구제신청은 부당노동행위 구제절차에 기하여 처리된다.

이와 함께 사용자에 의한 법 제8조 (b)(7)에 기한 구제신청이 진실이라고 NLRB가 신뢰할 만한 합리적인 이유가 있는 경우에는 그 노동조합이 사용자에 의한 위법한 지배나 원조를 주장하면서 제8조 (a)(2)에 기한 구제신청을 제기하고, 그 구제신청이 진실로 보이는 경우가 아니라면 NLRB는 그 피케팅을 금지하는 가처분을 신청하여야 한다. 이에 대하여 노동조합이 사용자에 의한 위법한 지배나 원조의 제8조 (a)(2)에 기한 구제신청을 제기하고, 그 구제신청이 진실로 보이는 경우 NLRB는 법 제8조 (b)(7) 위반의 금지가처분을 신청할 수 없다. 법 제8조 (a)(2)에 기한 구제신청이 진실로 보이지 않는 경우 NLRB는 법 제8조(b)(7) 구제신청에 기하여 피케팅을 금지할 수 있다. 구제신청이 진실이라고 신뢰할 "합리적인 이유"는 각 사건의 사실관계에 따라 판단된다.

나) 라이벌 노조에 대한 이전의 인준에 반대하는 피케팅

법 제8조 (b)(4)(C)는 다른 노동조합이 이미 인준되어 있는 경우 미인준 노조가 사용자에게 자신을 교섭대표로서 승인하도록 억압하는 것을 불법

---

104 Retail Store Employees' Union, Local No. 692, 134 NLRB 686 (1961).

으로 하고 있다. 법 제8조 (b)(4)(C)에 기한 구제신청의 요건은 뒤에서 살펴보는 이러한 상황에 대한 파업의 금지와 마찬가지로, 유효한 인준, 금지된 목적 및 억압적 전술 등 세 가지이다.

특히 피케팅이 "억압적인 전술(coercive tactic)"인지 여부가 문제되는데, 피케팅이 근로 중단을 유도하기 위한 목적을 가지고 있다는 증거가 없는 경우에는 법 제8조(b)(4)(C) 위반이 아니다.[105] 노동조합이 법 제8조 (b)(4)(C)에 위반하지 않기 위해서는 소비자의 출입구 앞에서만 피케팅을 할 수 있다.[106]

다) 미인준 노조의 승인을 요구하는 제2차 피케팅

법 제8조 (b)(4)(B)는 일반적인 제2차 보이콧 금지 법리와 동일하다. 일반적인 제2차 보이콧 금지와 마찬가지로 승인 또는 조직화 목적의 제2차 피케팅도 금지된다.

법 제8조 (b)(4)(B)에 따르면, 노동조합은 1차 사용자가 미인준 노조를 승인하도록 강제하기 위하여 제2차 사용자에 대하여 피케팅을 하여서는 안 된다. 예를 들어, A노동조합이 B사용자에게 A노조 또는 기타 미인준 노조를 승인하도록 압력을 가하기 위하여 C사용자를 대상으로 피케팅하면 법 제8조 (b)(4)(B) 위반이 된다.

법 제8조 (b)(4)(B)는 1차적 행위를 금지하는 것이 아니다. 따라서 A노조가 B사용자의 시설에서 B사용자에게 1차 피케팅을 하면, 그 피케팅이 C사용자(즉 제2차 사용자)의 근로자에게 B사용자 시설로의 공급 중단을 유도할 수 있다고 하여도 – 피켓 라인을 넘지 않으려고 하기 때문 – 이것은 1차 피케팅의 정당한 부산물일 뿐이다. 마찬가지로, C사용자가 B사용자의 중립적인 제3자가 아니라 1차 사용자인 B사용자와 경제적으로 연계

---

105 NLRB v. Local 50, Bakery & Confectionery Workers International Union, 245 F.2d 542 (2d Cir. 1957).

106 Retail Clerks International Association, 122 NLRB 1264 (1959).

되어 있거나 1차 사용자를 일정한 방법으로 원조하고 있는 "동맹자(ally)" 인 경우 양 사용자는 자신의 사업 장소에서 피케팅의 대상이 될 수 있다. 그 피케팅은 두 경우 모두 1차적인 것이기 때문이다.

(2) 승인 목적의 파업

가) 1차 사용자가 노동조합을 승인하도록 억압할 목적으로 중립적인 사용자에 대한 파업

법 제8조 (b)(4)(B)는 미인준 노조가 1차 사용자에게 자신을 승인하거나 교섭하도록 압력을 가할 목적으로 중립적인 사용자를 대상으로 파업을 유도하거나 위협하거나 억압하는 것도 금지하고 있다.[107]

나) 라이벌 노조에 대한 이전의 인준에도 불구하고 승인을 억압하는 파업

법 제8조(b)(4)(C)는 다른 노동조합이 인준되어 있는 경우 자신이 교섭대표로서의 승인을 받기 위하여 사용자에 대하여 작업 중단(또는 그 위협이나 억압)을 유도하거나 파업을 실시하는 것을 부당노동행위로 하고 있다.

제2차적인 행위를 대상으로 하고 있는 법 제8조 (b)(4)(B)와 달리, 법 제8조(b)(4)(C)는 1차 사용자 또는 2차 사용자 어느 일방을 대상으로 행해지는 행위에 적용된다.

법 제8조(b)(4)(C) 위반이 되기 위해서는 세 가지 요건을 갖추어야 한다. 즉, ① 유효하고 현재 효력이 있는 인준, ② 불법적인 억압적 전술, ③ 금지된 목적(즉, 미인준 노조에 대한 승인)이 그것이다.

① 현재의 인준

반대의 증거가 없는 한 기존 노동조합은 현재 인준되어 있는 것으로 보

---

[107] Carpenters & Joiners Union, Local No. 213 v. Ritter's Cafe, 315 U.S. 722 (1942).

며, 최초 인준 이후의 1년간은 이 추정은 확정적(conclusive)인 효력을 가진다. 인준된 노조가 근로자 과반수의 지지를 상실하고 있으나 인준이 여전히 존재하고 있는 경우에도 위 1년 이후에 라이벌 노조가 승인을 요구하는 파업이 법 제8조 (b)(4)(C)에 의하여 금지되는지 여부에 대하여 판례는 나뉘고 있으나, 주류의 입장은 법 제8조 (b)(4)(C)는 인준이 NLRB에 의하여 공식적으로 취소될 때까지 또는 인준 노조가 휴면 노조로 된 때까지는 그러한 행위가 금지된다는 것이다.[108]

② 불법적인 전술

법 제8조 (b)(4)(C)에 따르면 불법적인 전술에는 방문, 근로자에 대한 우편 발송 또는 피케팅을 통하여 파업이나 작업 중단의 유도 등이 있다. 한편 피케팅이 작업 중단을 유도할 목적의 것이 아니라면 이 조 위반은 인정되지 않는다. 그러나 그 목적이 작업 중단을 유도하는 것이라면 작업 중단이 실제로 발생하였는지 여부를 불문하고 법 위반이 인정된다.[109]

③ 금지된 목적

법 제8조 (b)(4)(C) 위반이 인정되려면 억압적 행위의 목적이 미인준 노조에 대한 승인이어야 한다. 그러나 승인이 그 행위의 목적 중 일부인 경우에도 법 제8조 (b)(4)(C) 위반으로 인정된다.[110]

(3) 구제

승인 목적의 불법적인 피케팅이나 파업이 이루어진 경우 구제명령은 다음과 같은 것이 있을 수 있다.

첫째, NLRB는 신속선거를 명할 수 있다. 법 제8조 (b)(7)를 위반한 승인

---

108 NLRB v. Teamster Local 901, 314 F.2d 792 (1st Cir. 1963).

109 NLRB v. Knit goods Workers Union, Local 155, 267 F.2d 916 (2d Cir. 1959).

110 McLeod v. International Longshoremen's Association, Independent, 177 F.Supp. 905 (E.D.N.Y. 1959).

목적의 피케팅이 이루어졌다고 주장되는 경우 또는 법 제8조 (b)(4)(A), (B), (C)를 위반한 승인 목적의 파업이 이루어졌다고 주장되는 경우 NLRB 는 최우선적인 사건 처리를 행한다(법 제10조(1)). 사용자가 법 제8조 (b) (7)(C)에 기한 노동조합의 부당노동행위에 대한 구제신청을 제기하면 NLRB는 같은 조 단서에 기하여 신속선거를 명할 수 있다. 노동조합이 그 선거에서 승리하면 법 제8조 (b)(7) 소정의 제한은 적용되지 않는다. 노동 조합이 승리에서 패배하면, 승인 목적이나 조직화 목적의 피케팅은 법 제 8조 (b)(7)(B)에 기하여 1년간 금지된다. 선거에 대하여 이의신청이 제기 되면, 노동조합은 그 분쟁이 해결될 때까지 피케팅을 계속할 수 있다.[111] NLRB가 선거를 명하지 않은 경우 법 제8조 (b)(7) 위반 여부는 부당노동 행위 구제절차에서 처리된다.

둘째, 승인 목적이나 조직화 목적의 피케팅이나 파업에 대해서는 금지 명령이 내려질 수 있다. 예컨대 사용자가 행한 법 제8조 (b)(7) 위반의 구 제신청이 사실이라고 NLRB가 신뢰할 합리적인 이유가 있는 경우 NLRB 는 그 피케팅에 대하여 금지명령을 내려야 한다(must). 다만 이 경우 노동 조합이 사용자에 대하여 제8조 (a)(2) 위반의 지배개입의 부당노동행위를 주장하고 그 주장이 진실이라고 신뢰할 수 있는 경우에는 그러하지 아니 하다. 이 경우에는 법 제8조 (b)(7)에 기한 금지가처분은 명해지지 않게 된다. 노동조합의 제8조 (a)(2) 구제신청이 진실이라고 신뢰할 수 없는 경 우 NLRB는 사용자의 법 제8조 (b)(7) 위반 구제신청에 기하여 그 피케팅 에 대한 금지명령을 내릴 수 있다(may).

6) 평조합원에 의하여 이루어진 억압

교섭대표 선출 과정 또는 일반적인 노사관계의 상황에서 소위 "대리인 (agent)"의 행위를 이유로 노동조합의 책임이 문제되는 경우가 있을 수 있

---

111 Retail Store Employees' Union, Local No. 692, 134 NLRB 686 (1961).

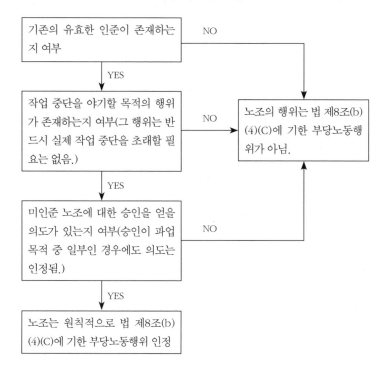

라이벌 노조에 대한 승인에도 불구하고 행한 파업의 정당성:
파업이 노조의 부당노동행위에 해당하는지 여부

기존의 유효한 인준이 존재하는지 여부 → NO

YES ↓

작업 중단을 야기할 목적의 행위가 존재하는지 여부(그 행위는 반드시 실제 작업 중단을 초래할 필요는 없음.) → NO

YES ↓

미인준 노조에 대한 승인을 얻을 의도가 있는지 여부(승인이 파업 목적 중 일부인 경우에도 의도는 인정됨.) → NO

YES ↓

노조는 원칙적으로 법 제8조(b)(4)(C)에 기한 부당노동행위 인정

노조의 행위는 법 제8조(b)(4)(C)에 기한 부당노동행위가 아님.

다. 평조합원이나 노조 대리인의 불법적인 행위에 대한 노동조합의 책임을 둘러싼 법리는 변화하여 왔다. 또한 NLRA 하에서 발생한 사건은 노리스 라과디아법 등 기타 연방법 하에서 발생한 사건과 상이한 법리에 의하여 규율되고 있는데, 노리스 라과디아법 하에서는 노동조합의 책임이 좀 더 제한적으로 인정된다.

NLRA 하에서 발생한 사건과 관련하여, 법은 평조합원 등에 의하여 행해진 부당노동행위에 대하여 노동조합이 책임을 부담하는지 여부를 판단할 때 커먼로상의 대리법리를 적용하고 있다. 여기에서 실제 수권 여부는 문제되지 않는다(법 제2조 (13)).

NLRB에 따르면, 대리관계의 입증 책임은 대리관계가 존재한다고 주장하는 당사자가 부담한다. 그 당사자는 대리인의 존재 및 대리인 권한의 성격과 범위 양자를 입증하여야 한다. 대리관계는 본인과 대리인의 상호 동의를 필요로 하는 계약관계이기는 하지만 그러한 동의가 명시적일 필요는 없다. 행위의 내용에 의하여 입증될 수도 있고, 본인 즉 노동조합의 행위가 노동조합이 권한을 수여할 것을 의도하였다는 것을 보여 주면 언제나 그 존재가 추정될 수 있다. 즉, 일종의 표현대리가 인정되고 있다.[112]

본인이 대리인에게 행위의 전반적인 부분에서 자신을 대표할 권한을 부여한 경우에 본인은 이러한 일반적인 권한의 범위 내에서 대리인의 모든 행위에 대하여 책임을 부담한다. 본인이 문제의 행위를 특별하게 수권하지 않은 경우에도 마찬가지이다.[113]

3. 사용자의 지배 또는 원조

NLRA 제8조 (a)(2)는 노동단체에 대한 사용자의 지배나 개입 및 그러한 단체에 대한 재정적 기타 원조의 제공을 금지하고 있다. 다양한 사례에서 사용자가 "지배 또는 부당한 개입이나 원조"에 해당하는지 여부가 문제되고 있는데, 어용노조를 설립하는 것, 노동조합 설립에 조력하는 것, 조합원을 모집해 주는 것, 재정적 지원, 회사시설의 편의 제공, 체크오프, 특정한 노조를 돕는 행위는 모두 제8조 (a)(2) 위반으로 판단되고 있다. 사용자의 지배·개입의 부당노동행위는 복수노조가 병존하는 상황에서 가장 일반적으로 문제되는 행위 유형이기 때문에 이하에서는 그 법리를 간단하게 소개하고, 상세한 것은 별도의 곳에서 다룬다.

---

112 NLRB v. Urban Telephone Corp., 499 F.2d 239 (7th Cir. 1974); Sunset Line & Twine Co., 79 NLRB 1487 (1948).
113 Sunset Line & Twine Co., 79 NLRB 1487 (1948).

1) 일반적인 판단 기준

사용자의 행위로 인하여 노동조합이 근로자와 사용자 사이에 발생하는 분쟁에서 근로자를 진정으로 대표하고 있지 않다고 추론하는 것이 합리적인 지점에 도달하는 경우 사용자는 제8조 (a)(2)를 위반한 것으로 인정된다.[114]

그러나 사용자에 의한 모든 개입이 부당한 것은 아니다. 제8조 (a)(2)는 "근로시간 중 임금 삭감 없이 근로자와 협의하는 것을 사용자가 허용하는 것은 금지되지 않는다"고 규정하고 있다. 즉, 사용자는 법을 위반하지 않고 고충이나 기타 사항에 관하여 논의하는 데 소요되는 시간에 대하여 근로자 또는 그 대표자에게 급여를 제공할 수 있다.[115]

2) 하급직에 의한 행위

위에서 살펴본 노동조합의 경우와 마찬가지로, 하급직의 행위에 대한 사용자의 책임에 대해서도 일반적인 대리법리가 적용된다.

하급직의 행위가 그 근로자의 직책에서 볼 때 합리적인 사람이라면 사용자의 태도를 대표하는 것으로서 해석하여 그 행위는 사용자의 행위로 취급된다.[116]

관리직(supervisor)은 NLRA에 의하여 "근로자" 개념에서 배제되어 있기 때문에, 이들은 사용자의 대표자로서 취급되고 있다. 따라서 사용자가 관리직의 행위에 대한 책임으로부터 면책되기 위해서는 그러한 자에 의한 일체의 행위를 명시적으로 부인할 필요가 있다.[117]

3) 불법적인 지배나 원조

다양한 행위가 사용자에 의한 노조에 대한 위법한 "지배" 또는 "원조"로

---

114 NLRB v. Brown Paper Mill Co., 108 F.2d 867 (5th Cir. 1940).
115 In re Remington Arms Co., 62 NLRB 611 (1945).
116 NLRB v. Pacific Gas & Electric Co., 118 F.2d 780 (9th Cir. 1941).
117 H.J. Heinz Co. v. NLRB, 311 U.S. 514 (1941).

서 판단되고 있다. 다음과 같은 행위 유형이 제8조 (a)(2) 위반 여부로서 주로 문제되고 있다.

(1) 사용자에 의한 조합원 모집

사용자는 적극적으로 조합원을 모집하여서는 안 된다. 예컨대 사용자가 선호하는 노동조합을 위하여 조합원을 모집하는 것은 부당노동행위가 된다. 사용자는 근로자로 하여금 노동조합을 위하여 선전하는 것을 허용할 수는 있으나, 그것을 차별적으로 적용하여서는 안 된다. 즉, 라이벌 노조에 의한 선전 또는 반조합적 주장에 대해서도 동일하게 허용하여야 한다. 따라서 특정 노조에는 근로시간 중에 회사시설 내에서 조합원 모집을 허용하면서 다른 노조에 대해서는 이를 금지하는 것은 제8조 (a)(2) 위반이다.[118]

(2) 부당한 원조

사용자가 노동조합의 설립 또는 그 업무에서 적극적인 역할을 한다면, 사용자는 불법적인 "지배 또는 원조"를 한 것이 된다. 여기에 해당하기 위하여 반드시 사용자가 직접 관여하여야 하는 것은 아니다. 위에서 본 바와 같이 관리직이나 기타 당사자는 사용자를 위하여 행위하는 대리인으로 판단될 수 있기 때문이다. 또한 사용자가 노동조합의 설립에 앞서 규약의 초안을 만들어 주는 데 단순히 도움을 준 경우에도 법 위반이 인정되고 있다.[119] 마찬가지로, 특정 노조에 대한 반조합 캠페인을 회사가 하고 그것이 어용노조(company union)의 설립으로 이어졌다면 사용자는 불법적인 원조를 행한 것으로 인정된다.[120]

그러나 사용자는 외부 노동조합에 의한 유효한 선거 신청에도 불구하

---

118 Stainless Steel Products, Inc., 157 NLRB 232 (1966).
119 In re Horne, 61 NLRB 742 (1945).
120 NLRB v. Daylight Grocery Co., 345 F.2d 239 (5th Cir. 1965).

고 기존 노조와 계속하여 교섭할 수 있다.[121] 또한 한 노동조합이 사용자의 원조가 없이 근로자 과반수 지위를 입증하고, 사용자가 행한 그 노조에 대한 승인이 다른 노조의 선거 신청 제기 이전에 이루어진 것이라면, 사용자가 행한 그 노조에 대한 승인은 유효하다.[122] 이에 대하여 사용자가 공식적인 승인을 하기 전에 그 노조와 교섭하면 이는 부당노동행위에 해당한다.[123]

(3) 회사시설의 이용

특정 노조에 대하여 회사 설비나 서비스를 제공(예컨대 법률자문, 사무실 공간, 비서 서비스, 프린터 기타 설비 제공)하면서 다른 노조에 대하여는 이를 부정하면 제8조 (a)(2)에 기한 불법적인 원조가 될 수 있다. 예컨대 특정 노조에 대하여는 회사시설을 이용할 수 있도록 하고 그 하부 위원회 선거를 개최할 수 있는 시간을 부여하며 회의 장소를 위하여 모텔을 임대해 주면서 다른 노조의 인정 요구를 거부한 것은 법 위반에 해당한다.[124]

사용자가 근로자에게 노동조합 활동가를 단순히 소개시켜 주고 근로시간 중 회사시설 내의 비업무용 장소에서 근로자와 접촉할 수 있도록 허용한 직후 그 노동조합을 승인한 경우, NLRB는 불법적인 "원조"를 인정하기에 충분한 증거가 없다고 판단하였다.[125] 이 사건에서 NLRB는 사용자는 라이벌 노조에 의한 근로자의 접근을 허용하였으며, 그 노조를 위하여 조합원을 모집한 것은 아니었고, 그 노조가 근로자의 과반수를 대표하기 전 또는 다른 노조가 대표소송을 제기한 후에 문제의 노조를 승인한 것은 아

---

121 RCA Del Caribe, Inc., 262 NLRB 963 (1982).

122 Bruckner Nursing Home, 262 NLRB 955 (1982).

123 International Ladies' Garment Workers v. NLRB (Bernhard-Altmann Texas Corp.), 366 U.S. 731 (1961).

124 Watkins Furniture Co., 160 NLRB 188 (1966).

125 Mace Food Stores, Inc., 167 NLRB 441 (1967).

니었다고 인정하였다.

다른 사건에서 법원은 다른 노조에는 인정하지 않았으나 특정 노조에 대하여 회사시설 내에서 운영되는 커피자판기를 운용하도록 하여 연간 총 120달러의 혜택을 부여하는 것은 부수적인 혜택으로서 교섭기간 중 그 노조로부터 양보를 얻기 위하여 이용한 것이 아니라면 지배나 원조에 해당하는 것은 아니라고 판단하였다.[126] 이 사건에서 법원은 "원조"와 "협조"를 구별하였다. 단순한 협조는 그것이 근로자를 억압하기 위하여 고안된 것이라든지 실제로 억압하였다는 증거가 없다면 불법은 아니라고 하였다.

(4) 노조규약을 통한 지배

사용자가 통제하고 있다는 증거를 보여 주는 노동조합의 규약 조항은 제8조 (a)(2)를 위반하는 것으로 인정된다. 예컨대 근로자단체를 규율하는 "위원회"에서 사용자에게 동등한 대표권을 부여하고, 그 위원회 구성원이 될 자를 사용자가 결정할 권한을 부여하고 있는 규약은 법 위반이다.[127] 또 공장에서의 근속 이외에, 위원회에의 다른 가입 조건이 없는 것은 사용자 지배의 증거로 간주될 수 있다.[128]

이에 대하여 근로자가 근로자위원회에 대한 사용자의 참가를 희망하고 있고, 그러한 참가가 근로자에 대하여 억압으로 작용하지 않고 근로자가 그 요구를 전달하는 것을 금지하는 것도 아니라면 사용자는 근로자위원회에 참가할 수도 있다.[129]

(5) 종업원 참여 방법에 대한 제한

NLRB는 Electromation Inc. 사건에서 종업원 참여 작업 방식을 채택한

---

126 NLRB v. Post Publishing Co., 311 F.2d 565 (7th Cir. 1962).

127 Dennison Manufacturing Co., 168 NLRB 1012 (1967).

128 Muriel H. Rehrig, 99 NLRB 163 (1952).

129 Hertzka & Knowles v. NLRB, 503 F.2d 625 (9th Cir. 1974).

사용자가 시험적으로 설치한 근로자 참여를 위한 위원회는 "노동단체"에 해당하며, 따라서 제8조 (a)(2) 위반이라고 판단하고 있다.[130] 이 결정에서, NLRB는 불법적인 지배나 원조가 인정되기 위해서는 세 가지 요건이 필요하다고 전제하였다. ① 근로자는 문제의 위원회에 의무적으로 참가하여야 한다. ② 위원회는 사용자와 "거래"를 하여야 한다. ③ 논의 주제에는 임금, 근로시간, 기타 근로조건을 포함하여야 한다. 이러한 기준에 따르면 "품질관리서클(quality work circles)", "근로자 자기평가위원회", "실행위원회(action committee)" 등은 문제가 될 소지가 있다.

NLRB는 위와 같은 Electromation 법리에[131] 따르면 간호사위원회는 무효라고 하였는데, 그 위원회의 목적이 사용자와 근로조건에 대하여 거래하는 것이기 때문이다. 그러나 제4항소법원은 제8조 (a)(2)는 근로자 제안과 사용자 대응이라는 "패턴이나 관행(pattern or practice)"을 필요로 하는 것인데, 이 사건에서는 그러한 것이 존재하지 않는다는 이유로 NLRB의 집행명령 부여를 거부하였다.[132]

또한 NLRB는 폴라로이드 회사에서의 "종업원지주영향협의회(Employees-Owners Influence Council)"를 무효로 판단하였는데, 그 협의회는 건강보험급여, 종업원스톡옵션제도, 근로자퇴직프로그램, 가족간호휴가와 같은 문제, 즉 근로조건을 다루기 위하여 설립된 것이기 때문이라고 하였다.[133]

Electromation 사건은[134] 무노조 사업장에 관한 것이지만, NLRB는 노동조합이 조직된 사업장에서 노동조합에 의한 참가가 있는 경우에도 안전

---

130 Electromation, Inc., 309 NLRB 990 (1992), relying on NLRB v. Cabot Carbon Co., 360 U.S. 203 (1959), enforced, 35 F.3d 1148 (7th Cir. 1994).

131 Id.

132 NLRB v. Peninsula Regional Medical Center, 36 F.3d 1262 (4th Cir. 1994).

133 Polaroid Corp., 329 NLRB 424 (1999).

134 Electromation, Inc., 309 NLRB 990 (1992), relying on NLRB v. Cabot Carbon Co., 360 U.S. 203 (1959), enforced, 35 F.3d 1148 (7th Cir. 1994).

문제(인센티브 수당)와 복리후생(조깅 트랙, 소풍 장소)을 다루는 "종업원 참가위원회"도 무효로 판단하고 있다.[135] 이 사건에서는 그러한 위원회가 단순히 정보 제공집단이나 논의집단인 경우(즉, 사용자에 대하여 제안을 하지 않는) 또는 교섭 사항 이외의 사항을 다루는 경우에는 허용될 것이라고 판단하였다.

4. 조합원자격에 기한 차별

법 제8조 (a)(3)은 채용이나 고용기간 또는 일체의 근로조건에 대하여 노동단체에의 가입을 장려 또는 방해하기 위하여 차별하는 것을 사용자의 부당노동행위로 하고 있다.

1) 차별의 입증

제8조 (a)(3)에 기한 불법적인 차별의 입증을 위해서는 부당한 동기, 즉 근로자 측의 노조 가입이나 활동에 영향을 미칠 사용자의 의도가 입증되어야 한다.

(1) 입증 책임

통상적으로 NLRB 사무총장은 부당노동행위의 모든 요건에 대한 입증 책임을 부담한다. 그러나 제8조 (a)(3) 사건에서는 사무총장이 근로자가 사용자의 행위에 의하여 불리하게 대우받았다는 점을 입증하면, 그 행위가 정당하고 상당한 사업상 목적에 의하여 정당화되며 조합활동이나 가입에 영향을 미칠 의도는 아니었다는 것을 사용자가 입증하도록 입증 책임이 전환된다는 것이 연방대법원의 입장이다.[136] 이를 Great Dane Trailers

---

135 E.I. du Pont de Nemours & Co., 311 NLRB 893 (1988).
136 NLRB v. Great Dane Trailers, Inc., 388 U.S. 26 (1967).

법리라고 부른다.

입증 책임의 정도는 사용자 행위의 성격에 따라 다르다.

조합원과 비조합원 사이의 불평등한 임금제도와 같이 사용자의 행위가 조합원에게 "본질적으로 파괴적(inherently destructive)"인 경우에 NLRB 는 사용자가 반조합적 동기를 가지고 행위하였다고 추정할 수 있으며, 사업상 목적에 관한 증거를 무시할 수 있고, 따라서 동기에 대한 입증 없이 도 제8조 (a)(3) 위반을 인정할 수 있다는 것이 연방대법원의 판례 입장이다.[137]

이에 대하여, 유효하게 대체된 파업 참가자의 원직 복귀를 거부하는 것과 같이, 사용자의 행위가 근로자 권리에 대하여 본질적으로 파괴적인 것보다는 더 완화된 정도의 것이고, 사용자가 그 행위에 대하여 상당한 사업상 정당성을 제시한 경우 사무총장은 제8조 (a)(3) 위반을 인정하기 위하여 사용자에 의한 반조합적 동기에 대한 입증에 대하여 반증하여야 한다는 것이 연방대법원의 판례 입장이다.[138] 사용자의 행위가 본질적으로 파괴적인 것이 아닌 경우 단체협약에 대한 선의의 해석은 설령 그것이 잘못 해석된 경우에도 사업상 정당성으로 인정될 수 있다.[139]

(2) 정황 증거

사용자가 문제의 행위에 대한 정당한 그리고 상당한 사업상 정당성의 증거를 제출하면, Great Dane Trailers 법리에 따라 사무총장은 정황 증거를 통하여 독자적으로 사용자의 반조합적 동기를 입증하여야 한다. 정황 증거로는 당해 행위에 의하여 영향을 받은 조합원의 비율, 영향을 받은 근로자가 조합활동에 참가한 범위, 그러한 근로자의 근무 기록 및 근무 효

---

137 Radio Officers' Union of the Commercial Telegraphers' Union v. NLRB, 347 U.S. 17 (1954).

138 NLRB v. Fleetwood Trailer Co., 389 U.S. 375 (1967).

139 Vesuvius Crucible Co. v. NLRB, 668 F.2d 162 (3d Cir. 1981).

Great Dane Trailers 법리에 기한 입증 책임의 분배		
사용자의 행위 유형	사용자 측이 사업상 정당성에 대한 입증을 하지 않거나 상당한 입증을 하지 못한 경우	사용자가 사업상 정당성에 대한 상당한 입증을 한 경우
근로자 권리에 대하여 "본질적으로 파괴적"인 경우	사무총장 승소	사무총장은 동기에 대한 적극적인 소명을 하지 않고서도 승소할 수 있음. NLRB는 사용자 측의 증거를 인정할 수는 있으나, 반드시 그렇게 하여야 하는 것은 아님.
근로자 권리에 대하여 "비교적 사소한" 영향을 주는 경우	사무총장 승소	사무총장은 독립적인 증거에 기하여 반드시 사용자의 동기를 적극적으로 소명하여야 함.

율성, 사용자가 조합활동에 대하여 알고 있는 정도, 사용자의 마음 상태를 보여 주는 발언이나 행위, 조합원과 비조합원에 대한 차별적 취급, 근로자 해고의 시기, 해고에 대한 이유의 일관성, 사용자의 반조합적 배경 등이 고려될 수 있다.

(3) "복합 동기" 사건에서의 입증

NLRB는 Great Dane Trailers 법리를 "복합 동기(dual motivation)" 사건에 대해서도 적용하고 있다. NLRB 사무총장은 보호 대상행위가 사용자에 의하여 취해진 조치에서 "동기가 되는 요소(motivating factor)"였다는 사실을 입증하여야 한다(일응의 입증). 그러면, 사용자는 그 행위는 보호 대상행위가 없었더라도 동일하게 하였을 것이라는 점을 반증하여야 한다.[140] 이를 Wright Line 법리라고 한다.

---

140 Wright Line, 251 NLRB 1083 (1980). NLRB v. Transportation Management Corp.,

제6항소법원은 근로자가 해고된 사건에서만 Wright Line 법리를 적용하고 있다. 채용 거부와 관련된 사건에서 사무총장에 의한 일응의 입증이 성립하기 위해서는 당해 지원자가 적격인 공석인 일자리가 존재하여야 한다는 점, 신청자를 거부한 후 사용자가 신청자와 동일한 자격을 가진 다른 지원자를 계속 모색하였다는 점을 사무총장이 입증하여야 한다.[141]

차별사건에서 핵심적인 문제는 사용자가 부당한 동기에 따라 행위하였는지 여부이다. 사용자가 부당한 동기에 따라 행위하였는지 여부에 대한 판단은 일반적으로 정황 증거로부터 추론되는 것이다. NLRB에 따르면 사용자의 행위가 "근로자 권리에 대한 본질적 파괴"인 경우에만 그러한 동기에 대한 확정적 추정을 할 수 있다.

2) 사용자에 의한 차별의 사례

(1) 채용 또는 해고의 차별

사용자는 노조 가입 또는 불가입을 근거로 하여 또는 노조 가입을 장려하거나 방해하기 위하여 근로자를 채용하거나 해고하여서는 안 된다.[142] 사용자에 의한 비조합원 해고가 그가 조합원회의에 참석하였다는 이유에만 기한 경우에는 제8조 (a)(3) 위반이 인정되고 있다.[143] 또한 회사가 지배하는 노동조합에 가입할 것을 거부한 근로자를 사용자가 해고한 것 역시 제8조 (a)(3) 위반으로 판단되고 있다.[144]

이에 대하여 조합보장협정은 합법적인 것으로 판단된다. 따라서 조합

---

462 U.S. 393 (1983)도 同旨. 이 사건에서 연방대법원은 이러한 입증 책임의 분배를 인정하였다.

141 NLRB v. Fluor Daniel, 102 F.3d 818 (6th Cir. 1996).
142 Phelps Dodge Corp. v. NLRB, 313 U.S. 177 (1941).
143 B.M. Smith, 132 NLRB 1493 (1961).
144 Hoisting and Portable Engineers, local 302, 144 NLRB 1449 (1963).

비나 조합가입비를 납부하지 않은 근로자를 노동조합의 요청에 기하여 해고하도록 한 단체협약은 유효하다.

(2) 고용기간, 근로조건의 차별

"일체의 노동단체에 대한 가입을 장려하거나 방해하기 위하여 고용의 기간이나 기타 근로조건과 관련하여 차별"하는 것은 사용자의 부당노동행위라고 제8조 (a)(3)은 규정하고 있다. 이는 사용자에 의한 해고, 강등, 배치전환 등의 결정이 노동조합을 고려하여 행한 경우 또는 사용자의 행위가 노동단체에의 가입을 장려하거나 방해하는 효과를 가질 수 있는 경우에 사용자는 그러한 행위를 하여서는 안 된다는 것을 의미한다. 따라서 파업 불참자와 영구적인 파업대체근로자에 대하여 20년의 우선선임권을 부여하는 것은 부당노동행위이다.[145]

마찬가지로, 노동조합의 사업장대표(shop steward)에 대하여 우선선임권을 부여하는 것도 불법이다. 다만 이들에게 일시 해고(lay off)와 복직소환권(recall)에 한하여 우선선임권을 부여하는 것은 적법하다. 그러나 노조 사업장대표의 일자리를 유지하기 위하여 필요한 범위(이들이 동료 조합원을 도울 수 있는 경우)를 넘어서는 선임권은 부당한 우대이고 따라서 차별에 해당할 수 있다.[146] 또한, 일시 해고와 복직소환권으로 제한되어 있는 조항이라고 하더라도 그것이 사업장대표로서의 업무(즉, 교섭단위 내 모든 근로자에게 혜택을 줄 수 있는 "그 공장 내에서의 일자리에서의 대표활동"에 관여하는)를 수행하지 않는 노조 임원에 대하여 부여된 경우에는 무효이다.[147]

사용자는 파업 포기 조항 위반을 이유로 평조합원보다 노조 임원에 대

---

145 NLRB v. Erie Resistor Corp., 373 U.S. 221 (1963).

146 Dairylea Cooperative, Inc., 219 NLRB 656 (1975).

147 Gulton Electro-Voice, Inc., 266 NLRB 406 (1983), enforced sub nom. Electrical Workers IUE Local 900 v. NLRB, 727 F.2d 1184 (D.C. Cir. 1984).

하여 더 무거운 징계를 할 수 없다는 것이 연방대법원의 입장이다. 단체협약이 명시적으로 노조 임원에 대한 적용 제외를 규정하고 있거나 노조임원에 대하여 불법적인 파업 예방 조치를 취할 명시적인 의무를 부과하고 있는 경우에는 그러하지 아니하다.[148] 즉, 연방대법원 판례에 따르면 명시적인 합의가 없는 한, 노조 임원의 이른바 영향 의무를 인정하지 않고 있다.

경제적 사유로 사용자가 직장폐쇄하는 것은 불법이 아니다. 통상적으로 직장폐쇄는 교섭 결렬이 이루어진 이후에 발생한다.[149] 교섭 결렬 이전의 직장폐쇄도 일정한 상황에서는 유효할 수 있다. 예컨대 교섭 사항을 해결하기 위한 잔업 거부와 같은 준법투쟁에 대한 대응으로서 이루어진 경우가 여기에 해당한다.[150]

합법적인 직장폐쇄 기간 중 일시적 대체근로자의 채용 역시 허용된다.[151] 합법적인 직장폐쇄 기간 중 교섭단위 내에서 이전에 이루어지던 업무를 사용자가 영구적으로 업무 하도급하는 것은 근로자 권리에 대하여 본질적으로 파괴적인 것은 아니다. 그러한 하도급이 정당하고 상당한 사업상 목적을 위하여 행해진 경우에 그 하도급은 정당화될 수 있다.[152] 그러나 적법한 직장폐쇄 기간 중 사용자가 일방적으로 영구적 대체고용자를 채용하는 것은 제8조 (a)(3) 위반이라는 것이 연방대법원의 입장이다.[153]

공장의 이전은 건전한 경제적 고려에 의하여 이루어진 것이라면 원칙적으로 법 위반이 아니다. 그 이전이 노조조직화를 위축시키는 효과를 가

---

148 Metropolitan Edison Co. v. NLRB, 460 U.S. 693 (1983).

149 American Ship Building Co. v. NLRB, 330 U.S. 300 (1965).

150 Central Illinois Public Service Co., 326 NLRB 928 (1998).

151 Inter-Collegiate Press v. NLRB, 486 F.2d 837 (8th Cir. 1973).

152 International Paper Co. v. NLRB, 115 F.3d 1045 (D.C. Cir. 1997).

153 Johns-Manville Products Corp., 223 NLRB 1317 (1976), rev'd on other grounds, 557 F.2d 1126 (5th Cir. 1977), cert. denied, 436 U.S. 956 (1978).

지고 있는 경우에도 마찬가지이다.[154]

사업 운영의 중단이 부당노동행위로 되는지 여부는 사업 중단의 범위에 따라 달리 판단된다. 사업의 전면적 중단은 사용자가 반조합적 의사를 가지고 있는지 여부와 관계없이 사용자의 절대적인 권리에 속한다.[155] 그러나 사업의 일부 중단에서는 일부 중단이 진정한 것이 아닌 경우 또는 사용자의 전체 사업 중 일부에 불과한 경우 노조조직화를 방해하는 목적과 예견 가능한 효과가 있는 사업 중단은 제8조 (a)(3) 위반이다.[156] 이러한 Darlington 법리에 따르면 ① 사용자가 노조조직화를 방해하는 것에서 이익을 얻기에 충분할 정도로 의미있는 사업 운영을 계속하고 있고, ② 일부 폐업이 그 이유를 위하여 행하여졌다는 증거가 존재하고, ③ 잔여 사업의 근로자가 노조를 지지한다면 일자리를 상실하게 될 것이라고 우려할 것이라는 점이 합리적으로 예견 가능한 경우에는 제8조 (a)(3) 위반이 인정된다.

차별적이라고 인정되는 이유에 기하여 공장을 폐업한 사용자가 사업 재개가 부당한 부담으로 된다거나 또는 회사 생존 능력의 계속을 위협할 것이라는 점을 입증할 수 없다면, NLRB는 사업 재개를 명할 수 있다.[157] 일부 폐업 사건에서 NLRB는 사업의 나머지 부문에 영향을 받은 근로자의 복직에 대하여 소급 임금을 지급하는 것을 전제로 하여 명하고 있다.

3) 건설업의 적용 제외

건설업에서는 오랫동안 노동조합이 인력을 공급하는 이른바 노조 직영 직업소개소(hiring hall) 제도를 채용하고 있기 때문에, 건설업은 제8조 (a)(3)에 의한 조합원자격에 기한 차별에 관하여 예외를 인정받고 있다.

---

154 NLRB v. Rapid Bindery, Inc., 293 F.2d 170 (2d Cir. 1961).
155 Textile Workers Union v. Darlington Manufacturing Co., 380 U.S. 263 (1965).
156 Id.
157 Mid South Bottling Co. v. NLRB, 876 F.2d 458 (5th Cir. 1989).

1959년 추가된 법 제8조 (f)는 일정한 경우 채용 이전에 노조 가입을 의무로 하는 노사간 협정의 효력을 인정하고 있다. 또한 여기에서는 고용 개시후 7일(일반적인 경우는 30일인 것에 비하여) 이내에 노조에 가입하도록하는 유니온 숍 협정을 허용하고 있으며, 고용에 대하여 자격이 있는 신청자에 대하여 노동조합의 근로자 공급을 허용하는 협정을 허용하고 있고, 일자리에 대한 최소한의 훈련 경험 또는 경력 경험을 적시하고 있는 협정을 허용하고 있다.

법 제8조 (f)는 사용자가 근로자의 노조 가입이 가능하지 않거나 조합원자격이 조합비 미납이나 가입비 미납 이외의 사유로 종료하였다고 믿을만한 합리적인 이유가 있는 경우에는 비조합원이라는 이유로 근로자를 차별하여서는 안 된다고 규정하고 있다.

건설업에서의 유니온 숍 협정 등 노조 가입을 의무로 하는 협정은 주법에 의한 적용 제외가 명문으로 인정되고 있기 때문에(법 제14조 (b)) 주에따라서는 유니온 숍 협정을 금지하는 곳(이른바 "근로권"주[right-to-work states])도 있다.[158]

비조합원인 하도급자에 대하여 일자리를 공급하지 않도록 하는 협정은서먼법(Sherman Act)에도 위반되는 것으로 판단되고 있다. 그러한 협정을 체결한 노동조합은 독점금지법에 기한 손해배상의 대상이 된다.[159]

5. 노동조합에 의한 근로자 차별

노동조합이 조합원과 비조합원을 차별하는 것도 1959년 랜드럼 그리핀법(Landrum-Griffin Act)에 의하여 금지되고 있다. 또한 인종, 종교, 피부

---

158 2014년 현재 24개 주에서 유니온 숍 협정을 금지하고 있다.
159 Connell Construction Co. v. Plumbers & Steamfitters Local Union No. 100, 421 U.S. 616 (1975).

색, 출신 국적 또는 성별을 이유로 한 노동조합의 차별행위도 1964년 민권법 제7편에 의하여 금지되며, 이러한 행위는 법 제8조 (b)(2), 제8조 (b)(5) 및 제8조 (a)(3)에 의해서도 금지된다.

NLRB는 교섭단위 내 모든 근로자를 조합원으로 받아들일 것을 노조에 대하여 명할 수는 없다. 그러나 앞에서 살펴본 바와 같이, 노동조합이 교섭대표로 선출된 경우 노동조합은 유니온 숍 협정을 체결하지 않은 경우라고 하더라도 교섭단위 내 모든 근로자를 공정하게 대표할 의무, 즉 공정대표의무를 부담한다.[160]

제8조 (a)(3)은 일정한 조합활동을 장려 또는 방해하는 것이 차별의 동기가 된 경우 사용자가 근로자에 대하여 차별하는 것을 불법으로 하고 있다. 마찬가지로, 제8조 (b)(2)는 노동조합이 사용자로 하여금 근로자에 대하여 차별하도록 하거나 차별하도록 시도하는 것을 불법으로 하고 있다. 다만 정당한 유니온 숍 협정에 대해서는 예외가 인정된다.

사용자가 모든 근로자를 채용할 때 노조 직영 직업소개소(hiring hall)를 통하여 하도록 함으로써 사용자의 인력 채용에 대하여 노동조합의 배타적 통제를 허용하는 단체협약이 체결될 수 있다. 그러한 협약 그 자체가 제8조 (b)(2) 위반이 되는 것은 아니다.[161] 다만 이 경우 노동조합이 조합원 자격에 기하여 차별적으로 인력 공급을 하면 법 제8조 (b)(2) 위반의 노동조합의 부당노동행위가 된다.

법 제8조 (b)(2)에 위반하여 사용자에 대하여 차별하도록 하는 노동조합의 억압은 ① 사용자에게 노동조합에 반감을 가진 근로자에 대하여 차별하도록 강제할 것을 목적으로 한 파업, 기타 압력을 노동조합이 행사하는 방식 또는 ② 사용자에게 의무적 조합 가입 협정의 조건에 따라 근로자

---

160 Syres v. Oil Workers International Union, Local No. 23, 350 U.S. 892 (1955).

161 Local 357, International Brotherhood of Teamsters, Warehousemen, Chauffeurs & Helpers v. NLRB, 365 U.S. 667 (1961).

에 대하여 차별하도록 시도하는 방식을 취할 수 있다.

유효한 유니온 숍 협정이 존재하지 않는 경우 노동조합이 조합원인지 여부에 따라 근로자나 구직자를 상이하게 취급하도록 사용자에게 강요하는 경우 노동조합은 제8조 (b)(2)를 위반하게 된다. 예컨대 노동조합이 사용자에 대하여 노조 가입 거부만을 이유로 하여 근로자를 해고할 것을 요구한다면 법 위반이 인정된다. 노동조합은 그 행위의 예견 가능한 결과를 의도한 것으로 추정된다. 따라서 노동조합이 그 행위의 차별적 결과에 대하여 실제로 의도하였다는 구체적인 증거는 필요하지 않다.[162] 교섭대표는 조합원이 아니라고 하더라도 모든 근로자를 공정하게 대표하여야 하기 때문에 노동조합은 조합원에게 유리하도록 차별할 수 없으며, 파업 등의 위협을 통하여 사용자로 하여금 차별하도록 억압할 수도 없다.

이에 대하여 유효한 유니온 숍 협정이 존재하는 경우 노동조합은 근로자의 해고를 합법적으로 요구할 수 있으나, 이는 근로자가 합리적이고 비차별적인 조합비 또는 그 상당액을 납부하기를 거부한 경우에만 가능하다. 해고가 다른 목적으로 요구되었다면 그것은 차별적인 것이 될 수 있다. 예컨대 노동조합에 의한 피케팅이나 노조 회의에 불참한 것만을 이유로 근로자를 해고한 것은 불법이다. 또한 근로자가 노동조합의 "가입자격"을 결여하였다는 이유로 사용자가 근로자를 해고하도록 한 것 역시 유효한 유니온 숍 협정이 존재하고 근로자가 당해 교섭단위 내 모든 구성원에게 요구되는 가입비 내지 그 상당액을 납부하지 않은 경우가 아니라면 불법이다.[163] 유니온 숍 협정이 존재하는 경우라고 하더라도 라이벌 노조의 조합원이라는 이유로 근로자를 해고할 수는 없다.[164]

---

[162] NLRB v. Local 50, American Bakery & Confectionery Workers Union, 339 F.2d 324 (2d Cir. 1964).

[163] Journeymen Plasterers Protective & Benevolent Society, Local No.5 v. NLRB, 341 F.2d 539 (7th Cir. 1965).

[164] NLRB Release R-4 (Sept. 23, 1947); Ballas v. McKiernan, 35 N.Y.2d 14 (1974)(이

6. 단결권 침해에 대한 구제

법 제7조 소정의 근로자 권리 위반에 관한 NLRB 명령을 준수하지 않아 NLRB가 법원에 NLRB명령에 대한 집행력 부여를 신청한 경우 그 구제는 일반적으로 중지명령(cease and desist order)이나 적극적 조치를 요하는 명령(예컨대 소급임금부 원직복귀 또는 우선고용)의 형태를 띤다. 구제의 범위는 각 사건의 사실관계에 따라 결정된다.

1) 중지명령

중지명령은 구체적 행위에 대하여 주로 이루어진다. 그러나 위반이 장기간 계속된 경우 또는 반조합적 동기에 의한 경우에는 사용자에게 근로자의 단결권에 개입하는 "일체의 방법을 중단(cease and desist in any manner)"할 것을 지시하는 백지명령(blanket order)이 부과될 수 있다.[165]

한편 사용자가 NLRA를 위반하는 극단적 성향을 보이고 있는 경우에 NLRB는 당해 사용자가 보유한 전국의 모든 사업장에 통용되는 중지명령을 내릴 수 있다.[166]

2) 적극적 조치 명령

법원은 과거의 부당노동행위의 효과를 시정하기 위하여 적극적인 조치(affirmative action)를 명할 수 있다.

판결은 LMRDA §101(a)(2)(모든 조합원은 표현의 자유에 관한 기본적 권리, 즉 "일체의 견해, 주장 및 의견을 표명"할 권리를 가지고 있다고 규정)에 기한 뉴욕주 항소법원의 판결이다); Goldtex v. NLRB, 14 F.3d 1008 (4th Cir. 1994).

[165] NLRB v. California Date Growers Association, 259 F.2d 587 (9th Cir. 1958) 사건에서 법원은 반조합적 행태의 역사가 없는 경우에는 이러한 유형의 명령은 지나치게 광범위하다고 판단하였다.

[166] J.P. Stevens & Co., 240 NLRB 33 (1979); Beverly California Corp. ("Beverly III"), 326 NLRB 232 (1998), enforced, 227 F.3d 817 (7th Cir. 2000).

(1) 원직복귀

J.P. Stevens & Co. v. NLRB 사건에서[167] 법원은 사용자의 "보복적 해고를 비롯한 위법한 반조합적 활동의 주요한 캠페인"을 시정하는 것을 목적으로 내린 NLRB의 원직복귀명령을 인정한 바 있다.

여기에서 NLRB는 사용자에게 사용자의 모든 공장에 원직복귀 공고문을 게시하고 그 사본을 모든 근로자에게 우송하도록 명할 수는 있으나, 사용자로 하여금 근로시간 중에 근로자에게 그 공고문을 낭독하도록 명할 수는 없다. 또한 노동조합에 원직복귀 공고문 게시를 위하여 노동조합이 회사 게시판을 사용하도록 사용자에게 명하는 것도 정당하지 않다고 판단되고 있다.

(2) 근로자에 대한 공고

그러나 위 사건과 동일한 사용자가 관련된 사건에서 근로시간 중에 근로자에게 부당노동행위에 대한 NLRB의 구제에 대하여 회사 임원이 낭독하게 하고, 회사 게시판을 노동조합에도 이용할 수 있도록 한 NLRB 명령이 법원에 의하여 인정되었다.[168] 이 사건에서 법원은 그 사건, 즉 문제의 공장에서의 극단적으로 억압적인 분위기가 있는 경우에는 그러한 구제의 필요성이 인정된다고 하였다.

또한 J.P. Stevens & Co. 사는 사용자의 악질적인 부당행위를 이유로 노동조합의 조직화 캠페인과 이후의 소송과 관련되는 비용에 대하여 노동조합과 NLRB에 대하여 변상하라는 명령을 받았다.[169]

---

167 380 F.2d 292 (2d Cir. 1967).

168 Textile Workers Union v. NLRB, 388 F.2d 896 (2d Cir. 1967).

169 J.P. Stevens & Co. v. NLRB, 668 F.2d 767 (4th Cir. 1982). NLRB는 다른 극단적인 사건에서도 유사한 구제를 하고 있다. Dynatron/Bondo Corp., 324 NLRB 572 (1997), enforcement denied, 176 F.3d 1310 (11th Cir. 1999).

(3) 사용자시설에 대한 접근

사용자의 불법적인 전술이 문제의 공장에서의 근로자의 단결할 권리에 대하여 "위축 효과"를 가진다는 점에 대한 충분한 입증이 있는 경우, NLRB 는 노동조합이 다른 방법을 통하여 근로자에게 접근할 수 있는지 여부를 불문하고, 사용자의 부당노동행위를 구제하기 위하여 조직화를 하고 있는 노동조합에 의한 사용자시설에의 접근을 명할 수 있다.[170]

(4) 공장 이전 이후의 교섭명령

연방대법원은 사용자가 노동조합을 피하기 위하여 공장을 이전한 후에 조직화 캠페인을 실패한 노동조합과의 교섭을 사용자에게 명한 NLRB 구제명령의 집행을 거부하고 있다. 연방대법원은 그러한 명령은 새로운 공장에서의 근로자에게 교섭대표의 자유로운 선택권을 박탈하게 될 것이라는 점을 근거로 하였다.[171]

위의 상황에서 교섭명령의 적정성은 사용자가 얼마나 멀리 공장을 이전하였는가에 달려 있다. 그 거리가 완전히 새로운 근로자가 채용될 정도로 충분히 멀다면 교섭명령은 내려지지 않을 것이다. 그러나 새로운 공장이 기존 근로자의 출퇴근 범위 내에 있는 경우에는 교섭명령이 적절할 수 있다. 따라서 교섭명령의 적정성 판단에서 새로운 공장의 위치는 결정적인 요소가 된다.

(5) 부서 또는 운영 회복 명령

사용자에 대하여 노동조합 활동에 대한 대응으로서 회사가 폐쇄한 부

---

170 Florida Steel Corp. v. NLRB, 713 F.2d 823 (D.C. Cir. 1983) 사건에서는 사용자의 부당행위의 역사가 단일한 특정 공장에서의 부당노동행위 이후 사용자의 다른 모든 공장에 대한 노동조합의 접근을 허용할 만큼 그 자체로는 충분한 것은 아니라고 판단하였다.

171 Local 57, International Ladies Garment Workers' Union v. NLRB, 387 U.S. 942 (1967).

서나 운영을 재건하라는 명령을 내리는 것에 대해서도, 그 폐쇄가 명백하게 불법인 경우라고 하여도, 법원은 소극적인 입장에 있다. NLRB에 의한 그러한 명령은, 당해 폐쇄와 이후의 법원의 구제조치 사이의 시간적 간격과 이러한 유형의 명령에 대한 집행상의 실제적 어려움을 고려하면, 부당한 부담이 된다고 법원은 판단되고 있다.[172]

3) 임시금지명령

법 제10조 (j)는 NLRB에 대하여 "긴급한 상황"에서는 구제신청에 대한 심문을 개시하기 이전에도 사용자 또는 노동조합의 부당노동행위를 금지하는 가처분을 구할 수 있다(may)라고 하고 있다. 이에 대하여 부당노동행위 구제신청이 제2차 보이콧, 핫카고(hot cargo)협정 또는 부당한 조직화 피케팅이나 승인 피케팅과 관련되어 있는 경우에는 NLRB는 그 구제신청이 진실이라고 신뢰할 합리적인 이유가 있는 경우에는 법 제10조 (j)에 기한 적절한 가처분을 구하여야(must) 한다.

법 제10조 (j) 소정의 가처분을 구하기 위한 요건으로서, NLRB는 연방법원에 다음의 모두를 주장하는 신청을 하여야 한다.

① 부당노동행위 구제신청의 제기

② 그 신청에 대한 구제신청장(complaint)의 발령

③ 구제신청장을 뒷받침하는 사실

④ 금지되지 않으면 부당노동행위가 계속될 가능성

위의 요건이 갖추어지고 증거조사에서 제시된 사실이 NLRB가 부당노동행위가 행해졌다고 신뢰할 합리적인 사유가 있다고 제시되는 경우 임시금지명령(temporary injunctions)이 인정된다.[173]

---

172 Coronet Foods, Inc. v. NLRB, 158 F.3d 782 (4th Cir. 1998).

173 Johnston v. Evans, 223 F. Supp. 766 (E.D.N.C. 1963).

4) 노동조합에 대한 교섭명령

뒤에서 상세하게 살펴보는 바와 같이 회사가 공정하고 자유로운 선거가 실시될 수 있다는 것이 의문시되는 범위까지 노동조합의 과반수 지지를 무산시키는 부당노동행위를 범한 경우 NLRB는 회사에 대하여 그 노조를 승인하고 교섭할 것을 명할 수 있다.[174]

3_ 복수노조 하에서 지배개입에 의한 부당노동행위

1. 지배개입의 부당노동행위에 대한 개관

"일체의 노동단체의 설립이나 운영을 지배하거나 간섭하는 것 또는 재정적 기타 원조를 하는 것"은 사용자의 부당노동행위이다(법 제8조 (a) (2)). 이는 와그너법에 제8조 (2)로 규정되었으며 태프트 하틀리법에서도 내용의 변경 없이 제8조 (a)(2)로 규정되었다.

제8조 (a)(2) 소정의 금지는 법 제2조 (5) 소정의 "노동단체(labor organization)"에 대해서만 적용된다. 따라서 제8조 (a)(2)를 적용하기 위해서는 우선 노동단체에 해당되어야 한다. 노동단체가 아닌 조직, 예컨대 근로자친목단체나 공제단체를 사용자가 원조하는 것은 법 위반이 아니다.[175]

와그너법 제8조 (2)의 원래 목적은 어용노조(company union)를 근절시키는 것이었다. 어용노조는 자치적인 노동조합에 의한 조직을 방지하기 위하여 사용자가 기업 내 노동단체(in-house labor organization)를 설립하고 통제하는 것을 말한다. 따라서 이 규정은 사용자가 노동단체를 "지

---

174 NLRB v. Gissel Packing Co., 395 U.S. 575 (1969).
175 Chicago Rawhide Mfg. Co. v. NLRB, 221 F.2d 165 (7th Cir. 1955).

배"하는 것을 불법으로 하고 있다. 법 제8조 (a)(2)는 사용자가 노동단체를 지배하는 것만이 아니라 노동단체에 "개입"하거나 "재정적 또는 기타 원조를 제공"하는 것도 부당노동행위로 하고 있다. 노동단체에 대한 사용자의 개입은 지배에 이르지 않는 행위이며, 노동단체 활동에 하급관리직에 의한 참가 형태를 취하는 경우가 많다. 원조의 금지에 의하여 경쟁하는 복수의 노조 사이에서 사용자의 실질적인 중립성이 요구된다. 이에 따라 사용자는 어떤 노동조합이 NLRB에 선거를 신청한 경우에는 다른 노동조합에 대한 승인을 할 수 없지만, 확립된 적법한 교섭관계가 존재하는 경우에는 라이벌 노조의 NLRB에 대한 선거 신청이 있다고 하여도 기존 노조와 단체교섭을 계속하여야 한다. 제8조 (a)(2)는 사용자가 노동단체에 대한 "재정적 기타 원조를 제공"하는 것도 금지하고 있다. 이 조항은 광범위하게 규정되어 있기 때문에 넓게 해석한다면 사용자의 사소한 행위도 위법하게 될 것이다. 따라서 NLRB와 법원은 금지되는 사용자의 원조(support)와 허용되는 사용자의 협조(cooperation)를 구별하고 있는데, 이 두 가지를 구별하는 것은 현실적으로 쉽지는 않다.

과반수 근로자를 대표하지 않은 노동조합을 승인하거나 또는 기타 불법적인 원조를 제공하는 경우(그것이 선의로 이루어지고 법 위반의 의사가 없었다고 하더라도)에 사용자는 제8조 (a)(2)를 위반한 것으로 인정된다. 연방대법원은 사용자의 "선의(good faith)" 항변을 받아들이지 않는다. 법 조항에서는 제8조 (a)(2) 위반의 요소로서 고의를 규정하고 있지 않다는 것이 그 근거였다.[176] 연방대법원은 이렇게 해석하지 않는다면 "허용되게 되는 부주의한" 사용자와 노동조합이 근로자의 권리를 완전하게 형해화시켜 버릴 것이라고 판시하였다. 이 사건에서 사용자는 실수로 노동조합이 과반수 근로자를 대표하고 있다는 선의의 믿음에 기하여 노동조합

---

[176] Ladies' Garment Workers (Bernhard-Altmann Texas Corp.) v. NLRB, 366 U.S. 731 (1961).

을 승인하여 제8조 (a)(2)를 위반하였다고 판단되었다. 또한 그 잘못된 사용자의 승인을 수용함으로써 노동조합은 법 제8조 (b)(1)(A)를 위반한 것으로 판단되었다. 이 사건 사용자나 노동조합은 모두 부당노동행위 구제 신청에 대하여 선의를 항변 사유로 이용할 수 없었다.

사용자와 노동조합이 그 노동조합이 과반수 지위를 차지할 것을 조건으로 협약의 시행과 집행에 합의하더라도 소수 노조와 교섭한 것 자체가 불법으로 된다. NLRB는 과반수 지위를 조건으로 하더라도 협약 실시 이전에 이루어진 노동조합의 승인 인정은 공식적인 승인에 유사한 것이고, 따라서 위에서 설명한 Bernhard-Altmann 법리에 따라 위법한 것이라고 판단하였다.[177]

이와 같이 법 제8조 (a)(2)는 사용자에 대하여 일체의 노동단체에 대한 지배, 일체의 노동단체의 설립·운영에 대한 개입 또는 이에 대한 재정적 기타 원조를 금지하고 있다. 설령 그 행위가 선의로 이루어진 것이라고 하여도 근로자 과반수를 대표하지 않은 노동단체를 사용자가 승인하는 경우 또는 노동단체에 대한 원조를 제공하거나 그것을 지배하는 경우에 사용자는 제8조 (a)(2)를 위반한 것이다. 제8조 (a)(2) 위반이 발생하였는지 여부를 결정할 때 NLRB는 두 단계의 검토를 행한다. 첫째, NLRB는 문제의 근로자집단이 법 제2조 (5) 소정의 노동단체인지 여부를 결정한다. 그 집단이 법 소정의 노동단체의 정의에 부합한다면 다음으로 NLRB는 사용자가 그 노동단체를 지배하거나 그 노동단체의 설립이나 운영에 개입하거나 원조하였는지 여부를 판단하게 된다.[178]

NLRB는 금지되는 사용자의 "지원(support)"과 허용되는 사용자의 "협조(cooperation)"를 구분하고 있으나, 그 구분은 용이하지 않으며, 특히

---

177 Majestic Weaving Co., 147 NLRB 859 (1964), enforcement denied on procedural grounds, 355 F.2d 854 (2d Cir. 1966).

178 Polaroid Corp., 329 NLRB 424 (1999), citing Electromation, Inc., 309 NLRB 990, 996 (1992), enforced, 35 F.3d 1148 (7th Cir. 1994).

그 의도가 선의의 것으로 위반의 의사가 없는 경우에 그러하다.[179] 예컨대 NLRB v. Autodie International 사건에서[180] 사업 양수 예정자가 작업장 위원회(shop committee)와 그 승계 단체를 승인한 것은 제8조 (a)(2) 위반으로 인정되었는데, 양도인 근로자의 과반수에 의하여 서명된 신청은 양수인에 의하여 고용될 자의 과반수를 반드시 대표하는 것은 아니며 그 신청은 서명자들이 전미자동차노조(United Auto Workers: UAW)보다 기업 내 위원회를 선호한다는 것만을 보여 주기 때문이라는 것을 근거로 하였다. 마찬가지로 Deferiet Paper Co. 사건에서[181] NLRB는 한 노동단체에 의하여 대표되고 있는 근로자의 추가를 구한 교섭단위 명확화 신청을 기각하기는 하였으나, 그러한 근로자의 배타적 교섭대표로서 다른 노동단체를 승인한 것은 사용자가 제8조 (a)(2)를 위반한 것이라고 판단하였다.

2. 노동단체의 정의

법 제2조 (5)는 노동단체를 다음과 같이 정의하고 있다.

근로자가 참가하고 있고 그 목적의 전부 또는 일부가 고충, 노동분쟁, 임금, 임금률, 근로시간 또는 작업조건에 관하여 사용자와 교섭하는, 모든 종류의 단체 또는 근로자대표위원회나 기구, 또는 일체의 협의회

---

179 Addicts Rehab. Ctr. Fund, Inc., 330 NLRB 733, 742 (2000). 이 사건에서는 제8조 (a)(2) 위반이 성립하기 위해서는 노동조합의 적의, 기타 불법적인 동기를 입증할 필요는 없다고 하고 있다.

180 169 F.3d 378 (6th Cir. 1999), enforcing 321 NLRB 688 (1996).

181 330 NLRB No. 89, enforcement denied on other grounds 235 F.3d 581 (D.C. Cir. 2000).

법상의 정의는 포괄적으로 규정되어 있기 때문에 근로자위원회 기타 근로자집단 등 전통적으로 노동조합으로 간주되지 않는 것이 법 소정의 노동단체에 해당하는지 여부를 판단하는 것이 어려운 경우가 많다. 법 제2조 (5)는 노동단체가 공식적인 구조를 가질 것을 요건으로 하고 있지 않고, 개별 근로자의 집단이 규약, 선출된 임원, 회의, 조합비, 기타 공식적인 구조를 가지지 않은 경우에도 노동단체를 구성할 수 있다. 법적으로 다투어진 사안들은 두 가지 법적 요건에 일반적으로 초점이 맞추어져 있다. 하나는 "근로자 참가" 요소, 즉 근로자가 주체가 되어야 한다는 요건이고, 다른 하나는 "고충, 노동분쟁, 임금, 임금률, 근로시간 또는 작업조건에 관한 사용자와의 거래" 요소라는 목적성 요건이다.

위의 법규정상의 정의에 기하여 NLRB는 "첫째, 근로자가 참가하고 있고, 둘째, 당해 단체가 최소한 부분적으로라도 사용자와의 '거래(dealing with)'를 목적으로 존재하고 있으며, 셋째, 이러한 거래는 고충, 노동분쟁, 임금, 임금률 또는 근로시간과 같은 근로조건이나 기타 법 소정의 사항에 관한 것"인 경우에만 노동단체로 인정될 수 있다고 판단하고 있다.[182] 이와 같이 법상 노동단체의 정의는 광범위하여 "매우 느슨한, 비공식적인, 그리고 비정기적인 회합집단"까지 포함한다.[183]

법 제2조 (5)는 노동단체를 "근로자가 참가하는" 집단이라고 규정하고 있다. NLRB와 법원은 법 제2조 (3)에서 정의된 "근로자"에 의한 참여가 전혀 없는 경우에는 법적인 의미의 노동단체는 존재할 수 없다고 판단하고 있다. 따라서 그 구성원이 모두 자영인인 경우에 조종사단체는 법 제2조 (5) 소정의 노동단체는 아니다.[184]

---

182 Polaroid Corp., 329 NLRB 424 (1999), citing Electromation, Inc., 309 NLRB 990, 996 (1992), enforced, 35 F.3d 1148 (7th Cir. 1994).

183 Id. 또한 New Silver Palace Restaurant, 334 NLRB 290 (2001); Coinmach Laundry Corp., 337 NLRB 1286 (2002).

184 Spence v. Southeastern Alaska Pilots Ass'n, 789 F. Supp. 1007 (D. Alaska 1990).

반면, 법 제8조 (b) "노동단체"에 의한 제2차 보이콧의 부당노동행위사건에서 법 제2조 (5)를 해석하면서 NLRB와 법원은 그 조직의 구성원의 일부가 법 제2조 (3) 소정의 근로자가 아닌 경우에도 노동단체의 지위를 인정하고 있다. 예컨대 Master, Mates & Pilots v. NLRB (Chicago Calumet Stevedoring Co.) 사건에서[185] DC 항소법원은 11,004명의 조합원을 가진 노동단체의 조합원 중 170명만 NLRA 소정의 "근로자"(법 제2조 (3))에 해당(전체 조합원의 1.5%)함에도 불구하고 제8조 (b) 소정의 "노동단체"에 해당한다는 NLRB의 결정을 지지하였다. 제8조 (b)에 기한 노동조합에 의한 부당노동행위 구제신청사건에서는 근로자 참가 요건이 노동단체 지위 인정에 중요한 장애로 되지 않고 있는 것이다.

공무원과 같이 제2조 (3)에 기한 근로자의 정의에서 배제된 근로자로 구성된 집단은 법 제2조 (5) 소정의 노동단체가 아니다.[186]

3. 사용자에 의한 지배

제8조 (a)(2)는 노동단체에 대한 사용자의 지배를 금지하고 있다. 금지 대상이 되는 지배로 인정되기 위해서는 그 단체가 근로자에 의해서가 아니라 사용자에 의하여 통제되거나 지시되어야 한다. 제8조 (a)(2)의 원래 취지는 외부 노동단체에 의한 근로자대표 위협을 최소화하기 위하여 사용자가 설립한 "어용노조(company union)"를 근절시키기 위한 것이었다. 즉, 근로자가 "회사별(company)" 또는 "기업별(enterprise)" 노동조합, 즉 회사 레벨에서만 조직되어 있는 독립된 노동조합을 자유롭게 선택하는 것

---

185 351 F.2d 771 (D.C. Cir. 1965).

186 Pacific N. Maritime Ass'n v. Longshoremen (ILWU) Local 63, 198 F.3d 1078 (9th Cir. 1999), cert. denied, 530 U.S. 1213 (2000); Ahmed v. Peralta Community College Dist., 2003 WL 1344636 (N.D. Cal. 2003). V & S Progalv, Inc. v. NLRB, 168 F.3d 270 (6th Cir. 1999), enforcing 323 NLRB 801 (1997).

을 금지하려는 취지는 아니었다.

와그너법 하에서 NLRB의 첫 번째 사건은 Pennsylvania Greyhound Lines 사건이다.[187] 이 회사는 외부의 투쟁적인 단체와의 교섭을 회피하기 위하여 근로자 고충처리를 위한 어용노조를 설립하여 통제하였다. NLRB 는 그 어용노조에 대하여 해산명령을 내리고,[188] 회사가 그 노조와 다시는 교섭하지 않을 것을 명하였다.

노동단체에 대한 불법적인 지배에 대한 NLRB의 기본적 입장은 NLRB v. Newport News Shipbuilding & Dry Dock Co. 사건에서 연방대법원에 의하여 승인되었다.[189] 여기에서 NLRB는 노동조합이 제안한 조치에 대한 거부권을 사용자에게 부여한 근로자단체에 대하여, 당해 단체가 심각한 노동분쟁을 방지하고 근로자의 지지를 받고 있었음에도 불구하고, 그리고 사용자가 그 단체를 통제하기 위하여 그 권한을 실제로 행사하였다는 증거가 없었음에도 불구하고, 그 해산을 명하였다. NLRB와 연방대법원은 사용자가 "근로자단체의 형태와 조직에 대한 통제권"을 가지고 있다면 근로자에게 "법에 의하여 보장된 완전한 행동의 자유"를 박탈하게 될 것이라고 판단하였다.

제8조 (a)(2)는 근로자에게 자유로운 선택권과 자주적 단결권을 촉진하기 위한 취지를 가지고 있다는 것에 대해서는 견해가 일치하기는 하지만, NLRB와 각 법원은 법이 허용하는 "협조(cooperation)"와 법이 금지하고 있는 "지배(domination)"의 구별에 관한 판단에 대하여 견해가 나뉘고 있다. 예를 들어 제5항소법원은, NLRB는 "근로자에 대한 수호자나 옹호자

---

187 Pennsylvania Greyhound Lines, 1 NLRB 1 (1935).

188 뒤에서 살펴보는 바와 같이 회사에 의한 노조의 지배나 통제가 인정되는 경우에는 어용노조에 대한 해산명령(disestablishment order)이 일반적으로 내려지고 있다. Metropolitan Alloys Corp., 233 NLRB 966 (1977), enforced 624 F.2d 743 (6th Cir. 1980); Kux Mfg. Corp., 233 NLRB 317 (1977).

189 308 U.S. 241 (1939).

가 아니라 근로자들을 사용자의 손아귀라는 제약에서 벗어나도록 할 권한 만을 부여받고 있다"고 판시하고 있고,[190] 외부의 노동조합이 아니라 내부 의 위원회 시스템을 사용자가 더 선호하는 것에 대하여 제1항소법원은 "선택은 그들의 것이다"라고 판시하고, 법은 근로자에 대하여 "사용자의 개입이나 강제에 의하여 방해받지 않는 선택을 행사할 자유"를 보장한 것 에 지나지 않는다고 하였다.[191]

이에 대하여 NLRB는 지배 여부를 판단할 때는 ① 노동단체에 대한 사용자의 관계, ② 당사자 간의 단체교섭의 성격, ③ 사용자가 조합 가입에 대하여 어떠한 통제력을 가지고 있는지, ④ 단체가 규약을 가지고 있는지 여부, ⑤ 당해 단체의 회의 장소와 그 성격, ⑥ 근로자가 그 회의에 참석한 시간에 대하여 임금을 지급받는지 여부 및 ⑦ 관리직이 그러한 회의에 참석하는지, 참석한다면 그 단체에서 그들의 역할은 무엇인지 등을 고려하여야 한다고 판단하였다.[192]

이와 같이 일반적으로 NLRB는, 사용자가 노동단체를 통제할 권한을 가질 가능성이 있으면 사용자가 그 노동단체를 지배하고 있다고 판단하고 있으나,[193] 항소법원은 일반적으로 실제적인 통제가 필요하다고 하고 있다.[194] 대표적인 사례는 Northeastern University 사건에서의 NLRB 결정과[195] 이

190 Humble Oil & Refining Co. v. NLRB, 113 F.2d 85 (5th Cir. 1940).

191 Coppus Engineering Corp. v. NLRB, 240 F.2d 564 (1st Cir. 1957).

192 Spiegel Trucking Co., 225 NLRB 178, 179 (1976), enforced, 559 F.2d 188 (D.C. Cir. 1977).

193 Stephens Inst., 241 NLRB 454 (1979); Janesville Prods. Div., 240 NLRB 854 (1979), enforcement granted in part and denied in part, 610 F.2d 819 (7th Cir. 1979); Northeastern Univ., 235 NLRB 858 (1978), enforcement denied, 601 F.2d 1208 (1st Cir. 1979); Duquesne Univ., 198 NLRB 891 (1972).

194 Hertzka & Knowles v. NLRB, 503 F.2d 625, 630 (9th Cir. 1974), denying enforcement to 206 NLRB 191 (1973), cert. denied, 423 U.S. 875 (1975).

195 235 NLRB 858 (1978).

에 대한 제1항소법원의 집행명령 거부에서[196] 찾아볼 수 있다. 이 사건에서 NLRB는 다음과 같은 증거에 의하여 사용자의 지배를 인정하였다. 즉, 대학은 대학시설 내에서 근로시간 중 회의를 허용하고, 선거절차를 도왔으며 프린터와 비서 업무를 지원하였고, 일부 사회활동에 대하여 재정을 지원하였다. 경영대표자는 종업원조직의 일부 회의에 참가하였고, 그 단체의 개별 구성원은 경영진과 협의하였으며, 대학은 종업원조직을 "설립"하였다고 발표하였다.

이에 대하여 제1항소법원은 실제적인 지배 유무의 판단 기준을 적용하면서 "대학시설과 근로시간 중 회의를 허용한 것, 선거절차에 조력한 것, 프린트와 비서 업무를 제공한 것, 일부 사회활동에 대하여 재정을 지원한 것은 지배사건으로 하기에 충분하지 않다"고 판시하였다. 제7항소법원도 "교섭대표 선택에서 근로자를 지배할 수 있는 발언과 행위는 근로자가 실제로 지배되지 않는 한 법에 의하여 금지되는 지배에 해당하지 않는다"고 하여 실제적인 지배를 요건으로 하고 있다.[197]

사용자의 지배 여부는 종업원 경영 참가를 위한 조직이 노동단체에 해당하는지 여부를 둘러싸고도 다투어지고 있다. 앞에서도 살펴본 리딩 케이스인 Electromation, Inc. 사건에서[198] 사용자는 근로자의 고충을 처리하기 위한 실행위원회(action committee)를 설치하였다. 그러한 위원회 구상에 대한 근로자의 반응은 적극적인 것은 아니었지만 사용자는 5개의 위원회를 구성하고 각각에 대하여 근태, 금연, 커뮤니케이션, 급여 인상, 근속 상여금 등의 목적을 설정하였다. 사용자는 각 위원회의 구성을 결정하고 각 위원회에 근로자대표를 배치하였으며, 각 위원회의 정책 목적과 목표를 서면으로 제시하고, 유급시간과 필요 자원을 제공하였다. 그 위원회는

---

196 NLRB v. Northeastern Univ., 601 F.2d 1208 (1st Cir. 1979).

197 Chicago Rawhide Mfg. Co. v. NLRB, 221 F.2d 165 (7th Cir. 1955).

198 Electromation, Inc., 309 NLRB 990 (1992), enforced, 35 F.3d 1148 (7th Cir. 1994).

의견의 불일치가 노사 쌍방에 의하여 해결되는 인상을 보여 주기는 하였으나 실제로 위원회의 제안에 대한 수용이나 거부는 사용자에 달려 있었다. NLRB는 그 위원회가 중립적인 협조와 커뮤니케이션을 위한 단순한 수단이 되는 대신 사용자가 자신의 교섭 형태를 일방적으로 부과하는 수단이었다고 판단하였다. NLRB의 Electromation 결정을 집행하면서 제7항소법원은 사용자와 거래한 위원회에 대한 근로자의 불만족이 제8조 (a)(2) 위반 성립을 위하여 필수적이라는 사용자의 주장을 받아들이지 않았다. 이 사건에서의 NLRB 결정은 법 제2조 (5)와 제8조 (a)(2)의 해석을 규율하는 이전에 확립된 법원칙을 재확인한 것으로서, NLRB의 다수 의견은 종업원참가위원회의 목적이 "품질(quality)"이나 "효율성(efficiency)"을 달성하는 데 제한된 것인 경우 또는 그 위원회의 목적이 품질이나 효율성을 일반적으로 촉진하기 위한 "커뮤니케이션 수단(communication device)"으로 되는 것이 목적인 경우에는 법 위반이 되지 않을 것이라는 점을 시사하였다.

이와 같이 NLRB와 법원은 사용자가 노동단체의 설립과 그 구성원의 선발에 핵심적인 역할을 하고 있는 경우에는 사용자에 의한 지배가 존재한다는 점에 대하여 일치하고 있다. 예컨대 제7항소법원은 종업원협의회가 "공장 경영진의 창조물"이라는 것을 이유로 사용자가 종업원협의회를 지배하고 있다는 NLRB의 결정에 집행력을 부여하였다.[199] 또한 제6항소법원은 경영진이 종업원위원회 위원의 수를 결정하고 선발 방법, 위원회의 운영을 결정하였다는 증언이 있는 경우 그 종업원위원회에 대한 사용자 지배를 인정한 NLRB의 결정을 지지하였다.[200]

특히 사용자가 근로자 조직의 의제에 대한 통제와 운영에 대하여 관여

199 Beverly California Corp. v. NLRB, 227 F.3d 817, 836 (7th Cir. 2000), enforcing in part 326 NLRB 153 and 326 NLRB 232 (1998), cert. denied, 533 U.S. 950 (2001).
200 V & S Progalv, Inc. v. NLRB, 168 F.3d 270 (6th Cir. 1999), enforcing 323 NLRB 801 (1997).

하는 것과 같이 사용자가 그 조직에 대한 통제력을 행사하고 있는 경우에
그 노동단체는 사용자에 의하여 불법적으로 지배되고 있다고 판단되고 있
다.[201] 예를 들어 NLRB는 "작업공정향상팀(process enhancement
teams)"을 사용자가 설치하고 자금 지원을 하였으며, 그 참여자 선택에 핵
심적인 역할을 하였고, 그 팀의 운영과 의제를 통제한 경우에는 사용자의
지배를 인정하였다.[202] 또한 사용자가 "근로자위원회 설치 과정을 지배"하
였다는 이유로 근로자의 고충을 사용자에게 전달하는 기능을 한 근로자위
원회를 지배하였다고 판단하였다.[203] NLRB는 사용자가 동 위원회의 구조
와 의제를 결정하였으며, 공간과 필요비품을 공급하였던 점도 지배의 근
거로 들었다.

또한 노동단체의 사무에 대한 관리직의 관여도 불법적인 지배를 성립
시킬 수 있다. NLRB는 관리직이 노동조합에 가입하고 조합원이 되는 것
을 명시적으로 금지하고 있는 법 제14조 (a)를 근거로 사용자에 의한 지배
여부의 판단에서 노동조합에 관리직이 가입하고 있는지도 고려 대상이 된
다고 하였다.[204] 반면, NLRB는 사용자가 노동조합의 교섭위원회에 대한
노동조합의 관리직 배치를 승인한 경우에는 제8조 (a)(2) 위반을 인정하면
서도, 교섭위원회에의 관리직 배치에 대하여 사용자가 책임이 있다는 증
거가 없다고 하여 사용자의 지배행위로는 인정하지 않은 사례도 있다.[205]

---

201 예컨대 Grouse Mountain Assocs. II, 333 NLRB 1322 (2001), enforced, 56 Fed.
　　Appx. 811 (9th Cir. 2003) (이 사건에서 사용자는 품질보장 프로그램에 개입하여 법
　　을 위반하기는 하였으나 그것을 원조하는 데 그치고 노동단체를 지배하지는 않았다고
　　판단); Addicts Rehab. Ctr. Fund, Inc., 330 NLRB 733 (2000) ("적극적행동위원회
　　(pro-action committee)"를 설치하고 지원함으로써 사용자의 법 위반을 인정);
　　Naomi Knitting Plant, 328 NLRB 1279 (1999) (디자인팀을 설치하고 조직한 사용자
　　의 법 위반을 인정).
202 Summa Health System, 330 NLRB 1379 (2000).
203 Addicts Rehabilitation Center Fund Inc., 330 NLRB 733 (2000).
204 Kresge Department Store, 77 NLRB 212 (1948).
205 Nassau & Suffolk Contractors Ass'n, 118 NLRB 174 (1957).

관리직의 관여 문제는 대표사건에서도 제기되고 있는데, 그러한 관여가 노동단체가 사용자의 이익을 위하여 행위하지 못하도록 금지하는 이익의 충돌에 해당할 정도로 광범위할 수 있는 경우에 지배에 해당한다.[206]

제8조 (a)(2) 소정의 "지배" 위반은 그 위반 사실이 법 제10조 (b)에 의하여 규정된 6월의 제소기간 이전에 발생하였다는 증거만 있는 경우에는 인정되지 않는다. 그러나 그 이전의 행위가 제소기간 이내의 행위와 충분하게 관련되어 있는 경우, 예컨대 사용자가 제소기간 이전에 처음으로 획득하였던 통제력을 제소기간 중에도 유지하고 있는 경우에는 법 위반이 인정된다.[207]

4. 사용자에 의한 개입

1) 불법적인 승인 기타 원조

자신의 선택으로 교섭대표를 선발할 근로자의 권리를 침해하는 또 다른 불법적인 수단은 노동단체의 설립이나 운영에 대한 사용자의 개입(interference)이다. 그러한 활동은 단순히 개별 근로자의 법 제7조 소정의 권리에 개입하는 것을 넘어서는 것이다. 그것은 노동단체 그 자체를 목적으로 한 것이다. 불법적인 "개입"이나 "원조(assistance)"를 불법적인 "지배"와 구별하는 것은 용이하지 않다. 일반적으로 NLRB와 각 법원은 유사한 행위에 대하여 세 가지 용어를 구별 없이 사용하고 있다.

지배와 개입·원조의 구별 문제는 정도의 문제이다.[208] 즉, 사용자의 의

---

206 Sierra Vista Hosp., 241 NLRB 631 (1979); Rockford Mem'l Hosp., 247 NLRB 319 (1980) 등.

207 NLRB v. Litton Indus., Erie Marine Div., 465 F.2d 104 (3d Cir. 1972); Lakes Pilots Ass'n, 320 NLRB 168 (1995); Keeler Brass Automotive Group Div., 317 NLRB 1110 (1995) 등.

208 Homemaker Shops, 261 NLRB 441, 442 (1982), enforced in part, 724 F.2d 535 (6th Cir. 1984).

사에 대하여 노동조합의 번복할 수 없는 복종이 있는 경우에는 지배가 인정된다. 개입이나 원조는 그러한 것이 배제되면 노동조합이 노동조합으로서의 기능을 할 수 있다는 의미에서 상대적으로 덜 심각한 부당행위이다. NLRB는 일반적으로, 사용자가 노동단체에 대하여 현실적인 혜택 제공이라는 적극적인 행위에 관여하고 있으나 위법한 지배에 해당하기에는 충분할 정도로 심각하지 않은 경우에 불법적인 원조를 인정하고 있다.[209]

노동조합이 근로자 과반수의 지지를 받지 못하고 있음에도 불구하고 사용자가 교섭대표로서 그 노동조합을 승인하는 경우에 사용자에 의한 원조의 부당노동행위가 인정되고 있다.[210] 예컨대 NLRB는 사용자가 선단에 대한 통제를 하고 있는 경우 선단 차원의 교섭단위의 일부인 두 선박에 대한 근로자의 배타적 교섭대표로서 노동조합을 승인한 것은, 그 두 선박에 대하여 과거에 다른 노조에 의하여 대표되었던 적이 있었고 과반수 지지에 대한 입증을 하지 못하였다면, 제8조 (a)(2) 및 (1) 위반에 해당한다고 판단하였다.[211]

사용자가 이미 기계공노조(Machinists)에 의하여 대표되고 있던 기존 교섭단위의 배타적 대표로서 제지공노조(Paperworkers)를 승인하였으나 제지공노조가 과반수 근로자를 대표하고 있다는 증거를 제시하지 못한 경우, 사용자는 제8조 (a)(2)를 위반한 것으로 판단되었다.[212] 이에 대하여 노

---

209 Id.

210 Alliant Foodservice, Inc., 335 NLRB 695 (2001); OJ Transport Co., Inc., 333 NLRB 1381 (2001) (이 사건에서 사용자는 교섭단위 근로자 정원의 상당한 수를 채용하고 있지 않았을 당시 노동조합을 불법적으로 승인하였다); Mar Jam Supply Co., 337 NLRB 337 (2001); Planned Bldg. Servs., Inc., 330 NLRB 791 (2000); Gulf Caribe Maritime, Inc., 330 NLRB 766 (2000); Ryder Integrated Logistics, Inc., 329 NLRB 1493 (1999); Incisa USA, Inc., 327 NLRB 563 (1999).

211 Keystone Shipping Co., 327 NLRB 892 (1999).

212 Deferiet Paper Co., 330 NLRB No. 89, enforcement denied on other grounds, 235 F.3d 581 (D.C. Cir. 2000).

동조합과 사용자가 이전에 대표되지 않았던 근로자들을 기존 교섭단위에 추가할 것을 합의하였을 당시 그 단위는 과거에 대표되지 않은 근로자의 과반수를 차지하고 있지 못하였던 경우에는 사용자가 제8조 (a)(2)를 위반한 것이 아니라고 판단되었다.[213]

교섭단위 내에서 근로자의 과반수를 대표하지 못한 노동조합에 대하여 조합비를 공제하여 지급한 것은 법 위반으로 인정되었다.[214] NLRB는 상부단체에 속해 있지 않던 노조가 UAW에 가입하는 것을 반대한 근로자집단에 대하여 변호사의 비용을 납부하여 준 사용자는 법 위반이 아니라고 판단하고 있다.[215] 그 근거로서 독립노조가 상부단체인 UAW에 가입하게 되면 독립노조는 노동단체로 되지 않는다는 것을 들고 있다. 독립노조는 노동단체가 아니기 때문에, 이에 대하여 사용자가 재정 지원을 한 것은 제8조 (a)(2) 위반이 아니라는 것이다. 마찬가지로, 노동조합과의 합의에 따라 실시한 사용자의 복장정책에 따라 근로자에게 노사의 로고가 있는 옷을 입도록 한 것은 불법적인 원조에 해당하지 않는다고 판단하였다.[216]

사용자가 근로자의 과반수 지지를 획득하기 이전에 노동조합을 배타적 대표로서 승인한 것은 불법적인 원조의 부당노동행위에 해당한다는 것이 연방대법원의 입장이다.[217] 그러나 사용자가 그 노동조합의 활동을 통제할 수 있었다는 증거나 주장이 없었기 때문에 지배에는 해당하지 않는다고 판단하였다. Spiegel Trucking Co. 사건에서[218] NLRB는 근로자집단의 설립에 대한 사용자의 적극적인 역할은 제8조 (a)(2) 소정의 불법적인 개입

213 Lockheed Martin Tactical Aircraft Systems, 331 NLRB 1407 (2000).

214 Wayne County Neighborhood Legal Servs., Inc., 333 NLRB 146 (2001); Ryder Integrated Logistics, Inc., 329 NLRB 1493 (1999).

215 In re Miller Waste Mills dba RTP, Co., 334 NLRB 466 (2001), enforced, 315 F.3d 951 (8th Cir. 2003), cert. denied 540 U.S. 811 (2003).

216 Bellsouth. Telecomm., Inc., 335 NLRB 1066 (2001).

217 Ladies' Garment Workers v. NLRB (Bernhard-Altmann), 366 U.S. 731 (1961).

218 225 NLRB 178 (1976).

에 해당한다는 행정심판관(Administrative Law Judge)의 결정을 지지하였으나, 그러한 행위가 불법적인 지배에도 해당한다는 행정심판관의 판단은 번복하였다. NLRB는 노동조합의 설립에 불법적인 개입은 존재하였지만 노동조합의 설립 이후 사용자가 그 노동조합을 통제하였다는 증거가 없는 경우에는 "그것이 (사용자가) 불법적인 지배를 하였다는 것으로 자동적으로 연결되는 것은 아니다"라고 판단하였다.

노동조합에 대한 과반수 지지의 증명이 주장될 수 있는 경우라고 하더라도 NLRB와 법원은 노동조합의 과반수 지위가 사용자의 불법적인 억압이나 원조에 의하여 훼손되었다면 그 노동조합을 승인하고 교섭한 것은 사용자의 제8조 (a)(2) 위반이라고 판단하고 있다.[219] 불법적인 원조가 발생하였는지 여부를 판단할 때 NLRB는 사용자의 행위로 인하여 노동조합의 과반수 지위가 훼손되었는지 여부를 판단하기 위하여 전체적인 상황을 고려한다.[220] 여기에는 노동조합 승인을 전후한 시기 및 단체협약의 시행을 전후한 시기의 사용자의 부당한 행위가 포함된다.[221]

또한 사용자가 관련 교섭단위 내 인력을 정원에 비하여 아직 상당수 채용하지 않거나 통상적인 운영에 착수하지 않은 시점에서 노동조합을 승인하고 그 노동조합과 단체협약을 실시한 것 역시 사용자가 제8조 (a)(2) 위반의 원조를 행한 것으로 판단되고 있다.[222] 또한 사용자가 기존 교섭단위에 부당하게 근로자를 추가하고 노동조합을 교섭대표로서 승인한 경우에도 불법적인 원조가 성립할 수 있다.[223] 그러나 향후 설립될 공장에 대하여

---

219 Kosher Plaza Supermarket, 313 NLRB 74 (1993); Lowe's Mkts. dba St. Helens Shop N'Kart, 311 NLRB 1281 (1993) (이 사건에서 사용자는 근로자 과반수의 지지를 확보하지 않은 노동조합을 승인한 후 근로자에게 그 노조에 대한 지지 서명을 하도록 하였다).
220 Mar-Jam Supply Co., 337 NLRB 337 (2001).
221 Siro Sec. Serv., Inc., 247 NLRB 1266, 1272 (1980).
222 Cascade Gen., 303 NLRB 656, 657 (1991), enforced, 997 F.2d 571, amended opinion, 9 F.3d 731 (9th Cir. 1993), cert. denied, 511 U.S. 1052 (1994).
223 Brooklyn Hosp. Ctr., 309 NLRB 1163 (1992), aff'd sub nom. Hotel, Hosp.,

노동조합을 승인한다는 조항을 단체협약에 삽입한 것은 제8조 (a)(2) 위반이 아니라고 NLRB는 판단하고 있다.[224]

사용자가 단순한 노조 내부 사무를 처리하기 위해서가 아니라[225] 단체교섭과 고충처리에 관여하기 위하여 관리직을 노동조합에서 일하도록 한 경우,[226] 노조 임원의 지위에 관한 분쟁에서 사용자가 노조 내부 운영에 개입한 경우에는[227] 불법적인 개입이 성립한다.

사용자가 해고를 위협하면서 근로자에게 체크오프 동의서에 서명하도록 지시한 것도 불법적인 원조에 해당한다.[228] 근로자가 노조에서 탈퇴한 이후에도 체크오프 동의서에 기하여 조합비를 계속 공제한 때에는, 그 체크오프 동의서 양식에서 노조 가입 여부와 관계없이 공제를 허용하는 경우나 동의서를 취소할 수 있는 기간에 제한이 없는 경우가 아니라면,[229] 불법적인 원조에 해당한다.[230]

이와 같이 "지배"와 "개입"이나 "원조" 사이의 구별은 명확한 것은 아니지만, 구제 방법과 관련하여 양자를 구별하는 실익이 있다.[231] 뒤에서 살펴

Nursing Home & Allied Servs. Local 144 v. NLRB, 9 F.3d 218 (2d Cir. 1993).

224 Apex Investigation & Sec. Co., 302 NLRB 815 (1991).

225 Hoyt, Brumm & Link, 292 NLRB 1060 (1989).

226 General Steel Erectors, 297 NLRB 723 (1990), enforced, 933 F.2d 568 (7th Cir. 1991).

227 Modern Drop Forge Co., 326 NLRB 1335 (1998).

228 Rochester Mfg. Co., 323 NLRB 260 (1997) (이 사건에서는 사용자는 근로자로 하여금 체크오프가 강제적이라고 믿도록 하여서는 안 된다고 판시).

229 Auto Workers Local 1752 (Schweizer Aircraft Corp.), 320 NLRB 528 (1995), review denied sub nom. Williams v. NLRB, 105 F.3d 787 (2d Cir. 1996); AT&T Co., 303 NLRB 942, 943 (1991) 등.

230 Mfiliated Food Stores, 303 NLRB 40 (1991).

231 Packerland Packing Co. of Tex., 221 NLRB 1119 (1975), enforced in relevant part, 537 F.2d 1343 (5th Cir. 1976) (이 사건에서 NLRB는 사용자에 대하여 원조한 노동조합에 대한 승인을 철회할 것 그리고 단체협약의 효력을 중단할 것을 명하였다); Graham Ford, Inc., 218 NLRB 980 (1975); Harpeth Steel, 208 NLRB 545 (1974) 등.

보는 바와 같이 NLRB는 사용자의 행위가 위법한 "지배"에 해당하는 경우에는 당해 노동단체의 해산(disestablishment)을 명하고 있으나, "개입"이나 "원조"에 해당하는 경우에는 노동조합에 대한 승인 철회와 같은 상대적으로 가벼운 구제를 내리고 있기 때문이다.

2) 복수노조 상태에서 특정 노조에 대한 사용자의 선호

제8조 (a)(2)는 회사 내부 노동단체나 좀 덜 투쟁적인 노동단체를 선호하는 사용자의 개입을 받지 않고 근로자가 그 자주적인 선택에 의하여 교섭대표를 정할 수 있도록 보장하고 있다. 사용자가 근로자에게 회사 내단체를 설립하도록 요청하거나 촉구하는 것은 불법이다.[232] 예컨대 회사외부의 노동조합이 조직 캠페인에 착수함과 동시에 고충을 제기하는 기구로서 사용자가 새로이 설립한 "개선팀(Progress Team)"에서 일하기 위한 근로자를 선택하는 선거를 실시한 경우 사용자는 제8조 (a)(2) 위반의부당노동행위를 행한 것으로 인정되었다.[233] 마찬가지로, 기존 교섭대표보다 더 선호하는 외부의 노동단체에 대하여 적극적으로 혜택을 부여한사용자의 행위[234] 또는 외부의 경합하는 두 노동단체 중 특정 단체를 선호한 사용자의 행위는[235] 제8조 (a)(2) 위반으로서 불법적인 원조에 해당한다고 판단되었다. 따라서 두 노동조합이 대표 지위를 획득하기 위하여경합하는 경우, 사용자는 회사 내 선전활동 금지규칙이나 회사 전화 이용을 차별적으로 적용하거나[236] 또는 특정 노조의 조합원 총회에만 후원하

---

232 UARCO, Inc., 286 NLRB 55 (1987); Superior Container, 276 NLRB 521 (1985) 등.

233 NLRB v. Fremont Manufacturing Co., 558 F.2d 889 (8th Cir. 1977), enforcing 224 NLRB 597 (1976).

234 Independent Ass'n of Steel Fabricators, 231 NLRB 264 (1977), enforcement denied in part, 582 F.2d 135 (2d Cir. 1978), cert. denied, 439 U.S. 1130 (1979).

235 Ralco Sewing Indus., 243 NLRB 438 (1979) 등.

236 Davis Supermarkets, 306 NLRB 426 (1992), aff'd, 2 F.3d 1162 (D.C. Cir. 1993), cert. denied, 511 U.S. 1003 (1994).

여[237] 이들 중 한 노조를 지원하여서는 안 된다. 제6항소법원은 사용자가 선호하는 외부의 노동단체를 지지하면서 다른 노조를 근로자가 선택한다면 회사를 폐쇄할 것이라고 위협하고 다른 노동조합을 지지한다는 이유로 근로자를 해고한 것은 제8조 (a)(2) 위반이라고 판단하였다.[238] 사용자가 특정 노조의 조직활동가를 채용하고 이들에 대하여 그 조직활동을 원활하게 할 수 있도록 "위장" 근무("sham" work)를 시킨 경우[239] 및 비선호 노조를 대표선거에서 패배시키기 위하여 사용자가 선호하는 노조의 조합비를 대납한 경우에도[240] 각각 법 위반이 인정되었다.

다른 노동단체의 비용으로 특정 노동단체를 지원하는 사용자의 행위도 제8조 (a)(2) 위반의 불법적인 "원조"에 해당한다.[241] 예컨대 라이벌 노조가 선거 신청을 제기한 이후 과반수 지지를 받지 못한 노동조합을 승인한 경우 NLRB는 제8조 (a)(1)과 (2) 위반을 인정하였다.[242] 또한 사용자가 첫째, 라이벌 노동조합을 지지하는 근로자에 대한 해고 위협, 둘째, 선호 조합을 지지하는 근로자에 대한 임금 인상 약속, 셋째, 선호 조합에 납부한 조합비의 변상 약속, 넷째, 선호 조합을 위한 수권카드 서명을 근로자에게 선전, 다섯째, 선호 조합의 모자와 유인물을 근로자에게 배포한 행위는 선호 조합을 불법적으로 지원한 것으로 판단되었다.[243] 마찬가지로 NLRB는 근

---

237 Ella Indus., 295 NLRB 976 (1989).

238 Schlabach Coal Co. v. NLRB, 611 F.2d 1161 (6th Cir. 1979).

239 Windsor Castle Health Care Facilities, 310 NLRB 579 (1993), enforced as modified, 13 F.3d 619 (2d Cir. 1994).

240 Baby Watson Cheesecake, 309 NLRB 417 (1992), enforced (2d Cir. 1993).

241 APF Carting, Inc., 336 NLRB 73 (2001); Mar-Jam Supply Co., 337 NLRB 337 (2001); Regal Recycling, Inc., 329 NLRB 355 (1999); King David Ctr., 328 NLRB 1141 (1999).

242 Mar-Jam Supply Co., 337 NLRB 337 (2001).

243 Niblock Excavating, Inc., 337 NLRB 53 (2001), enforced, 59 Fed. Appx. 882 (7th Cir. 2003). Dobbs Int'l Servs., Inc., 335 NLRB 972 (2001) (이 사건에서 사용자는 외부노동조합이 조직화를 하기 위하여 회사 구내식당에서 회의를 하는 것을 허용하면서

로자가 상대방 노조에 반대하여 승인을 구하고 있는 특정 노조를 지원한다면 공장을 폐업할 것이라고 위협한 경우 사용자의 제8조 (a)(2) 위반을 인정하였다.[244]

사용자가 특정 노조에는 회사시설에서 캠페인을 하는 것을 허용하면서 다른 노조에는 거부한 경우에 사용자는 제8조 (a)(2)를 위반한 것이 된다.[245] 사용자가 자신의 선전활동 금지규칙에 반하여 특정 노조에 대하여 근로시간 중 회의 장소를 제공하고, 근로자에게 그 노조가 실시하는 조직화집회에 근로시간 중 참여하도록 요구하였으며, 상대방 노동단체에는 동등한 접근을 부여하지 않은 경우 그 사용자는 선호 노조에 대한 불법적인 원조를 한 것이라고 NLRB는 판단하였다.[246]

이에 대하여 사용자가 자신이 회사 내 노조를 선호한다고 근로자에게 알리는 것은 무방하며, 나아가 근로자에게 그러한 단체를 설립할 것을 권고할 수도 있다. 다만 후자의 경우에는 이에 대한 조력을 하여서는 안 된다.[247] 또한 작업분배 분쟁 동안 선호 노조에 대하여 분쟁 업무를 배치하는 것도 제8조 (a)(2) 위반이 아니다.[248] 또한 NLRB는 특정 노조가 사용자 시설에 대한 이용을 요청하였으나 다른 노조가 이를 요청하지 않은 경우 특정 노조에 대하여 시설 이용을 허용하거나 불허한다는 것을 다른 노동조

동시에 기존 노조에 대해서는 근로자에게 기존 노조의 회의에 참석하도록 요청하고 그 시간에 대하여 시간외수당을 지급한 것이 불법적인 원조로 판단); McLaren Health Care Corp., 333 NLRB 256 (2001) (라이벌 노조가 동일한 교섭단위에 대하여 유효한 선거 신청을 제기하였으나 사용자는 불법적으로 특정 노조를 승인하고 그 노조는 그 승인을 받아들인 것이 인정).

244 Ryder Integrated Logistics, Inc., 329 NLRB 1493 (1999).
245 Regal Recycling, Inc., 329 NLRB 355 (1999); King David Ctr., 328 NLRB 1141 (1999).
246 Duane Reade, Inc., 338 NLRB 943 (2003).
247 Missouri Heel Co., 209 NLRB 481 (1974).
248 Laborers Local 104 v. NLRB (ACMAT Corp.), 945 F.2d 55 (2d Cir. 1991), enforcing 300 NLRB 1022 (1990).

합에 통보할 적극적인 의무는 없다고 판단하였다.[249]

3) 관리직의 행위

노동조합의 조직화 활동에 관리직이 참가하는 것은 불법이 되는 경우가 많다. 교섭대표사건에서 NLRB는 관리직의 행위가 신청인 노조의 교섭단위 내 근로자와 관련한 이익의 입증을 "훼손(taint)"시킬 정도로 법 제7조 소정의 근로자 권리를 억압하는 경우 교섭대표 인준 신청의 기각, 노동단체가 승리한 선거의 무효, 당해 노조의 인준 철회 등을 명하고 있다.[250]

관리직의 행위에 대한 사용자 책임 판단에 대해서는 커먼로상의 엄격한 대리 원칙을 적용하지 않고, 관리직의 행위를 사용자가 알았는지 여부, 사용자가 실제로 승인하였는지 여부 또는 이후 추인되었는지 여부와 관계없이 관리직의 행위가 위법행위에 관여되고 있는 경우에는 제8조 (a)(2) 위반을 인정하고 있다.[251] 이와 관련하여 연방대법원은 다음과 같이 판시하였다.[252]

---

249 Detroit Medical Center Corp., 331 NLRB 878 (2000).

250 예컨대 NLRB v. North Shore Univ. Hosp., 724 F.2d 269 (2d Cir. 1983), on remand, 274 NLRB 1289 (1985) 사건에서는 노동조합에 대한 관리직의 전체적인 영향력을 고려하여 인준 철회를 명하였다. 이에 대하여 National Roof Sys., 305 NLRB 965 (1991) 사건에서는 관리직이 노조에 가입한 경우 관리직으로서의 근로자 지위와 조합원 지위 사이의 이익의 충돌에 대한 입증이 없는 한 그 자체만으로는 적정교섭단위에 대한 판단을 무효로 하는 것은 아니라고 판단하였다.

251 Plumbers & Pipe Fitters Local 636 v. NLRB (Detroit Ass'n of Plumbing Contractors), 287 F.2d 354 (D.C. Cir. 1961), enforcing 126 NLRB 1381 (1960); University of Chicago Library, 205 NLRB 220 (1973).

252 Machinists Lodge 35 v. NLRB (Serrick Corp.), 311 U.S. 72 (1940). 이 사건에서 연방대법원은 복수의 노조가 대표선거에서 경합하여 선거가 실시되기 바로 전 주에 상급자 4명이 동료 근로자와 대화하면서 사용자는 특정 노조를 선호하고 있다고 강조하고 그 노조의 편에 서는 근로자는 더 나은 대우를 받게 될 것이라고 암시하였는데, 사용자가 그러한 상급자의 행위를 명백하게 묵인하고 있었던 경우에는 사용자는 법 위반의 책임을 부담한다고 하였다.

소위 대리인의 행위에 대하여 사용자가 명시적으로 승인하거나 또는 사용자 책임이 인정되는 상급자(respondeat superior) 법리를 엄격하게 적용하면 사용자에게 책임을 돌릴 수 없다고 인정되는 경우에도 사용자는 노동조합을 원조한 것으로 판단될 수 있다. 여기에서 우리는 사법상의 권리를 다루거나 또는 제3자에 대한 사용자의 법적 책임과 관련되는 기술적 개념을 다루고 있는 것이 아니라…사용자의 모든 형태의 강제, 지배 또는 영향에 의한 훼손으로부터 자유로운 단체교섭 과정을 보장하기 위한 것이 명백한 입법정책을 다루고 있는 것이다.

NLRB는 수권카드의 모집에 관리직이 참여한 경우, 이러한 "훼손된" 카드는 "이익의 입증"에 필요한 카드 산정에서 제외하거나 선거 무효 사유가 된다고 판단하고 있다.[253] 관리직에 의한 특정 노조의 수권카드 선전활동은 사용자가 그 노동조합을 선호한다는 것을 근로자에게 용이하게 암시하거나 또는 관리직에 의한 향후의 보복을 두려워하여 근로자가 수권카드에 억지로 서명하도록 하는 결과를 초래할 수 있다. 이를 피하기 위해서는 사용자는 관리직의 행위를 부인할 필요가 있다. 예컨대 전자의 경우, 즉 관리직에 의한 특정 노조 선전활동이 있는 경우에 사용자가 그 관리직의 행위와 반대로 그 노조에 대한 반조합 캠페인을 벌이거나, 후자의 경우 당해 관리직을 해고시키는 것이 여기에 해당한다.[254]

제8조 (a)(2)에 기하여 불법으로 인정되는 행위에는 교섭단위 내 근로자가 있는 곳에서 관리직이 수권카드에 서명하는 행위,[255] 근로자에게 수권카드에 서명하도록 명시적이든 묵시적이든 관계없이 선전하는 행

---

253 Stevenson Equipment Co., 174 NLRB 865 (1969).
254 Rocky Mountain Bank Note Co., 230 NLRB 922 (1977) 사건에서는 대표선거 전에 위반한 관리직을 정직시키고 해고시켰다.
255 Fugazy Continental Corp., 265 NLRB 1301 (1982), enforced 725 F.2d 1416 (D.C. Cir. 1984).

위,[256] 노조 수권카드에 서명하도록 다른 근로자에게 요구하는 행위,[257] 적절한 매너를 지키라고 하기는 하였으나 조합활동가에게 근로자에 대한 무제한적인 접근을 허용하는 행위,[258] 근로자가 노동조합의 체크오프 동의서에 서명하지 않거나 노동조합에 가입하지 않을 경우 근로자를 해고하겠다고 위협하는 행위[259] 등이 있다. 양도 사용자로부터 최근 매수한 시설 앞에서 직원이 구직신청서를 접수할 때 조합지명카드(union designation card)를 나누어 준 경우에 사용자는 제8조 (a)(2) 위반의 부당노동행위를 행한 것으로 판단된다.[260] 인준박탈 신청을 위한 근로자의 지지 서명을 관리직이 모아 주는 것은 그 행위가 일체의 노동단체에 대한 지지나 원조에 해당하지 않는 경우에는 제8조 (a)(2) 위반은 아니지만, 그 자체로서 제8조 (a)(1) 위반에는 해당한다.[261]

그러나 관리직의 모든 참여가 불법인 것은 아니다. 하급 관리직의 카드 선전은 항상 "관리직에 의한 훼손"에 해당하는 것은 아니며,[262] 노동조합을 선호하는 한 관리직에 의한 개인적인 선호를 보여 주는 단순한 발언은 근로자 권리에 대한 억압으로서 판단되지 않는다.[263] "수권카드에 대한 관리

256 A.M.A. Leasing, 283 NLRB 1017 (1987); Ryder Sys., 280 NLRB 1024 (1986) 등.

257 Ryder Sys., 280 NLRB 1024 (1986), enforced, 842 F.2d 332 (6th Cir. 1988); Gold Standard Enters., 249 NLRB 356 (1980), enforced, 679 F.2d 673 (7th Cir. 1982).

258 Monfort of Colo., 256 NLRB 612 (1981), enforced sub nom. National Maritime Union v. NLRB, 683 F.2d 305 (9th Cir. 1982).

259 Lockheed Martin Tactical Aircraft Sys., 331 NLRB 1407 (2000).

260 Packing House & Industrial Services v. NLRB, 590 F.2d 688 (8th Cir. 1978), enforcing 231 NLRB 735 (1977).

261 Tenneco, Walker Mfg. Co. Div., 288 NLRB 888 (1988); Central Wash. Health Servs. Ass'n dba Central Wash. Hosp., 279 NLRB 60 (1986), enforced, 815 F.2d 1493 (9th Cir. 1987).

262 Admiral Petroleum Corp., 240 NLRB 894 (1979); Willett Motor Coach Co., 227 NLRB 882 (1977).

263 예컨대 NLRB v. San Antonio Portland Cement Co., 611 F.2d 1148 (5th Cir.), cert. denied, 449 U.S. 844 (1980) 사건에서는 노조 집회에서 노조 버튼을 착용한 관리직이

직의 요청 발언, 행위나 분위기에서 보복, 제재 또는 위협의 빌미가 전혀 포함되어 있지 않은 경우"에는 관리직에 의한 수권카드의 선전은 그 자체로는 문제가 되는 것은 아니다.[264]

인준을 신청한 노조에 대한 지원은 제8조 (a)(2) 위반에 그치는 것이 아니라 사용자로부터 지원받은 노조가 선거에서 승리하면 선거 무효가 될 수 있다. Sutter Rosenville Medical Center 사건에서[265] NLRB는 관리직의 친노조적 행위가 선거 불복 대상이 되는 행위에 해당하는지 여부를 판단하기 위한 기준을 제시하였다. 이에 따르면 사용자가 관리직의 친노조적 행위에 대하여 반대하는 입장을 취하지 않음으로써 근로자로 하여금 사용자가 그 노동조합을 선호하고 있다고 믿도록 한 경우 또는 관리직의 친노조적 행위가 그 관리직에 의한 보복의 두려움 또는 보상으로 인하여 근로자로 하여금 그 노동조합을 지지하도록 억압한 경우에는 선거 무효가 된다고 한다.

4) 복수노조가 존재하는 경우 사용자의 중립유지의무

제8조 (a)(2)는 사용자가 노동단체에 대하여 "지원"하는 것을 금지하고 있다. 그러나 불법적인 개입이 없는 경우에 법은 사용자가 경쟁 노조에 대한 특정 노조의 선호를 표현하는 것 자체를 금지하는 것은 아니다.[266] 또한 기존 노조에 도전하는 노동조합이 NLRB에 대하여 대표선거 신청을 제기하였다는 사실만을 근거로 사용자에게 기존 노조와의 단체교섭을 하지 않도록 요구하거나 단체협약을 시행하지 않도록 요구하여서는 안 된다. 오히려 외부 노조에 의하여 대표선거 신청이 제기되었다는 이유만으로 교섭을 거부한 사용자에게는 법 제8조 (a)(5) 위반의 부당노동행위가

참석한 것만으로는 억압적인 것은 아니라고 판단되었다.

264 Millsboro Nursing & Rehabilitation Center, Inc., 327 NLRB 879 (1999).
265 324 NLRB 218 (1997).
266 Alley Constr. Co., 210 NLRB 999 (1974); Plymouth Shoe Co., 182 NLRB 1 (1970).

성립한다.[267]

기존의 교섭대표 노조가 없는 상황에서 처음으로 특정 노조가 조직화 활동을 전개하고 있는 가운데, 과반수를 대표하는 노동단체를 사용자가 임의로 승인한 경우에는 제8조 (a)(2) 위반에 해당하지 않는다. 그러나 사용자가 선거를 위한 유효한 신청이 있었다는 사실을 고지받은 이후에는 사용자가 그 노조의 라이벌 노조를 승인하는 것은 부당노동행위가 된다.[268]

이하에서는 복수노조가 존재하는 경우 교섭대표 선출 과정에서의 사용자의 중립유지의무의 요건에 관한 법리의 내용과 그 전개에 대하여 상세하게 살펴본다.

(1) 요건의 전개

먼저, 1945년부터 1982년까지 NLRB는 두 노동조합이 승인을 위하여 경쟁하고 있는 경우 사용자는 중립유지의무가 있다고 판단하였다. 즉, 대표선거 신청이 NLRB에 제기된 이후에는 사용자는 그 중 특정 노조를 승인할 수 없다는 것이다.

제8조 (a)(2)의 해석에서 처음으로 사용자의 중립유지의무를 요건으로 설정한 것은 1945년의 Midwest Piping & Supply Co. 사건 판정이었다.[269] 이 사건에서 Steelworkers 노조와 Steamfitters 노조는 NLRB에 대하여 선거를 신청하였다. 두 신청이 계류 중인 동안 사용자는 Steamfitters 노조를 승인하고 클로즈드 숍 협정을 체결하였다. NLRB는 다음과 같이 설시하여 그 협정은 제8조 (a)(1) 위반이라고 판단하였는데, 그 위반의 실질적인 근거는 제8조 (a)(2) 위반이었다.

---

267 RCA del Caribe, 262 NLRB 963 (1982).
268 Bruckner Nursing Home, 262 NLRB 955 (1982).
269 63 NLRB 1060 (1945).

(사용자에 의한 단체협약의 실시는) Steamfitters 노조에 대한 승인을 암시하며, 이 노조에 대하여 부당한 특권을 부여하고, 그 노조 가입을 장려하며, Steelworkers 노조에의 가입을 방해함으로써 Steamfitters 노조에 불법적인 원조를 제공하는 것으로, 이는 법 제7조에서 보장된 권리의 행사와 관련하여 근로자에게 개입, 억제 및 억압하는 것이다.

따라서 이러한 Midwest Piping 법리에 따르면 대표선거 신청이 NLRB에 제기되면 그 이후에는 사용자가 경합하는 복수의 노동단체 중 특정 노조를 승인하는 것은 부당노동행위로 인정된다.

이 법리는 1954년 William D. Gibson Co. 사건에서[270] 축소 해석되었다. 이 사건에서 NLRB는 기존 노조와 사용자는 30명의 공구실 근로자에 대한 교섭단위의 분리를 요구하는 라이벌 노조의 대표 신청에 대하여 생산 및 보수 근로자를 포괄하는 대규모 단위에 대한 새로운 단체협약을 체결한 것은 법 위반이 아니라고 판단하여, 사용자가 경합하는 노조 중 하나를 승인할 수 있는 것으로 변경되었다.

그런데, NLRB는 1958년 Shea Chemical Corp. 사건에서[271] 다시 이 법리를 번복하였다. 즉, 라이벌 노조가 선거 신청한 이후에 특정 노조를 승인하고 그 노조와 단체협약을 체결하는 것은 제8조 (a)(2) 위반이라고 판단하였다. NLRB는 다음과 같이 설시하여 Midwest Piping 법리를 재확인하였다.

대표에 관하여 진정한 문제를 제기하는 라이벌 노조가 신청 또는 상충하는 신청을 제기하는 경우 사용자는 대표성에 관한 문제가 NLRB에 의하여 해결되기 전까지는 기존(또는 기타 다른) 노조와 단체교섭을 하는 데까지 나아가서는

---

270 110 NLRB 660 (1954).
271 121 NLRB 1027 (1958).

아니 된다.

그러나 이 사건에서 NLRB는 원래의 Midwest Piping 법리에 다음의 예외를 추가하여 라이벌 노조에 의한 선거 신청이 진정한 대표성 문제를 제기하지 않는 경우에는 사용자의 특정 노조에 대한 승인이 가능하다고 판단하였다.

> Midwest Piping 법리는 협약장벽 또는 인준년을 이유로 또는 부적절한 교섭단위, 기타 인정된 이유로 라이벌 노조의 선거 신청이 진정한 대표성 문제를 제기하지 않는 경우에는 적용되지 않는다.

이러한 법리에 따르면 "대표성에 관한 진정한 문제(a real question concerning representation)"는 경합 노조가 대표선거 신청을 제기하고 NLRB가 그 노조의 "이익의 입증(a showing of interest)"이 존재한다고 판단한 경우에 인정된다.[272] 여기에서 어느 정도의 지지가 있어야 "대표성에 관한 진정한 문제"가 존재하는지에 대하여 NLRB는 구체적인 수치의 퍼센트를 제시하지는 않고 "유일한 요건은…경쟁 노조의 청구는 명백하게 근거가 없어 실체를 결하고 있어서는 안 된다는 것이다"고 하면서 제8조 (a)(2) 위반을 인정하였다.[273]

이와 같이 NLRB는 Midwest Piping 법리에 따라 대표성에 관한 진정한 문제를 제기하기에 족할 정도의 지지의 정도에 대하여 구체적인 설시를 내리지는 않고 구체적인 사실관계에 따라 유연하게 판단하고 있다. 예컨대 NLRB는 승인 요구 시점에서 92명으로 이루어진 교섭단위에서 하나의 수권카드만을 차지한 노조를 승인한 경우, 8개의 수권카드를 모집한 상대

---

272 Swift & Co., 128 NLRB 732 (1960).

273 195 NLRB 560 (1972), enforcement denied, 477 F.2d 66 (7th Cir. 1973), supplemented, 205 NLRB 1009 (1973).

방 노조가 이의를 제기한 것은 "대표성에 관한 상당한 의문"이 인정된다고 판단하였다.[274] 이에 대하여 153명으로 이루어진 교섭단위에서 24개의 수권카드를 모집한 노동조합이 제기한 "대표성에 관한 상당한 의문" 주장을 인정하지 않은 사례도 있다.[275]

기존 교섭대표에게 부여된 과반수 지위 계속에 관한 추정 역시 사용자가 상대방 노조를 승인하지 못하도록 할 수 있다. 특히 당사자가 단체협약의 존재에 관하여 소송하고 있는 경우 사용자가 상대방 노조를 승인하여서는 안 된다.[276] 이에 대하여 상대방 노조 또는 불만을 가진 근로자에 의하여 선거 신청이 제기된 이후 기존 노조와 교섭을 거부하는 것은 제8조 (a) (5) 위반의 단체교섭 거부가 아니다.[277]

이와 같은 NLRB의 Midwest Piping 법리에 대하여 항소법원은 비판적인 입장을 취하였다.[278] 대부분의 항소법원은 두 개의 경합 노조 중 과반수 지위를 명확하게 증명한 어느 하나의 노조를 사용자가 승인한 경우에는 사용자의 제8조 (a)(2) 위반을 인정하지 않았다. 이러한 경우 사용자는 승인을 한 과반수 노조에 대한 "불법적인 원조" 또는 "위법한 지지"를 행한 것이 아니라 "자신의 근로자가 지정한 교섭대리인을 승인할, 자신에게 부여된 의무를 이행한 데에 지나지 않는다"는 것이 그 이유였다.[279]

1982년 NLRB는 Midwest Piping 법리를 재평가하여 법리에 중대한 변

---

274 American Bread Co., 170 NLRB 85 (1968), enforcement denied, 411 F.2d 147 (6th Cir. 1969).

275 Robert Hall Clothes, 207 NLRB 692 (1973).

276 Western Commercial Transp., 201 NLRB 17 (1973), enforced, 487 F.2d 332 (5th Cir. 1973).

277 Greyhound Airport Servs., 204 NLRB 900 (1973).

278 예컨대 Wintex Knitting Mill v. NLRB, 610 F.2d 430 (6th Cir. 1979); Buck Knives, Inc. v. NLRB, 549 F.2d 1319 (9th Cir. 1977) 등. 이에 대하여 제5항소법원은 NLRB의 Midwest Piping 법리를 인정하였다(NLRB v. Western Commercial Transp., 487 F.2d 332 (5th Cir. 1973)).

279 Playskool, Inc. v. NLRB, 477 F.2d 70 (7th Cir. 1973).

경을 가하였다. RCA del Carible 사건에서[280] NLRB는 라이벌 노조에 의한 유효한 선거 신청에도 불구하고 사용자는 기존 노조를 계속하여 승인하고 그 노조와 단체교섭할 수 있다고 결정하였다. 이 판정에서의 다수의견은 NLRB가 새로운 선거 결과를 결정하기 전까지 교섭을 금지시키는 것은 사용자, 노동조합들 그리고 근로자에게 부당한 난관으로 기능할 것이라는 점, Midwest Piping 법리는 교섭관계의 안정성에 대한 NLRA의 취지를 적절하게 평가한 것이 아니라는 점을 근거로 하였다. 나아가, NLRB는 기존 노조가 존재하는 상황에서 사용자는 어떠한 경우에도 엄격한 중립성을 유지할 수 없다는 점, 교섭에서 물러나는 것은 기존 노조의 부인과 라이벌 노조의 선호에 대한 시그널이 될 수 있다는 점도 근거로 하였다.

역시 1982년에 내려진 Bruckner Nursing Home 사건에서[281] 라이벌 노조에 의한 유효한 선거 신청이 제기되기 전에 사용자가 근로자 과반수를 대표하는 노동단체를 승인한 경우 NLRB는 제8조 (a)(2) 위반을 더 이상 인정하지 않을 것이라고 명시적으로 밝혔다. NLRB는 라이벌 노조의 "대표성에 관한 진정한 문제"에 관한 주장에 대하여 명확한 기준을 제시하는 것은 불가능하기 때문이라고 그 근거를 밝혔다. 또한 NLRB는 Midwest Piping 법리가 과반수 노조에 대한 승인을 지연시킴으로써 근로자의 자유로운 선택을 와해시키는 반면 소수 노동조합에 대하여 자신을 지지하게 만들 시간 또는 라이벌 노조를 붕괴시킬 시간을 벌게 하는 부당한 결과를 초래하였다고 지적하였다. 그 밖에 항소법원들이 Midwest Piping 법리를 사실상 만장일치로 거부하였다는 점도 지적하였다. 그러나 이 사건에서 NLRB는 유효한 선거 신청이 있다는 사실이 사용자에게 통지된 이후에는 사용자가 경합 노조 중 어느 하나를 승인하여서는 안 된다는

---

280 262 NLRB 963 (1982).
281 262 NLRB 955 (1982).

법리를 계속 유지하였다.

또한 그 직후 내려진 Dresser Industries 사건에서[282] NLRB는 사용자의 중립유지의무는 사용자가 기존 노조의 과반수 지위에 대하여 의문을 제기할 합리적인 근거가 없는 경우에는 인준박탈 신청이 제기되었다는 이유만으로 기존 노조와 단체교섭을 정지시키는 것을 의미하는 것은 아니라고 판단하였다. 이러한 새로운 원칙의 적용은 이하에서 자세하게 살펴본다.

(2) 기존 노조가 있는 경우

이러한 법리의 변화에 따라 다른 노조에 의한 대표 신청이 제기된 상태에서 사용자가 기존 노조를 승인하고 새로운 단체협약을 실시하더라도 그 사용자는 제8조 (a)(2)를 위반한 것은 아니라고 판단되었다.[283] 또한 선거 기간 중 기존 노조의 행위에 대한 이의신청이 계속 중이라고 하더라도 기존 노조가 선거에서 과반수 지지를 차지하였다면 사용자가 기존 노조와의 단체교섭 및 협약 체결을 하는 것은 제8조 (a)(2) 위반이 아니다.[284]

그러나 기존 노조가 과반수 지위를 상실하였다는 객관적인 증거가 있는 경우 기존 노조와 새로운 단체협약을 실시하는 것은 법 위반이 된다.[285] 또한 사용자가 기존 노조의 과반수 지위의 계속에 대한 성실한 의문에 기하여 기존 노조에 대한 승인을 유효하게 철회한 경우라고 하더라도 과반수의 수권카드를 근거로 대표 신청을 제기한 라이벌 노조를 사용자가 승인한 것은 제8조 (a)(2) 위반이 인정된다.[286] 여기에서 NLRB는 기존 노조

---

282 264 NLRB 1088 (1982).

283 Crown Cork de P.R., 273 NLRB 243 (1984).

284 Continental Can Co., 282 NLRB 1363 (1987).

285 Maramont Corp., 317 NLRB 1035 (1995); S.M.S. Automotive Prods., 282 NLRB 36 (1986).

286 Signal Transformer Co., 265 NLRB 272 (1982).

가 비록 과반수 지위를 상실하였다고 하더라도 기존 노조가 근로자에 대하여 대표할 권리를 포기하지 않은 이상 사용자가 라이벌 노조를 승인하는 것은 허용되지 않는다고 판단하였다. 기본협약에 기하여 기존 노조에 의하여 대표되고 있는 식품상점 근로자를 사용하는 사용자가 새로운 상점을 개소하였는데, 기존 노조가 그 상점의 근로자 과반수로부터 수권카드를 획득하고 기본협약에 따라 승인을 요구할 수 있었음에도 불구하고, 그 상점의 근로자에 대한 대표로서 외부의 노동조합을 사용자가 승인한 것은 법 위반이다.[287]

사용자가 기존 노조의 과반수 지위에 대하여 의문을 가질 합리적인 근거가 없는 이상, 인준박탈 신청의 제기 그 자체만으로는 승인 계속의 거부와 교섭의 거부에 대한 충분한 근거가 되지 않는다.[288] 즉, 적법한 승인이 이루어진 경우에는 승인 이후부터 당사자가 최초 단체협약을 체결하기 이전까지의 기간 동안에는 "승인이 당사자가 노동조합의 과반수 지위에 대한 도전으로부터 자유롭게 교섭할 수 있도록 합리적인 기간 동안 장벽으로서 기능"하기 때문에,[289] 다른 노조는 선거 신청을 할 수 없다.

한편, 상대방 노조로부터의 이의가 제기되는 경우, 외부 노동조합 또는 기존 노동조합에 대하여 근로자의 조직화를 지원한 사용자는 법 위반이 인정된다.[290] 여기에서 사용자의 동기나 선의는 중요하지 않다.[291] 이 법리

---

287 Alpha Beta Co., 294 NLRB 228 (1989).

288 Dresser Indus., 264 NLRB 1088 (1982). 또한 Agnes Med. Ctr. v. NLRB, 871 F.2d 137 (D.C. Cir. 1989); Bryan Mem'l Hosp. v. NLRB, 814 F.2d 1259 (8th Cir. 1987), cert. denied, 484 U.S. 849 (1987).

289 Livent Realty, 328 NLRB 1 (1999) (이 사건에서는 합리적인 기간이 경과하지 않았기 때문에 노동조합 승인에 의하여 라이벌 노조에 의한 신청이 배제된다고 판단); MGM Grand Hotel, Inc., 329 NLRB 464 (1999) (당사자가 잠정협정을 체결하기 전에 제기한 인준박탈 신청을 위원회가 받아들이지 않음).

290 Duane Reade Inc., 338 NLRB 943 (2003); Clock Elec. Inc., 338 NLRB 806 (2003); Dobbs Int'l Servs. Inc., 335 NLRB 972 (2001).

291 Judge & Dolph Ltd., 333 NLRB 175 (2001); Mastronardi Mason Materials Co., 336

는 사용자의 회사 인수와 같은 여러 가지 맥락에서 적용될 수 있다. 적법한 교섭단위의 추가가 존재하지 않는 상황에서 인수한 공장의 종업원에게 그들이 선택한 노조를 탈퇴하고 인수 사용자의 기존 공장에서 근로자를 대표하고 있던 노동조합에 가입하도록 요구한 것은 법 제8조 (a)(1) 및 (2) 위반의 부당노동행위에 해당한다.[292] 그러나 사용자가 다른 노동조합이 그 종업원을 대상으로 조직화활동을 시도하고 있다는 것을 알지 못한 경우에는 특정 노조에 대하여 근로자에 대한 접근을 허용하면서 다른 노조에 대하여는 허용하지 않은 것은 법 위반이 아니다.[293]

NLRB는 1년간의 인준년 기간 동안 라이벌 노조가 인준 신청을 제기한 이후 사용자가 기존 노조와의 단체교섭을 거부한 경우 사용자는 제8조 (a)(5)를 위반하였다고 판단하고 있다.[294] 사용자가 최초 단체교섭을 거부하였기 때문에 1년의 인준년 원칙은 연장되어야 한다는 점을 근거로 하고 있다. 또 인준년이 만료한 경우라고 하더라도 사용자는 상대방 노조에 의한 선거 신청 제기에도 불구하고 성실하게 교섭을 하여야 한다고 판단한 NLRB의 판정도 근거로 하였다.

(3) 기존 노조가 없는 경우

기존 노조가 없는 상태에서 처음으로 교섭대표 선출절차가 진행되는 상황에서는 유효한 대표선거 신청이 없는 경우에 사용자는 근로자 과반수를 대표하는 노동조합을 승인하고 단체교섭할 수 있다. 즉, 이러한 사용자의 행위는 제8조 (a)(2) 위반이 아니다.[295] 그러나 유효한 선거 신청이 제기되어 있다는 사실이 사용자에 대하여 통지된 상태에서 사용자는 경합하는

　　　NLRB 1296 (2001), enforcement granted, 64 Fed. Appx. 271 (2d Cir. 2003).
292　333 NLRB 175 (2001).
293　Tecumseh Corrugated Box Co., 333 NLRB 1 (2001).
294　JASCO Industries, Inc., 328 NLRB 201 (1999).
295　Bruckner Nursing Home, 262 NLRB 955 (1982).

노조 중 어느 하나를 승인하여서는 안 된다.[296] 부당노동행위 구제신청의 제기에 의하여 선거 신청이 수년간 제한되어 있는 상태라고 하더라도 사용자가 경합하는 노조 중 하나를 승인하면 법 위반이 인정된다.[297]

이와 같이 사용자가 상대방 노조의 선거 신청이 있다는 것을 알고 있는지 여부가 법 위반 여부의 판단에 핵심적인 기준이 된다. 따라서 경쟁 노조가 선거 신청을 제기한 같은 날 다른 노조를 사용자가 승인하였다고 하여도 그 선거 신청 사실을 사용자가 알지 못한 경우에는 제8조 (a)(2) 위반이 아니다.[298] 이와 관련하여 NLRB는 사용자가 상대방 노조를 승인한 시점에서 다른 노조가 30퍼센트의 지지를 받고 있다는 이익의 입증을 할 수 있는 경우에는 상대방 노조에 대한 사용자의 적법한 승인이 있다고 하더라도 다른 노조에 의한 선거 신청은 가능하다고 판단하고 있다.[299]

어떤 노동조합이 합법적으로 승인되고 있으나 최초 단체협약이 체결되기 전이라면, 그 노조는 기존 노조의 지위를 가지며, 상대방 노조의 선거 신청이 계류 중이라고 하더라도 사용자가 그 노조와 단체교섭하는 것은 법 위반이 아니다. 이 때 단체협약이 체결되는 경우에는 그 협약의 효력은 이후에 행해진 인준선거의 결과에 달려 있다.[300] 사용자와 노동조합은 단체협약의 효력 발생을 인준박탈선거의 결과에 연동시키는 합의를 할 수 있다.[301]

---

296 Human Dev. Assn v. NLRB, 937 F.2d 657 (D.C. Cir. 1991), enforcing 293 NLRB 1228 (1989).

297 Caro Bags, 285 NLRB 656 (1987).

298 Rollins Transp. Sys., 296 NLRB 793 (1989).

299 Smith's Food & Drug Ctrs., 320 NLRB 844 (1996).

300 Air La Carte, 284 NLRB 471 (1987).

301 Kelly Broadcasting Co., 273 NLRB 1632 (1985).

5. 불법적인 지원과 합법적인 협조의 구별

제8조 (a)(2)는 사용자의 지배와 개입 금지와 함께 사용자가 "노동단체에 대하여 재정적 또는 기타 지원을 하는 것"을 금지하고 있다. 지원 또는 원조는 일반적으로 지배에 해당할 정도에는 이르지 않으나 노동조합에 대한 구체적 혜택을 부여하는 적극적인 행위를 말한다. 제8조 (a)(2)에 기한 지배에는 노동단체에 대한 위법한 원조도 포함하고 있기 때문에 NLRB와 법원은 두 용어를 구별 없이 사용하는 경우도 상당수 있다. 앞에서 본 바와 같이 사용자의 행위가 원조에 해당하는지 또는 지배에 해당하는지는 정도의 문제이다. 사용자가 노동단체에 대하여 강력한 영향력을 행사할 수 있는 경우에는 지배가 인정된다. 그러나 앞에서 본 바와 같이 지배와 원조의 구별은 NLRB의 구제명령의 내용을 결정할 때 실익이 있다.

Coamo Knitting Mills 사건에서[302] NLRB는 원조에 대하여 기계적인 판단 기준을 형성하거나 적용하는 것을 거부하였다. 이 사건에서 NLRB는 교섭대표선거에서 승리한 노동조합에 대하여 사용자가 불법적인 지원을 하였다고 판단하면서 다음과 같이 설시하였다.

> 우리는 회사 시간과 재산을 이용하는 것이 당연히(per se) 불법적인 지원과 원조에 해당한다고 판단하는 것은 아니다. 오히려 각 사건은 전체 사실관계에 따라 판단되어야 한다.…우리는 이들 일부 근로자에 대한 회사 시간의 이용은…이 사건의 사실관계 하에서는 최소성의 원칙(de minimis rule)(* 사소한 것에 대해서는 법을 적용하지 않는다는 법리)이 적용된다고 판단한다.

NLRB와 법원은 불법적인 지원이나 원조와 합법적인 협조 사이의 구별을 인정하고 있으나, 그 구분을 적용하는 데는 견해가 대립되는 경우가 적

---

302 150 NLRB 579 (1964).

지 않다. 그렇지만, 일반적으로 합법적인 협조는 "자주적 단결과 자유로운 단체교섭을 금지하는 효과를 가지지 않는" 활동이라고 정의되고 있다.[303] 이러한 관점에서 NLRB와 각 법원은 당해 "지원의 본질적인 속성이 근로자의 교섭대표 선택을 금지"하고 사용자와 지근거리를 유지하여 근로자집단을 제한하는 것인지 여부를 판단하는 경우 사용자 행위의 전체를 판단 대상으로 하고 있다.[304]

이와 관련하여, 좀 더 구체적인 고려 요소를 제시하고 있는 것이 NLRB v. Midwestern Personnel Services, Inc. 사건에서의 제7항소법원의 판단 기준이다.[305] 제7항소법원은 사용자의 노동조합에 대한 합법적인 협조가 "법 제7조에서 보장된 근로자의 단결권에 개입하는 효과를 가지는, 지배 또는 노동조합의 설립이나 운영에 대한 개입 또는 노동조합에 대한 재정적, 기타 원조"라는 불법적인 행위의 선을 넘은 것인지 여부를 판단하기 위하여 고려하여야 할 요소를 다음과 같이 지적하고 있다.[306]

사용자가 근로자의 교섭대표 선출에 실제로 개입할 의도가 있었는지 여부 또는 근로자가 사용자의 행위에 의하여 억압이라고 실제로 느꼈는지 여부는 문제가 되지 않는다 — 위반의 핵심은 합리적으로 볼 때 사용자의 지원이 근로자의 단결권 행사에서 근로자를 억압하는 경향을 가지는지 여부이다.…노사 협조가 허용되는 협조를 넘어서 불법적인 억압에 해당하는지 여부를 판단하는 경우 법원은 다양한 요소의 전체를 고려하여야 하고, 이 중 어느 한 요소가 결정적인 것이 되는 것은 아니다. 이러한 다양한 요소의 예시로는, 사용자가 노동조합과의 접촉을 선전하였는지 여부, 회사 선전원의 직위와 직급, 사용자가 노

---

303 Federal-Mogul Corp. v. NLRB, 394 F.2d 917 (6th Cir. 1968).
304 Distributive Workers Dist. 65 v. NLRB (Hartz Mountain Corp.), 593 F.2d 1155 (D.C. Cir. 1978), enforcing 228 NLRB 492 (1977) 등.
305 322 F.3d 969 (7th Cir. 2003), enforcing 331 NLRB 348 (2000).
306 322 F.3d 977-978.

동조합의 조합 가입 캠페인을 묵시적으로 승인하였는지 여부, 사용자가 노조 결성을 위한 모임에 근로자를 인도하였는지 여부, 근로자와 노조 사이의 회의에 경영진이 참여하였는지 여부, 조합카드에의 서명이 억압되었는지 여부, 근로자가 선택한 다른 노동조합에 대한 편견이 아직 표현되지 않은 수권카드에 서명한 직후 사용자가 지원한 노동조합을 즉각적으로 승인하였는지 여부 등을 들 수 있다.

이러한 관점에서 볼 때 노동조합이 사용자에 의하여 교섭대표로서 합법적으로 승인되어 있는 경우 노동조합이 회사 시간과 재산을 이용하는 것은 그 자체로는 제8조 (a)(2) 위반으로 되는 것은 아니다.[307] 마찬가지로, 적극적인 원조가 부여되지 않고 있는 경우에 사용자는 비종업원인 조합활동가를 그 시설에서 반드시 배제하여야 하는 것은 아니다.[308] 따라서 사용자가 다른 곳에서 교섭관계를 유지하고 있는 노동조합의 대표에 대하여 근로시간 외에 사무실을 이용하여 근로자와 대화할 수 있도록 하고 교섭대표의 존재에 대하여 근로자에게 알리는 것을 허용한 것에 지나지 않는 경우에는 위법한 지원으로 인정되지 않는다.[309] 즉, 회사시설 내에서 조합대표가 근로자와 회합할 수 있도록 주선하는 것 자체는 제8조 (a)(2)에 기한 위법한 지원에 해당하지 않는다. NLRB는, 사용자가 교체되었다는 사실을 근로자에게 통보하기 위한 회사의 의무적인 집회의 종료 시에 새로운 사용자의 임원이 근로자에게 회사는 노동조합과 함께 협력하고자 한다고 말하고, 다음으로 노동조합 대표를 소개한 다음 회의장을 떠난 경우 법위반이 아니라고 판단하였다.[310]

이에 대하여 종업원에게 근로자 위원회를 구성하도록 매니저가 제안하

---

307 Baker Mine Servs. dba Coppinger Mach. Serv., 279 NLRB 609, 611 (1986) 등.

308 99 ¢ Stores, 320 NLRB 878 (1996).

309 New England Motor Freight, 297 NLRB 848 (1990).

310 Tecumseh Corrugated Box Co., 333 NLRB 1 (2001).

고 그 위원회 회의에 매니저가 참석한 것, 그리고 문제점과 해결 방안에 관한 매니저의 발언 등이 노동조합의 교섭대표선거 캠페인에 대한 대응으로서 행하여진 것인 경우에는 제8조 (a)(2) 위반에 해당한다.[311] 마찬가지로, 구직자의 채용절차를 종료하는 회의에서 사용자가 노조 임원을 초대하고 노조의 조직화활동이 벌어지는 장소의 비용을 납부하며 근로자에게 일자리를 얻으려면 노동조합에 가입하도록 지시한 것은 사용자의 위법행위로 인정된다.[312] 또한 노조대표에게 회사시설 내에서 근로자와 회합하도록 하고 그 시간에 대하여 근로자에게 임금을 지급한 것은, 사용자가 근로자들이 다른 노동조합을 지지하고 있다고 믿을 만한 이유가 있다면 불법적인 지원이 된다.[313] 바꾸어 말하면, 사용자가 노동조합대표와 근로자 사이의 회합 시간에 대하여 유급 처리하였다고 하더라도 이러한 조치가 "모든 상황을 고려하면" 제8조 (a)(2) 위반에 해당하지 않을 수도 있다.[314]

단체협약상 조합보장 조항과 체크오프 조항의 부당한 집행은 노동단체에 대한 불법적인 지원에 해당할 수 있다. 예컨대 사용자는 해고를 위협하면서 근로자에게 체크오프 동의서에 서명하도록 선전하거나 지시할 수 없다.[315] 또한 근로자가 노조를 탈퇴한 이후에도 사용자가 체크오프 동의서에 기하여 조합비를 계속하여 공제하는 경우에는 그 체크오프 동의서가

---

311 Hunter Douglas, Inc., 277 NLRB 1179 (1985), enforced, 804 F.2d 808 (3d Cir. 1986), cert. denied, 481 U.S. 1069 (1987).

312 Roundup Co. dba Meyer's Cafe & Konditorei, 282 NLRB 1 (1986).

313 Windsor Place Corp., 276 NLRB 445 (1985). 이 사건에서 NLRB는 그러한 행위는 당연위법이 되는 것은 아니지만 제반 상황을 전체적으로 고려하여 판단되어야 한다고 지적하고 있다.

314 Id. at n.1.

315 Rochester Mfg. Co., 323 NLRB 260 (1997)(사용자가 근로자에게 체크오프가 강제적인 것이라고 믿도록 한 것은 불법적인 지원에 해당한다고 판단); Tribulani's Detective Agency, 233 NLRB 1121 (1977) (사용자가 관리직의 행위를 알지 못하였다고 하더라도 위반을 인정).

조합원 지위 여부를 불문하고 조합비 상당액의 공제를 명시하고 있지 않거나[316] 또는 동의 철회를 기간의 제한 없이 할 수 있다고 되어 있지 않은[317] 불법적인 원조에 해당한다.[318] 또한 유효한 체크오프 동의서가 없는 상태에서 사용자가 조합비를 공제하여 노동조합에게 지급한 것은 불법적인 지원에 해당한다.[319] 예컨대 교섭단위 내 근로자의 과반수를 대표하지 않는 노동조합을 위하여 조합비를 부당하게 공제한 것은 사용자의 불법적인 원조에 해당한다.[320] 그 밖에, 앞에서 본 바와 같이 협약 운영이나 고충처리에 관여하지 않은 노조 대표자에게 최상위 선임권 지위를 부여하거나 일시 해고(lay off)와 복직소환권(recall) 이외의 목적으로 최상위 선임권을 부여한 것은 불법적인 차별임과 동시에 조합활동에 대한 위법한 지원에 해당한다.[321]

6. 사용자의 지배, 원조 또는 지원 대상인 노동조합

제8조 (a)(2)에 의하여 금지되는 사용자의 행위는 노동조합에 의한 부당노동행위와[322] 함께 발생하는 경우가 적지 않다. 즉, 제8조 (a)(2)를 위반한 사용자의 행위는 노동조합이 사용자의 불법적인 지원이나 원조를 수용하도록 하여 근로자를 억제하거나 억압하는 방법으로 이루어지는 경우가

---

316 Auto Workers Local 1752 (Schweizer Aircraft Corp.), 320 NLRB 528 (1995), review denied sub nom. Williams v. NLRB, 105 F.3d 787 (2d Cir. 1996).

317 AT&T Co., 303 NLRB 942 (1991).

318 Mfiliated Food Stores, 303 NLRB 40 (1991).

319 NLRB v. Jo-Jo Mgmt. Corp., 556 F.2d 558 (2d Cir. 1977), enforcing 225 NLRB 1133 (1976).

320 Wayne County Legal Servs., Inc., 333 NLRB 146 (2001).

321 Gulton Electro-Voice, Inc., 266 NLRB 406 (1983), enforced sub nom. Electrical Workers IUE Local 900 v. NLRB, 727 F.2d 1184 (D.C. Cir. 1984).

322 법 제7조 소정의 근로자 권리를 행사할 때 노동조합이 "근로자를 억제 또는 억압"하는 것은 노동조합에 의한 부당노동행위이다(법 제8조 (b)(1)(A)).

많아 노동조합에 의한 법 제8조 (b)(1)(A) 위반이 동시에 발생하는 경우가 많다.[323] 이러한 문제는 특히 복수노조의 상황에서 발생할 가능성이 많다. 대표적으로 사용자가 소수 근로자를 대표하는 노동단체와 단체협약을 체결하는 경우에 발생한다. 이 때 노동조합은 그러한 승인을 수용함으로써 그리고 그러한 단체협약을 체결함으로써 법 제8조 (b)(1)(A)를 위반하며,[324] 사용자는 배타적 교섭권의 승인을 부당하게 확대하고 협약상의 혜택을 부여함으로써 제8조 (a)(2)를 위반한 것에 해당한다.[325] 즉, 과반수 지지 없이 승인을 수용하거나 소수 근로자를 대표하고 있음에도 단체협약을 실시한 노동조합은 법 제8조 (b)(1)(A)를 위반한 것으로 판단된다.[326]

여기에서 과반수 대표의 지위에 있다고 노동단체가 "선의"로 잘못 알고

---

323 Duane Reade Inc., 338 NLRB 943 (2003). 이 사건에서는 사용자와 노동조합 양자가 법을 위반하였다고 판단되었다. 사용자는 (a) 사업장 내 선전금지정책에 상반되게 보유한 7곳의 약국점포에서 회합공간을 제공하였고, (b) 노동조합이 개최하는 조직화 회합에 참석하도록 근로자에게 요구하였으며, 그 회합에는 사용자 대표가 참석하여 참가한 근로자에게 유급 처리하였고, (c) 회사 소개에서 점포들의 현황을 은닉함으로써 상대방 노조의 조직화를 위한 접근을 거부하고 이들에 대하여 체포를 위협하면서 점포를 떠나라고 명하였고, (d) 근로자에게 노동조합의 수권카드에 서명하여야 한다고 말하면서, 다른 노동단체의 것에 서명하는 것은 금지하였으며, (e) 노동조합의 승인 요구에 기하여(이 때에는 어떤 근로자도 수권카드에 서명하지 않았는데) 이후 서명된 수권카드를 근거로 노동조합을 즉각적으로 승인한 것 등은 사용자가 불법적인 지원과 승인을 제공하고 노동조합이 이를 수용함으로써 양자의 법 위반이 된다고 하였다.

324 Windsor Castle Health Care Facilities, 310 NLRB 579 (1993), enforced as modified, 13 F.3d 619 (2d Cir. 1994) 등.

325 Ladies' Garment Workers v. NLRB (Bernhard-Altmann Tex. Corp.), 366 U.S. 731 (1961) 등.

326 McLaren Health Care Corp., 333 NLRB 256 (2001); Gulf Caribe Maritime, Inc., 330 NLRB 766 (2000) (훼손된 수권카드에 기하여 승인을 수용한 노동조합에 대하여 법 위반 인정); Incisa USA, Inc., 327 NLRB 563 (1999) (유효한 승인 신청이 NLRB에 계류 중인 때에 승인을 요구하고 이를 수용함으로써 노동조합은 법 제8조 (b)(1)(A)를 위반한 것으로 인정).

있었다고 하더라도 제8조 (b)(1)(A) 위반에 대한 항변이 되지 않는다.[327]
사용자로부터 위법한 원조받은 노동조합이 체결한 단체협약에 조합 보장
조항이 있는 경우에는 그 노동조합도 제8조 (b)(2) 위반의 책임을 부담한
다. 예컨대 제9항소법원은, 특정 점포 내 근로자의 일부를 구성하는 소규
모 단위에서 다른 노동조합이 승인되어 있음에도 불구하고 전체 점포를
대상으로 한 종업원의 교섭단위에 대하여 승인을 사용자에게 요구하여 승
인을 받은 뒤 조합 보장을 포함한 단체협약을 체결한 노동조합은 법 제8
조 (b)(1)(A) 및 (2)를 위반하였다는 NLRB의 판단을 지지하였다.[328] 노동
조합이 조합 지지를 거부한 근로자를 사용자로 하여금 해고하도록 한 것
은 사용자로부터의 원조에 해당하여 노동조합은 제8조 (b)(2) 위반 책임
을 부담한다.[329] 또한 사용자와 다른 노동조합 사이에 법 제8조 (f)에 기하
여 이미 체결되어 있던 유효한 채용 전 협약을 위반하여 승인을 받은 노동
조합은 법 제8조 (b)(1)(A)를 위반한 것으로 인정된다.[330] 교섭단위의 적법
한 추가(accretion)가 없는 상태에서 새로운 공장에 대하여 사용자로부터
승인을 받은 경우,[331] 조합원 모집 과정에서 사용자로부터의 불법적인 원
조를 받은 경우[332] 또는 사용자의 주주로 하여금 노조사무를 처리하도록
한 경우,[333] 합법적인 승인을 얻기 전에 노동조합이 근로자에 대하여 조합
가입신청서와 체크오프 동의서에 서명하지 않으면 해고될 것이라고 협박

---

327 Haddon House Food Prods., 269 NLRB 338 (1984), enforced, 764 F.2d 182 (3d Cir. 1985).
328 NLRB v. Retail Clerks Local 588 (Raley's, Inc.), 587 F.2d 984 (9th Cir. 1978), enforcing 227 NLRB 670 (1976).
329 Tuschak-Jacobson, Inc., 223 NLRB 1298 (1976).
330 Fenix & Scission, 207 NLRB 752 (1973), enforced, 506 F.2d 1404 (7th Cir. 1974).
331 Keystone Shipping Co., 327 NLRB 892 (1999).
332 Brooklyn Hosp. Ctr., 309 NLRB 1163 (1992), aff'd sub nom. Hotel, Hosp., Nursing Home & Allied Servs. Local 144 v. NLRB, 9 F.3d 218 (2d Cir. 1993).
333 Lakes Pilots Ass'n, 320 NLRB 168 (1995).

한 경우 또는 합법적인 승인 이전에 노동조합 가입 거부를 이유로 사용자로부터 실제로 해고된 경우[334] 등에서 노동조합은 법 제8조 (b)(1)(A)를 위반한 것으로 판단되었다.

7. 구제

1) 태프트 하틀리법의 제정 이전

1947년 태프트 하틀리법이 제정되기 전까지 NLRB는 사용자의 위법한 원조를 받은 노동단체가 독자적인 근로자 집단인지 전국노조의 산하조직인지 여부에 따라 사용자의 법 제8조 (2) 위반에 대한 구제 방법을 달리 판단하였다. 전자의 경우 NLRB는 사용자에 대하여 혜택을 받은 근로자집단에 대한 승인을 영구적으로 철회할 것을 명하고 당해 조직에 대해서는 해산(disestablishment)을 명하였다. 반면, 사용자의 원조를 받은 노동단체가 전국노조의 산하조직인 경우에는 법 제8조 (1) 위반으로만 판단되었고, NLRB는 사용자에게 당해 노동단체가 인준될 때까지 그 단체에 대한 승인을 철회할 것을 내용으로 하는 중지명령을 내렸다. NLRB는 전국노조의 하부조직과 독립조직 사이의 이러한 차이의 근거를 "사용자의 통제권 범위 밖에 있는 전국 노조의 하부조직인 노동단체는 사용자의 의사에 영구적으로 그리고 완전하게 종속될 수 없다"고 제시하였다.[335] 전국노조의 산하조직에 대해서는 해산명령을 내리는 대신 NLRB가 관장하는 선거와 인준을 조건으로 한 승인에 대한 중지명령을 내림으로써 사용자 개입의

---

334 Lockheed Martin Tactical Aircraft Sys., 331 NLRB 1407 (2000); Keystone Shipping Co., 327 NLRB 892 (1999) (노동조합은 근로자에게 조합비를 납부하지 않으면 사용자에게 해고시키라고 요청할 것이라고 말하고, 사용자에 대하여 그러한 근로자의 해고를 요청하였으며 근로자 임금으로부터 조합비를 공제하는 형태로 사용자로부터 원조, 지원을 받은 경우 노동조합은 법 제8조 (b)(1)(A)를 위반한 것으로 판단).
335 Carpenter Steel Co., 76 NLRB 670 (1948).

효과를 시정하고 근로자의 자주적 단결을 회복하기에 충분한 것으로 판단하였던 것이다.

2) 태프트 하틀리법의 제정 이후

태프트 하틀리법에 의하여 법 제10조 (c)가 개정되어, 전국노조의 하부조직과 독자적 노동단체 사이의 구제명령의 차이를 명시적으로 부정하고, 사용자로부터 원조를 받은 노동단체의 성격에 관계없이 동일한 구제를 NLRB가 내리도록 명시하였다. 태프트 하틀리법의 제정 직후에 발생한 Carpenter Steel Co. 사건에서[336] NLRB는 종전의 입장인 전국노조의 하부조직은 독립노조와 그 지위가 다르기 때문에 상이한 구제 방법을 내리는 것을 의회가 명시적으로 부정하였다고 지적하면서도, 의회는 해산명령 그 자체를 폐지할 것을 의도한 것이 아니라 "해산명령구제의 이용상의 차별"을 금지하는 것만을 의도하였다고 판단하였다. 따라서 NLRB는 상부단체 가입 노조와 그렇지 않은 노조 사이의 구별을 포기하였고, 다음과 같이 위반 사용자의 행위가 불법적인 지배에 해당하는지, 단순한 위법한 개입이나 원조에 해당하는지에 따라 각각 다른 구제명령을 내리는 정책으로 전환하였다.

사용자가 노동단체를 지배·개입하거나, 지원을 제공하거나 또는 법에서 규정된 일체의 행위를 행하고 있다고 판단되는 모든 사건에서 우리는 관련 노동단체가 상부단체에 속해 있는지 여부와 관계없이 법 제8조 (a)(2) 위반이라고 인정할 것이다. 사용자의 부당노동행위가 심각하여 당해 단체의 지배에 해당한다고 판단하면 우리는 상부단체 소속 여부와 관계없이 그 해산을 명하여야 한다. 위원회는 수적으로는 소수일 것이지만 사용자의 노동단체(상부단체 소속 여부를 불문하고)에 대한 통제가 실제 지배의 지점까지 확대되는 사건에서

---

336 76 NLRB 670 (1948).

는 해산이 여전히 구제로서 필요하다고 믿는다. 그러나 사용자의 부당노동행위가 개입과 지원에 지나지 않고 지배의 지점까지 이르지 않았다고 판단되면 우리는 당해 단체가 상부단체에 소속되었는지 여부와 관계없이 인준 시까지 승인을 철회하라는 명령만을 내려야 한다.

이에 따라, 사용자의 행위가 제8조 (a)(2) 소정의 "지배"에 해당하는지 아니면 "원조"에 해당하는지에 따라 구제 내용이 달라지게 되었다. 사용자로부터 지배를 받은 노동단체에 대하여 NLRB가 해산명령을 내리면, 사용자는 그 노동단체와의 모든 접촉을 중단하여야 한다.[337]

해산명령은 회사노조 또는 종업원위원회가 사용자에 의하여 지배되어 있다고 판단되는 사건에서 주로 내려지고 있는데,[338] 구제신청에서 사용자의 불법적인 원조만을 주장하는 경우에도 NLRB의 재량에 따라 해산명령이 내려질 수도 있다.[339] NLRB가 사용자의 위반행위가 불법적인 개입과 원조에 국한되고 지배의 정도까지는 이르지 않았다고 판단하는 경우, NLRB는 사용자에 대하여 그러한 행위의 중지를 명한다.[340]

예컨대 사용자가 소수노조를 불법적으로 승인한 경우에는 NLRB는 사

---

337 NLRB v. Tappan Stove Co., 174 F.2d 1007 (6th Cir. 1949); American Smelting & Ref. Co. v. NLRB, 126 F.2d 680 (8th Cir. 1942). 한편, 사용자가 외부 노동조합의 조직화를 방해하기 위하여 "종업원위원회(employee committee)"를 설립하여 이를 지배하고, 나아가 선호하지 않는 외부의 노동단체에게 불이익을 주는 별도의 부당노동행위를 범한 경우 NLRB가 외부 노동조합에 대하여 선거 없이 바로 교섭명령을 내린 경우도 있다(Kurz-Kasch, Inc., 239 NLRB 1044 (1978)).

338 Summa Health Sys., 330 NLRB 1379 (2000); Addicts Rehab. Ctr. Fund, Inc., 330 NLRB 733 (2000); Naomi Knitting Plant, 328 NLRB 1279 (1999); Polaroid Corp., 329 NLRB 424 (1999); EFCO Corp., 327 NLRB 372 (1999).

339 Kux Mfg. Corp., 233 NLRB 317 (1977).

340 Mar-Jam Supply Co., 337 NLRB 337 (2001); APF Carting, Inc., 336 NLRB 73 (2001); Grouse Mountain Assocs. II, 333 NLRB 1322 (2001); Niblock Excavating, Inc., 337 NLRB 53 (2001); Wayne County Legal Servs., Inc., 333 NLRB 146 (2001).

용자에 대하여 그 노동조합을 승인하는 것을 금지하고 그 노조가 합법적으로 인준되기 전까지는 당사자 사이에 일체의 협약도 효력을 가지지 않는다는 중지명령을 일반적으로 내린다.[341] 그러나 이러한 중지명령은 노동조합의 과반수 지위가 사용자의 불법적인 지원에 의하여 영향을 받지 않은 경우[342] 또는 좀 더 구체적인 명령에 의하여 상대적으로 미미한 사용자의 불법적 원조를 시정시킬 수 있는 경우에는[343] 부적절할 수도 있기 때문에 그 경우에는 다양한 교섭명령이 이루어진다. 예컨대 사용자의 원조와 관계없이 노동조합이 과반수 지지를 유지하고 있는 경우에 해당하는 True Temper Corp. 사건에서는[344] 다음과 같은 NLRB 명령이 내려졌다.

연방노동관계법 제10조 (c)에 따라 NLRB는 다음의 사항을 명한다.

A. 피신청인 사용자

1. 사용자는 다음의 행위를 중지하여야 한다.

(a) 신규채용 근로자에게 고용조건으로서 체크오프 약정에 대한 승인을 하도록 요구함으로써 피신청인 노조, 기타 일체의 노동단체에 대하여 원조를 행하는 일체의 합의, 계획, 제도 또는 관행을 실시하거나 유지하는 것

---

341 Mar-Jam Supply Co., 337 NLRB 337 (2001); Innovative Communications Corp., 333 NLRB 665 (2001); Temple Sec., Inc., 337 NLRB 372 (2001); McLaren Health, 333 NLRB 256 (2001); Deferiet Paper Co., 330 NLRB No. 89, enforcement denied on other grounds, 235 F.3d 581 (D.C. Cir. 2000); Planned Bldg. Servs., Inc., 330 NLRB 791 (2000); Gulf Caribe Maritime, Inc., 330 NLRB 799 (2000); Incisa USA, Inc., 327 NLRB 563 (1999); Ryder Integrated Logistics, Inc., 329 NLRB 1493 (1999).

342 True Temper Corp., 217 NLRB 1120 (1975).

343 예컨대 Jeffrey Mfg. Co., 208 NLRB 75 (1974) 사건에서는 관리직인 교섭대표와 사용자가 교섭하는 것을 금지하는 명령만을 내리고 있고, Associated Gen. Contractors of Cal., 220 NLRB 540 (1975), enforcement denied, 564 F.2d 27 (9th Cir. 1977) 사건에서는 인준박탈선거가 계류되어 있는 기간 동안 새로운 단체협약 체결을 위한 교섭 금지를 명하고 있다.

344 217 NLRB 1120 (1975).

(b) 불법적인 조합보장협정에 따르지 않은 근로자에 대하여 채용 기타 근로 조건과 관련하여 해고 또는 준해고 기타 차별행위를 하는 것

(c) 위 노조에의 가입이나 위 노조에 대한 원조를 위하여 법 제7조에서 보장 된 근로자의 단결권, 단체교섭권 및 단체행동권에 일체의 방법으로 개 입, 제한 또는 억압하는 것

2. NLRA의 목적을 달성하기 위하여 다음의 적극적인 조치를 취하여야 한다.

(a) 신청인 1에 대하여 원직으로의 즉각적이고 완전한 복직을 시키고 그러 한 직책이 없는 경우에는 실질적으로 상당한 직책을 부여하며, 이 때 신 청인의 선임권, 기타 권리에 영향을 미쳐서는 안 되고, 해고기간 중 미지 급 임금에 대하여 연 6%의 지연이자와 함께 피신청인 노조와 연대하여 지급할 것

(b) 신청인 2 등에 대하여 위의 위법한 조합보장협정에 기하여 1974년 5월 이후 공제한 조합비 상당액을 연 6%의 지연이자와 함께 피신청인 노조 와 연대하여 지급할 것

(c) 이 명령에 기하여 명해진 소급 임금 및 조합비 상당액의 변제가 정확하 게 이루어졌는지 여부를 확인하기 위하여 모든 임금 기록, 사회보장급여 지급 기록 등의 인사 기록과 자료를 보존하고 NLRB가 요구하는 경우에 는 확인할 수 있도록 할 것

(d) NLRB 제26지역 지역사무소장이 제공하는 양식에 따른 공고문에 대표자 가 서명한 뒤, 판정문 부칙 A에 기재된 내용의 사본을 60일 동안 내슈빌에 있는 사용자 공장에 근로자에게 통상적으로 공고하는 장소에 공고할 것

(e) 피신청인 노조와 관련하여 판정문 부칙 B에 기재된 내용을 피신청인 노 조로부터 그 사본을 받은 즉시 위의 (d)에서 제시한 동일한 장소와 조건 하에서 공고할 것

(f) 이 판정문이 내려진 날로부터 20일 이내에 서면으로 명령문의 이행 상 황에 대하여 NLRB 제26지역 지역사무소장에게 통지할 것

B. 피신청인 노동조합

1. 피신청인 노동조합은 다음의 사항을 중지하여야 한다.

(a) 피신청인 사용자에게 신규채용자들이 고용조건으로서 조합비 공제에 대하여 승인하도록 하는 것을 내용으로 한 일체의 합의, 계획, 조치 등을 유지하거나 실시하는 것

(b) 불법적인 조합보장협정에 따르지 않은 근로자에 대하여 채용, 기타 근로조건에 대하여 사용자로 하여금 차별하도록 하거나 그 시도를 하는 것

(c) 위 노조에의 가입이나 위 노조에 대한 원조를 위하여 법 제7조에서 보장된 근로자의 단결권, 단체교섭권 및 단체행동권에 일체의 방법으로 개입, 제한 또는 억압하는 것

2. NLRA의 목적을 달성하기 위하여 피신청인 노조는 다음의 적극적인 조치를 취하여야 한다.

(a) 신청인 1의 고용에 반대하지 않으며 차별적으로 이루어진 해고기간 중의 미지급 임금에 대하여 연 6%의 지연이자와 함께 사용자와 연대하여 책임을 부담한다는 사실을 서면으로 사용자에게 통지할 것

(b) 신청인 2 등에 대하여 위의 불법적인 조합보장협정에 기하여 1974년 5월 이후 불법적으로 공제된 조합비 상당액을 사용자와 연대하여 연 6%의 지연이자와 함께 지급할 것

(c) 관련 근로자로부터 불법적으로 공제된 일체의 금전을 산정하기 위하여 필요한 모든 자료를 보존하고 NLRB가 요청하는 경우에는 확인할 수 있도록 할 것

(d) 내슈빌에 있는 조합사무소와 회의 장소에 판정문 부록 B에 기재한 내용의 사본을 게시할 것. NLRB 제26지역 지역사무소장이 제공하는 양식에 따라 노조대표자가 서명한 뒤 조합원들에게 통상적으로 공고문을 게시하는 잘 보이는 장소에 60일간 공고할 것. 위 공고문이 변경, 멸실되지 않도록 합리적인 조치를 취할 것

(e) 사용자와 관련된 판정문 부칙 A에 기재된 내용을 피신청인 사용자로부터 그 사본을 받은 즉시 위의 (d)에서 제시한 동일한 장소와 조건 하에서 공고할 것

(f) 이 판정문이 내려진 날로부터 20일 이내에 서면으로 명령문의 이행 상황에 대하여 NLRB 제26지역 지역사무소장에게 통지할 것

한편 사용자의 불법적인 원조에 의하여 대표선거의 공정한 실시가 훼손된 경우 NLRB는 사용자에 대하여 불법적인 원조를 중지할 것을 명하고, "지역사무소장이 교섭대표의 자유로운 선택이 가능한 상황이라고 판단할 때" 새로운 선거를 명하고 있다.[345] 사용자가 노동조합을 불법적으로 원조하기는 하였으나 승인은 하지 않은 경우에는 사용자는 불법적인 지원을 중단할 것만을 명받게 된다.[346] 그러나 피신청인이 법을 위반하는 성향을 보였던 경우 또는 위반이 악질적인 경우에는 인정된 위반 사실에 한정되지 않은 광범위한 중지명령이 내려지게 된다.[347] 예컨대 노동조합이 이전에 사용자의 불법적인 지원을 받았던 경우 NLRB는 노동조합에 대하여 "피신청인 사용자 기타 일체의 사용자의 근로자가 법 제7조에서 보장된 권리 행사에서 억압받거나 강압받는 일체의 방법"을 금지하도록 명하고 있다.[348]

앞에서 본 바와 같이 노동조합 조합비나 가입비가 불법적인 승인과 조

---

345 Yaloz Mold & Die Co., 256 NLRB 30 n.4 (1981); Raley's, Inc., 256 NLRB 946, 958 (1981), rev'd and remanded in part, 703 F.2d 410 (9th Cir. 1983), vacated and remanded, 725 F.2d 1204 (9th Cir. 1984) (en banc), reaff'd on remand, 272 NLRB 1136 (1984).

346 NAB Constr. Corp., 258 NLRB 670 (1981); Crown Cork & Seal Co., 255 NLRB 14 (1981), enforced, 691 F.2d 506 (9th Cir. 1982).

347 American Pac. Concrete Pipe Co., 262 NLRB 1223 (1982), enforced, 709 F.2d 1514 (9th Cir. 1983).

348 Port Chester Nursing Home, 269 NLRB 150 (1984).

합보장 조항을 내용으로 한 단체협약 시행에 의하여 급여에서 공제되고 있는 경우, NLRB는 특별한 사정이 없는 한 그러한 공제는 불법적인 노동조합보장 조항에 의하여 이루어진 것으로 추정하며 피신청인 사용자 및 노동조합이 위법한 원조를 수용함으로써 법 제8조 (b)(1)(A)를 위반하고 있다고 판단되면, 피신청인 사용자와 노동조합은 그러한 근로자가 당해 노조 승인이 이루어지기 전에 자발적으로 조합비 공제를 승인한 경우를 제외하고는 근로자에게 변상하도록 명해지게 된다.[349] 사용자에 대한 구제신청이 신청기간을 도과한 경우에는 노동조합만이 변상에 대한 책임을 부담한다.[350] 앞에서 살펴본 바와 같이, 근로자가 사용자와 불법적으로 승인된 노동조합 사이에 체결된 조합보장 조항에 따른 조합비 납부를 거부한 것을 이유로 해고된 경우 소급 임금 지급과 함께 조합비 변상명령이 일반적인 구제 조치가 된다. 이 경우 조합비 상당액이나 소급 임금에 대하여는 지연이자 연 6%가 포함된다.

한편, NLRB가 사용자에 대하여 불법적으로 원조한 노동조합과 일체의 단체협약을 실시하지 못하도록 금지시킨 경우 사용자는 동 협약에서 규정된 임금, 부가급여 및 근로조건을 실시하는 것을 중지할 필요는 없다.[351] Keystone Shipping Co. 사건에서[352] NLRB는 "구제명령은 (사용자에 대하여) 그러한 단체협약에 따라 성립할 수 있었던 일체의 임금 인상 기타 부가급여, 근로조건을 철회하거나 무효로 할 것을 요구하는 것은 아니다"라고 설시하였다.

---

[349] Human Dev. Ass'n v. NLRB, 937 F.2d 657 (D.C. Cir. 1991), enforcing 293 NLRB 1228 (1989), cert. denied, 503 U.S. 950 (1992).

[350] Kaiser Found. Hosp., 228 NLRB 468 (1977), enforced sub nom. NLRB v. Hospital Workers Local 250, 577 F.2d 649 (9th Cir. 1978).

[351] Innovative Communications Corp., 333 NLRB 665 (2001); Temple Sec., Inc., 337 NLRB 372 (2001); Gulf Caribe Maritime, Inc., 330 NLRB 766 (2000); Keystone Shipping Co., 327 NLRB 892 (1999).

[352] 327 NLRB 892 (1999).

제8조 (a)(2)에 대한 심각한 위반이 있는 경우에 NLRB는 그 구제로서 Gissel 교섭명령을 부과하고 있다. 그러나 그 위반이 교섭명령의 부과를 정당화할 정도로 심각한 것이 아닌 경우에는 NLRB는 사용자에 대하여 불법적인 원조를 중지할 것을 지시하고 새로운 선거를 명하게 된다. 예컨대 사용자가 한 노동단체에 대해서는 그 종업원과 시설에의 접근을 거부하면서 다른 노조에 대해서는 이를 허용하여 제8조 (a)(2) 위반의 부당노동행위를 행하였는데, NLRB는 위원회에서 그 사건 처리가 오랫동안 지연되었다는 이유로 Gissel 교섭명령을 내리지 않고 첫째 상대방 노조가 첫 번째 선거에서 승리하지 못할 경우에는 재선거를 실시할 것, 둘째 사용자는 상대방 노조의 신청이 있는 경우에는 재직 중에 있는 교섭단위 내 모든 근로자의 성명과 주소를 제공할 것을 명하였다.[353]

---

[353] Regal Recycling, 329 NLRB 355 (1999).

제3장

NLRB의 구조와
교섭대표노동조합 결정절차

1_ NLRB의 구조와 관할

1. 설치 경위와 제도 변화[1]

연방노동관계위원회(NLRB)는 1935년 와그너법(Wagner Act)에[2] 의하여 1935년 8월 27일에 설치되었다. 1947년 태프트 하틀리법으로 개정되기 전까지 NLRB는 대통령에 의하여 임명된 5년 임기의 위원 3명으로 구성되어 있었다(법 제3조 (a)). 당시 법은 NLRB의 구조에 관한 규정을 거의 두지 않아, 본위원회(Board)가 관할권을 가진 모든 사건에 대하여 판정(adjudication)만이 아니라 조사(investigation)와 제소(prosecution)를

---

1 Higgins etc eds, *The Developing Labor Law*, Vol. II, 6th ed., BNA Books, 2012, pp.2824-2825; Fredric Fischer, Brent Garren, & Truesdale, *How to Take a Case Before the NLRB*, 8th ed., BNA Books, 2008, pp.37-39 참조.

2 정식 명칭은 National Labor Relations Act, ch.372, 49 Stat. 451(1935).

담당하고 있었고(법 제3조 (b)), 기관의 모든 인력을 직접 통제하였다(법 제4조 (a)). 그 권한에 기한 업무가 방대하여 점차 NLRB 업무의 다수는 지역사무소장(regional director) 또는 심사부(review section) 직원에게 위양되었다.

심판 기능과 부당노동행위 제소 기능이 분리되지 않아 심사부가 방대한 권한을 부당하게 행사한다는 비판에 따라 의회는 1947년 태프트 하틀리법(Taft-Hartley Act)에[3] 기한 개정에 따라 판정 기능에서 제소 기능을 분리하여, 전자는 본위원회(Board)가, 후자는 사무총장(General Counsel)이 담당하도록 하였다. NLRB 본위원회 위원 수는 3명에서 5명으로 증가하였고, 위원 3명으로 구성된 판정위원회(panel)를 구성하여 판정 업무를 담당하게 되었다(법 제3조 (a), (b)). 종전에 조사 및 제소 기능은 태프트 하틀리법에 의하여 신설된 사무총장이 담당하게 되었는데, 사무총장은 4년 임기로 대통령이 임명한다(법 제3조 (d)).

따라서 NLRB는 본위원회와 사무총장이라는 두 개의 구분된 조직이 하나로 통합된 준사법적(quasi-judicial) 독립행정기관이라고 할 수 있다.

이러한 구조는 1959년 랜드럼 그리핀법(Landrum-Griffin Act: Labor-Management Reporting and Disclosure Act of 1959) 시행 이후에도 현재까지 계속되고 있다. 태프트 하틀리법 이후 계속하여 제소 책임과 판정 책임은 분리되고 있으나 NLRB의 업무 분장을 구체적으로 규정하고 있지는 않기 때문에 시간이 경과함에 따라 특정한 사항에 대하여 본위원회가 권한을 가지는지, 아니면 사무총장이 권한을 가지는지를 둘러싸고 갈등이 발생할 여지가 있었다. 이에 따라 태프트 하틀리법의 초기부터 본위원회는 다수의 권한과 업무를 사무총장에게 위임하는 각서를 발표하여 구성 기관 사이의 분쟁 가능성을 방지하고 있다.[4]

---

3 정식 명칭은 Labor Management Relations Act, ch. 120, §101 et seq., 61 Stat. 136 (1947).
4 사무총장의 권한과 책임을 규정한 각서(memorandum)는 1947년 처음으로 공포되었고 이후 수차례 개정되었다.

부당노동행위사건과 관련하여 본위원회는 규제기관보다는 법원과 더 유사한 성격을 가지고 있다. NLRB의 판정 권한은 기본적으로 사법적 성격을 가지기 때문이다. 부당노동행위에 대한 판정 기능은 부당노동행위 신청의 조사 기능 및 제소 기능으로부터 완전히 분리되어 있는데, 조사 및 제소 기능은 사무총장의 책임 하에 있다. 사무총장은 노사가 지역사무소에 대하여 제기하는 부당노동행위 구제신청(charge)을 조사하여, 사안이 합리적 이유가 있다고 판단하면, 구제신청장(complaints)을 발부할 권한을 가진다. 즉, NLRB는 사무총장이 제소하기로 결정한 부당노동행위사건에 대해서만 판정을 한다. 사무총장은 구제신청장을 발부할 것인지 여부, 구제신청장의 범위에 관하여 재량권을 가지고 있다. 사무총장이 구제신청장의 발부를 거부한 것에 대해서는 이의제기의 방법은 존재하지 않으며, 본위원회도 사무총장에 대하여 신청 당사자가 제기한 신청을 처리하라고 지시하거나 심문할 수 있는 권한을 가지지 않는다.

교섭대표사건에 대해서는 본위원회가 모든 권한을 가지고 있다. 그러나 1959년 랜드럼 그리핀법에 따라 본위원회는 이러한 사항에 관한 결정권을 지역사무소장에게 위임하고 있으며, 지역사무소장의 결정에 대한 재심권만을 사실상 행사하고 있다. 결국 실제로는 교섭대표 선출사건에서도 사무총장이 지역사무소에 대한 감독권을 통하여 이러한 사건의 처리와 관리에 대한 모든 책임을 사실상 부담하고 있다.

2. 본위원회

1) 본위원회의 기능

본위원회(Board)는 1차적인 기능 두 가지와 2차적인 기능 세 가지를 담당하고 있다. 1차적 기능은 ① 관련 근로자가 노동단체에 의하여 대표되기를 희망하고 있는지 여부를 결정하기 위하여 적정교섭단위 내에서 근로자를 상대로 비밀선거를 실시하는 기능, 즉 교섭대표 선출을 담당하고(제

9조 (b) 및 (c). 이 권한은 지역사무소장에게 위임되어 있음), ② 사용자, 노동단체 또는 각각의 대리인에 의하여 행해진 부당노동행위를 예방하고 구제하는 것이다(제10조 (a)). 2차적 기능에는 ① 근로자가 유니온 숍 조항을 폐기하기를 원하는지 여부를 결정하기 위한 노동조합 수권 박탈선거를 실시하는 것(제9조 (e)). 이 권한은 지역사무소장에게 위임되어 있음), ② 경합하는 근로자집단 중 어느 집단이 분쟁 중에 있는 업무를 수행할 자격이 있는지를 결정하여 관할분쟁(jurisdictional disputes)을 해결하는 것(제10조 (k)), ③ "긴급사태" 상황에서 사용자의 최종 제안 수락 여부에 관하여 근로자 투표를 실시하는 것(제209조 (b)). 이 권한은 사무총장에게 위임되어 있음)이 있다.

2) 본위원회의 구조

본위원회는 대통령이 상원의 승인을 받아 임명하는 5명의 공익위원(public member)으로 구성된다(제3조 (a)). 전통적으로 민주당에서 지명한 2명, 공화당에서 지명한 2명, 그리고 집권당이 되는 당에서 지명한 1명으로 구성하는 것이 관례이다.[5] 이 중 1명이 대통령에 의하여 위원장(Chairperson)으로 지명된다.[6] 각 위원의 임기는 5년 임기로 엇갈리게 임

---

5 이와 같은 정치적 성향에 따른 위원 임명에 대해서는 오래전부터 현재에 이르기까지 많은 비판이 제기되고 있다. Clyde W. Summers, Politics, Policy Making, and the NLRB, 6 *Syracuse L. Rev.* 93, 105-07 (1954); Ronald Turner, Ideological Voting on the National Labor Relations Board, 8 *U Pa. J. Lab. & Emp. L.* 707, 752-61 (2006); Catherine L. Fisk, The NLRB in Administrative Law Exile: Problems with its Structure and Function and Suggestions for Reform, 58 *Duke L.J.* 2013 (2009) 등.

6 Peter Schaumber 위원은 부시 대통령의 임기 말에 2008년 3월 19일 위원장(Chairman)으로 임명되었으나, 2009년 1월 20일 오바마 대통령에 의하여 Wilma Liebman이 위원장으로 새로 임명되었다. 2010년 8월 이후 위원 3인은 공석 상태였는데, 공화당이 지배하는 의회의 인준을 받지 못할 것을 우려한 오바마 대통령은 2012년 1월 의회의 휴회기간 중 민주당원 2명과 공화당원 1명을 NLRB 위원으로 지명하였다. 이에 대하여 제4항소법원이 위헌 결정을 내리는 등 혼란을 거쳐(http://www.

명되어 업무의 연속성을 확보하고 있다. 각 위원에게는 수석법무관(Chief Counsel) 1명, 차석법무관(Deputy Chief Counsel) 1명, 12∼14명의 법무관 직원이 전속되어 있다.

사건을 신속하게 처리하고 사건 처리의 효율성을 증진시키기 위하여 5인의 위원은 사건을 처리하는 3인 구성의 5개 패널로 배치되어 있다(제3조 (b)). 위원 1명은 한 패널의 장이 되며 다른 2명은 패널의 위원이 된다. 위원 5명 전원이 하나의 패널을 구성하는 전원회의(plenary pannel)를 구성하는 경우도 있는데, 전원회의는 NLRB의 중요한 정책을 정하거나 변경하는 사건에서 주로 행해지기 때문에 대부분의 사건에서 결정 권한은 3인 구성 패널에서 이루어진다. 패널의 결정은 본위원회의 공식적인 결정이 된다.

일반적으로 본위원회의 수석처장이 특정 위원에게 사건을 배당하고, 그렇게 배당된 사건은 그 위원의 패널에 속하게 된다. 그러면 그 위원에게 배속된 법무관이 신청서, 준비서면, 행정심판관 또는 지역사무소장의 결정, 심문녹취록 등 전체 기록을 분석한다(제4조 (a)).

3) 본위원회 소속 직원

(1) 수석처장

수석처장(Executive Secretary)은 본위원회의 행정 및 판정 관리의 최고책임자이다. 수석처장은 본위원회가 처리하는 모든 사건의 관리에 대한 책임을 부담한다. 여기에는 각 위원 소속 직원에 대한 사건의 구체적 배당, 본위원회 결정 발부에 이르는 모든 단계에서의 절차 진행을 모니터링

---

washingtontimes.com/news/2013/jul/17/third-court-overturns-obama-recess-appointments/?page=all) 2013년 7월에 이르러서 비로소 상원의 승인을 받아 합법적으로 위원 전원이 임명되었다. 2014년 현재 위원장은 Mark G. Pearce이다.

하는 것이 포함된다. 구체적으로는 사건 처리의 우선순위 판단, 위원회에 제출된 모든 공식적인 서류의 접수, 일람표 작성 및 서면의 인증, 문서를 위원회 기록 또는 자료로서의 인준, 위원회의 모든 결정과 명령의 발표 및 당사자에 대한 송달 등이 포함된다. 수석처장은 당사자, 의회, 공공에 대한 커뮤니케이션에서 위원회를 대표하는 업무도 행하고 있다.

(2) 정보국

정보국(Division of Information)은 언론사, 회사, 노동조합, 로펌, 학계 등에 대하여 NLRB 활동에 관한 정보를 브리핑하고 정보를 유포하여 NLRB의 정보 및 대외홍보 프로그램을 조율한다. NLRB 결정의 배포와 요약도 담당한다.

(3) 법률자문관

법률자문관(Office of the Solicitor)은 법과 정책의 문제에 대한 위원회의 수석법률자문관이다. 법률자문관은 NLRB 규정의 채택이나 수정, NLRA에 영향을 미치는 법 개정 논의, NLRB 운영에 영향을 미치는 소송(조언적 의견, 확인명령, 특별재심, 약식 결정 등 법률자문관이 본위원회를 위하여 초안을 작성하는 경우가 많음)과 관련하여 조언을 제시한다.

(4) 심판부

심판부(Division of Judges)는 부당노동행위 구제신청장에 기하여 심문을 행하는 행정심판관(Administrative Law Judges: ALJ)으로 구성된다. 과거 공식 명칭은 사실조사관(Trial Examiner)이었다. 행정심판관은 본위원회와 사무총장 양자로부터 독립하여 있다. 행정심판관이 공식적인 보고서를 제출하기 전에 행한 행정심판관의 사실 인정이나 권고에 대해서는 본위원회에 의한 재심을 할 수 없다(제4조 (a)). 행정심판관은 임명과 임기에 관하여 행정부의 인사처규정(Office of Personnel Management rules)의 적용을 받는다.

행정심판관은 연방지방법원 판사와 유사하며 순수한 심판적 업무에 종사한다. 행정심판관은 결정에 대한 최초 권고를 내리지만, 본위원회에 의한 처분이나 재심에 대한 책임은 부담하지 않는다(제4조 (a)). 행정심판관은 수석행정심판관(Chief Administrative Law Judge)의 감독을 받는데, 수석행정심판관은 심문을 실시하는 행정심판관을 지정하고, 심문의 날짜를 배정하며, 준비서면 제출, 사실 인정, 판단의 기한 연기 요청을 판단할 최종적인 권한을 가진다.[7] 행정 편의를 위하여 행정심판관은 워싱턴 DC, 샌프란시스코, 뉴욕시, 애틀랜타에 각각 주재하고 있다. 심문은 부당노동행위가 발생한 지역으로 행정심판관이 출장가서 행하는 경우가 대부분이다. 행정심판관의 지위와 업무에 대해서는 뒤에서 상세히 살펴본다.

(5) 교섭대표선출재심국

교섭대표선출재심국(Office of Representation Appeals)은 NLRB 위원장 직속의 특별법률부서이며, 사무총장의 지휘를 받는다. 통상적으로는 "R Case Unit"이라고 불리고, 교섭대표사건과 관련된 지역사무소장 결정에 대한 모든 재심 요청을 처리한다. 당사자는 지역사무소장이 행한, 선거 지시, 대표선거 등 각종 선거 신청·교섭단위 명확화·인준 변경과 관련한 결정 및 명령, 행정상 사유에 기한 기각, 선거 이의신청 및 투표 이의 신청에 관한 보충 결정에 대한 재심을 요청할 수 있다.

재심 요청(request for review)은 신속하게 처리되는데, 이는 핵심적인 선거 쟁점을 제기하는 경우가 많기 때문이다. 교섭대표선출재심국은 ① 지역사무소장의 판단을 요약하고, ② 재심 요청에서 제기된 쟁점을 정리하며, ③ 재심과 관련한 사실관계, 주장, 선례를 분석하고, ④ 처분안을 제시하는 등 "내용 선별(screen)"을 한다. 지역사무소장의 결정과 재심 요청

---

7 Rules and Regs. §201.1.3.

과 함께 내용 선별은 본위원회 위원에게 회람된다. 본위원회 위원의 판단 이 기록에 등재되는 즉시 당사자는 팩스나 등기우편에 의하여 재심 요청 에 대한 처분을 통지받는다. 재심 요청이 인정된 대부분의 사건에서 교섭 대표선출재심국 내의 변호사인 직원이 처분에 참가한 본위원회 위원이 내 릴 처분과 관련된 기록 전체를 검토하고 의견 초안을 작성한다.

(6) 감사국장

감사국장(Inspector General)의 직책은 일반감사법(Inspector General Act)에 의하여 설치된 것이다. 감사국장은 이 법률에 따라 NLRB 위원장의 감독을 받으면서, NLRB 내의 낭비, 사기 및 남용에 관한 주장을 조사할 책 임을 가진다. 감사국장은 조사 기능과 감사 기능 양자를 가지고 있다.

(7) 자문위원회

공식적인 조직은 아니지만, NLRB는 수시로 자문위원회(Advisory Committees)를 설치하고 있다. NLRB는 1994년 5월 13일 연방관보 (Federal Register)에[8] 두 개의 자문위원회 구성을 선언한 통지문을 공포 하였는데, 하나는 25명의 노동조합 측 변호사로 구성되어 있고, 다른 하나 는 25명의 사용자 측 변호사로 구성되었다. 1998년 8월 26일까지 운영된 이들 자문위원회의 기능은 절차적 사항에 관하여 NLRB에 대하여 조언을 제시하는 것이었다. 이는 본위원회가 NLRB 절차를 검토하기 위하여 자 문위원회를 활용한 두 번째 사례이다. 최초의 자문위원회는 1975년 11월 18일부터 1976년 1월 2일까지 설치되었던 NLRB에 관한 태스크포스의 설 치였다.

---

8 NLRB Advisory Comm. on Agency Procedure, 59 Fed. Reg. 25128 (1994); Notice of Renewal, 61 Fed. Reg. 60311 (1996).

3. 사무총장

1) 사무총장의 업무

사무총장(General Counsel)의 책임은 법조항과 본위원회가 위임한 권한 양자에 의하여 설정되어 있다. 법 제3조 (d)에서 사무총장은 부당노동행위 신청에 대한 조사, 그 신청에 기한 구제신청장의 발부, 본위원회에 대한 구제신청장의 제소에 관한 최종적 권한을 가진다고 규정하고 있다. 따라서 사무총장은 제기된 신청에 대한 수락 및 조사, 신청에 대한 비공식적 화해안의 작성 및 승인, 부당노동행위 신청의 기각, 구제신청장과 관련한 사건의 병합 및 분리에 관한 사항의 결정, 구제신청장의 발부 및 심문통지서의 발부, 구제신청장에 기한 심문에서 행정심판관에의 출두, 법 제10조 (j), (l) 및 (m)에서 규정한 금지명령절차(injunction proceedings)의 개시 등에 관한 법적인 권한을 가지고 있다.[9] 구제신청장 발부와 관련한 사무총장의 재량권은 광범위하며, 구제신청장 발부 거부를 결정하더라도 그 결정은 본위원회 또는 법원에 의한 심사 대상이 되지 않는다.[10]

법 제3조 (d)는 사무총장이 행정심판관으로 근무하는 자 또는 위원에 대한 법률보조인으로서 근무하는 자를 제외한 지역사무소 내의 모든 직원과 모든 변호사에 대한 감독권을 가진다고 규정하고 있다. 그러나 지역사무소장 또는 지부사무소장의 임명·이동·강등 또는 해임에 대해서는 본위원회의 사전 승인이 필요하다.

이상과 같은 법상의 권한과 함께, 사무총장은 본위원회의 위임 결정에 따라 다양한 권한을 위임받고 있는데, 사무총장에게는 NLRB 내부적으로 다음과 같은 권한이 위임되어 있다.

---

9 사무부총장(Deputy General Counsel)은 사무총장이 공석인 경우 사무총장의 기능과 의무를 행할 수 있다(66 Fed. Reg. 63416-02 (Dec. 6, 2001).

10 NLRB v. Food & Commercial Workers Local 23, 484 U.S. 112 (1987); Vaca v. Sipes, 386 U.S. 171 (1967).

- 법 제10조 (e)에 기하여 연방항소법원에 대하여 NLRB 명령의 이행강
  제 신청을 제기 또는 법 제10조 (f)에 기하여 침해받은 당사자가 제기
  한 이행 거부 재심 신청에 대하여 본위원회 명령의 이행을 구하는 것
- 법 제10조 (j)에 기하여 본위원회의 승인을 받아 임시중지명령
  (temporary restraining order) 및 임시적 구제(injunctive relief)를
  구하는 것
- 법원에 항소를 제기하고, 본위원회의 승인을 받아 연방대법원에 상고
  를 신청하는 것
- 대표선거사건에서 각종 선거 신청의 접수 및 처리를 실시하고 법 제
  209조 (b)에 기한 긴급사태선거를 실시
- 법 제10조 (k)에 기하여 행하는 심문을 통하여 관할 분쟁의 해결 시도
- 연방조정알선청(Federal Mediation and Conciliation Service: FMCS)
  을 포함한 다른 정부기관과의 기관 연계
- NLRB의 행정적 기능의 수행
- 본위원회와의 협조 하에 예산안 제출, 자금 배당, 인사 정원 책정

이와 같이 사무총장은 본위원회와 제도적으로 구분되어 권한을 행사하
여 NLRB는 사실상 두 개의 완전히 독립된 기관이 하나로 구성되어 있다.
다음의 그림에서 나타난 조직표는 이를 명확히 보여 주고 있다. 다만, 지
역사무소장과 지부사무소장을 포함한 인사 조치에 대한 본위원회의 참여,
사무총장에 대한 그 권한의 위임(이는 철회되는 경우도 있다) 및 예산 기
타 행정 사항에 대한 본위원회의 참여 등에서 볼 때 NLRB는 실질적으로
는 단일한 기관이라고 할 수 있다.

2) 사무총장 산하의 조직

사무총장은 상원의 승인을 받아 대통령이 임명하고 그 임기는 4년이다.
사무총장은 지역사무소의 인원을 제외하고는 본부와 직원을 워싱턴 DC

〈2008년 NLRB 기구표〉

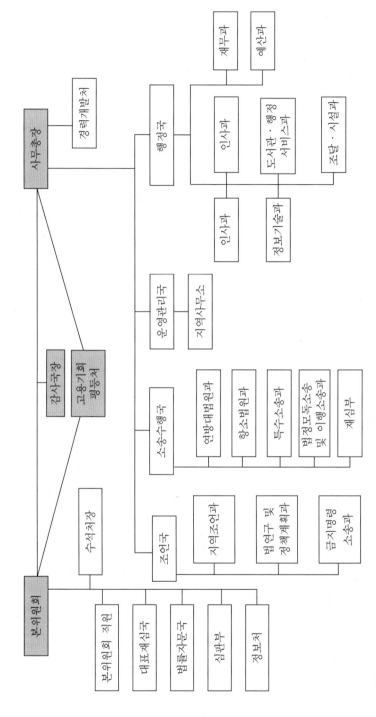

출처: Fredric Fischer & Brent Garren eds., *How to Take a Case Before the NLRB*, 8th ed., BNA, 2008, p.45.

〈2014년 9월 현재 NLRB 기구표〉

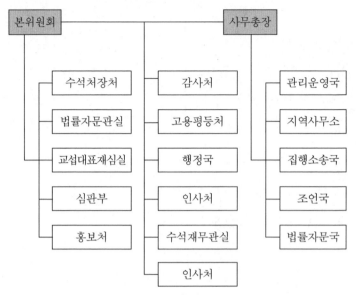

〈2014년 9월 현재 NLRB 기구표〉

출처: http://www.nlrb.gov/who-we-are/organization-chart

에 두고 있다. 사무부총장(Deputy General Councel)은 사무총장이 궐석인 경우에 사무총장직을 대행하며 사무총장 조직의 전반적인 조율을 담당한다. 사무총장 소관 워싱턴 DC 직원은 네 개의 국(division)에 소속되어있다. 운영관리국(Division of Operations-Management), 조언국(Division of Advice), 소송수행국(Division of Enforcement Litigation) 및 행정국(Division of Administration)이 그것이다. 운영관리국, 조언국, 소송수행국은 사무처장(Associate General Counsel) 산하에, 행정국은 행정국장(Director of Administration) 산하에 있다.

(1) 운영관리국

운영관리국 사무처장은 모든 운영을 관장하며 지역사무소 등 현장과 워싱턴의 사무국 사이의 사건 조율을 담당한다. 또한 워싱턴 본부와 현장 사건 처리 활동 사이의 효율적인 통합을 위한 시스템 개발에 대한 책임을 부담한다.

(2) 조언국

조언국 사무처장은 지역사무소에 대한 법적 조언 기능, 연방지방법원에 대한 금지명령 신청, 법률 연구 및 조사 업무를 감독한다. 의무적 금지명령 절차 또는 재량적 금지명령 절차를 포함한 모든 질의는 소송수행국 사무처장과 조율하는데, 소송수행국 사무처장은 법적 우선권을 가지는 금지명령 사건 분야에서의 담당자이며 전문적 자문관으로서 연방지방법원에서의 의무적 금지명령소송을 수행한다.

(3) 소송수행국

소송수행국 사무처장은 연방항소법원 및 연방대법원에서 위원회 명령의 이행강제 또는 위원회 명령에 대한 불복 소송, 법정모독 소송 기타 NLRB의 과정과 업무를 보호하기 위한 연방 및 주법원에서의 소송을 담당한다.

소송수행국은 부당노동행위사건에서 구제신청장의 발부를 지역사무소장이 거부한 경우, 그 재심을 담당하는 재심부(Office of Appeals)를 두고 있다. 재심부 부장은 재심 신청의 실체적 사항에 관한 비공식적 주장을 하는 당사자 대리인의 요청을 수락할 수 있다. 그러나 그러한 요청은 상당한 이유가 존재하지 않으면 일반적으로는 수락되지 않는다.

(4) 행정국

행정국장은 행정적 관리와 예산 및 사무총장과 본위원회에 의한 인사 조치를 시행한다.

(5) 지역사무소장

NLRB는 워싱턴 DC에 본부를 두고 전국에 걸쳐 2014년 9월 현재 26개의 지역사무소(regional office), 9개의 지부사무소(subregional office)와 16개의 상주사무소(resident office)를 두고 있다.

각 지역에는 그 지역 내에서 발생하는 모든 사건을 처리하는 사무소를 두고 있다. 각 사무소의 직원은 지역사무소장 1인, 지역법무관(regional attorney) 1인, 복수의 현장조사관(field examiner), 현장법무관(field attorney)을 두고 있다. 지역사무소장은 지역 내 최고위직이다. 각 지부 및 상주사무소는 해당 지역에서 발생하는 법상 관련 신청을 접수하는 등 지역사무소와 유사한 기능을 수행한다. 지부사무소 및 상주사무소 소장은 이를 관장하는 지역사무소장에게 보고를 행하며 관련 사항에 관한 결정권은 지역사무소장에게 있다.

4. 행정심판관[11]

행정심판관(Administrative Law Judges)은 연방정부 인사처(Office of Personnel Management)가 제공하는 공무원후보자명단에서 본위원회가 선발한다. 행정심판관은 사건을 판단할 때 위원회 선례에 구속되기는 하지만, 법은 이들에 대하여 독립된 지위를 부여하고 있다. 법 제4조 (a)는 행정심판관의 의견에 대하여는 그 공표 전후를 불문하고, 본위원회 위원 또는 위원 소속 법률전문가 이외의 일체의 자에 의한 재심사를 배제하고 있다. 또한 행정심판관은 이의제기가 제기된 결정과 관련하여 위원회 위원에 대하여 자문하거나 협의하는 것이 금지되어 있다(제4조 (a)).

행정심판관은 워싱턴 DC, 샌프란시스코, 뉴욕시, 애틀랜타에 주재하는

---

11 Fredric Fischer, Brent Garren, & Truesdale, *How to Take a Case Before the NLRB*, 2008, BNA Books, 8th ed., pp.706-711 참조.

데, 심문은 부당노동행위가 발생한 장소에서 개최된다.[12]

1) 권한

행정심판관은 사실심 법원의 법관과 거의 동일한 방법으로 업무를 수행한다. 이들은 심판정 내의 심판 운영, 단독으로 심리의 이송, 심판 동안의 부적절성의 예방에 대하여 책임을 부담한다.[13] NLRB 절차규정(Rules and Regulations)에서 행정심판관은 다음과 같은 권한을 가진다고 규정하고 있다.[14]

- 증인 선서를 관리
- 소환장(subpoena) 발부 신청을 허가
- 소환장 발부 취소 신청에 대한 판단
- 증거 제출에 대한 판단과 관련 증거의 수령
- 선서증언(deposition)을 실시
- 필요하다면 모독적 행위를 하는 자나 그 대리인을 심문장 밖으로 축출, 타당한 질문에 대한 답변을 거부하는 증인의 증언을 배척하는 등 심문 과정을 규제
- 당사자의 동의가 있는 경우에는 화해 또는 쟁점의 단순화를 위한 회의를 실시. 그러나 사건에 대한 조정은 하지 않는다.[15]
- 지역사무소장이 제기한 신청과 구제신청 수정 요구를 포함하여 절차상 요구·신청 기타 유사한 사항의 처분, 구제신청장의 전부 또는 일부에 대한 판단·약식판단 또는 기각, 심문재개명령 또는 결정을 내리기 전에 병합 신청이나 분리 신청에 기한 심문재개명령[16]

---

12 Statements of Procedure §101.10(a).

13 NLRB Bench Book §2-300.

14 Rules and Regs. §102.35.

15 법 제4조 (a)는 위원회가 분쟁을 알선 또는 조정하기 위한 자를 임명하는 것을 금지하고 있다.

- 심문을 포기하고 행정심판관에 의한 결정을 정한 합의를 포함한 당사자 간의 화해 합의 승인[17]
- 행정절차법[18] 제8조에 따른 결정의 발부 및 등재[19]
- 증인에 대한 소환·조사 및 상호 심문, 증거 기록 기타 증거의 제출 허용[20]
- 심문 중 언제라도 당사자에게 사건의 모든 쟁점 또는 자신의 주장을 뒷받침하는 법리에 관하여 각각의 입장을 개진하도록 요구
- NLRB의 절차규정에 따라 승인된 기타 다른 조치를 행하는 것

또한 행정심판관은 사건에 관하여 완전한 기록이 이루어지도록 감독할 의무가 있으며 모든 관련된 사실관계를 밝힐 의무를 부담한다. "(행정심판관은) 태만하게 앉아 있어서는 안 되며 혼란스럽거나 무의미한 기록이 이루어지도록 허용하여서는 안 된다."[21] 이러한 이유에서 본위원회는 행정심판관에 대하여 증인에 대한 신문 권한 및 교차신문(cross-examine) 권한을 부여하고 있으며, 직권으로 증인을 소환할 권한을 부여하고 있다.[22] 행정심판관은 실체적 쟁점에 집중하고 가능한 한 신속하게 실시하도록 하기

---

16 NLRB Bench Book 2005 Supp. §11-350.
17 이에 갈음하여, 당사자는 심문과 행정심판관에 의한 결정을 포기하고 바로 본위원회 수석처장에게 본위원회의 승인을 받아 본위원회에 의한 결정을 정한 사실 합의를 제출할 수 있다(Rules and Regs. §102.35 (a)(9)).
18 Administrative Procedure Act, 5 U.S.C. §557.
19 NLRB Bench Book §2-300.
20 Id.
21 Bethlehem Steel Co. v. NLRB, 120 F.2d 641, 652 (D.C. Cir. 1941).
22 Rules and Regs. §102.35(a)(11); NLRB Bench Book §2-300. Control Servs., 315 NLRB 431 n.1, 432 (1994) (행정심판관이 증인에 대한 신문과 교차신문 및 증거 제출에 부당하게 관여하였다는 피신청인의 주장을 기각하였다); Teamsters Local 722 (Kasper Trucking), 314 NLRB 1016, 1017 (1994) (행정심판관이 사무총장에 대하여 추가적인 질문을 하도록 지시함으로써 증거의 제출에 부당하게 관여하였다는 피신청인의 주장을 기각하였다).

위하여 심문을 주재하여야 한다.[23] 행정심판관은 심문에서 상당한 재량을 가지고 있기 때문에[24] 개별 행정심판관에 따라 접근 방식에서 상당한 차이가 있을 수 있다. 행정심판관의 결정은 당사자에 의하여 이의가 제기되지 않는 한 종국적이다.[25]

2) 행정심판관의 지정, 회피 및 면직

행정심판관은 워싱턴 DC에 있는 수석행정심판관(Chief Judge)이나 차석행정심판관(Deputy Chief Judge)에 의하여 또는 샌프란시스코, 뉴욕시, 애틀랜타에 각각 주재하는 부수석행정심판관(Associate Chief Judge)에 의하여 사건을 배정받는다.[26]

절차 도중 언제라도 행정심판관이 스스로가 부적격하다고 판단하면 그 심판관은 임의로 회피(withdraw)할 수 있다.[27] 또한 결정이 내려지기 전까지 모든 당사자는 행정심판관의 개인적 편견 또는 부적격을 이유로 하여 기피를 요구할 수 있다.[28] 그러한 요청은 부적격의 사유를 구성한다고 주장하는 사항을 상세히 제시한 선서진술서(affidavit)와 함께 행정심판관에게 적시에 제기되어야 하며, 행정심판관의 허가를 받아야 한다.[29] 행정심판관

---

23 NLRB Bench Book §2-300.
24 예컨대 University Med. Ctr., 335 NLRB 1318 n.1, 1342, 1343 (2001) 사건에서는 행정심판관이 피신청인 주장의 완료 시간을 부과하더라도 피신청인의 적법절차상의 권리를 침해한 것은 아니라고 판단하였다.
25 Rules and Regs. §102.48(a).
26 Rules and Regs. §102.34; NLRB Bench Book §2-100.
27 Rules and Regs. §§102.37 (회피), 102.36 (대체위원의 지명); NLRB Bench Book § 2-520.
28 Rules and Regs. §102.37. 행정심판관의 결정이 내려진 이후에 제기된 부적격 요청은 기간 도과로 각하된다는 것이 판례의 입장이다(Defiance Hosp., Inc., 330 NLRB 492 (2000); Sanford Home for Adults, 253 NLRB 1132 n.1, aff'd in relevant part, 669 F.2d 35, 37 (2d Cir. 1981)).
29 Rules and Regs. §102.37. Manor W., Inc., 311 NLRB 655 n.1 (1993), rev'd on

이 그 선서진술서가 일견 충분하다고 판단하고 "성실한 주의에 따라(due diligence)", 즉 "주장된 사실을 안 후 즉시" 제출되었다고 판단하면, 행정심판관은 그 사건에서 기피하여야 한다.[30] 행정심판관은 기록에 근거하여 기피 요청을 거부하고 사건 진행을 계속하여 심문을 종결할 수도 있다. 이 경우 기피 신청이 기각된 이유에 대한 판단을 포함하여 결정을 내리게 된다.[31]

위원회와 법원은 행정심판관이 적대성 및 편견의 표출로 인하여 부적격으로 되는지 여부를 결정할 때 엄격한 기준을 적용하고 있다.[32] 폭언의 사용,[33] 일방 당사자에게 유리한 모든 쟁점에 대한 해결,[34] 상대방 증언과

---

other grounds, 60 F.3d 1195 (8th Cir. 1995) 사건에서는 심문 종결 7주가 경과하였으나 결정이 내려지기 5주 전에 제기된 부적격 신청은 적시에 제기된 것으로 인정하였다.

30 Rules and Regs. §102.37. 만약 주장된 편견이 행정심판관의 비공개 발언(off-the-record comments)에 기초하고 있는 경우 변호인은 즉시 그 발언을 기록에서 삭제할 것을 요구하고 이에 대한 적시의 이의제기를 하며 행정심판관의 부적격 신청을 하여야 한다. Classic Coach, 319 NLRB 701, 717 (1995).

31 NLRB Bench Book §2-Pacific Coast Dist. Eng'rs Beneficial Ass'n Dist. 1 (Crest Tankers, Inc.), 274 NLRB 1481, 1481, 1482 (1985).

32 NLRB Bench Book §2-510.

33 Parts Depot, 332 NLRB 733 (2000), enforced, 24 Fed. Appx. 1 (D.C. Cir. 2001) 사건에서는 피신청인과 이전 사건에서의 피신청인의 행위를 묘사한 행정심판관의 언어 사용은 기피 사유가 되지 않는다고 판단하였다. 이에 대하여 Skyline Distribs. v. NLRB, 99 F.3d 403, 412-13 (D.C. Cir. 1996) 사건에서는 행정심판관의 비꼬는 말투와 불필요한 귓속말은 공정성에 대한 심각한 의문을 제기하기 때문에 기피 사유가 된다고 인정하였다.

34 Waterbury Hotel Mgt., LLC v. NLRB, 314 F.3d 645, 651 (D.C. Cir. 2003) 사건에서는 불리한 판정만으로는 행정심판관이 막힌 태도를 가졌다는 것을 증명하기 어렵다고 판단하였다. 또한 Penn Color, Inc., 261 NLRB 395 n.1 (1982) 사건에서는 행정심판관이 상대방 증인에게 유리하게 "중요한 사실관계 충돌"을 해결하였다는 이유만으로는 편견의 근거가 되지 않는다고 판단하고, NLRB v. Pittsburgh Steamship Co., 337 U.S. 656, 659 (1949) 판결을 인용하면서 "반대 견해를 완전히 부정한다고 하더라도 그 자체로는 사실판단의 능력을 부정할 수 없다"고 판단하였다.

달리 일방 당사자의 증언을 모두 신뢰한 것[35] 등은 그것만으로는 부적격을 정당화하기에 일반적으로 충분하지 않은 것으로 판단되고 있다. 노동조합에 유리하게 사건을 해결한 행정심판관의 통계 기록,[36] 과거 사무총장 하에서 직원으로 근무한 경력이 있는 것,[37] 과거에 신청 당사자를 대리한 적이 있는 사실은[38] 행정심판관의 편견을 입증하기에 충분하지 않은 것으로 판단되었다. 일반적으로, "공정한 판단을 불가능하게 만들 정도의 깊이 뿌리를 내린 우대 또는 적대"를 나타낸 행위만이 기피의 정당한 사유가 된다.[39]

행정심판관 준칙(Bench Book)에 의하면, "행정심판관은 서면 결정에서의 사실 인정 및 법적 분석에서 일방 당사자의 준비서면으로부터 발췌를 하여서는 안 된다." 왜냐하면 "행정심판관이 결정문에서 승소한 당사자의 준비서면으로부터 그대로 인용하는 것은 부당성의 외관을 창출할 뿐만 아니라 행정심판관이 '사건의 사실관계와 법적 쟁점에 대하여 독자적인 분석'을 하지 못하였다는 인상을 주기 때문이다."[40]

사건 심문에 지정된 행정심판관이 심문이 개시된 이후 어떠한 이유에서 사건을 담당할 수 없게 된 경우에는 다른 행정심판관이 심문을 계속하거나 다른 적절한 조치를 취하기 위하여 지정될 수 있다.[41] 심문을 종결한

---

35 Eldeco v. NLRB, 132 F.3d 1007, 1010 (4th Cir. 1997); NLRB v. So-White Freight Lines, Inc., 969 F.2d 401, 408 n.7 (7th Cir. 1992); Twin County Trucking, Inc., 259 NLRB 576 n.1 (1981).

36 Eldeco v. NLRB, 132 F.3d 1007, 1010 (4th Cir. 1997) 사건에서는 과거 20년간 행정심판관의 결정이 노동조합에 유리하게 내려진 비율이 89%라는 것은 편견의 증거가 되지 않는다고 판단하였다.

37 Heads & Threads Co., 261 NLRB 800 n.1 (1982).

38 Centeno Super Mkts., Inc., 220 NLRB 1151 (1975) 사건에서는 행정심판관이 8~9년 전에 NLRB에 들어오기 전에 신청 당사자를 대리한 적이 있다는 이유만으로는 행정심판관이 부적격으로 되는 것은 아니라고 판단하였다.

39 Ramey Supermarkets, 321 NLRB 432, 434 (1996).

40 NLRB Bench Book 2005 Supp. §12-401 또한 §2-510.

41 Rules and Regs. §102.36.

이후에 원래의 행정심판관이 사망하거나 다른 사유로 사건을 담당할 수 없게 된 경우에 추가적인 증언이 필요한지는 이미 행해진 기록에 근거하여 행정심판관이 결정을 내릴 수 있는지에 달려 있다. 그 행정심판관의 행태에 대한 평가를 포함하여 신뢰성 해결이 필요한 경우에는 처음부터 사건이 새로 심리되어야 한다.[42]

5. NLRB 관할 사건의 유형

NLRB는 관련된 NLRA의 조항에 따라 15가지 유형으로 사건을 분류하고 있다.[43]

1) 부당노동행위 관련(법 제8조 관련)

주지하는 바와 같이 미국에서는 사용자의 부당노동행위만이 아니라 노동조합의 부당노동행위도 금지되어 있다. NLRA에 의하여 금지되고 있는 부당노동행위 유형에는 다음과 같은 것이 있다.

사용자의 부당노동행위로는 다음과 같은 것이 열거되어 있다.

- 법 제7조에서 보장된 권리의 행사에서 근로자에 개입, 제한 또는 억압하는 것(제8조 (a)(1))
- 노동단체의 설립이나 운영을 지배하거나 개입하는 것 또는 이에 재정적 기타 원조를 행하는 것(제8조 (a)(2))
- 채용 또는 근로의 기간이나 조건에 관하여 차별함으로써 일체의 노동단체에의 가입을 장려하거나 방해하는 것. 다만 유효한 유니온 숍 협정이 체결된 경우는 그러하지 않음(제8조 (a)(3)).

---

42 Compare Illinois Bell Tel. Co., 259 NLRB 1240 n.1 (1982) 등.

43 Fredric Fischer, Brent Garren, & Truesdale, *How to Take a Case Before the NLRB*, 8th ed., 2008, BNA Books, pp.17-27.

- 이 법에 기한 구제신청을 제기하거나 증언을 한 근로자에 대하여 해고 기타 차별하는 것(제8조 (a)(4))
- 근로자의 과반수 대표와의 단체교섭을 거부하는 것(제8조 (a)(5))
- 노동조합과 "핫카고(hot cargo)" 협정(일체의 다른 자와의 사업을 하지 않거나 그 제품을 처리하지 않거나 또는 거래하지 않는다고 사용자가 약속하는 협정)을 체결하는 것(제8조 (e))[44]

한편 노동조합의 부당노동행위와 관련해서는 노동단체 또는 그 대리인이 다음과 같은 행위를 하는 것은 부당노동행위로 된다.
- 법 제7조에 기한 권리의 행사에서 근로자를 제한 또는 억압하는 것 또는 단체교섭을 위한 대표 선출이나 고충처리에서 사용자로 하여금 근로자를 제한 또는 억압하도록 하는 것(제8조 (b)(1)(A) 및 (B))
- 적법한 유니온 숍 협정이 체결된 경우를 제외하고는, 노동단체에의 가입 또는 비가입을 이유로 사용자에게 근로자를 차별하도록 하거나 차별하도록 시도하는 것(제8조 (b)(2))
- 노동조합이 근로자의 대표로서 근로자의 과반수에 의하여 지정되거나 선발되어 있는 경우 사용자와의 단체교섭을 거부하는 것(제8조 (b)(3))
- 근로자로 하여금 파업 또는 물품 취급 거부에 착수하도록 하거나 이를 유도하거나 또는 장려하는 행위 또는 일체의 자에 대하여 위협, 억압 또는 제한하는 행위의 목적이 다음과 같은 것인 경우 그러한 행위를 하는 것(제8조 (b)(4))
  • 사용자 또는 자영인이 노동단체 또는 사용자단체에 가입하도록 요구하는 것 또는 "핫카고" 협정을 체결하도록 하는 것(제8조 (b)(4)(A))

---

44 법 제8조 (e)는 의류산업과 건설산업에 대해서는 그 적용을 제한하는 단서 조항을 두고 있다.

- 일체의 자에 대하여 다른 일체의 사용자의 제품을 이용·판매·취급 또는 운송하지 않도록 요구하거나 또는 다른 일체의 자와 사업을 중단하도록 요구하는 것, 또는 다른 사용자에 대하여 NLRB에 의하여 그 종업원의 대표로서 인준되지 않았던 노동단체를 승인하거나 교섭할 것을 요구하는 것(제8조 (b)(4)(B))
- 노동단체가 이미 NLRB에 의하여 그 종업원의 교섭대표로서 인준되어 있는 경우 다른 노동단체와의 교섭을 일체의 사용자에 대하여 요구하는 것(제8조 (b)(4)(C) (이상의 조항을 종합하여 일반적으로 "제2차 보이콧[secondary boycott]" 조항이라고 한다.)
- 사용자에 대하여 다른 노동조합 또는 직종에 우선하여 특정 노동조합 또는 직종의 구성원에 작업을 배당할 것을 요구하는 것(제8조 (b)(4)(D))
- 유니온 숍 협정이 체결되어 있는 경우 과도하거나 차별적인 가입비를 징수하는 것(제8조 (b)(5))
- 사용자로 하여금 행하지 않은 작업에 대하여 임금을 지급하도록 하거나 이를 시도하는 것(소위 "페더베딩[featherbedding]"의 금지)(제8조 (b)(6))
- 종업원을 조직할 목적으로 또는 사용자에게 노동조합을 승인하거나 교섭할 것을 강요할 목적으로 피케팅을 행하거나 위협하는 것(제8조 (b)(7)). 그러한 피케팅의 개시일로부터 30일 이내에 대표 신청이 NLRB에 제기된 경우에는 그러하지 아니하다.
- 사용자와 "핫카고(hot cargo)" 협정을 체결하는 것(제8조 (e))
- 파업, 피케팅 기타 집단적 노무 거부 행위가 개시되는 날짜와 시간을 적시하여 10일 이전에 해당 의료기관 및 연방조정알선청에 서면으로 통지하지 않고, 의료기관에서 그러한 행위를 실시하는 것(제8조 (g))
- 근로자의 종교적 신념에 반하여 노동단체에 가입하도록 하거나 재정 지원을 하도록 근로자에게 요구하는 것(제19조)

이상과 같은 부당노동행위에 대하여 NLRB는 내부적으로 다음과 같은 일곱 가지 유형으로 분류하고 있다. 괄호 안의 명칭은 NLRB가 사건을 내부적으로 분류하는 명칭이다.

① 법 제8조 (a) (1), (2), (3), (4) 또는 (5) 위반을 주장하면서 일체의 자, 일반적으로는 근로자 개인 또는 노동단체가 사용자에 대하여 제기한 부당노동행위 신청(CA case)

② 법 제8조 (b) (1), (2), (3), (5) 또는 (6) 위반을 주장하면서 일체의 자, 일반적으로는 사용자 또는 근로자 개인이 노동단체에 대하여 제기한 부당노동행위 신청(CB case)

④ 법 제8조 (b) (4) (A), (B) 또는 (C) 위반을 주장하면서 일체의 자, 일반적으로는 사용자가 노동단체에 대하여 제기하는 부당노동행위 신청(CC case)

④ 일체의 개인, 일반적으로는 사용자 또는 노동단체가 제기한 법 제8조 (b)(4)(D) 소정의 관할 분쟁을 포함한 부당노동행위 신청(CD case)

⑤ 노동단체에 대하여 일체의 자, 일반적으로는 사용자가 제기한, 법 제8조 (b)(7)과 관련한 부당노동행위 신청(CP case)

⑥ 사용자나 노동단체 또는 그 양자에 대하여 일체의 자, 일반적으로는 사용자가 제기한, 법 제8조 (e)와 관련한 부당노동행위 신청(CE case)

⑦ 의료시설에서의 파업, 피케팅 또는 작업 중단 이전에 법 제8조 (g)에 의하여 규정된 통지를 하지 않은 것을 이유로 하여 노동조합에 대하여 일체의 자, 일반적으로는 사용자가 제기하는 부당노동행위 신청(CG case)

2) 교섭대표 선출 관련

교섭대표의 선출과 관련한 사건(법 제9조 관련 사건)에 대하여 NLRB는 내부적으로 다음과 같은 여섯 가지 유형으로 분류하고 있다.

① 근로자 개인, 집단 또는 근로자단체에 의하여 제기된 교섭대표선거 신청(RC case) (제9조 (c)(1)(A)(i))

② 사용자가 제기한 교섭대표선거 신청(RM case)(제9조 (c)(1)(B))

③ 노동단체의 과반수 지위에 이의를 주장하면서 근로자 개인, 근로자 집단 또는 노동단체에 의하여 제기된 인준박탈선거 신청(RD case) (제9조 (c)(1)(A)(ii))

④ 유니온 숍 협정을 체결할 수 있는 노동단체의 권한을 박탈하기 위한 선거를 구하면서 근로자 개인, 집단 또는 노동단체에 의하여 제기된 신청(UD case)(제9조 (e)(1)).

⑤ 교섭단위를 명확히 하기 위하여 교섭단위 내 인준되거나 현재 승인된 교섭대표에 의하여 또는 사용자에 의하여 제기된 신청(UC case) (제9조 (b))

⑥ 상황의 변화를 반영하는 인준 내용의 수정을 위하여 교섭단위의 인준된 대표에 의하여 또는 그 단위 내 근로자의 사용자에 의하여 제기된 신청(AC case)(제9조 (b)).

3) 기타 사건

그 밖에 NLRB가 관장하는 사건은 다음과 같은 두 가지가 있다.

① 긴급사태 시 근로자가 사용자의 최종요구안을 수용할 것인지를 판단하기 위하여 위원회가 실시하는 긴급사태선거(X case)

② 당사자가 단체교섭에서 연방공정근로기준법(Fair Labor Standards Act: FLSA) 소정의 시간외 근로에 관한 조항을 수정할 수 있도록 하기 위하여 NLRB에 대하여 노동조합을 진정한(bona fide) 노동조합으로서 인준해 줄 것을 요구하면서 단체교섭의 일방 당사자에 의하여 제기되고 연방공정근로기준법 제7조 (b)에 의하여 승인된 신청(WH case)

2_ NLRB의 구제절차

1. 교섭대표 선출절차

앞에서 본 바와 같이 미국에서 교섭대표 선출은 예외적으로 사용자가 자발적으로 노동조합을 교섭대표로서 승인하는 경우를 제외하고는 NLRB가 관장하는 비밀선거에 의하여 이루어지며, 이에 의하여 선출된 교섭대표는 그 교섭단위에서 근로자 전체를 배타적으로 대표하고 있다. 이러한 배타적 교섭대표 선출과 관련한 제도는 법 제9조 (c)에서 원칙만을 규정하고 있을 뿐, 구체적인 내용은 NLRB 규칙(Rules and Regulations) 제102.60조 내지 제102.82조 및 절차규정(Statements of Procedure) 제101.17조 내지 제101.25조의 규정과, 거의 80년에 걸친 NLRB 판정의 축적에 의하여 형성되어 있다. 따라서 NLRA에서 명시적으로 규정한 사항을 제외하고는 NLRB는 교섭대표 선출과 관련하여 광범위한 재량권을 행사하며, NLRB가 내부규칙과 판정에 의하여 형성한 법리가 미국에서 교섭대표 선출절차의 세부적인 내용을 이루고 있는 것이다.[45]

법에 명시적으로 규정되어 있는 교섭대표 선출과 관련한 사항은 다음과 같다.

첫째, 선거를 포함한 일정한 영역에서 법은 명시적으로 NLRB의 재량권을 제한하는 강행규정을 두고 있는바, NLRB는 다음과 같은 행위를 하여

---

45 2014년 4월 현재 NLRB는 선거 전 절차 및 선거 후 절차와 관련한 신청 절차에 관한 규칙 변경을 제안하여 논의 중에 있다. 2011년 6월 22일 NLRB는 선거 신청절차와 관련한 규칙변경안을 제안하고, 2011년 11월 30일 위원회의 투표를 거쳐 2011년 12월 21일 최종규칙(Final Rule)이 채택되어 2012년 4월 30일부터 시행되고 있었으나, 당시 NLRB 위원이 2명에 불과하여 법상의 의결정족수를 갖추지 못하였다는 이유로 연방법원에 의하여 무효 결정을 받았다(Chamber of Commerce v. NLRB, Case No. 1:11-cv-02262-JEB (D.D.C. May 14, 2012)). 그 이후 NLRB는 다시 규칙 변경 절차를 진행하고 있다.

서는 안 된다.

- 전문직 근로자를 비전문직 근로자와 하나의 교섭단위로 하는 것. 다만 전문직 근로자가 포함 여부에 관한 투표를 부여받고, 과반수에 의하여 이를 지지하는 경우에는 그러하지 아니하다(제9조 (b)(1)).
- NLRB의 과거의 결정에 의하여 상이한 단위가 결정된 적이 있다는 이유로 일체의 직종별 단위를 부적절하다고 결정하는 것. 당해 직종별 단위 내 근로자의 과반수가 교섭단위의 분리에 반대한 경우에는 그러하지 아니하다(제9조 (b)(2)).
- 비경비직 근로자가 동일한 단위에 포함되어 있는 경우 경비직 단위를 적정한 것으로 인정하는 것(제9조 (b)(3))
- 경비직 단위를 위한 배타적 교섭대표로서 노동조합을 인준하는 것. 다만 그 노동조합과 그 상부단체가 경비직으로 조합원자격을 제한하는 경우에는 그러하지 아니하다(제9조 (b)(3)).
- 유효한 선거가 12개월 이내에 실시된 단위에서 인준 또는 인준박탈선거를 실시하는 것(제9조 (c)(3))
- 적정교섭단위를 결정할 때 노동조합의 조직 대상을 중점적으로 고려(controlling weight)하는 것(제9조 (c)(5))
- 이전 12개월 내에 수권박탈선거가 시행되었던 경우 다시 수권박탈선거를 실시하는 것(제9조 (e)(2))

둘째, 법은 선거 실시에 대하여 NLRB에 일정한 적극적인 의무를 부과하고 있는바, NLRB는 다음을 행하여야 한다.

- 신청을 제기하는 자의 신분(즉 사용자, 노동단체 또는 근로자 개인)과 구제 대상에 관계없이 통상에 영향을 미치는 대표문제가 존재하는지 여부를 결정할 때 동일한 규칙을 적용하여야 한다(제9조 (c)(2)).
- 선거에서 과반수 득표자가 없는 경우 최상위 득표를 한 것과 차상위 득표를 한 것 사이에서 결선투표(runoff election)를 실시하여야 한다

(제9조 (c)(3)).

- 유니온 숍 협정의 적용 대상 근로자의 30% 이상이 수권박탈선거를 요구한 경우 유니온 숍 협정 조항이 무효인지 여부를 결정하기 위한 수권박탈선거를 실시하여야 한다(제9조 (e)(1)).

법 제9조 (c)에 기한 교섭대표 선출은 다음의 그림과 같이 이루어진다.

1) 신청

법 제9조 (c) 소정의 절차는 NLRB의 적절한 지역사무소에 대표신청 (representation petition)을 제기함으로써 개시되도록 되어 있다.[46] 와그너법 하에서 NLRB는 대표문제(representation questions)를 조사하는 데 전적인 재량권을 가지고 있었다. 당시 NLRB는 노동조합이 상당한 근로자 이익의 입증(a showing of substantial employee interest)을 행하면, 교섭대표 선출에 관한 노동조합의 신청을 수용하였던 반면, 사용자의 신청은 둘 이상의 노동조합이 과반수를 주장하는 경우에만 받아들였다.[47] 이에 대하여 태프트 하틀리법은 ① 근로자의 상당수를 대표한 개인 또는 노동단체에 의하여(법 제9조 (c)(1)), ② 한 명 이상의 근로자 또는 노동단체가 자신의 종업원의 배타적 교섭대표로서 승인할 것을 요구한 경우 그 사용자에 의하여(법 제9조 (c)(1)(B)), 또는 ③ 인준되거나 타당하게 승인된 교섭대표가 적정교섭단위 내 근로자의 과반수를 더 이상 대표하고 있지 않다고 주장하는 개별 근로자 또는 근로자집단에 의하여(제9조 (e)(1)) 교섭대표선거 신청이 제기될 수 있다고 규정하고 있다. 즉, 노동조합만이 아니라 개별 근로자, 사용자에 대해서도 교섭대표선거 신청을 할 수 있도록 하

---

46 Rules and Regs. §102.60.

47 H.R. REP. No. 245, 80th Cong., 1st Sess. 35, 1 *Legislative History of the Labor Management Relations Act*, 1947, p. 326 (1948) 재인용.

법 제9조 (c)에 기한 대표선거절차

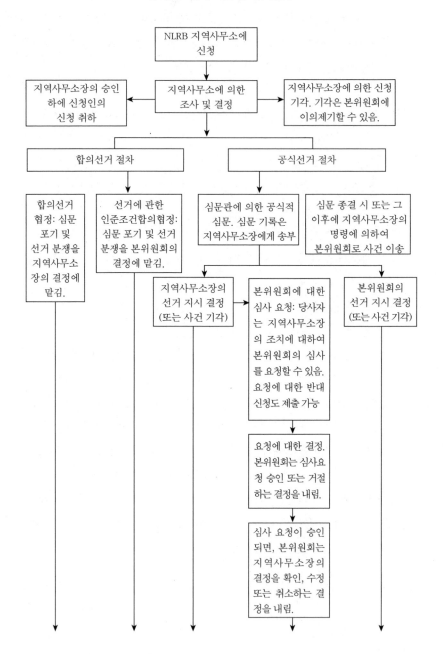

NLRB 지역사무소에 신청

지역사무소에 의한 조사 및 결정

지역사무소장의 승인 하에 신청인의 신청 취하

지역사무소장에 의한 신청 기각. 기각은 본위원회에 이의제기할 수 있음.

합의선거 절차

공식선거 절차

합의선거 협정: 심문 포기 및 선거 분쟁을 지역사무소장의 결정에 맡김.

선거에 관한 인준조건합의협정: 심문 포기 및 선거 분쟁을 본위원회의 결정에 맡김.

심문관에 의한 공식적 심문. 심문 기록은 지역사무소장에게 송부

심문 종결 시 또는 그 이후에 지역사무소장의 명령에 의하여 본위원회로 사건 이송

지역사무소장의 선거 지시 결정 (또는 사건 기각)

본위원회에 대한 심사 요청: 당사자는 지역사무소장의 조치에 대하여 본위원회의 심사를 요청할 수 있음. 요청에 대한 반대 신청도 제출 가능

본위원회의 선거 지시 결정 (또는 사건 기각)

요청에 대한 결정. 본위원회는 심사요청 승인 또는 거절하는 결정을 내림.

심사 요청이 승인되면, 본위원회는 지역사무소장의 결정을 확인, 수정 또는 취소하는 결정을 내림.

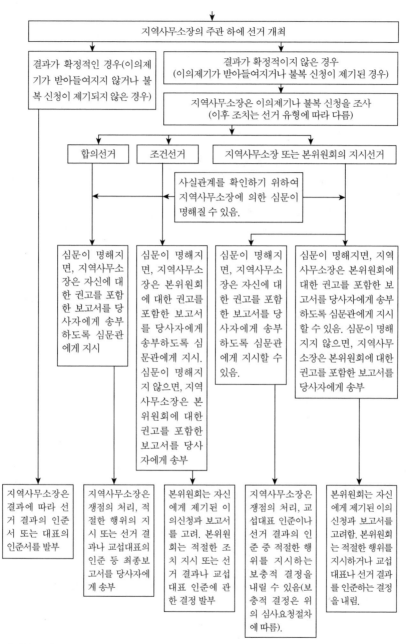

지역사무소장의 주관 하에 선거 개최

결과가 확정적인 경우(이의제기가 받아들여지지 않거나 불복 신청이 제기되지 않은 경우)

결과가 확정적이지 않은 경우 (이의제기가 받아들여지거나 불복 신청이 제기된 경우)

지역사무소장은 이의제기나 불복 신청을 조사 (이후 조치는 선거 유형에 따라 다름)

합의선거

조건선거

지역사무소장 또는 본위원회의 지시선거

사실관계를 확인하기 위하여 지역사무소장에 의한 심문이 명해질 수 있음.

심문이 명해지면, 지역사무소장은 자신에 대한 권고를 포함한 보고서를 당사자에게 송부하도록 심문관에게 지시

심문이 명해지면, 지역사무소장은 본위원회에 대한 권고를 포함한 보고서를 당사자에게 송부하도록 심문관에게 지시. 심문이 명해지지 않으면, 지역사무소장은 본위원회에 대한 권고를 포함한 보고서를 당사자에게 송부

심문이 명해지면, 지역사무소장은 자신에 대한 권고를 포함한 보고서를 당사자에게 송부하도록 심문관에게 지시할 수 있음.

심문이 명해지면, 지역사무소장은 본위원회에 대한 권고를 포함한 보고서를 당사자에게 송부하도록 심문관에게 지시할 수 있음. 심문이 명해지지 않으면, 지역사무소장은 본위원회에 대한 권고를 포함한 보고서를 당사자에게 송부

지역사무소장은 결과에 따라 선거 결과의 인준서 또는 대표의 인준서를 발부

지역사무소장은 쟁점의 처리, 적절한 행위의 지시 또는 선거 결과나 교섭대표의 인준 등 최종보고서를 당사자에게 송부

본위원회는 자신에게 제기된 이의신청과 보고서를 고려. 본위원회는 적절한 조치 지시 또는 선거 결과나 교섭대표 인준에 관한 결정 발부

지역사무소장은 쟁점의 처리, 교섭대표 인준이나 선거 결과의 인준 중 적절한 행위를 지시하는 보충적 결정을 내릴 수 있음(보충적 결정은 위의 심사요청절차에 따름).

본위원회는 자신에게 제기된 이의신청과 보고서를 고려함. 본위원회는 적절한 행위를 지시하거나 교섭대표나 선거 결과를 인준하는 결정을 내림.

출처: http://www.nlrb.gov/resources/nlrb-process

고 있다.

이상과 같은 법조항에 따라 NLRB는 노동조합 또는 근로자집단에 의하여 제기된 신청은 관련 근로자가 선거에 관심이 있다는 것을 입증함으로써 뒷받침되어야 한다는 요건을 부과하고 있다. "이익의 입증(the showing of interest)"은 "근로자의 30% 이상에 의하여"[48] 서명된 카드나 신청서에 의하여 행해지거나, 인준된 또는 승인된 교섭대표로서 현재의 지위에 의하여 행해지거나,[49] 또는 유효한 또는 최근 종료된 단체협약의 체결 당사자로서의 지위에 의하여[50] 행해질 수 있다. 대표선거 신청이 이미 특정 노조 등에 의하여 이루어진 때에 경쟁노조가 교섭대표 선출 신청에 참가하기 위해서는 10% 이상의 지지 또는 일정한 경우에는 1명의 카드에 의해서도 가능하다.[51] 그 입증의 충분성에 대한 이의제기는 신청의 처리가 정지되고 있는 상태라고 하더라도 신청 제기 시점 전후에 이루어져야 한다.[52] 그 이의제기는 권리의 문제가 아니며 입증의 적정성은 소송의 대상이 되지 않는다.

한편, 태프트 하틀리법은 NLRB에 의한 대표신청 처리의 전제조건으로서, 노동단체에 대하여 그 재정보고서, 규약, 임원의 반공산주의자선언서(non-Communist affidavits)를 제출하도록 요구하고 있었다.[53] 이 요건은 1959년법 개정에 의하여 삭제되었다. 현행법인 랜드럼 그리핀법[54] 제2편

---

48 Statements of Procedure §101.18 (a).

49 Statements of Procedure §101.17.

50 이 지위는 이익의 입증에 관한 일응의 입증에 해당한다.

51 NLRB Casehandling Manual §11023. 완전참가인의 경우 10%, 참여참가인의 경우 1명, 자세한 내용은 제1장 1_, 2.(1) 참고.

52 Community Afairs, 326 NLRB 311 (1998).

53 Labor Management Relations Act, §§9 (f)-(h), ch. 120, tit. I, §101, 61 Stat. 143 (1947). Pub. L . No. 86-257, tit. II, §201 (d), 73 Stat. 525 (1959)에 의하여 폐지되었다.

54 Labor-Management Reporting and Disclosure Act (Landrum-Griffin), Pub. L. No. 86-257, tit. II, §§201 (a)-(c) (1959), 73 Stat. 524, 29 U.S.C. §§431 (a) - (c) (1988).

(Title II)에 기하여 제출하여야 하는 보고서를 제출하였는지 여부는 NLRB 에 대한 대표신청권에 영향을 미치지 아니한다.[55]

2) 신청 시기

앞에서 살펴본 바와 같이 교섭대표선거 신청 기한에는 몇 가지 제한이 있다.

우선, 법은 명문으로 교섭단위 내 근로자에게 12개월 동안 1번의 선거 로 제한하고 있다(제9조 (c)(3)). 따라서 유효한 선거가 지난 12개월 이내 에 실시된 적이 있다면, 교섭단위의 규모에 급격한 변화가 발생한 경우와 같은 예외적인 상황을 제외하고는 신청을 할 수 없다.[56] 이 원칙은 NLRB 가 교섭대표선거 신청만이 아니라 인준박탈 신청(decertification peti-tion)을 포함하여 선거를 실시하는 모든 상황에 대하여 적용된다.[57]

따라서 선거에 따라 교섭대표가 인준된 경우, NLRB는 인준일로부터 1 년 동안 다른 선거 실시도 거부하게 된다. 다만 사용자가 성실교섭의무를 위반한 경우에는 인준일로부터 1년이 경과하더라도 선거 신청은 허용되 지 않는다.[58] 이는 사용자의 교섭 거부로 교섭대표노동조합의 교섭권이 형 해화되는 것을 방지하기 위한 것이라고 할 수 있다. 또한 인준일로부터 1 년 이내라고 하더라도 교섭단위 명확화 신청(unit-clarification petition) 은 허용된다.[59] 교섭단위 명확화 목적을 위한 신청은 단체협약이 실시된 "직후"에 제기되어야 한다. 신청 기한은 단체협약의 시행일이 아니라 교섭

---

55 Caesar's Palace, 194 NLRB 818 n.5 (1972); Meijer Supermkts., 142 NLRB 513 n.3 (1963).

56 유효한 선거는 NLRB에 의하여 실시될 수도 있고 주의 기관에 의하여 실시될 수도 있 다. Olin Mathieson Chern. Corp., 115 NLRB 1501 (1956) (주가 실시한 선거); Centr-O-Cast & Eng'g Co., 100 NLRB 1507 (1952) (위원회가 선거한 선거).

57 Americare-New Lexington Health Care Ctr., 316 NLRB 1226 (1995).

58 Mar-Jac Poultry Co., 136 NLRB 785 (1962).

59 Kirkhill Rubber Co., 306 NLRB 559 (1992).

단위 내 근로자가 협약 당사자의 단체협약안에 대하여 인준한 날로부터 기산되며, 기한 계산을 위한 기간은 추가적인 교섭을 하겠다는 당사자들의 결정에 의하여 연기될 수 있다.[60]

　다음으로 "협약장벽(contract-bar)" 법리에 기하여 교섭대표선거 신청이 제한되고 있다. 앞에서 살펴본 바와 같이 이 법리는 실정법상의 근거에 기한 것이 아니라 안정적인 교섭 관계를 교란시키지 않고자 하는 NLRB 판정에 따라 형성된 정책이다. 따라서 NLRB가 협약장벽 법리에 대하여 취하는 입장에 따라 이 법리의 범위는 변화하여 왔는데, 현재 그 내용은 유효한 단체협약은 통상적으로 협약의 모든 내용에 대하여 외부 노동조합이 제기한 대표 신청에 대한 장애로서 작용하게 되지만, 그 기간은 3년을 초과하지 못한다는 것이다.[61] 3년을 초과하는 유효기간을 가진 단체협약이라고 하더라도 그 협약당사자인 사용자나 노동조합에 의한 신청에 대하여는 그 유효기간 중에 장벽으로 작용하게 된다.[62] 그러나 단체협약의 유효기간이 명확하지 않아 신청인이 그 유효기간을 판단할 수 없는 경우[63] 또는

60　Sunoco Inc., 347 NLRB No. 38 (2006).

61　Shen-Valley Meat Packers, 261 NLRB 958 (1982). 그러나 5년 유효기간의 단체협약 체결 당사자가 3년 후 재교섭을 하여 협약의 내용을 변경하고 이를 5년 유효기간의 협약의 잔여 기간에 대하여 고정적인 내용으로 포함시키는 개정을 하였으며 그 협약이 개정된 것이라고 명시적으로 확인함으로써 단체협약의 내용을 변경할 권리를 행사하였다면, NLRB는 그 협약은 3년이 경과한 이후에도 라이벌 노조의 대표 신청을 제한한다고 결정하였다.

62　General Cable Corp., 139 NLRB 1123 (1962).

63　South Mtn. Healthcare & Rehab. Ctr., 344 NLRB 375 (2005) (이 결정에서 NLRB는 "단체협약의 내용은 근로자와 외부 노동조합이 대표선거 신청을 제기하기 위한 적절한 시간을 결정할 수 있도록 그 문언에서 명확하여야 한다"고 설시하였다); Marriott Corp., Bob's Big Boy Family Rests. Div., 259 NLRB 153 (1981), on remand from 625 F.2d 850 (9th Cir. 1980), denying enforcement to 235 NLRB 1227 (1978). 이후 제9항소법원은 NLRB의 결정은 재량권 남용이라고 하여 NLRB 명령의 이행강제를 거부하였다. NLRB v. Marriott Corp., Bob's Big Boy Family Rests. Div., 693 F.2d 904 (9th Cir. 1982).

신청 제기 이전에 단체협약이 성립하였으나, 신청 제기 이후 그 효력을 상실한 경우에는[64] 협약장벽 법리를 적용하지 않는다. 협약 체결한 노동조합이 그 협약의 적용 대상이 되는 근로자의 이익을 포기한 경우에도 그 근로자에 대해서는 단체협약이 인준 신청의 장벽으로 되지 아니한다.[65]

셋째, 이른바 승인장벽 법리가 있다. NLRB는 사용자가 라이벌 노동조합을 승인한 이후 합리적인 기간 내에 제기된 신청 처리 역시 행하지 않는다. 이를 승인장벽 법리(recognition-bar doctrine)라고 한다. 사용자가 승인한 노동조합에 대하여 교섭권을 행사할 수 있는 합리적인 기간을 보장한 것이다.

사용자가 자발적으로 노동조합을 승인한 사건인 MGM Grand Hotel, Inc. 사건에서[66] 위원회는 11개월 이상 진행되어 온 단체교섭 과정에서 이루어진 3개의 인준박탈 신청을 기각하였다. 위원회는 당해 신청들이 제기된 시점에서 교섭에 필요한 합리적인 시간이 아직 경과하지 않았다고 판단하였다. 부당노동행위사건인 Lee Lumber 사건에서[67] 위원회는 화해협정에서 교섭 거부를 인정한 뒤, 교섭을 위한 합리적인 기간은 6개월 이상이지만 1년 미만이라고 하면서 그 정확한 기간은 사건의 상황에 달려 있다고 판단하였다.

St. Elizabeth Manor, Inc. 사건에서[68] 위원회는 기존 노조를 승인하고 교섭할 승계 사용자의 의무가 인정되면 그 노동조합은 과반수 지위에 대한 도전 없이 교섭을 위한 합리적인 기간을 향유할 수 있다고 판단하였으나, 이 법리는 MV Transportation 사건에 의하여 번복되었다.[69] 위원회는

64 Deluxe Metal Furniture Co., 121 NLRB 995 (1958).
65 American Sunroof Corp., 243 NLRB 1128 (1979).
66 329 NLRB 464 (1999).
67 334 NLRB 399 (2001).
68 329 NLRB 341 (1999), overruled, MV Transp., 337 NLRB 770 (2002).
69 MV Transp., 337 NLRB 770 (2002).

Southern Moldings 사건에서[70] 확립한 법리, 즉 "승계 사용자 상황에서 기존 노조는 과반수 지위의 계속에 대하여 반증 가능한 추정(rebuttable presumption of continuing majority status)만을 받을 수 있고, 이 추정은 유효한 인준박탈 신청, 라이벌 노조 또는 사용자에 의한 신청의 장벽으로서 기능하지 않는다"는 법리를 제시하였다.[71]

그런데, 최근 NLRB는 Dana Corp. and Metaldyne Corp. 사건에서[72] 승인장벽 법리를 수정하였다. 이에 따르면, 노동단체에 대한 사용자의 자발적인 승인은 승인 통지일로부터 45일 이내에 제기된 인준박탈 신청 또는 라이벌 노동조합의 선거 신청에 대하여는 장벽으로 되지 않는다고 판단하고 있다. 승인 통지는 지역사무소장이 행하고, 사용자는 이를 공고하여야 하는데, 자발적 승인에 대하여 지역사무소장으로부터 통지를 받지 못한 경우 또는 통지를 받았으나 공고하지 못한 경우에는 설령 그 이후에 단체협약이 체결되었다고 하더라도 대표선거 신청에 대한 장벽으로 기능하지 못하게 된다. 다른 노동조합은 사용자의 자발적 승인 사실 자체를 모를 가능성이 있기 때문에, 승인 통지일로부터 45일간의 공고 기간 동안 단위 내 근로자 또는 라이벌 노조는 신청을 제기할 수 있는 것으로 정책을 변경한 것이다. 따라서 이 법리에 따르면 사용자가 특정 노동조합을 자발적으로 승인하더라도 승인 통지일로부터 45일 이내에 다른 노동조합이 교섭단위 내 근로자의 30% 이상의 지지를 받아 교섭대표선거 신청을 하면 NLRB는 그 절차를 진행하게 된다. 신청을 뒷받침하는 이익의 입증에는 승인 이후 및 승인 이전에 취득한 근로자의 서명을 사용할 수 있다. 카드체크협정 또는 중립성협정이 노동조합의 승인보다 우선하는지 여부와 관계없이 이 법리가 적용된다. 요컨대 사용자의 자발적 승인은 사용자가

---

70 219 NLRB 119 (1975).

71 MV Transp., 337 NLRB 770 (2002).

72 351 NLRB 434 (2007).

승인을 공고한 날로부터 45일 이내에 제기된 인준박탈 신청이나 라이벌 노조의 인준 신청을 배제하지 않는다고 결정하였던 것이다.

그러나, 이후 Lamons Gasket Co. 사건에서[73] NLRB는 Dana Corp. 결정을[74] 다시 번복하였다. 종업원 과반수의 지지를 받은 교섭대표에 대한 사용자의 자발적인 승인이 있은 후 합리적인 기간 동안은 선거 신청이 제한된다고 결정하여, 다시 종래의 확립된 법리로 복귀하여 현재에 이르고 있다. 또한 이 결정에서 NLRB는 "합리적 기간"은 "당사자의 최초 교섭 회기로부터 6월 이상이며 1년 이하"라고 명확히 하였다.

3) 신청에 대한 조사

대표 신청이 이루어지면, 지역사무소 직원은 위원회가 관할권을 가지고 있는지 여부, 이익의 입증이 충분한지, 선거를 배제할 실정법 또는 정책적 근거가 있는지 여부와 함께 교섭단위의 범위와 구성을 판단하기 위하여 조사를 실시한다.

NLRB은 대표절차에 관련된 교섭단위에 영향을 미치는 부당노동행위 제소가 계류 중인 동안에는 선거를 배제하고 있다.[75] 이와 같은 부당노동행위 구제 신청이 제기되면, 지역사무소장은 선거 신청을 기각하거나 중단시키는 것에 대하여 서면으로 그 이유를 제시하여야 한다. 그러면 당사자는 5개의 열거된 사유[76] 중 어느 것에 기하여 지역사무소장의 조치에 대

---

73 357 NLRB No. 72 (2011).

74 351 NLRB 434 (2007).

75 Mistletoe Express Servo of Tex., 268 NLRB 1245 (1984).

76 이 사유는 다음과 같다. "(1) 다음과 같은 이유에서 법 또는 정책에 대한 상당한 의문이 제기된 경우. (i) 공식적으로 발간된 위원회 선례의 결여, (ii) 공식적으로 발간된 위원회 선례로부터의 이탈, (2) 위원회의 중요한 규칙이나 정책에 대한 재고려를 하여야 할 불가피한 이유(compelling reasons)가 있는 경우, (3) 지역사무소장의 사실관계 인정에 대하여 중대한 의문을 제기하는 서면 증거가 지역사무소장에게 이전에 제시되었고, 그 서류가 재심사 요청에 첨부되어, 심문에서 개시된 기록에 기하여 사실관계 문제가 가장

하여 본위원회의 재심을 요청할 수 있다.

Supershuttle of Orange County 사건에서[77] 위원회는 Douglas-Randall 사건 법리와[78] Liberty Fabrics 사건[79] 법리를 적용하여, 당사자들이 기존 노조가 제기한 계류 중인 법 제8조 (a)(5) 소정의 부당노동행위 신청을 화해하는 협정에 합의하였던 경우 라이벌 노조의 대표선거 신청을 기각하였다. Douglas-Randall 법리에서 위원회는 Supershuttle 사건에서의 쟁점과 유사한 계류 중인 제소의 화해가 대표신청의 기각으로 이어지지 않게 되는 세 가지 상황이 존재한다고 판단하였다. 즉, 대표선거 신청을 배제하는 부당노동행위 신청이 ① 위원회가 관여하는 화해 없이 무조건적으로 취하되거나, ② 실체적 근거(merit)를 결하여 기각되거나 또는 ③ 소송의 대상은 되지만 실체적 근거가 없는 것으로 판단된 경우가 그것이다.

그러나 2004년 8월 17일 Tru Serv Corporation 사건에서[80] NLRB는 Douglas-Randall, Liberty Fabrics 및 Supershuttle of Orange County 사건 법리를 재검토할 것을 제안하는 심사를 승인하였고, 그 이후 심리를 통하여 Supershuttle of Orange County 사건,[81] Douglas-Randall 사건,[82]

잘 해결될 수 있는 경우, (4) 지역사무소장의 조치가 외견상 자의적(arbitary) 또는 편의적(capricious)인 경우, (5) 신청이 심문에서 개시된 기록에 기하여 가장 잘 해결될 수 있는 경우"(Rules and Regs. §102.71 (b)). 위원회는 선거 신청의 처리를 방해하는 부당노동행위 제소의 반복적인 신청과 취하에 대한 보장장치를 두고 있다. 즉, 부당노동행위 구제 신청에 의한 봉쇄제소(blocking charge)를 제기하는 대표사건의 일방 당사자는 봉쇄제소에도 불구하고 대표사건을 처리해달라고 지역사무소장에게 요청할 수 있다. 그러나 부당노동행위 제소가 선거 이전에 부당노동행위 쟁점에 대하여 해결하는 것이 적절한 것으로 보이는 경우에 해당하면 지역사무소장은 그 요청을 거부할 수 있다(NLRB Casehandling Manual §§11730-11731).

77 330 NLRB 1016 (2000).
78 320 NLRB 431 (1995).
79 327 NLRB 38 (1998).
80 349 NLRB 227 (2007).
81 330 NLRB 1016 (2000).
82 320 NLRB 431 (1995).

Liberty Fabrics 사건[83] 판지(判旨)를 모두 번복하였다. 이에 따르면 노동조합과 사용자는 사용자에 의한 불법적인 선거 전 행위를 주장하는 계류 중인 부당노동행위 제소를 화해하는 단체협약을 체결하였음에도 불구하고, 위원회가 Douglas-Randall 법리상의 기준에 기하여 계류 중인 인준박탈 신청을 기각하는 것은 법 제7조 소정의 권리를 근로자로부터 부당하게 박탈하는 결과가 된다고 판단하였다. 위원회는 "법 위반에 대한 인정이나 그러한 위반 사실에 대한 사용자의 인정이 없다면, 주장되었으나 입증되지 않았던 부당노동행위에 대한 화해에 기하여 대표선거 신청을 기각할 근거는 없다"고 설시하였다.[84] 위원회에 따르면, 부당노동행위에 대한 사용자의 인정이 그 단체협약에서 명시적으로 규정되어 있지 않다면, 화해협정은 부당노동행위 인정으로 해석될 수 없다. 따라서 단체협약에 부당노동행위 사실을 명시적으로 인정하는 내용으로 화해한 것이 아니라면, 노동조합의 교섭대표선거 신청을 배제할 수는 없다는 것이 현재의 NLRB 법리이다.

한편 부당노동행위사건과 달리 민권법(Civil Rights Act)상의[85] 사건이 계류 중인 것은 대표선거사건 중단의 근거가 되지 않는다.[86] 위원회에 의한 조사 및 심문은 민권법에 기한 소송의 결과가 나올 때까지 계속하여 진행된다. 지역사무소장은 민권법 소송에 대한 최종적 판결이 내려질 때까지 민권법상 소송절차에서 그 지위가 다투어지고 있는 개인에 의하여 이의가 제기된 투표용지를 보관하게 된다.[87]

사용자가 기존 노조의 대표지위를 확인하기 위하여 신청을 제기한 경우 위원회는 사용자가 대표문제(a question of representation)가 존재

---

83 327 NLRB 38 (1998).

84 TruServ Corp., 349 NLRB 227 (2007).

85 Tit. VII, 42 U.S.C. §§2000e-2000e-15 (1988).

86 Handy Andy, Inc., 228 NLRB 447 (1977).

87 Bell & Howell Co. v. NLRB, 598 F.2d 136 (D.C. Cir. 1979), cert. denied, 442 U.S. 942 (1979).

한다는 사실, 즉 사용자가 노동조합의 과반수 지지에 관하여 성실한 합리적인 의문(a good faith reasonable doubt)을 입증할 수 있다는 객관적인 고려의 증거를 제출한 경우에만 그 신청을 허용한다는 것이 확립된 NLRB의 정책이자 연방대법원의 입장이다.[88]

예비조사(preliminary investigation) 동안 선거 신청이 기각되면, 신청인은 지역사무소장의 기각 조치를 14일 이내에 본위원회에 재심사 요청을 할 수 있으나,[89] 본위원회가 재심 요청을 거부하거나 지역사무소장의 조치를 지지한 경우에 추가적인 재심사는 극히 제한된다.

수권카드 위조를 주장하는 것에 대해서는 철저한 조사가 이루어진다. 대표 신청을 제기하기 위하여 위조된 수권카드를 이용하였다고 주장된 사건에서 본위원회는 추가적인 조사를 하도록 사건을 지역사무소장에게 환송하였다.[90] 이 사건에서 지역사무소장은 서명 대조를 할 때 NLRB Case Handling Manual에 따라 조사를 진행하였으나 동일한 사건에 대하여 위조에 관한 형사 고발이 이루어지자 조사를 중단하였다. 본위원회는 형사 고발에 대한 검사의 조치가 종료한 이후 위조 주장에 대하여 완전한 조사를 행하도록 사건을 지역사무소장에게 환송하였다.

4) 합의선거

조사에 따라 신청을 한 노동단체가 적절한 이익의 입증을 하고 있다는 사실, 사용자의 사업이 위원회의 관할권 내에 있다는 사실, 요구한 교섭단위가 적절하다는 사실 및 대표선거에 기타 장벽이 존재하지 않는다는 사

---

88 Allentown Mack Sales & Servs. v. NLRB, 522 U.S. 359 (1998); Levitz Furniture Co., 333 NLRB 717 (2001).

89 Rules and Regs. §102.71; Statements of Procedure §101.18 (c). 위원회는 이익의 입증의 충분성에 대한 결정을 재평가하는 것은 거부하고 있다(Lancaster Osteopathic Hosp., 246 NLRB 600 (1979). 이 사건에서 NLRB는 이익의 입증에 관한 결정이 선거지시 1년 6개월 전에 행해진 경우에는 재평가를 거부하였다).

90 Perdue Farms, Inc., 328 NLRB 909 (1999).

실이 인정되면, 지역사무소 직원은 당사자에 대하여 합의선거(consent election)를 위한 협정을 체결하도록 시도한다.[91]

선거협정에는 세 가지 유형이 있다. ① 합의선거협정(consent election agreement)("순수합의[pure consent]" 협정이라고도 한다), ② 완전합의 선거협정(full consent election agreement), ③ 인준조건 합의협정 (stipulated election agreement)(약칭하여 "stip for cert"라고 한다)이 그 것이다.[92] 합의선거협정은 선거 후 분쟁에 대한 최종 결정 권한을 지역사무소장에게 맡기는 것이고, 완전 합의선거협정은 선거 이전의 분쟁과 선거 이후의 분쟁을 모두 지역사무소장이 최종적으로 결정하도록 하는 것이며, 인준조건 합의협정은 일체의 분쟁에 대한 결정 권한을 본위원회에 맡기는 것이다. 이 경우 본위원회는 지역사무소장이 잠정보고서 및 권고를 서면으로 작성한 이후에 관여한다.[93]

이러한 모든 합의는 당사자가 지역사무소장의 결정이 내려지기 전에는 선거의 어떠한 단계에서도 합의할 수 있으며, 지역사무소장의 동의가 있는 경우에 효력이 발생한다. 지역사무소장의 동의를 얻기 전에는 당사자가 합의 조건의 변경을 주장하거나 전체를 철회할 수 있다. 합의선거협정을 철회하는 것은 예외적인 상황에 대한 입증에 기하여 위원회에 의한 승인이 이루어진 이후에만 허용된다.[94]

위원회는 여러 유형의 선거협정상의 조건이 법 또는 NLRB 정책에 반하지 않는 한 이를 존중하여 이행을 강제한다.[95] 예컨대 NLRB는 이른바

---

91 위원회는 예외적인 상황이라는 입증에 기하여 NLRB가 승인한 이후에만 합의선거협정의 철회를 허용하고 있다. 예컨대 First FM Joint Ventures, dba Hampton Inn & Suites, 331 NLRB 238 (2000)에서는 철회 요청이 기각되었다.

92 NLRB Rules and Regs. §102.62.

93 NLRB Rules and Regs. §§102.62 (a) & (b).

94 First FM Joint Ventures, dba Hampton Inn & Suites, 331 NLRB 238 (2000); Sunnyvale Med. Clinic, 241 NLRB 1156 (1979).

95 Norris-Thermador Corp., 119 NLRB 1301 (1958); T & L Leasing, 318 NLRB 324

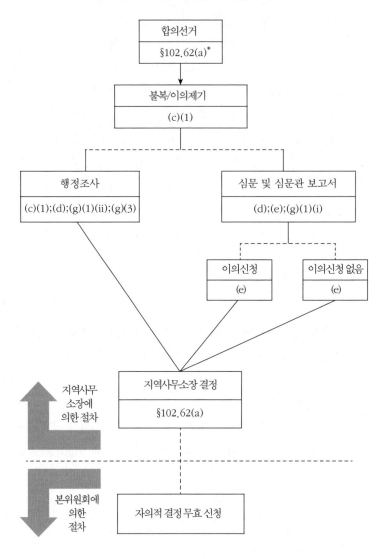

합의선거 사건에서의 선거 후 분쟁 처리절차

합의선거

§102.62(a)*

불복/이의제기

(c)(1)

행정조사

(c)(1);(d);(g)(1)(ii);(g)(3)

심문 및 심문관 보고서

(d);(e);(g)(1)(i)

이의신청

(e)

이의신청 없음

(e)

지역사무
소장에
의한 절차

지역사무소장 결정

§102.62(a)

본위원회에
의한
절차

자의적 결정 무효 신청

* NLRB, Rules and Regulations.

Norris-Thermador 협정이라고 불리는 협정의 효력을 인정하는데, 이는 근로자의 투표자격에 관한 문제를 명시적으로 합의하는 것이다.[96] 물론 이러한 합의가 법에 반하는 경우에는 효력이 없다. 앞에서 살펴본 바와 같이 NLRA에 의하여 투표자격이 부정되고 있는 감독직에 대하여 투표자격을 인정한 합의는 무효이다.

(1) 합의선거협정

합의선거협정(Consent Election Agreement)의 문안은 비밀선거, 투표자격, 투표공지, 편의 제공, 참관인, 개표, 이의제기 및 보고, 결선선거절차 등에 대하여 표준적인 내용으로 구성되어 있다.

합의선거협정의 효과는 대부분의 경우 심문 이후 지역사무소장에 의한 지시선거의 효과와 같다. 따라서 두 경우 모두 지역사무소장은 선거와 관련하여 발생한 모든 문제에 대하여 판정하며, 이의제기가 된 투표용지 및 불복에 대하여 조사하고 판정을 내리며 그 결과를 인준한다. 합의선거와 지시선거의 기본적인 차이는 지역사무소장의 조치에 대한 불복의 범위이다. 합의선거에서는 본위원회 또는 법원은 지역사무소장의 조치가 자의적이고 편의적인지 여부에 대해서만 판단한다. 지시선거의 경우에는 그 조치에 실체적 잘못이 있으면 판정이 번복된다. 합의선거협정이 체결된 경우 선거 후 분쟁 처리는 앞의 그림과 같이 이루어진다.

(2) 인준조건 합의협정

인준조건 합의협정(Agreement for Stipulated Election)은 합의선거협정과 두 가지 차이가 있다. 첫째, 인준조건 합의협정에서는 당사자는 선거

(1995) 등.

96 Norris-Thermador Corp., 119 NLRB 1301 (1958). 또한 Laneco Construction Sys., Inc., 339 NLRB 1048 (2003)도 같은 취지이다.

인준조건 합의선거 사건에서의 선거 후 분쟁 처리절차

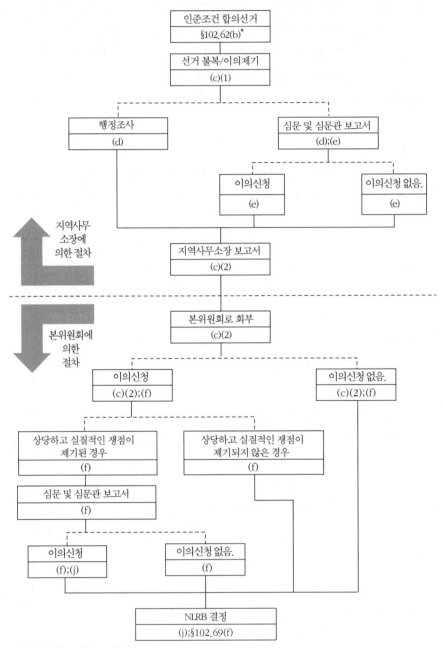

* NLRB, Rules and Regulations.

이전의 모든 심문에 관한 권리를 포기하는 데 합의한다. 반면 합의선거협정에서 당사자의 포기는 선거 이전과 선거 이후 양자에 대하여 적용된다. 둘째, 인준조건 합의협정에서 당사자는 본위원회가 선거와 관련한 모든 문제를 최종적으로 결정하여야 한다고 합의한다(예컨대 이의제기된 투표용지의 유효성, 선거 불복 등).[97] 이에 대하여 합의선거협정에서는 당사자는 지역사무소장이 그러한 사항에 대하여 최종적이며 구속적인 결정을 내리는 것을 동의한다. 인준조건 합의협정이 체결된 경우 선거 후 분쟁 처리는 앞의 그림과 같이 이루어진다.

(3) 완전합의선거협정

2005년 2월 28일 본위원회는 세 번째 형태의 선거협정, 즉 완전합의선거협정(Full Consent Election Agreement)을 설정하도록 규칙을 개정하였다.[98] 이에 따라 당사자는 선거 이전과 선거 이후의 모든 다툼을 지역사무소장이 결정하도록 하고 본위원회에의 재심 신청을 배제하는 합의를 할 수 있다. 이 경우 지역사무소장의 결정은 최종적이며 구속적인 효력을 가지게 되어, 본위원회가 내린 결정과 동일한 효력을 가진다.

앞에서 본 바와 같이 합의선거협정은 당사자가 선거에 동의하고 지역사무소장이 선거 이후의 모든 분쟁을 결정하는 데 합의하는 것이고, 인준조건 합의선거협정은 당사자가 선거에 합의하지만 선거 이후의 쟁점에 대한 지역사무소장의 판정에 대하여 최종적 결정을 위하여 본위원회에 재심을 신청할 수 있다는 점에서 차이가 있다.

5) 대표사건 심문

당사자가 선거와 관련한 합의선거협정을 체결하지 않으면, 지역사무소

---

97 Rules and Regs. §102.62 (b).
98 Rules and Regs. §102.62 (c).

장이 지명한 심문관(hearing officer)의 주재 하에 공식적인 대표사건 심문(Representation Hearings)이 개최된다.[99] 대표사건의 당사자들은 예외적인 상황이나 당사자에 의한 명시적인 포기가 없는 한, 심문일로부터 5일 이전에 심문일자를 통지받게 된다.[100] 당사자들은 자신이 직접 출석하거나, 변호인 기타 대리가 출석할 수 있다. 심문은 적정교섭단위 문제와 같이 법 제9조 하에서 발생하는 대표에 관한 각 쟁점의 결정과 관련되는 일체의 쟁점을 다룰 수 있다. 그러나 대표사건 절차에서 부당노동행위 주장은 신청사건과 병합되지 않는 한 제기되거나 다투어질 수 없다.[101] 선거전 심문(preelection hearing)에서는 파업대체 근로자와 해고 근로자의 투표자격도 다투어질 수 없다.[102] 심문은 그 성격상 소송과 같은 대심주의(對審主義, adversary)에 의하여 이루어지는 것이 아니라 조사의 일부로서 이루어진다. 당사자와 마찬가지로 심문관은 증인을 소환하거나 신문할 수 있으며 다른 증거를 제출할 수 있다.

심문관은 증인소환 또는 증거 제출에 대하여 소환장(subpoena)을 발부할 수 있으며, 대상자가 소환장에 응하지 않으면 법정모독죄의 대상이 된다. 소환장이 이행되지 않으면 위원회는 연방지방법원에 그 강제이행을 구할 수 있다.[103]

심문은 소송이 아니기 때문에 법원에서 이용되는 증거 법칙이 엄격하게 적용되는 것은 아니다. 2012년 신청 처리를 개정한 최종규칙(Final Rule)에서 위원회는 당사자에게 준비서면을 제출할 권리를 인정하는 관행을 중단하였다. 따라서 준비서면이 허용되는지 여부는 심문관의 재량에 맡겨져 있다. 심문 종결시에는 구두(口頭) 주장이 허용되기는 하지만,

99 Rules and Regs. §102.64.
100 Croft Metals, Inc., 337 NLRB 688 (2002).
101 Typographical Union (Lawrence) v. McCulloch, 349 F.2d 704 (D.C. Cir. 1965).
102 Milwaukee Indep. Meat Packers Ass'n, 223 NLRB 922 (1976).
103 Best Western City View Motor Inn, 325 NLRB 1186 (1998).

대부분의 사건에서 구두 주장은 이루어지지 않고 서면에 의하여 주장을 하게 된다.

심문 종결 이후, 심문관은 지역사무소장에 대하여 쟁점을 요약하는 보고서와 증거를 제출하지만 사건에 관한 권고는 하지 않는다. 지역사무소장은 회의록, 증거물, 당사자의 준비서면과 함께 심문관의 보고서에 기초하여 결정을 내린다.[104]

6) 대표선거 관련 결정

(1) 지역사무소장에 의한 결정

1961년부터 본위원회는 대표사건에 관한 업무의 다수를 지역사무소장에게 위임하였다. 현재 지역사무소장은 대표에 관한 문제가 존재하는지 여부 및 적정교섭단위를 결정하고 있다. 이러한 권한의 위임으로 인하여 대표사건에 소요되는 시간이 반 이상 단축되었다고 한다.[105] 지역사무소장이 이러한 쟁점에 관하여 결정을 내릴 때에는 결정문에 사실 인정, 법의 적용, 선거 지시 또는 신청기각명령을 적시하여야 한다.[106]

---

104 Rules and Regs. §102.66(d).

105 NLRB, 1980 *Annual Report* 15, Chart No. 10 (1981).

106 Rules and Regs. §§102.67(a) & (b). 연방대법원은 단체교섭거부의 부당노동행위 사건에서 위원회가 대표사건을 둘러싼 쟁점에 관한 사실관계를 직권으로 판단하여야 하는지 아니면 대표사건에서 지역사무소장이 이전에 행한 사실관계를 근거로 할 수 있는지 여부에 대하여, 부당노동행위 절차에서 대표와 관련한 결정을 다시 다투지 못하도록 하는 NLRB 규칙은 대표사건과 관련한 결정이 본위원회에 의하여 이루어지든 지역사무소장에 의하여 이루어지든 관계없이 적용된다고 판단하였다(Magnesium Casting Co. v. NLRB, 401 U.S. 137 (1971)). 그러나 제6항소법원은 대표사건에서 결정을 재심사하기 위하여 기록의 재공개를 지역사무소장이 거부한 부당노동행위 절차에서 NLRB가 재심사 제한을 부당하게 적용하였다고 판결하였다. 그 사건에서는 대표심문일 이후에 발생한 실체적 증거를 적시한 서약서가 제출되었다. NLRB v. D.H. Farms Co., 465 F.2d 1230 (6th Cir. 1972). 또한 Rules and Regs. §102.65 (e) (1).

지역사무소장에 의하여 선거가 지시되는 경우 선거 후 분쟁 처리는 다음 그림과 같은 절차로 이루어진다.

(2) 본위원회에 의한 결정

새로운 법적 쟁점이나 복잡한 법적 쟁점이 포함된 경우 지역사무소장은 자신이 결정을 내리기 전에 그 사안을 본위원회로 이송할 수 있다.[107] 또한 지역사무소장이 결정을 내린 모든 사건에서 당사자는 그 결정에 대한 재심을 본위원회에 요청할 수 있다. 본위원회는 법 또는 정책에 대한 상당한 의문이 제기된 경우, 사실관계상의 상당한 부분에 대하여 명백한 잘못이 있는 경우, 심문의 실시에 편견이 있는 경우 또는 위원회의 중요한 규칙이나 정책을 재고려하여야 할 불가피한 이유가 있는 경우에만 재심을 허용하기 때문에[108] 지역사무소장의 결정에 대하여 재심이 이루어지는 경우는 실제로는 별로 없다. 본위원회가 재심을 허용하는 경우 본위원회는 지역사무소의 서면을 검토하지 않을 수도 있고 당사자에게 추가적인 준비서면을 제출할 기회를 주지 않을 수도 있다.[109] 재심 요청에 대한 본위원회 결정은 원칙적으로 법원의 사법심사 대상이 되지 않는다.

한편, 2011년 12월 22일 위원회는 그 관행을 변경한 최종규칙을 발표하였다. 이 규칙에서는 당사자가 지역사무소장의 결정과 선거 지시에 관한 심사를 선거 전에 요청할 당사자의 권리를 배제하고, 대신 선거 이후, 즉 그러한 모든 요청이 선거 후 결정에 대한 심사 요청과 병합될 수 있을 때까지는 본위원회에 대한 모든 심사 요청을 유예하고 있다. 그러나 뒤에서 보는 바와 같이 위원회 구성의 하자로 인하여 이 규칙은 폐기되고, 2014년 10월 현재 사실상 같은 내용의 규칙안이 논의되고 있다.

---

107 Rules and Regs. §102.67 (h).
108 United Health Care Servs. (1998)
109 Rules and Regs. §§102.67(b)-(g).

지시선거 사건에서의 선거 후 분쟁 처리절차

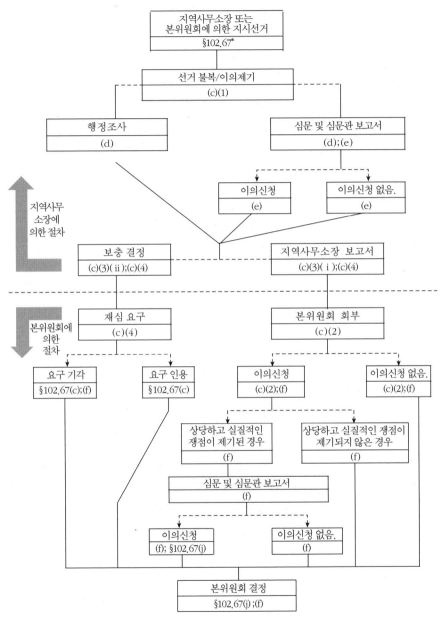

* NLRB, Rules and Regulations.

대표사건에서, 모든 계류 중인 사건을 포함하여, 그 결정을 소급적으로 적용하는 것은 위원회의 통상적인 규칙이다.[110]

(3) 구두 주장

대표 관련 신청에서 당사자가 구두 주장을 지역사무소 소장 또는 본위원회에 대하여 할 수 있는 근거 규정이 위원회 규칙에 있기는 하지만 실제로 구두 주장은 거의 허용되지 않고 서면에 의한 주장만이 인정된다. 지역사무소장은 핵심적인 사항에 대하여 준비서면이 불충분하다고 판단되는 때에는 구두 주장을 허용하는 경우도 있다. 그러나 본위원회에서의 재심 절차에서는 구두 주장을 허용하게 되면 사건이 지나치게 지연되기 때문에 원칙적으로 구두 주장을 허용하지 않으며, 기본 정책이나 주요한 선례와 관련된 경우에만 이를 허용한다.[111]

7) 선거

(1) 날짜와 장소

당사자가 선거에 합의하면, 선거일은 협정에서 정해진다. 지시선거의 경우 위원회의 절차규칙 제101.21 (d)는 지역사무소장은 통상적으로 "선거 결정 및 지시"를 발부한 후 25일 이내에는 선거 일정을 잡아서는 아니 된다고 규정하고 있다. 이 규칙의 목적은 위원회에 대하여 선거전 심사 요청에 대한 판단 기회를 부여하기 위한 것이다. 이로 인하여 지역사무소장이 지시하는 선거는 선거 지시 발부일로부터 25일에서 30일 사이에 일반적으로 개최된다. 심사 요청의 제기나 허가는 선거 정지 사유가 되지 않으며, 본위원회가 심사 요청에 기하여 판단을 하기 전에 선거가 이루어지는

---

110 DTG Operations, Inc., 357 NLRB No. 175, slip op. at n.19 (2011).

111 Fredric Ficher, Brent Garren, & Truesdale, *How To Take a Case Before The NLRB*, 8th ed., BNA Books, 2008.

경우에는 본위원회의 최종 결정이 내려지기 전까지 투표함은 개봉되지 않는다.[112] 본위원회가 심사를 허가하면 통상적으로 선거는 지역사무소장이 정한 날에 실시한다. 그러나 2011년 12월 22일 발표한 NLRB의 최종규칙에서 선거 이후까지는 본위원회에 대한 모든 심사 요청을 유예하도록 하여 25일 규칙을 폐지하려고 시도하고 있다.[113]

위원회는 사용자는 선거 당일 오전 12시 01분 이전에 완전근로일 3일 이상 보기 쉬운 곳에 NLRB의 공식선거 통지문을 제시하여야 한다는 규칙을 채택하고 있다. 사용자가 이 규칙에 따라 통지문을 게시하지 않으면 선거 무효 사유가 된다.[114]

통상적인 선거 장소는 사용자 시설 내이지만, 2011년에 내려진 세 결정에서 NLRB는 선거 장소와 관련한 구체적인 내용을 다루고 있다. 우선, Mental Health Ass'n 사건에서[115] NLRB는 사용자의 시설 내에서 선거를 실시하는 것을 우선한다는 추정을 폐기하라는 신청을 거부하였다. Austal USA, LLC. 사건에서[116] 위원회는 선거 장소를 결정할 지역사무소장의 재량권을 확인하면서 지역사무소장이 "일체의 모든 재량권을 행사"하였는지 여부를 결정할 수 없다는 이유로 사건을 지역사무소장에게 환송하였다. 세 번째 사건인 2 Sisters Food Group, Inc. 사건에서[117] 위원회는 Austal 결정에서 제시한 요소, 즉 지역사무소장은 선거 장소와 관련한 재량권을 행사할 때 고려하여야 할 요소를 다음과 같이 제시하고 있다.

---

112 Rules and Regs. §102.67(g).

113 그러나 이 규칙은 의결정족수에 관한 절차상 하자를 이유로 연방항소법원에서 무효라고 판단되었다. 이에 따라 NLRB는 이 규칙을 폐지하고 2014년 현재 유사한 내용의 규칙 개정안을 제기하고 있는 상태이다. 상세한 것은 뒤의 제3장, 2_, 3. "(6) 대표선거와 관련한 규칙 제정" 참조.

114 29 C.F.R. § 103.20.

115 356 NLRB No. 151 (2011).

116 357 NLRB No. 40 (2011).

117 357 NLRB No. 168 (2011).

첫째, 지역사무소장은 재선거를 사용자 시설에서 개최하는 것에 대한 신청인의 반대, 그곳에서 개최해달라는 사용자의 요청 및 그 사유를 고려하여야 한다. 둘째, 지역사무소장은 과거의 불법행위와 관련한 이행기간이 아직 종료하지 않은 사실에도 불구하고 신청인이 선거절차를 진행해달라는 요청을 하고 있는지 여부와, 사용자의 과거 불법적인 행위의 범위와 성격을 고려하여야 한다. 셋째, 지역사무소장은 선거가 사용자가 소유하거나 통제하는 시설에서 개최될 경우 이 절차의 다른 당사자에 대하여 사용자에게 유리한 점을 평가하여야 한다. 넷째 지역사무소장은 신청인이 제안한 다른 장소 또는 지역사무소장이 발견하거나 알고 있는 다른 장소를 평가하여야 한다. 이러한 장소를 평가할 때 지역사무소장은 투표자의 접근가능성, 그 장소에서 NLRB가 선거를 개최하고 적절하게 감독할 수 있는지 여부, 이 절차의 당사자들이 그 장소에 대하여 동등하게 접근할 수 있고 통제할 수 있는지 여부를 고려하여야 한다.

한편, 우편투표선거가 더 유용한 경우도 있다. San Diego Gas & Electric 사건에서[118] 위원회는 우편투표선거를 지역사무소장이 지시할 것인지 여부를 결정할 때 고려하여야 할 요소로서 다음과 같은 사항을 제시하고 있다.[119]

① 투표자격이 있는 투표자가 그 업무상의 책임으로 인하여 광범위한 지리적 영역에 걸쳐 "흩어져(scatter)" 있는 경우

② 투표자격이 있는 투표자가 그 작업 스케줄이 매우 상이하여 공통된 시간에 공통된 장소에 출석하지 못한다는 의미에서 "흩어져" 있는 경우

③ 파업, 직장폐쇄 또는 피케팅이 진행 중에 있는 경우

---

118 325 NLRB 1143 (1998).

119 Id. at 1158.

(2) 투표권자

투표자격이 있는 근로자는 선거일 현재 고용되어 있고 근로 중에 있는
자와 선거 지시일 또는 합의선거협정에서 정해진 날 직전의 급여 지급 기
간 말일(이를 투표자격일[eligibility date]이라고 한다)에 적정교섭단위에
서 고용되어 있던 자이다.[120] NLRB는 계절적 산업의 경우 산업의 계절적
성격으로 인한 노동력에서의 변동을 반영하기 위하여 투표자격일을 조정
할 수 있다.[121]

위원회는 특정 투표자의 투표자격에 관하여 여러 방침을 전개하고 있
다. 상병휴가 또는 출산휴가 중에 있는 근로자는 사직하지도 않았고 선거
일 현재 해고되지도 않은 경우에는 투표자격이 있다고 판단하고 있다.[122]
따라서 해고되거나 사직하였다는 사실의 적극적인 증명(affirmative
showing)에 의하여 추정이 반박될 때까지 또는 반박되지 않는 한, 상병
휴가 또는 출산휴가 중에 있는 근로자는 투표자격이 있는 것으로 추정
된다.[123]

임시직근로자는 투표자격일 현재 그 고용기간 종료의 일자가 특정되어
있지 않은 경우에 해당하지 않는다면 투표자격이 없다.[124] 또한 통상적인
단시간 근로자로서 인정할 수 있을 정도로 충분한 근로시간 동안 일하지
않은 근로자(평균 주 4시간 이상)는 투표할 자격이 없다(이른바 Davison-

---

120 Airport-Shuttle Cincinnati, 257 NLRB 955 (1981), enforced, 703 F.2d 220 (6th Cir.
  1983); American Shuffleboard Co., 85 NLRB 51 (1949).
121 Heavenly Valley Ski Area v. NLRB, 552 F.2d 269 (9th Cir. 1977) (이 사건에서 투표
  자격일은 선거통지일 직전 임금 지급 기간이 아니라 선거 결정 및 지시 직전 임금 지급
  기간의 말일이라고 판단하고 있다).
122 Home Care Network, Inc., 347 NLRB 859 (2006); Abbott Ambulance of Ill., 347
  NLRB 864 (2006); South Coast Hospice, Inc., 347 NLRB 863 (2006).
123 Red Arrow Freight Lines, 278 NLRB 965 (1986).
124 New World Commc'ns, 328 NLRB 3 (1999), enforced, 232 F.3d 943 (8th Cir.
  2000). 또한 J.K. Pulley Co., 338 NLRB 1152 (2003) 사건에서는 여름방학 기간 중 일
  하는 학생 아르바이트는 투표자격이 없다고 판정하였다.

Paxon 법리).[125] 그러나 항상 그런 것은 아니다. 예컨대 두 개의 일자리에 종사하고 있는 근로자가 지난 5년간 매주 월요일 3시간 동안 근로하고 당해 교섭단위 내 근로자와 상당한 이익의 공통성이 있다면, Davison-Paxon 법리는 적용되지 않는다고 판단되었다.[126]

예견 가능한 장래에 복직할 것이라는 합리적인 기대권을 가진 해고된 근로자는 투표자격이 있다.[127] 복직에 대한 합리적 기대권 유무를 결정하기 위하여 고려되는 객관적인 요소에는 사용자의 과거의 경험, 사용자의 장래 계획, 해고의 상황, 근로자가 복직에 대하여 고지받은 내용 등이 고려된다.[128] 재고용에 대한 합리적 기대를 가진 계절적 근로자는 선거에서 투표자격이 있다.[129] 교섭단위 내 작업을 행하는 정규직 단시간 근로자 역시 투표자격이 있다.[130]

건설산업에서는 불연속적인 고용이라는 특수성으로 인해 특별한 규칙이 적용되고 있다.[131] 건설산업과 관련해서는 NLRB는 Steiny & Co. 사건 판정에서[132] 일반적 법리를 제시하였는데, Daniel Construction Co.[133] 사

---

125 St. Joseph Ambulance Serv., 346 NLRB 1311 (2006); Davison-Paxon Co., 185 NLRB 21 (1970).

126 Columbia Coll., 346 NLRB 729 n.10 (2006).

127 MJM Studios of NY, Inc., 338 NLRB 980 (2003).

128 A.L. Investors Orlando LLC, 344 NLRB 582 (2005); Data Tech. Corp., 281 NLRB 1005 (1986); Monroe Auto Equip. Div., 273 NLRB 103 (1984).

129 L&B Cooling, 267 NLRB 1 (1983), enforced, 757 F.2d 236 (10th Cir. 1985); Maine Apple Growers, 254 NLRB 501 (1981).

130 A.L. Investors Orlando, 344 NLRB 582 (2005); Tri-State Transp. Co., 289 NLRB 356 (1988); Pat's Blue Ribbon & Trophies, 286 NLRB 918 (1987).

131 Daniel Constr. Co., 133 NLRB 264 (1961) 및 Steiny & Co., 308 NLRB 1323 (1992).

132 308 NLRB 1323 (1992).

133 133 NLRB 264 (1961), as modified, 167 NLRB 1078 (1967). 1967년 판정에서 NLRB 는 근로자가 고용되어 있던 최후의 일자리의 종료일 이전에 정당한 이유에 기하여 해고되거나 자의적으로 사직한 근로자를 투표자격에서 제외하도록 하여 Daniel Construction 법리를 명확히 하였다.

건 기준이 모든 건설산업 선거에 적용된다는 것이다. 이 법리에 따르면 건설산업에서의 투표자격 기준은 다음과 같다. 근로자가 투표자격일 12개월 이전부터 30일 이상 사용자에 의하여 고용되어 있었던 경우 또는 그 12개월 내에 사용자와 일부 고용관계를 맺고 있었고 투표자격 기준일 24개월 이전부터 45일 이상 고용되어 있었던 경우에 그 근로자는 투표자격을 가진다는 것이다. 정당한 이유에 기하여 해고되거나 자발적으로 사직한 근로자는 투표자격이 없다. 이를 Daniel/Steiny 공식(formula)이라고 부른다. Signet Testing Laboratories, Inc. 사건에서[134] NLRB는 Steiny & Co. 사건에서의 판정을 재확인하였다.

불법체류 근로자는 투표자격일 동안 교섭단위에서 고용되어 있는 경우에는 투표자격이 있다.[135] 즉, 이민법상 체류자격은 근로자의 투표자격과 무관하다는 것이 NLRB와 판례의 입장이다.[136]

마찬가지로 선거일 이후에 관리직으로 승진할 예정에 있는 자도 투표자격일 현재 근로자이기 때문에 투표자격이 있다.[137] 사용자가 선거 전에 근무 태만을 이유로 근로자를 해고할 의사가 있었다고 사용자가 주장하더라도 그 근로자는 투표자격을 가진다.[138]

근로자가 선거 이후에 사직할 의사를 가지고 있었고 실제로 사직하였다고 하더라도 그 근로자는 투표자격을 가진다. Saint Gobain Industrial Ceramics v. NLRB 사건에서[139] DC항소법원은 사용자가 18 대 17로 패배한 선거에 대한 사용자의 선거 이의를 NLRB가 기각한 것을 타당하다고 판단하였다. 이 사건에서 사용자는 휴가 중이었던 근로자가 이미 다른 사

---

134 330 NLRB 1 (1999).

135 Kolkka Tables, 323 NLRB 165 (1997), enforced, 170 F.3d 937 (9th Cir. 1999).

136 Concrete Form Walls, Inc., 346 NLRB 831 (2006); Agri Processor Co. v. NLRB, 514 F.3d 1 (D.C. Cir. 2008).

137 Nichols House Nursing Home, 332 NLRB 1428 (2000).

138 Leisure Centers, Inc., 326 NLRB 1215 (1999).

139 310 F.3d 778, 781-82 (D.C. Cir. 2002), enforcing, 334 NLRB No. 60 (2001).

용자를 위하여 이미 근로를 개시하였다는 사실을 노동조합이 알고도 모른 체하였다는 이유로 선거에 대한 이의신청을 하였다. 본위원회는 당해 근로자의 투표에 대하여 이의제기가 이루어지지 않았으며 노동조합은 그 근로자가 새로운 고용을 은닉하도록 유도하거나 장려하기 위한 어떠한 노력도 하지 않았다고 지적하면서 사용자의 선거 이의제기를 기각하였다.

경제적 파업 참가자의 투표자격은 입법정책에 따라 여러 차례 변경되었다. 와그너법 하에서는 그러한 파업 참가자가 영구적으로 대체되었다고 하더라도 투표자격을 인정하였다.[140] 태프트 하틀리법은 이 법리를 번복하여 경제적 파업 참가자의 투표자격을 부정하였는데(법 제9조 (c)(3)), 다시 랜드럼 그리핀법에서는 원직 복귀 자격이 없는, 즉 영구적으로 대체된 경제적 파업 참가자라고 하더라도 선거가 파업 개시 후 12개월 이내에 실시된 경우에는 투표자격이 인정되고 있다(법 제9조 (c)(3)).

투표자격을 가지기 위해서는 실제로 근로한 적이 있어야 한다. 따라서 이전에 채용 요청을 수용하고 급여명부에 기재되었고 직원신분증을 교부받았지만 투표자격일 현재에는 실제로 근로하지 않았던 근로자는 투표자격이 없다.[141]

사용자는 선거 지시일 또는 합의선거협정 승인일로부터 7일 이내에 투표자격이 있는 근로자의 명단과 그 집주소(이를 "Excelsior 리스트"라 한다)를 위원회에 제공하여야 한다.[142] 이 리스트는 선거 이전에 노동조합이 근로자와 접촉하는 데 이용할 수 있도록 하기 위하여 노동조합 또는 관련

---

140 Columbia Pictures Corp., 61 NLRB 1030, supplemented, 64 NLRB 490 (1945).

141 NLRB V. Maryland Ambulance Servs., 192 F.3d 430 (4th Cir. 1999), enforcing Maryland Ambulance Servs., Inc., 325 NLRB 1072 (1998).

142 Excelsior Underwear, 156 NLRB 1236 (1966). NLRB의 일관된 입장으로서 연방대법원의 지지를 받고 있다. NLRB v. Wyman-Gordon Co., 394 U.S. 759 (1969); Red Carpet Bldg. Maint. Corp., 263 NLRB 1285 (1982). 이 경우 위원회는 그 리스트에 교섭단위 내 근로자의 성과 이름을 모두 기재할 것을 요구하고 있다(North Macon Health Care Facility, 315 NLRB 359 (1994)).

노조들에 전달된다. Excelsior 리스트의 전송이 17시간 지연되었다고 하더라도 일방 당사자에게 불리하지 않은 경우에는 선거 무효의 사유가 되지 않는다.[143]

당사자 간의 투표자격에 관한 협정이 법이나 NLRB 정책에 반하지 않는 한, 투표자격 문제에 관하여 명시적으로 규정된 서면의 서명된 협정은 결정적인 근거가 되며, 당사자에 대하여 최종적이며 구속적인 효력을 가진다.[144] 투표자격에 대한 구두의 합의 역시 구속력이 있는 것으로 판단될 수 있다.[145]

투표자의 투표자격에 대하여 이의를 제기하고 입증할 책임은 주장하는 당사자가 부담한다. 예컨대 어떤 자가 투표자격일 현재 근로하고 있지 않다는 이유로 이의제기의 대상이 된 자를 투표에서 배제하고자 하는 당사자는 그 자가 교섭단위 내 작업을 전혀 수행하지 않고 있다는 입증 책임을 부담한다.[146]

(3) 투표절차

선거는 지역사무소 직원에 의하여 관장되며 통상적으로는 사용자시설 내에서 근로시간 중에 이루어진다. 투표지(ballot)에는 당해 교섭단위 내 과반수 지지를 주장하는 각 노동조합에 대한 선택란과 "무노조(no union)" 선택란을 둔다. 당사자는 투표 장소에 참관인을 둘 수 있으나, 반드시 두어야 하는 것은 아니다. 관리직 또는 당해 사용자의 종업원이 아닌 노동조합 대표자는 투표기간 중 투표 장소에 있어서는 아니 된다. 모든 선거는 비밀투표에 의하여 이루어진다. NLRB 직원 또는 승인된 참관인은

---

143 Teamsters Local 705, 347 NLRB 439 (2006).

144 Norris Thermador, 119 NLRB 1301 (1958).

145 Banner Bedding, 214 NLRB 1013 (1974), enforcement denied, 549 F.2d 808 (9th Cir. 1977).

146 Sweetener Supply Corp., 349 NLRB 1122 (2007).

상당한 이유(good cause)가 있는 경우에는 투표자의 투표자격에 대하여 이의를 제기할 수 있다. 이의제기의 대상이 된 자는 투표는 허용되지만, 그 자의 투표용지는 NLRB 직원에 의하여 별도로 보관되며, 그 수가 당해 선거 결과에 영향을 미칠 정도로 충분한 것이 아니라면, 개표되지 않는다.[147]

기표소가 폐장된 직후 NLRB 직원은 참관인 기타 당사자의 대표가 출석한 가운데 개표를 하고 수를 집계하며,[148] 집계표가 작성되면 각 당사자에게 교부된다. 노동조합이 교섭대표로서 인준되기 위해서는 유효 투표자의 과반수 득표를 하여야 한다.[149] 설령 투표권자 중 실제 투표자가 1명이라고 하더라도 선거 결과가 무효가 되는 것은 아니다.[150] "적절한 공고가 있고 투표할 기회가 부여되고 있으며 근로자가 일방 당사자의 행위 또는 선거 실시의 스케줄에서의 불공정성에 의하여 투표 방해를 받지 않은 경우"에는 투표자의 수에 관계없이 인준이 이루어진다.[151] 그러나 지독한 날씨 상황으로 인하여 자격있는 투표자가 투표할 적절한 기회를 행사할 수 없었고 상당한 수가 투표하지 못한 경우에는 선거가 무효로 된다.[152] 우편투표선거에서 투표지를 수집하거나 소지하는 것에 대하여는 당사자가 이의제기를 할 수 있다.[153]

8) 선거에 대한 불복 신청과 투표지에 대한 이의제기

비밀선거의 목적은 근로자에게 교섭대표를 선출하거나 거부할 수 있는 자유롭고 억압되지 않는 기회를 제공하는 것이다. 따라서 사용자, 노동조

---

147 Rules and Regs. §102.69(a) (1).
148 Statements of Procedure §101.19(a)(3).
149 과반수를 차지한 선택지가 없는 경우에는 결선투표를 행하지만, 결선투표는 1회에 한하여 인정된다(Rules and Regs. §102.70).
150 Lemco Construction, 283 NLRB 459 (1987).
151 Lemco, 283 NLRB 460 (1987). 또한 Glass Depot, 318 NLRB 766 (1995).
152 Baker Victory Servs., 331 NLRB 1068 (2000).
153 Fessler & Bowman Inc., 341 NLRB 932 (2004).

합, NLRB 직원 또는 외부자에 의한 행위로서 대표 신청 제기 이후에 발생하고[154] "선택의 자유와 양립 불가능한 분위기"를[155] 창출하는 행위는 선거 무효 사유가 된다. 신청 제기 이전에 발생한, 심각하고 악질적인 폭력행위 역시 그 행위가 근로자로 하여금 억압과 보복의 위협에서 자유롭게 선거에 참가할 권리를 박탈하는 것으로 인정되면 선거 무효 사유가 될 수 있다.[156] 이러한 주장은 지시선거에 대한 불복 신청에 의하여 제기된다.[157]

부당노동행위에 이르지 않는 행위도 선거 불복 신청의 대상이 될 수 있다.[158] 선거와 관련한 당사자의 행위가 보복의 명백한 위협이나 이익의 약속에 해당한다는 것을 입증할 필요는 없고, 그 행위가 "선택의 자유를 침해할 가능성"이 있었다고 할 수 있을 정도로 "억압적인 효과(coercive effect)"를 "가지는 경향이 있다고 합리적으로 생각"할 수 있는 행위인지 여부가 판단 기준이 된다.[159]

당사자는 선거일로부터 7일 이내에 지역사무소장에 대하여 선거 불복 신청을 하여야 하며, 불복 신청 기한의 마지막 날로부터 7일 이내에 그 증거를 제출하여야 한다.[160]

선거 불복 신청과 이의제기된 투표지(선거 결과에 영향을 미칠 정도로 수에서 충분하다면)에 대하여는 지역사무소장이 조사한다.[161] 지시선거

---

154 Goodyear Tire & Rubber Co., 138 NLRB 453 (1962); Ideal Elec. & Mfg. Co., 134 NLRB 1275 (1961).

155 Metropolitan Life Ins. Co., 90 NLRB 935 (1950).

156 Willis Shaw Frozen Express, 209 NLRB 267 (1974).

157 위원회는 선거 행태에 관한 불만은 선거 후의 선거 이의를 통하여 제기되어야 하고 자력구제에 의해서는 안 된다고 판단하고 있다(Grant's Home Furnishings, 229 NLRB 1305 (1977)).

158 General Shoe Corp., 77 NLRB 124 (1948).

159 Harborside Healthcare, Inc., 343 NLRB 906 (2004); Millard Refrigerated Servs., Inc., 345 NLRB 1143 (2005).

160 Rules and Regs. §102.69(a). Craftmatic Comfort Mfg. Corp., 299 NLRB 514 (1990).

161 Rules and Regs. §102.69(a)(1).

및 합의선거 사건에서 수사가 종결되면, 지역사무소장은 심문을 개최하지 않고 조사만으로 결정할 수 있다. 그러나 지역사무소장이 당해 이의제기나 이의가 "상당하고 실질적인 사실관계상의 쟁점을 제기"한다고 판단하는 경우에는 심문을 개최하여야 한다.[162] 선거가 지역사무소장의 지시에 따라 실시된 경우 지역사무소장은 자신이 결정을 내리지 않고 본위원회에 대하여 보고서를 제출할 수도 있고, 스스로 쟁점에 관한 결정을 내릴 수도 있다.[163] 합의선거협정이 체결된 경우에는 지역사무소장의 결정은 최종적인 효력을 가지며, 이에 대해서는 불복할 수 없다.[164] 선거가 인준조건 합의선거협정에 따라 행해진 경우 지역사무소장은 불복 신청 또는 이의 대상투표용지에 대한 보고서만 작성하고 본위원회가 최종 결정을 내린다.[165] 투표용지에 대한 이의가 기각되면, 투표용지는 개표되어 계산된다. 본위원회가 선거에 대한 불복 신청을 인정하면, 재선거가 명해진다. 불복 신청을 인정하지 않으면 노동조합이 승리한 경우에는 "대표 인준서(a certification of representative)"가 발부되고, 노동조합이 승리하지 못한 경우에는 "선거 결과에 대한 인준서(a certification of results)"가 발부된다.[166]

9) 수권박탈선거 및 인준박탈선거

1935년 와그너법 하에서는 클로즈드 숍 또는 유니온 숍 협정은 합법이

---

162 Rules and Regs. §102.69 (d). 이 규칙은 1981년에 개정된 것인데, 위원회의 규칙에서 요구하는 "상당하고 실질적인 사실관계상의 쟁점"이 문제된 사안에서 위원회가 선거 이의에 대한 심문을 개최하지 않은 것에 대한 일부 항소법원의 비판을 수용한 것이다. 예컨대 NLRB v. RJR Archer, Inc., Filmco Div., 617 F.2d 161 (6th Cir. 1980), denying enforcement to 230 NLRB 499 (1977); NLRB v. Claxton Mfg. Co., 613 F.2d 1364, clarified, 618 F.2d 396 (5th Cir. 1980); Eltra Corp., Prestolite Wire Div. v. NLRB, 592 F.2d 302 (6th Cir. 1979), denying enforcement to 225 NLRB 1 (1976).
163 Rules and Regs. §102.69 (c) (3).
164 Rules and Regs. §102.62(a).
165 Rules and Regs. §102.69(a)(2).
166 Rules and Regs. §102.69 (a) (2) 및 §102.69 (f).

었다. 태프트 하틀리법에 따라 클로즈드 숍은 불법화되었으나, 유니온 숍은 NLRB가 관장하는 선거에서 근로자에 의하여 특별하게 수권(authorize)되면 인정되었다(제8조 (a)(3)). 1951년에 태프트 하틀리법은 다시 개정되어,[167] 유니온 숍 협정에 대한 근로자의 수권 요건은 폐지하였으나, NLRB가 실시하는 수권박탈선거를 통하여 유니온 숍 협정을 폐지하는 것을 허용하여(제9조 (e)(1)) 오늘에 이르고 있다.

인준박탈 신청은 대표절차와 동일한 방법으로 처리된다(제9조 (c)(1)(A)(ii)).[168] 개별 근로자, 근로자집단 또는 이들을 대표한 노동단체는 인준박탈 신청을 할 수 있다.[169] 이에 반하여 사용자, 관리직 기타 사용자의 대리인은 인준박탈 신청을 제기할 수 없다.[170]

10) 명령의 이행

대표사건에서 NLRB의 결정에 대한 이행절차는 부당노동행위사건에서의 구제명령 이행 감시절차와 동일하다.

2006년 9월 사무총장은 배타적 교섭대표 인준 이후의 법 제8조 (a)(5)에 대한 기술적 위반을 포함한 선거사건에 관한 이행절차에 대하여 절차적 변경을 공포하였는데,[171] 이는 사건 처리의 신속화를 위한 것이다. 교섭대표 선출사건에서 법 제8조 (a)(5) 위반을 인정한 위원회 명령을 임의적으로 이행하는 것은 극히 드물었기 때문이다.

이 절차에 따르면, 사무총장은 위원회의 법 제8조 (a)(5) 소정의 판정을 접수한 이후 이를 이행하고 있는지 여부를 판단하기 위하여 사용자대표에

---

167 Act of Oct. 22, 1951, ch. 534, §1(b), 65 Stat. 601 (codified at 29 U.S.C. §158(a) (3) (1988)).

168 NLRB Casehandling Manual, Pt. 2, Representation Proceedings, §§1490-11516.

169 Rules and Regs. §102.60(a).

170 Modern Hard Chrome Serv. Co., 124 NLRB 1235 (1959).

171 General Counsel Memo. GC 06-07, "Procedural Initiatives in Election Cases."

게 전화 또는 이메일로 직접 접촉한다. 이행을 하지 않는 경우 지역사무소
는 법원에 의한 이행강제를 위하여 그 사건을 즉시 위원회의 관할 항소심
에 사건을 신청하게 된다. 지역사무소는 위원회 명령의 접수일로부터 7일
이내에 이러한 신청을 하도록 하고 있다. 이는 종전 지역사무소가 행하였
던 30일의 기간을 상당히 단축한 것이다.

11) FMCS와의 연계

연방조정알선청(Federal Mediation and Conciliation Service: FMCS)
은 1947년 연방노동관계법(NLRA)에 의하여 설치된 분쟁조정기관이다(제
202조 이하). 이 기구의 목적은 노동분쟁에서 야기되는 주 사이의 자유로
운 통상을 저해하는 것을 예방하거나 최소화하며 노사관계를 순조롭게 하
는 데 있다. 핵심적인 기능은 집단적인 이익분쟁에 대하여 알선이나 조정
을 행하는 것이고, 그 밖에 중재 서비스, 노사관계에 관한 교육, 연방 및 지
방자치단체 공무원의 근무조건에 대한 조정 등을 수행하고 있다.

교섭대표가 결정된 이후에 처음으로 이루어지는 단체교섭에 대하여
FMCS는 특별한 주목을 하고 있다. 그 단체교섭이 향후 당사자 간의 노사
관계에 초석이 되기 때문이다. 최초 단체교섭은 이미 확립되어 있는 단체
교섭에 비하여 더 어렵게 진행되는 경우가 많은데, 일반적으로 치열하게
전개된 교섭대표선거 캠페인 이후에 이루어지기 때문이다. 따라서 FMCS
는 사용자와 새로이 인준되거나 승인된 교섭대표 사이의 최초 단체교섭에
대한 조정에 특히 유의하고 있다. 모든 최초 단체교섭사건을 즉시 조정에
회부되도록 하며, 조정인은 당사자가 합의에 도달할 수 있도록 적극적으
로 관여하기 위한 모든 노력을 다하도록 하는 것이 FMCS의 정책이다. 최
초 교섭을 촉진하기 위하여, 그리고 NLRB에 의한 인준증 발부 사실을 즉
시 알 수 있도록 하기 위하여 FMCS 전국사무국(National Office)은 NLRB
본부로부터 매월 모든 인준증 발부 내역을 이메일로 수령하고 있다. 이와
같이 FMCS가 NLRB의 인준증 발부 이후 1달 이내에 인준 사실 통지를 받

을 수 있도록 하여 최초 단체교섭에 대한 FMCS의 개입을 가능한 한 신속히 하도록 하는 데 도움이 되고 있다.[172]

2. 부당노동행위 구제절차

법 제10조 및 제11조는 부당노동행위의 조사와 예방에 대한 실정법상의 방법을 규정하고 있고,[173] 구체적인 절차는 NLRB의 규칙(rules and regulations)과 절차규정(statements of procedure)에 의하여 보충되고 있다.[174]

1) 배경

1935년 와그너법 하에서는 본위원회 소속 직원이 부당노동행위 제소(charges)를 조사하고 구제신청장(complaints)을 발부하여 본위원회에 심판을 청구하였다. 심문은 사실조사관(trial examiner)에[175] 의하여 실시되었으나, 사실조사관의 결정은 공포되기 전에 상급자에 의하여 심사되었고, 위원회 차원에서는 위원회 위원에 직접 보고하는 법무관에 의해서가 아니라 재심사부서(review section)에 의하여 심사되었다.

제소 기능과 심판 기능이 통합된 이러한 제도에 대한 비판이 제기되자,[176] 현행법인 1947년 태프트 하틀리법에 의하여 제소에 대한 조사, 구제

---

172 FMCS 2004 *Annual Report*, pp.17-18.

173 와그너법 하에서 위원회는 부당노동행위에 대하여 배타적 관할권을 가지고 있었다. 태프트 하틀리법 제10조 (a)는 위원회가 그 관할권을 주의 기관에게 위양할 수 있다고 규정하고 있으나, 실제로 위원회는 한번도 그 권한을 행사한 적이 없다. 따라서 여전히 부당노동행위에 대해서는 NLRB가 배타적 관할권을 행사하고 있다.

174 Rules and Regs. §§102.9-.59; Statements of Procedure §§101.2-.16.

175 오늘날에는 행정심판관(Administrative Law Judge)으로 명칭이 변경되었다.

176 상세한 것은 Nolan & Lehr, Improving NLRB Unfair Labor Practice Procedures, 57 *TEX. L. REV.* 47 (1978).

부당노동행위 구제신청 절차

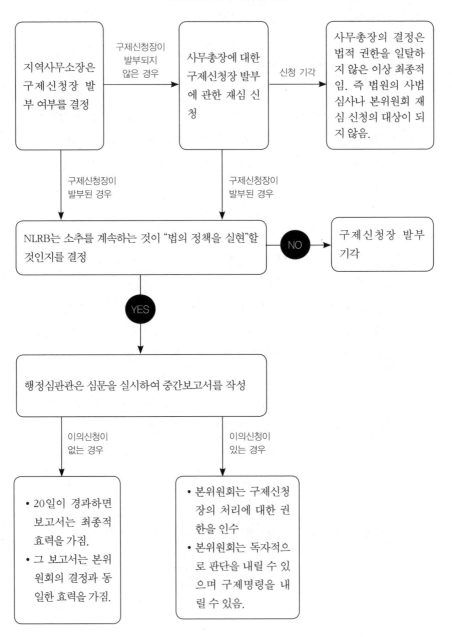

지역사무소장은 구제신청장 발부 여부를 결정	구제신청장이 발부되지 않은 경우 → 사무총장에 대한 구제신청장 발부에 관한 재심 신청	신청 기각 → 사무총장의 결정은 법적 권한을 일탈하지 않은 이상 최종적임. 즉 법원의 사법심사나 본위원회 재심 신청의 대상이 되지 않음.

구제신청장이 발부된 경우 ↓   구제신청장이 발부된 경우 ↓

NLRB는 소추를 계속하는 것이 "법의 정책을 실현"할 것인지를 결정 — NO → 구제신청장 발부 기각

YES ↓

행정심판관은 심문을 실시하여 중간보고서를 작성

이의신청이 없는 경우 ↓   이의신청이 있는 경우 ↓

- 20일이 경과하면 보고서는 최종적 효력을 가짐.
- 그 보고서는 본위원회의 결정과 동일한 효력을 가짐.

- 본위원회는 구제신청장의 처리에 대한 권한을 인수
- 본위원회는 독자적으로 판단을 내릴 수 있으며 구제명령을 내릴 수 있음.

신청장의 발부, 본위원회로의 사건의 회부에 대하여 최종적인 권한을 가지는 독자적인 사무총장제도가 신설되었다. 또한 사실조사관의 판단에 대하여는 감독자가 관여하지 못하도록 하고, 사실조사관의 결정에 대한 재심 신청에 관하여 사실조사관이 위원회와 협의하는 것이 금지되었다. 재심사부서는 폐지되었고 기록 및 준비서면의 분석 업무와 위원회 결정 초안 작업은 위원회의 개별 위원 소속 직원인 법무관으로 이전되었다. 또한 태프트 하틀리법은 절차적으로도 개정되어, 부당노동행위 발생일로부터 6월의 제소기간 제한이 도입되었다(법 제10조 (b)). 심문은 "적용 가능한 한" 연방지방법원에서 적용되는 증거 법칙에 따라 행해졌고, 위원회의 사실 인정은 "완전한 증거(all the testimony)"에 기하기보다는 "증거의 우위(the preponderance of the evidence)"에 기하여야 한다(법 제10조 (b) 및 제10조 (c)).[177]

현행법 하에서 부당노동행위에 대한 심판은 앞의 그림과 같은 절차로 진행된다.

2) 부당노동행위 제소

위원회는 사용자, 노동단체 또는 그 대리인 측에 법 위반이 있다고 주장하면서 지역사무소에 부당노동행위 제소(charge)가 제기되지 않으면 조치를 취할 수 없다. "일체의 자(any person)," 즉 그 부당노동행위에 의하여 피해를 받은 근로자 개인 또는 노동조합만이 아니라 그 이외의 어떠한 개인이나 단체도 제소를 제기할 수 있다는 점이[178] 우리나라와 차이가 있다.

(1) 제소 시기

법 제10조 (b)는 "제소의 제기 및 그러한 제소가 이루어지는 상대방에 대

---

177 Universal Camera Corp. v. NLRB, 340 U.S. 474 (1951).
178 Rules and Regs. §102.9.

한 그 사본의 교부 6개월 이전에 발생한 부당노동행위에 기하여서는 구제신청장이 발부되지 않아야 한다"고 규정하고 있다. 따라서 위원회는 제소제기일로부터 6월 이전에 발생한 행위에 대해서는 구제신청장을 발부할 수 없다. 구제신청 기간 도과 주장은 적극적인 항변(affirmative defense)으로서 주장되어야 하며, 변론이나 심문에서 적시에 제기되지 않으면 신청기간 도과 주장을 포기한 것으로 판단된다.[179]

6개월의 기간 제한은 침해를 받은 당사자가 부당노동행위가 발생한 날 또는 부당노동행위와 관련한 통지를 받은 날로부터 기산된다.[180] 즉, 6개월의 기간이 개시되는 것은 부당노동행위로 인한 효과가 발생한 날이 아니라 부당노동행위가 발생한 날이다.[181] 위원회는 법 제10조 (b) 소정의 기한은 일방 당사자가 부당노동행위에 대하여 "합리적으로 의문을 발생"시킬 수 있는 사실의 통지에 기하는 경우에 기산된다고 판단하고 있다.[182]

St. Barnabas Medical Center 사건에서[183] 위원회는 행정심판관의 결정을 번복하고, 사용자가 노동조합을 승인하지 않았으며 일정한 직무 분류에 관하여 단체협약을 적용하지 않았다는 노동조합의 제소는 법 제10조 (b)에 기한 기한이 경과하였다고 인정하였는데, 노동조합은 6월의 제소기간 이전에 사용자가 동 협약을 파기하였다는 명백하고 분명한 통지를 받았었다는 것을 근거로 하였다. 위원회는 당해 파기는 그 행위가 발생한 시점에서 법

---

179 Aljoma Lumber, Inc., 345 NLRB No. 19, (2005), citing Paul Mueller Co., 337 NLRB 764 (2002) and RG. Burns Elec., 326 NLRB 440 (1998).

180 K & W Elec., 327 NLRB 70 (1998); Leach Corp., 312 NLRB 990 (1993), enforced, 54 F.3d 802 (D.C. Cir. 1995); Metromedia, Inc., 232 NLRB 486 (1977), aff'd in part and denied in part, 586 F.2d 1182 (8th Cir. 1978); Hot Bagels & Donuts of Staten Island, 227 NLRB 1597 (1977), enforced, 622 F.2d 1113 (2d Cir. 1980).

181 United States Postal Serv. Marina Mail Processing Ctr., 271 NLRB 397 (1984).

182 Vanguard Fire & Supply Co., 345 NLRB 1016 (2005); Ohio & Vicinity Reg'l Council of Carpenters, 344 NLRB 400 (2005).

183 343 NLRB 1125 (2004).

제10조 (b) 소정의 기한이 개시되는 1회의 행위라는 것, 그리고 이후 단체협약의 일련의 불이행은 파기의 단순한 결과에 지나지 않으며 새로운 또는 독자적인 위반이 아니라는 것으로 판단하였다. 위원회는 법령상 6월의 제척기간에 대하여 "완료된 위반(completed violation)"이라고 할 수 있는 파기(repudiation)와, "계속적 위반(continuing violations)"이라고 할 수 있는 일련의 협약 위반을 구별한 것이다.

위원회는 "제척기간 도과" 주장이 최초의 적시에 제기된 제소에 포함된 주장과 "밀접하게 관련(closely related)"되어 있는 경우에는 사무총장으로 하여금 소(訴)로써 다툴 수 있도록 하고 있다.[184] 위원회는 기간 도과의 주장이 "밀접하게 관련"되어 있는지 여부를 판단할 때 세 가지 요소를 고려하고 있다.[185] 첫째, 위원회는 그 주장이 적시에 제기된 위반과 동일한 종류의 것인지 여부를 검토한다. 즉, 그 주장은 동일한 법리와 통상적으로 NLRA의 동일한 조항을 포함하고 있어야 한다는 의미에서 동일한 종류의 것이어야 한다. 둘째, 위원회는 기간을 도과한 주장이 적시에 제기된 주장과 동일한 사실관계 또는 일련의 사건으로부터 야기된 것인지 여부를 검토한다. 셋째, 위원회는 피신청인이 동일하거나 유사한 항변을 제기하고 있는지 여부를 검토한다.

그런데, Carney Hospital 사건에서[186] NLRB는 모든 부당노동행위가 동일한 조직 캠페인 기간 중에 발생하였다고 주장된 경우, 적시에 이루어진 법 제8조 (a)(3) 소정의 제소와 기간을 도과한 법 제8조 (a)(1) 소정의 제소 주장의 수정이 사실상 "밀접하게 관련"되어 있는지 여부에 대한 판단 기준

---

184 Ross Stores, Inc., 329 NLRB 573 (1999); Precision Concrete, 337 NLRB 211 (2001); Seton Co., 332 NLRB 979 (2000); Bridgestone/Firestone, Inc., 332 NLRB 575 (2000); Office Depot, 330 NLRB 640 (2000).

185 Sterling Fluid Sys., Inc., 345 NLRB 371 (2005); Nickles Bakery of Ind., Inc., 296 NLRB 927, 928 (1989).

186 350 NLRB 627 (2007).

을 재검토하였다. NLRB는 앞의 Ross Stores, Inc. 사건에서의 결정을[187] 명시적으로 번복하고, 사실관계는 독립한 행위들이 동일한 캠페인에서 발생하였다는 근거에 기하여서만 인정될 수 있다고 하였다. 즉, "동일한 조직화 캠페인 기간 중 발생 또는 그것에 대응하여 주장된 위반 사실의 단순한 발생으로는 법 제10조 (b)가 요구하는 밀접한 사실관계를 인정하기에 충분하지 않다"고 판단하였다.[188] 따라서 "단순히 시기적으로 동시에 발생하였다는 사실"만으로는 제소 대상이 된 모든 사용자의 행위가 상호 관련되어 있다는 것을 보장하는 것은 아니며, 오히려 "두 종류의 제소가 '일반적으로 유사한 대상을 가진 동일한 기간 중에 이루어진 유사한 행위라는 것을 입증'하거나 또는 제소 사이에 인과관계가 존재하고 그것들이 일련의 사건의 일부나 단계라는 사실이거나 조합활동을 저해할 전반적인 계획의 일부라는 사실"을 입증하여야 한다.[189]

피신청인이 그 불법적인 행위에 대하여 사기적인 은닉과 기만에 관여하고 있는 경우 위원회는 제소 및 구제 양자에 대하여 6월의 법령상 기한을 연기할 수 있다. 증거의 사기적 은닉에 기하여 제소 대상 행위의 발생일로부터 6월이 경과한 제소에 대한 판정을 개시하기 위하여 사무총장은 다음과 같은 점을 입증하여야 한다. ① 고의적인 은닉이 발생하고 있으며, ② "상당한" 사실(material facts)이 은닉의 대상이었고, ③ 피해를 받은 당사자가 일체의 과실 없이 그러한 사실을 알지 못하였을 것이 그것이다.[190] ②의 "상당한" 사실이 은닉되었는지 여부에 대하여 "과거에 사기적으로 은닉하려고 한 증거의 추가가 객관적인 사실(objective matter)로서 그 행위

---

187 329 NLRB 573 (1999), enforcement denied in relevant part, 235 F.3d 669 (D.C. Cir. 2001).

188 Carney Hosp., 350 NLRB 627, 630 (2007).

189 Id. 또한 Continental Auto Parts, 357 NLRB No. 78 (2011)에서도 Carney Hospital 사건 결정에 따라 법 제10조 (b)의 요건을 갖추기 위해서는 수정된 제소 내용은 원래의 제소와 "인과관계(causal nexus)"가 있어야 한다고 결정하고 있다.

190 Morgan's Holiday Market, Inc., 333 NLRB 837 (2001).

가 위반되었다고 신뢰할 '합리적인 이유(reasonable cause)'가 있는지 여부를 결정할 때 핵심적인 차이를 야기한 경우" 그 사실은 상당한 것으로 인정된다.[191] 여기에서 "합리적 이유" 존부를 판단하기 위하여 첫째, 위원회는 기각 시점에서 사무총장에게 제시된 증거에 기하여 NLRA가 위반되었다고 신뢰할 합리적인 이유가 존재하지 않았는지 여부를 심리한다. 둘째, 위원회는 제소의 재심 시점 및 사기적으로 은닉된 증거를 포함한 구제신청장의 발령 시점에서 사무총장에게 제출된 증거에 기하여 NLRA가 위반되고 있다고 신뢰할 합리적인 이유가 존재하고 있는지 여부를 심리한다. 위원회가 기각 시점에서 "신뢰할 합리적인 이유"가 존재하였다고 인정하면, 그 은닉된 증거는 사무총장이 "이용할 수 있는 전체 정보를 중대하게 변경하지 못한다."[192] 즉, 위원회는 그러한 증거를 "상당한" 것으로 인정하지 않으며, 따라서 법 제10조 (b)에 의하여 구제신청장 발부가 배제된다.[193]

(2) 제소에 대한 조사

부당노동행위 제소는 지역사무소의 직원에 의하여 조사된다. 신청을 접수한 지역사무소는 현지조사관(field examiner)에게 조사를 하도록 한다. 신청의 종류에 따른 처리 목표 기한이 설정되어 있다. ① 범주 1 (중요한[important] 영향을 미치는 사건): 84일, ② 범주 2 (상당한[significant] 영향을 미치는 사건): 63일, ③ 범주 3 (예외적인[exceptional] 영향을 미치는 사건): 49일로 설정되어 있다.[194]

---

191 Id.
192 Id.
193 Id.
194 2001년 12월 사건 처리의 우선순위를 정한 사무총장 각서(General Council Memorandum 02-2); Fredric Fischer, Brent Garren, & Truesdale, *How to Take a Case Before the NLRB*, 8th ed., BNA Books, 2008, p.499.

제소 당사자는 NLRB 직원과 협력하여 입수 가능한 가능한 한 많은 정보를 제공하려고 하는 것이 일반적이지만, 조사에 대한 공식적인 책임은 제소 당사자가 아니라 사무총장의 대리인인 지역사무소 직원에게 있다.[195] 일반적으로 조사가 완료되면 지역사무소장은 공식적인 구제신청장을 발부할 것인지 여부를 결정하지만,[196] 복잡하거나 새로운 사건은 지역사무소장의 재량으로 워싱턴에 있는 사무총장에게 회부하는 경우도 있다. 당사자들은 지역사무소 직원에게 사실을 제공하고 비공식적으로 적용 가능한 법리를 전달하는 한도에서 이러한 조사 과정에 참가한다.

3) 제소의 처리

지역사무소의 조사에 의하여 제소가 실체적 근거(merit)를 결하고 있다고 판단되는 경우 지역사무소장은 통상적으로 제소 당사자에 대하여 제소를 취하(withdrawal)할 것을 요청한다.[197]

제소 당사자가 제소 취하를 거부하는 경우 지역사무소장은 부당노동행위 제소를 기각(dismissal)한다.[198] 지역사무소에 의한 제소의 기각 또는 구제신청장 발부의 거부에 대해서는 사무총장 산하의 재심국(office of appeal)에 재심 신청을 할 수 있다.[199] 제소 당사자는 자신의 입장을 사무총장에게 구두로 제출하도록 요청할 수 있으며, 드물기는 하지만 구두 주장이 허가되는 경우에는 다른 모든 당사자에게도 동일한 기회가 부여된다.[200]

---

195 Statements of Procedure §§101.2, 101.4.

196 Rules and Regs. §102.15; NLRB Casehandling Manual §10054 et seq.

197 매년 실체적 사유가 결여한 사건의 비율은 매년 다르지만, 경험적으로는 부당노동행위 신청의 2/3 정도가 조사에 의하여 실체적 사유가 결여된 것으로 인정된다고 한다 (*Developing Labor Law*, 6th, Vol. II, p.2859, n.208).

198 Rules and Regs. §102.9; NLRB Casehandling Manual, Pt. 1, Unfair Labor Practice Proceedings, §10122.

199 Rules and Regs. §102.19.

200 Rules and Regs. §102.19 (b).

구제신청장 발부에 대한 사무총장의 권한은 전권적인 것으로서, 본위원회나 법원은 사무총장의 구제신청장 발부에 관한 결정에 대한 심사권을 가지지 않는다(법 제3조 (d)). 그러나 착오, 새로이 발견된 증거 또는 "예외적인 상황(unusual situations)"이 있는 경우에는 사무총장에 대하여 재심요구(reconsideration move)를 할 수 있다.[201]

사무총장은 실체적 근거가 있는 제소라고 하더라도 그 효과가 사소하며 재발할 가능성이 없다고 판단하면 구제신청장 발부를 거부할 수 있다.[202] 그 경우 지역사무소는 제소 당사자에 대하여 서한을 보내 당해 제소 처리는 당해 서한을 발송한 날로부터 6개월 동안 중단될 것이라고 통지하게 된다. 그 6개월 동안 추가적인 실체성 있는 제소가 없는 경우 지역사무소는 제소를 기각하게 된다. 6개월 내에 추가적인 실체적 제소가 있는 경우에는 "실체성 있는 제소에 대한 기각(merit dismissal)"은 무효로 된다. 제소 당사자는 당해 제소 처리 중단 결정과 그 제소를 기각하는 일체의 후속 결정 양자에 대하여 이의를 제기할 권리를 가진다.

4) 부당노동행위 제소에 대한 화해

지역사무소의 조사에 의하여 제소가 실체적 근거가 있다고 판단되는 경우 지역사무소장은 사건을 화해에 의하여 해결할 수 있는데, 화해는 공식적인 화해(formal settlement)와 비공식적인 화해(informal settlement)의 두 가지 방법이 있다.[203] 비공식적인 화해는 피신청인이 자발적으로 일정한 시정 조치를 취할 것을 약속하고, 신청인이 제소를 취하하는 형태로 이루어진다. 이에 대해서는 지역사무소장의 승인이 필요하다. 공식적인

---

201 Rules and Regs. §102.19 (c).

202 General Counsel Memorandum GC 02-08, "Revised Procedure for Merit Dismissals."

203 화해절차와 내용에 관하여는 NLRB Casehandling Manual, pt. 1, Unfair Labor Practice Proceedings, §§10124-10170에서 정하고 있다.

화해는 악질적인 부당노동행위사건에 대하여 이루어지는 것으로, 피신청인이 시정 조치를 취하는 것에 동의하고 지역사무소장(형식상으로는 사무총장) 및 본위원회의 승인을 받아야 한다. 사안의 중대성으로 인하여 공식적인 화해는 본위원회가 정식적인 구제명령을 내리는 형식으로 행하여진다. 대부분의 화해는 비공식적인 화해로 이루어진다.

화해는 구제신청장이 발령되기 전이나 그 이후에 행하여질 수 있다. 공식적 및 비공식적 화해는 서면으로 이루어진다.[204] 공식적인 화해에서 화해협정(settlement agreement)은 "화해 전 행위를 포함한 모든 쟁점을 대상으로 할 수 있는데, 그러한 점들이 쉽게 발견될 수 없어 사무총장에게 알려지지 않은 경우 또는 협정에서 명시적으로 유보된 사항은 그러하지 않다."[205] 위원회는 "위원회에서 이루어지지 않은(non-Board)" 화해, 즉 지역사무소장이 제소의 취하 요청을 승인한 사적 합의(비공식적 화해)에 대해서는 이 법리를 적용하지 않는다.[206]

공식적인 화해를 본위원회가 승인할 것인지 여부에 대해서는 다음과 같은 기준에 의한다.[207]

(위원회는) 화해협정을 수용할 것인지 여부를 결정할 때 다음과 같은 요소를 고려한다. ① 제소 당사자, 피신청인 기타 차별 피해를 받은 개인이 협정에 의하여 구속을 받을 것이라는 점과 그 화해에 관한 사무총장에 의하여 취해진 입장에 동의하고 있는지 여부, ② 당해 화해가 위반의 성질, 소송에 내재한 위험 및 소송의 단계의 관점에서 볼 때 합리적인지 여부, ③ 당해 합의를 할 때 일체의 당사자에 의한 일체의 사기, 억압 또는 협박이 있는지 여부, ④ 피신청인이 NLRA를 위반한 적이 있는지 여부 또는 부당노동행위 분쟁을 해결하는 종전의

---

204 Statements of Procedure §§101.7, 101.9.

205 Hollywood Roosevelt Hotel Co., 235 NLRB 1397 (1978).

206 Aratex Servs., 300 NLRB 115 (1990).

207 Independent Stave, 287 NLRB 740, 743 (1987).

화해협정을 위반하고 있는지 여부[208]

2011년의 경우 실체적 근거가 인정된 부당노동행위사건 중 화해율은 93.0%에 달한다.[209]

(1) 비공식적인 화해

비공식적인 화해는 일반적으로 제소된 당사자에 의한 적절한 구제 조치에 기한 제소의 취하와 이에 영향을 받는 근로자에 대한 화해 조건의 통지를 내용으로 한다. 비공식적 화해는 지역사무소장이 승인하여야 하며, 구제신청장이 발부되고 심문이 개시된 이후의 비공식적 화해는 행정심판관이 승인하여야 한다.[210] 행정심판관은, 사무총장과 제소 당사자가 그러한 조치에 반대하더라도, 화해안을 인정하거나 거부할 수 있다.[211] 당사자는 지역사무소장이나 사무총장의 관여 없이 비공식적인 화해에 합의할 수 있다.[212] 위원회는 공서양속을 근거로 일정한 비공식적인 화해를 거부할 수 있기는 하지만,[213] 완전한 구제에 이르지 않은 비공식적인 화해도 인정할

---

208 K & W Elec., 327 NLRB 70 (1998).

209 General Counsel Memorandum GC 12-03, "Summary of Operations (Fiscal Year 2011)", p.3. 2010년의 경우는 95.8%였고, 최근 10년간 화해율은 91.5~99.5%였다 (Id, p.4).

210 Statements of Procedure §101.9. 지역사무소장은 심문 이전에 구제신청장을 취하할 수 있다. 일반적으로 지역사무소장이나 행정심판관은 비공식 화해협정의 승인에 대하여 광범위한 재량권을 가지고 있다(George Ryan Co. v. NLRB, 609 F.2d 1249 (7th Cir. 1979)).

211 Statements of Procedure §101.9 (d) (1). 그러나 이에 반대하는 당사자는 본위원회에 재심을 신청할 수 있다(Lion Uniform Janesville Apparel Div., 247 NLRB 992 (1980)).

212 NLRB Casehandling Manual, Pt. 1, Unfair Labor Practice Proceedings, §10142.

213 Reno Hilton Resorts, 326 NLRB 1421 (1998), enforced; 196 F.3d 1275 (D.C. Cir. 1999).

수 있다.[214] 화해 조건을 불이행하면, 사건은 부당노동행위 심판을 위하여 본위원회로 회부된다.[215] 지역사무소에서 화해로 사건을 종결시킨 경우 화해된 제소에 대해서는 다시 제소할 수 없다.[216]

연방대법원은 구제신청장 발령 이후의 화해, 심문 이전 화해, 비공식적인 화해에 대한 사무총장의 승인권은 기소재량행위이며, 따라서 화해에 반대하는 제소 당사자의 주장이 있다고 하더라도 화해는 사법심사의 대상이 아니라고 판단하고 있다.[217] 사무총장의 구제신청장 발부 및 심문 이후의 그 취소에 대한 재량적 권한의 행사는 사법심사의 대상이기는 하지만 증거가 제출되기 전에는 심사 대상이 아니라는 것이 판례의 입장이다.[218]

2011년 1월 사무총장대리는 비공식 화해협정에서 표준판단 문언을 사용하는 것을 확대할 것을 지역사무소장에게 지시하는 메모를 발표하였다.[219] 이 메모에서는 지역사무소장에게 "모든 비공식적인 화해협정과 모든

---

214 American Pac. Concrete Pipe Co., 290 NLRB 623 (1988); Independent Stave Co., 287 NLRB 740 (1987).

215 NLRB Casehandling Manual, Pt. 1, Unfair Labor Practice Proceedings, §10154. 당사자가 화해협정을 이행하지 않고 그 협정에서 규정하고 있는 경우에 본위원회는 사무총장에 대하여 구제신청장을 재개하도록 허용할 수 있으며 사실심리를 거치지 아니하고 주장을 사실로서 인정하고 있다(Symphony Cleaners 44, Inc., 344 NLRB 684 (2005)).

216 Courier-Journal, 342 NLRB 1093 (2004); DaimlerChrysler Corp., 344 NLRB 772 (2005).

217 NLRB v. Food & Commercial Workers, Local 23 (Charley Bros.), 484 U.S. 112; Machinists v. Lubbers, 681 F.2d 598 (9th Cir. 1982), cert. denied, 459 U.S. 1201 (1983).

218 Fairmont Hotel, 314 NLRB 534 (1994); Sheet Metal Workers, Local 28 (American Elgen), 306 NLRB 981 (1992); Williams v. NLRB, 105 F.3d 787, 790 n.3 (2d Cir. 1996); Beverly Health & Rehab. Servs. v. Feinstein (D.D.C.), affd, 103 F.3d 151, (D.C. Cir. 1996), cert. denied, 522 U.S. 816 (1997).

219 NLRB Gen. Counsel Memo. 11-04 (Jan. 12, 2011). 이 메모는 이후 NLRB Gen. Counsel Memo. 11-10 (Mar. 30, 2011)으로 보충되었다.

화해이행협정에서 표준문안을 통상적으로 포함"할 것을 지시하고 있다.[220]

(2) 공식적인 화해

공식적인 화해는 피신청인이 공식적인 위원회 구제명령의 발령, 경우에 따라서는 그 명령을 이행강제하는 방법에 동의하는 내용으로 이루어진다. 공식적인 화해는 조사에 의하여 악질적인 또는 지속적인 법 위반이 인정된 사건에서 이루어진다. 공식적인 화해절차는 구제신청장의 발부 이후에만 이용되고, 통상적으로는 피신청인의 과거 경험의 관점에서 재발의 가능성이 있는 경우에 이루어진다.[221] 공식적인 화해는 본위원회의 승인을 받아야 하고, 공식적인 화해에 대한 위반은 이행강제 또는 법원모독죄의 사법절차로 이어진다.[222]

공식적인 화해를 심사할 때 위원회는 "법의 목적을 촉진하며 노사관계 평온의 조속한 회복을 전적으로 또는 부분적으로 상실시킬 수 있는 소송의 지연에 내재된 위험…과 위원회 자원의 보존과 같은 요소에 비중을 두어야 하는 화해"를 촉진한다.[223] 또한 "위원회는 구제신청장에서 위반에 대한 주장이 명백하게 입증되어 최대한의 구제에 미치지 못하는 구제가 받아들여질 수 없는지 여부를 결정하기 위하여 행정적 조사에 의하여 발견된 법적 및 사실적 실체 관계를 평가하여야 한다."[224]

공식적인 화해는 제소 신청인의 참가 없이, 지역사무소장과 피신청인

---

220 NLRB Gen. Counsel Memo. 11-04 (Jan. 12, 2011).
221 Statements of Procedure §101.9(b) (1); NLRB Casehandling Manual, Pt. 1, Unfair Labor Practice Proceedings, §§10140.2-.3. 공식적 화해의 경우에는 사무총장이 관여하여야 한다. NLRB v. Iron Workers, Local 433 (Associated Gen. Contractors of Cal.), 600 F.2d 770 (9th Cir. 1979), cert. denied, 445 U.S. 915 (1980).
222 Statements of Procedure §101.9. 판결로는 George Banta Co. v. NLRB, 604 F.2d 830 (4th Cir. 1979), enforeing 236 NLRB 1559 (1978), cert. denied, 445 U.S. 927 (1980).
223 Farmers Coop. Gin Ass'n, 168 NLRB 367 (1967).
224 Id.

사이에서 이루어지는 경우도 있고, 이에 대하여 법원이 그 유효성을 인정한 사례도 있으나,[225] 제소 당사자가 그 협의에 참여할 기회를 제공하지 않은 화해협정은 승인하지 않는 것이 NLRB의 입장이다.[226]

5) 구제신청장과 답변서

(1) 구제신청장의 발부

실체적 근거가 있는 사건에 대하여 화해가 성립하지 않으면 구제신청장이 발부된다. 구제신청장은 NLRB가 관할권을 가지고 있다는 사실, 부당노동행위에 해당한다는 주장과 관련되는 사실의 개요, 심문의 장소와 일시가 기재된다.[227] 구제신청장은 사무총장의 발의에 기하여,[228] ① 심문 이전에 지역사무소장에 의하여, ② 본위원회에 회부되기 전에 행정심판관에 의하여 또는 ③ 구제명령을 내리기 전에 본위원회에 의하여[229] 수정될 수 있다.

본위원회는 제소 시 주장되지 않은 구제신청장에 대한 수정을 허용할 것인지 여부를 결정할 때 "밀접한 관련성" 기준("closely related" test)을 적용하고 있다.[230] 그 기준은, 제소 시 주장되지 않았으나 수정에 포함시키고자 하는 주장(수정하지 않으면 기간 도과하였을)이 제소 시 주장된 것과

---

225 Concrete Materials of Ga. v. NLRB, 440 F.2d 61 (5th Cir. 1971).

226 General Counsel Memorandum GC 05-02.

227 Rules and Regs. §102.15.

228 Winn-Dixie Stores, 224 NLRB 1418 (1976), enforcement granted in part and denied in part, 567 F.2d 1343 (5th Cir. 1978) 사건에서 NLRB는 구제신청장을 수정할 수 있는 행정심판관의 권한은 법 제10조 (b)에 의하여 그 수정 신청이 사무총장에 의하여 동의받은 사건으로 제한된다고 판단하였다.

229 Rules and Regs. §102.17.

230 NLRB v. Fant Milling Co., 360 U.S. 301 (1959); Redd-I, Inc., 290 NLRB 1115 (1988).

동일한 법리, 동일한 사실관계 상황에서 발생하는지 여부 및 유사한 항변을 포함할 것인지 여부이다.[231]

구제신청장을 취소하는 사무총장의 결정은 그 결정의 이유를 포함하는 설시가 수반된다면 법원의 심사 대상이 될 수 없다.[232]

(2) 답변서의 제출

피신청인은 구제신청장이 교부된 날로부터 14일 이내에 구제신청장에 대한 답변서를 제출하여야 한다. 답변서는 피신청인이 모르는 것이 아닌 한 구제신청장에서 제기된 각 사실관계의 인정, 부정 또는 설명을 포함하여야 한다.[233] 구제신청장의 내용을 전면적으로 부정하는 것도 일반적으로 피신청인에 의한 항변 주장으로 인정된다.[234] 답변서는 심문 이전 또는 심문 도중에 수정될 수 있다.[235]

지역사무소장은 통상적으로 단일한 피신청인에 대한 복수의 구제신청장을 병합하는데, 이는 모든 쟁점이 하나의 심판에서 처리될 수 있도록 하기 위한 것이다.[236]

6) 부당노동행위 심문

부당노동행위사건에 대한 심문은 행정심판관에 의하여 행해진다. 행정심판관은 통상적인 심문에서의 조치에 관한 책임을 부담하고 있다.[237] 사건은 사무총장을 대신하여 지역사무소의 법무관이 기소한다. 제소 당사자

---

231 Redd-I, 290 NLRB 1115 (1988).

232 Jackman v. NLRB, 784 F.2d 759 (6th Cir. 1986); Machinists v. Lubbers, 681 F.2d 598, (9th Cir. 1982), cert. denied, 459 U.S. 1201 (1983).

233 Rules and Regs. §102.20.

234 Graniteville Co., 96 NLRB 456 (1951).

235 Rules and Regs. §102.23.

236 Jefferson Chern. Co., 200 NLRB 992 (1972).

237 Rules and Regs. §§102.34, 102.35.

와 피신청인은 변호사에 의하여 대리될 수 있다.[238] 모든 당사자는 증인을 소환, 신문 및 반대신문할 수 있으며 증거를 제출할 수 있다. 심문절차에서는 녹취록이 작성되지만, 당사자는 서면 답변으로 대신할 수 있다.[239] 심문 종결시 모든 당사자는 행정심판관에 대하여 구두 주장을 할 수 있으나, 일반적으로 당사자는 준비서면을 제출한다.[240]

법 제10조 (b)는 부당노동행위절차는 "실시할 수 있는 한, 연방지방법원에서 적용되는 증거 법칙에 따라 행하여야 한다"라고 규정하고 있다.[241] 따라서 단체교섭을 비밀리에 녹음한 것을 증거로 이용할 수는 없다. 제2항소법원은 그러한 녹음이 연방법원에서 수용될 수 있는지 여부와 관계없이 "위원회는 법원의 사실심에 적용되는 모든 증거 법칙을 자동적으로 준수하여야 하는 것은 아니다"라고 하였다.[242] 이 사건에서 법원은 위원회 판단에 재량권 남용이 없다고 인정하였는데, 이는 그러한 증거를 허용한다면 단체교섭에서 당사자가 자신을 완전하게 표현할 당사자의 의욕을 억제하게 될 것이며, 따라서 교섭 과정을 저해하게 될 것이라는 정책적 고려에 기한 것이었다.

부당노동행위 심리에서 증인 조사에 관한 NLRB 규칙은 "증인은 선서에 기하여 구두로 조사되어야 한다"고 하고 있다.[243] 따라서 증인은 심문 장소에 실제로 출석하여야 하며, 심문 중 전화로 청취한 증언은 인정되지 않는다.[244] 출석에 대한 유일한 예외는 정당한 이유를 증명한 경우에 선서부 증언(deposition)에 의하여 증언을 청취하는 것이다.[245]

---

238 Rules and Regs. §102.38.

239 Rules and Regs. §102.35(i).

240 Rules and Regs. §102.42.

241 Rules and Regs. §102.39.

242 Carpenter Sprinkler, 605 F.2d 66 (2d Cir. 1979).

243 29 C.F.R. §102.30.

244 Westside Painting, Inc., 328 NLRB 796 (1999), adopted as modified, 332 NLRB 1534 (2000).

심문에서 증인 분리 신문의 허용 여부와 관련하여, 연방증거법(Federal Rules of Evidence)[246] 소정의 권리 문제인, 증인에 대한 분리신문이 부당노동행위 절차에서의 권리 문제로서 이용 가능한지에 대하여 항소법원 사이에 입장이 나뉘고 있다. 제2항소법원, 제4항소법원 및 제8항소법원은 격리는 권리의 문제이고, 증인(차별행위자 포함)은 행정심판관이 자신의 재량으로 다른 증인의 증언을 청취하기 위하여 당해 증인이 심문 장소에 있을 필요가 있다고 판단하지 않는 한 격리되어야 한다는 입장을 취하고 있다.[247] 행정심판관이 증인을 격리시킬 것인지 여부를 판단할 때 그 재량권을 남용하지 않는 한, 위원회는 행정심판관의 결정을 인정하게 된다.[248] 반면에 제5항소법원은 NLRB 절차에서 연방법상의 격리규칙을 엄격하게 적용할 필요는 없다고 하고 있다.[249]

이에 대하여 NLRB는 부당노동행위자의 제한 없는 출석 또는 완전한 배제를 정당화하는 특별한 사정이 없는 경우 부당노동행위자는 사무총장 또는 제소 당사자의 다른 증인이 사건에 대하여 증언하고 있을 경우에만 심문 장소 밖으로 배제되어야 한다고 하여 그 문제를 해결하고 있다.[250] 이 경우, 당해 증인이 "핵심적인 자(essential person)"가 아닌 한, 특정 당사자의 변호인은 자신의 증인과 관련한 증언에 대한 반박을 위하여 상대방 측 증인에 의하여 행해진 증언서 사본의 열람을 포함하여 증언의 내용을

---

245 328 NLRB 796 (1999), adopted as modified, 332 NLRB 1534 (2000). 또한 이것이 위원회 규칙이기도 하다(29 C.F.R. §102.30).

246 FED. R. EVID. 615.

247 L.S. Ayers & Co. v. NLRB, 551 F.2d 586 (4th Cir. 1977); NLRB v. Stark, 525 F.2d 422 (2d Cir. 1975), cert. denied, 424 U.S. 967 (1976).

248 Alpert's, Inc., 267 NLRB 159 (1983).

249 NLRB v. National Fixtures, 574 F.2d 1305 (5th Cir. 1978); NLRB v. Pope Maint. Corp., 573 F.2d 898 (5th Cir. 1978); Sturgis Newport Bus. Forms v. NLRB, 563 F.2d 1252 (5th Cir. 1977).

250 Unga Painting Corp., 237 NLRB 1306 (1978). 이 법리는 대표선거 신청절차에서는 적용되지 않는다(Fall River Say Bank, 246 NLRB 831 (1979)).

자신의 당사자에게 알려 줄 수 있다.[251]

DC 항소법원은 행정심판관이 사용자 측 다른 매니저가 증언하고 있는 동안 4명의 사용자 측 매니저를 심문 장소로부터 격리시킨 것에 대하여 행정심판관의 재량권을 남용한 것이 아니라고 판단하였다.[252] 사용자는 당해 증인은 증인격리 법리에[253] 기한 예외 사유인 "핵심적인 자"에 해당한다고 주장하였으나, DC항소법원은 행정심판관은 당사자 사건에서 누가 "핵심적"인지를 결정할 때 재량권을 가진다고 판단하였다.[254]

7) 행정심판관의 결정

행정심판관은 심문의 종료와 제출된 준비서면에 기하여 결정을 내리게 된다. 그 결정에는 사건에 대한 상세한 설명, 신뢰성 판단을 포함한 인정 사실, 법의 적용, 구제명령권고안(recommended order)을 적시하여야 한다.[255]

당사자는 본위원회에 대하여 준비서면을 작성하여 행정심판관 결정에 대한 본위원회에 의한 이의(exception)를 신청할 수 있다. 준비서면에 대한 답변서, 응답 준비서면(reply briefs) 및 상호 이의 신청(cross-exceptions)은 허용되는데,[256] 그 분량은 최대 50페이지로 제한되어 있다.[257] 이의를 신청한 일체의 당사자는 사실관계, 법의 결정 또는 이의가 취해지는 절차를 완전하고 상세하게 기재하여야 한다.[258] 이렇게 하지 않

---

251 Greyhound Lines, 319 NLRB 554 (1995).

252 Tasty Baking Co. v. NLRB, 254 F.3d 114 (D.C. Cir. 2001), enforcing 330 NLRB 560 (2000).

253 319 NLRB 554 (1995).

254 Tasty Baking Co., 254 F.3d 114 (D.C. Cir. 2001).

255 Rules and Regs. §102.45 (a).

256 Rules and Regs. §102.46.

257 Rules and Regs. §102.46 (j). 페이지 수 제한을 넘기려는 각 당사자는 허가를 요청하여야 한다(Wal-Mart Stores, Inc., 343 NLRB 579 (2004)).

258 Rules and Regs. §102.46 (b).

는 경우 이의신청은 기각되며 행정심판관의 결정이 채택된다.[259] 이의가 이루어지지 않는 경우 위원회는 행정심판관의 결정을 자신의 것으로 채택하게 된다.[260]

당사자들은 행정심판관 또는 위원회에 대하여 합의 기록(stipulated record)을 제출할 수 있다.[261]

8) 잠정적 구제제도

NLRA는 구제신청장이 발부된 후 NLRB가 구제명령을 내릴 때까지 잠정적 구제 조치를 두고 있다. 이 구제 조치는 연방지방법원에 신청한다. 구제 조치에는 두 가지가 있다.

하나는 NLRB의 재량판단에 맡겨져 있는 조치로서(법 제10조 (j)), 사무총장의 판단에 기하여 본위원회의 결정에 의하여 이루어진다. 이는 모든 부당노동행위에 이용할 수 있다. 이에 기한 잠정적 구제는 구제신청장이 발부된 후에 가능하다.

다른 하나인 법 제10조 (1)의 구제 조치는 구제신청장의 발부 전이라도 지역사무소장이 법 제8조 (b)(4), 제8조 (b)(7), 제8조 (e)에 해당하는 노동조합의 부당노동행위가 행해졌다고 신뢰할 합리적인 이유가 있는 경우에는 반드시 신청하여야 하는 의무적인 것이다.

신청을 받은 연방지방법원은 합리적 이유가 있다고 인정하는 경우 정당하고 적절하다고 생각되는 구제를 내릴 수 있는데, 여기에는 예비적 금지명령(preliminary injunction)과 임시금지명령(temporary restraining order)이 있다. 전자는 피신청인에 대한 통지를 한 뒤 내려지고, 후자는 그와 같은 통지가 필요하지 않다.

---

259 Worldwide Detective Bureau, 296 NLRB 148 (1989).
260 Rules and Regs. §102.48 (a).
261 Rules and Regs. §102.35 (9).

잠정적 구제 조치의 유효기간은 법 제10조 (j)에 의한 것은 10일간, 법 제10조 (1)에 의한 것은 5일간이다.

9) 본위원회의 결정

행정심판관 결정에 대하여 이의가 있는 당사자는 본위원회에 대하여 재심을 청구할 수 있다. 본위원회에서는 중요한 사안을 제외하고는 통상 위원 5명 중 3명의 위원으로 이루어진 패널에서 심사를 행한다. 패널은 본위원회 직원의 도움을 받으면서 행정심판관의 결정, 심문의 전체 기록, 신청된 이의에 기하여 사안의 심사를 행하여 결정을 내린다.

위원회 결정은 심문, 행정심판관의 결정 및 이에 대한 이의신청, 주장준비서면에서 나타난 전체 기록에 기하여 이루어진다.[262] 쟁점이 "당사자에 의하여 공정하게 시도된 것이고", 행정심판관이 근거로 한 동일한 사실관계와 동일한 법 부분에 기한 경우 위원회 결정은 행정심판관이 채택한 법리와 다른 법리에 기할 수 있다.[263]

위원회는 구두 발언에 대한 허가를 행할 수 있지만,[264] 그것은 매우 드물다. 위원회 결정이 내려진 이후 당사자는 예외적인 경우에 한하여 재심사(reconsideration), 재심문(rehearing) 또는 기록의 재검토(reopening)를 요청할 수는 있지만,[265] 그러한 요청이 인정되는 경우는 거의 없다.

부당노동행위가 성립한다고 판단한 경우 본위원회는 구제명령을 내리는데, 여기에는 인정 사실, 법률 판단, 부당노동행위의 중지·금지명령, 소급 임금과 원직복귀, 부당노동행위 사실 공고(post notice), 기타 적극적

---

262 Rules and Regs. §102.48 (b).
263 McClatchy Newspapers v. NLRB, 131 F.3d 1026 (D.C. Cir. 1997), cert. denied, 524 U.S. 937 (1998), partially enforeing 321 NLRB 1386 (1996) and 322 NLRB 812 (1996).
264 Rules and Regs. §102.46 (i).
265 Rules and Regs. §102.48 (d).

조치 등 구제명령을 적시한다.

부당노동행위가 성립하지 않는다고 판단하는 경우에는 지역사무소장의 구제청구를 기각하는 결정을 내린다.

10) 이행강제절차

준사법적 행정기관인 NLRB가 내린 명령은 법적 집행력(self-enforcing)이 없다. 위원회 명령에 대한 이행을 보장하기 위한 책임은 사무총장에게 있는데, 이는 지역사무소를 통하여 이루어진다.[266] 이 과정은 우선 피신청인이 공식적인 법원의 이행강제 없이 준수하고 있는지 여부를 판단하는 것으로 개시된다. 피신청인이 이행할 의사를 제시하고 또 법원에 의한 이행강제가 내려진 다른 사건에서 실제로 이행하고 있는 경우에는 지역사무소 직원은 적절한 통지문을 준비하고, 이들이 공고되는 것을 확인하며, 피신청인이 명령의 조건을 이행하고 있는지 여부를 판단하기 위하여 정기적으로 체크하게 된다. 지역사무소는 또한 부당노동행위로 인한 불이익을 받은 자에 대하여 소급 임금액을 결정한다. 소급 임금 문제에 대해서는 심문과 행정심판관의 결정에 따른 이행 세부 사항의 특정으로 이루어진 공식적인 절차가 있기는 하지만,[267] 실제로는 대부분 비공식적으로 협의된다.

소급 임금에 대한 이자와 관련하여, 2007년 NLRB는 과거의 입장을 변경하여, 소급 임금 지급을 분기별로 산정하는 것은 과거와 동일하지만, 소급 임금에 대한 이자에 대하여 새롭게 일 단위의 복리로 산정하여야 한다고 판단하였다.[268] 이후 사무총장은 NLRB의 새로운 결정에 따라 소급 임

---

266 Statements of Procedure §101.13.

267 Rules and Regs. §§102.52-.59.

268 Kentucky River Medical Center, 356 NLRB No. 8 (2010); Jackson Hospital Corp., 356 NLRB No. 8 (2010).

금 산정절차와 관련하여 지역사무소장에게 가이드라인을 발표하였다.[269]

11) 사법에 대한 평등접근법의 적용가능성

사법에 대한 평등접근법(The Equal Access to Justice Act: EAJA)[270]은 연방정부에 승소한 당사자에 대한 정부의 입장이 상당히 정당하지 않았던 경우 변호사 비용과 관련 비용을 배상하도록 규정하고 있다. 동법은 법원의 특정한 민사소송에서,[271] 그리고 부당노동행위 구제절차와 위원회에 의한 소급 임금 산정 절차를 포함한 대심적(對審的)인 행정절차에서[272] 비용보상을 승인하는 조항을 포함하고 있다. 비용보상명령이 내려져서는 안 된다는 입증 책임은 위원회 사무총장에게 있다.[273] 조사에 대한 협조 거부는 EAJA에 의한 보상을 정당하지 않도록 하는 "특별한 고려 사항"이 될 수 있다.[274]

비용보상을 받을 자격이 있는 신청인에는 자선단체, 기타 조세면제단체 외에 7백만 달러 이하의 자본을 가지고 500명 미만의 근로자를 채용하는 사용자가 포함된다.[275]

변호사 비용 기타 비용을 보상받기 위한 신청은 신청인이 대심적인 행정절차 또는 그 절차의 유의미하고 구분되는 실체적 부분에서 승소하였다는 것을 확인하는 최종명령이 내려진 날로부터 30일 이내에 제기되어야 한다.[276] 그 신청은 당해 신청의 대상이 된 대심적 판정을 심리한 행정심판

---

269 NLRB Gen. Counsel Memo. 11-08 (Mar. 11, 2011).

270 5 U.S.C. §504.

271 28 U.S.C. §2412.

272 5 U.S.C. §504; Rules and Regs. §102.143 (a).

273 Rules and Regs. §102.144.

274 Lion Uniform, Janesville Apparel Div. v. NLRB, 905 F.2d 120 (6th Cir.), cert. denied, 498 U.S. 992 (1990).

275 Rules and Regs. §102.143.

276 Rules and Regs. §102.148.

관에게 회부된다.[277] 신청 제기 후 35일 이내에 사무총장은 신청 기각에 대한 답변 또는 요청을 제기할 수 있다.[278]

통상적으로는 보상의 결정은 문건 기록에 기하여 이루어진다. 그러나 일방 당사자의 요청에 기하여 또는 직권으로, 행정심판관은 비공식적인 회합, 구두 주장, 추가적인 서면 제출 또는 증거를 위한 심문을 포함한 추가적인 절차를 명할 수 있다.[279]

일체의 절차의 결론 및 기록에 대한 재심사에서 행정심판관은 사실 인정과 결론을 포함한 서면 결정을 준비하고 제출하게 된다. 그 결정이 제출되면, 당해 사건은 위원회에 재심사를 위하여 회부된다.[280] 당사자는 그 결정과 준비서면에 대한 이의를 신청할 수 있다.[281] 그러면 위원회는 처음부터 그 결정을 재심사할 수 있다. 위원회의 결정은 재량권의 남용이 있는 경우에 사법심사의 대상이 된다.[282]

3. 공통적으로 적용되는 절차

(1) 일방 당사자와의 협의 금지

NLRB는 그 승인이 없이는 NLRB 직원과 본위원회 또는 지역사무소의 결정절차에 참가하고 있는 근로자 사이 협의를 금지하는,[283] 이른바 일방 행위 법리(Ex Parte Rule)를[284] 적용하고 있다. 이 법리는 실체적 사항의

---

277 Rules and Regs. §102.148.
278 Rules and Regs. §102.150.
279 Rules and Regs. §102.152.
280 Rules and Regs. §102.153.
281 Rules and Regs. §102.154.
282 Lion Uniform, Janesville Apparel Div. v. NLRB, 905 F.2d 120 (6th Cir), cert. denied, 498 U.S. 992 (1990).
283 Rules and Regs. §§102.126-102.134.
284 "Ex parte"란 "일방적"이라는 의미로, 재판이 일방 당사자만의 신청에 의하여 반대의

처리에 관한 협의 및 대표사건, 부당노동행위사건 및 법 제10조 (k) 절차와 관련하여 위원회 또는 지역사무소에 계류 중인 절차상의 쟁점을 대상으로 하고 있다.[285] 다만, ① 모든 당사자가 통지받고 참가의 적절한 기회를 가지고 있는 경우, ② 계류 중인 사안의 상태나 화해에 관한 질문, ③ "사안이 노사관계 분야 또는 행정적인 실무 분야에 미치는 일반적 의미 및 계류 중인 기록이 이루어지는 절차와 특별하게 무관한 사항"에 대해서는 일방협의가 가능하다.[286] 또한 행정심판관이 자신이 담당하는 사건의 절차적 쟁점에 관하여 동료 심판관과 협의하는 것은 허용된다는 것이 판례의 입장이다.[287] 이는 일방행위 법리를 적용하는 위원회규칙은 당해 기관 외부의 이해관계 당사자들과의 협의만을 금지하는 것이며, 이 사건에서의 협의는 사실관계상의 쟁점이 아니라 절차적 쟁점에 관한 것이라는 이유에서이다.

"공익이 달리 요구하는" 경우를 제외하고는 "법 제8조, 제9조 또는 제10조에 기한 NLRB에서의 대표사건절차 또는 부당노동행위 사건절차에서 NLRB의 증거 개시, 행위 또는 처분"과 관련되는 NLRB 회의 또는 관련 법원에서의 절차, 소환장의 발령, NLRB의 민사소송이나 중재에의 참가 또는 "절차공개법(Sunshine Act)"에[288] 의하여 보호 대상이 되는 사안은 공개 대상이 아니다.[289] "공식적인 위원회 업무의 공동행위 또는 처분을 결정하거나 이로 이어지는" 위원회의 다른 모든 회의는 공개 대상이다.[290] 회의는 위원회 위원에 의한 투표에 의해서만 비공개될 수 있으며, 위원회는 회의의 비공개 결정 및 그 이유에 대하여 사전에 통지하여야 한다.[291] 위원회

이해관계를 가지는 자에게 통고함이 없이 이루어진 경우를 뜻한다.

285 Rules and Regs. §§102.126-102.128.
286 Rules and Regs. §102.130.
287 Pioneer Hotel, Inc. v. NLRB, 182 F.3d 939 (D.C. Cir 1999).
288 5 U.S.C. §§552b (c)(1)-(10).
289 Rules and Regs. §102.139.
290 Rules and Regs. §§102.137-102.138.
291 Rules and Regs. §§102.140-120.141.

는 비공개회의 또는 모든 회의의 비공개 부분의 녹취록을 작성하여 2년간 보존하여야 한다.[292]

(2) 증거 개시

NLRB는 심리 전 증거 개시(pretrial discovery)를 허용하지 않는다.[293] 이와 같은 NLRB의 입장은 비판의 대상이 되고 있다.[294] 질병 또는 심문 장소로부터의 거리와 같은 "상당한 이유(good cause)"의 입증에 기해서만 선서부 증언(deposition)을 이용할 수 있다.[295] 당사자는 지역사무소에서 이루어지는 조사와 관련한 사항에 대해서는 접근할 권리가 없다. 심문에서 실제로 증언하는 증인에 의하여 행해지는 심리전 진술(pretrial statements)만이 공개되며, 그러한 진술에 대한 요구는 증인의 직접 증언의 종료 이후 및 교차 심문의 개시 이전에 적시에 이루어진 경우에만 고려 대상이 된다.[296] 설령 절차가 법원에서 다투어진 경우라도 하더라도 증거 개시를 통한 위원회 문건에 대한 접근은 엄격하게 제한될 수 있다.[297] 법 제11조[298]에

---

292 Rules and Regs. §102.142.

293 NLRB v. Robbins Tire & Rubber Co., 437 U.S. 214 (1978); NLRB Casehandling Manual, pt. 1 , Unfair Labor Practice Proceedings, §10292.4.

294 Tomlinson, Discovery in Agency Adjudication, 1971 *DUKE LJ.* 89 (1971); Note, NLRB Discovery After Robbins: More Peril for Private Litigants, 47 *FORDHAM L. Rev.* 393 (1978); Comment, NLRB Discovery Practice: The Applicability of the Discovery Provisions of the Federal Rules of Civil Procedure, 1976 *BYU L. Rev.* 845 (1976); Comment, Discovery Before the National Labor Relations Board-An Unexpanded Concept, 12 *S. Tex. LJ.* 112 (1970) 등 다수.

295 Rules and Regs. §102.30.

296 Rules and Regs. §102.118.

297 NLRB 규칙에서는 사무총장이나 본위원회의 서면에 의한 동의가 없이는 NLRB의 보관물, 압수물 기타에 관한 정보를 NLRB 직원이 생산하는 것을 일반적으로 금지하고 있다(Rules and Regs. §102.118).

298 29 U.S.C. §161 (1) (1988). 이에 따르면 위원회는 그 기록이 단순한 "조사 대상"에 속하는지 또는 이미 "다투어진 것"인지 여부에 관계없이 "합리적인 경우라면 언제라도"

기하여 제5항소법원은 위원회가 증거 개시 수단으로서 소환장을 불법적으로 이용하려고 하였다는 주장을 사소한 것(frivolous)으로 판단하였다.[299]

사용자가 노동조합에 대한 주 법원 소송에서의 증거 개시를 통하여 그 종업원이 노동조합에 제출한 수권카드를 입수하려고 시도하는 행위는 부당노동행위에 해당한다.[300]

(3) 소환장

증인의 증언 또는 문서 제출을 강제하기 위하여 NLRB 심문에서 모든 당사자는 소환장(Subpoenas)을 이용할 수 있으며 연방지방법원에서 법적으로 이행강제할 수 있다(법 제11조).[301] 부당노동행위 제소에 대한 조사를 위한 소환장은 사무총장만 발부할 수 있다.

소환장 이용 신청은 심문이 행해지기 전에 지역사무소장에게 제기되어야 하며, 심문 도중에는 행정심판관 또는 심문관에게 제기되어야 한다.[302] 소환장의 발부는 신청에 기하여 의무적으로 행해진다. 대상 당사자가 소환장에 응하지 않으려고 하는 경우 철회 신청은 서면으로 5일 이내에 제기되어야 한다. 철회 신청을 적시에 제기하지 않을 경우 그 당사자는 소환장에 대한 이후의 이의제기를 할 수 없다.[303]

당사자의 일방에 의하여 발부된 소환장을 이행하지 않은 증인은 그 이후 동일한 사안에 관하여 다른 당사자를 위하여 증언할 수 없다.[304] 특정

사용자 기록에 접근할 수 있다.

299 NLRB v. GHR Energy Corp., 707 F.2d 110, (5th Cir. 1982).
300 Wright Electric, Inc., 327 NLRB 1194 (1999).
301 Rules and Regs. §102.66(c) (대표선거절차); §102.31 (부당노동행위절차).
302 Id.
303 Rules and Regs. §102.31 (b) (부당노동행위사건); §102.66(c) (대표선출사건).
304 Bannon Mills, 146 NLRB 611, 633, 634 (1964); Cherry Hill Textiles, 309 NLRB 889 (1992), enforced, 7 F.3d 221 (2d Cir. 1993).

되지 않은 기록 제출을 위한 소환장은 허용되지 않는다. 소환장이 발부되기 위해서는 당해 기록들이 관련된 증거를 포함할 수 있다는 것을 확인하는 일정한 근거가 있어야 한다.[305] 따라서 조사 중인 일체의 사안과 관련성이 없는 소환장, 증거에 의하여 찾고자 하는 것이 충분히 특정되지 않은 소환장 또는 법적인 다른 이유에 기하여 무효로 된 소환장은 무효가 된다.[306]

"전자적으로 저장된 정보(electronically stored information: ESI)" 제출과 관련하여, NLRB는 CNN과 관련되는 두 사건에서 처음으로 그 기준을 제시하고 있다. CNN America, Inc. (CNN I) 사건에서[307] 위원회는 ESI를 포함한 다양한 문서의 제출을 구하는 사무총장이 발부한 소환장의 243항을 무효화하라는 신청에 대한 행정심판관의 거부와 관련하여 특별 이의제기 신청을 위한 허가 요청을 승인하였다. 위원회는 구하고자 하는 문서들은 구제신청장과 상당히 관련성이 있다고 인정하였으나, 중요한 쟁점은 제출의 번거로움과 비용 그리고 "모든 메타데이터(metadata)와 첨부문서 원본 그대로의 형태로" ESI를 제출할 의무에 관한 것이었다.[308] 이러한 쟁점을 해결하기 위하여 위원회는 소환장 문제를 특별감독인으로 지명된 다른 행정심판관에게 회부하였다. 위원회는 특별감독인에 대하여 연방민사소송절차법에 따라 그 쟁점을 분석하라고 지시하였다.

특별감독인으로 지명된 행정심판관이 작성한 보고에 따라 위원회는 다시 한 번 CNN America, Inc. (CNN II) 사건에서[309] 당해 쟁점을 심사하였다. 위원회는 행정심판관이 그 쟁점을 적절하게 분석하였다고 인정하고 그 권고를 채택하였다. 행정심판관은 연방민사소송규칙 제26조 (b)(2)(C)

---

305 Millsboro Nursing & Rehabilitation Center, 327 NLRB 879 (1999).
306 Offshore Mariners United, 338 NLRB 745 (2002), citing 29 C.F.R. §102.31 (b).
307 352 NLRB 675 (2008).
308 352 NLRB 676 (2008).
309 353 NLRB 891 (2009).

소정의 형량 기준을 적용하였다.[310]

(4) 정보자유법에 기한 정보공개 요청

정보자유법(Freedom of Information Act: FOIA)[311]은 정부기관의 일정한 유형의 기록에 대한 공개 요건을 설정하고 있고, NLRB 규칙은 "최종적인 의견 및 명령(final opinions and orders)," 행정 매뉴얼, 공식적인 문서의 공개에 대하여 규정하고 있다.[312]

요구하는 문건을 합리적으로 식별하고 검색 및 복사에 대한 재정적 책임을 부담한다는 서면 요청에 기하여 문서의 검색 및 사본을 구할 수 있다. 자료가 본위원회 사무소에서 구할 수 있는 것이라면 수석처장(executive secretary)에게, 사무총장에게 있는 자료에 대해서는 정보담당관(freedom of information officer)에게, 지역사무소나 지부사무소에 있는 자료는 지역사무소장에게 기록을 요청하여야 한다.[313] 지역사무소장은 사무총장의 사전 승인 없이 요구받은 문서를 줄 수 있다.[314]

정보 요청이 거부되는 경우에 대하여 NLRB 규칙은 내부적인 이의절차를 규정하고 있다.[315] 위원회 위원의 증언 또는 문서 제출 요청은 사무총장에게 서면으로 이루어져야 하며, 적절한 경우에는 위원회에 서면으로 이루어져야 한다.[316]

정보자유법에 따르면 정보는 공개가 원칙으로서, 연방기관의 소유 하에 있는 요구 대상인 자료가 기밀 및 프라이버시 보호를 내용으로 한 법적 제외 사유 아홉 가지 중 하나에 포함되지 않는 한, 일반 공중의 요구에 따라

---

310 FED. R. CIV. P. 26(b) (2) (C) (iii).
311 5 U.S.C. §701 et seq. (1988).
312 Rules and Regs. §§102.117(a)-(d).
313 Rules and Regs. §102.117 (c) (1).
314 Id.
315 Rules and Regs. §102.117 (c) (2) (ii).
316 Rules and Regs. §102.118.

공개되어야 한다.[317] 이러한 법적 제외 사유는 엄격하게 해석되며, 연방기관은 비공개의 정당성에 대한 입증 책임을 부담한다.[318] 그러나 공개가 개인의 프라이버시에 대한 상당한 침해를 초래하는 경우에는 대상 정보는 공개에서 제외된다.[319]

정보자유법에 기한 소송은 NLRB 절차에서는 주로 두 가지가 다투어지고 있다. 정보공개 대상의 제외 사유에 해당하는지 여부와 정보공개 대상인 "최종 명령 및 의견"에 해당하는지 여부가 그것이다. 전자, 즉 정보공개 대상의 제외 사유에 해당하는지 여부와 관련하여 연방대법원은 부당노동행위사건 조사에서 얻어진 증인의 증언은 공개 대상이 아니라고 하였는데, 공개가 이행강제절차에 영향을 미칠 수 있다는 것을 근거로 하였다.[320] 수권카드도 공개 대상에서 제외된다.[321] 부당노동행위사건에서 지역사무소 직원이 작성한 최종적인 조사보고서(final investigation reports)의 내용이 된다는 것을 이유로 한다.[322]

다음으로, "최종 명령 및 의견"이 아니면 정보공개의 대상이 아니기 때문에 "최종 명령 및 의견"인지 여부와 관련하여 다투어지는데, 연방대법원은 부당노동행위 제소를 기각한 것은 정보자유법에 기한 "최종적인 행정기관 조치"에 해당한다고 하고, 구제신청장 발령 승인 거부와 관련한 사무총장의 조언 메모와 이의제기 메모는 법에 기하여 공개되어야 한다고 판

---

317 NLRB v. Robbins Tire & Rubber Co., 437 U.S. 214 (1978).

318 Alirez v. NLRB, 676 F.2d 423 (10th Cir. 1982); Kilroy v. NLRB, 633 F.Supp. 136 (S.D. Ohio 1985), aff'd, 823 F.2d 553 (6th Cir. 1987).

319 Alirez v. NLRB, 676 F.2d 423 (10th Cir. 1982).

320 NLRB v. Robbins Tire & Rubber Co., 437 U.S. 214 (1978).

321 Memorandum GC 88-13 (Oct. 21, 1988). 따라서 사용자는 노동조합이 모집한 수권카드에 대하여 정보공개청구를 할 수 없다는 것이 판례의 입장이다(Madeira Nursing Ctr. v. NLRB, 615 F.2d 728 (6th Cir. 1980)).

322 Kent Corp. v. NLRB, 530 F.2d 612 (5th Cir.), cert. denied, 429 U.S. 920 (1976). 이 사건에서는 최종조사보고서는 그 전체가 정보공개법 제5조 소정의 변호 업무 문건으로서 정보공개 대상에서 제외된다고 판단하였다.

결하였다.[323] 사건이 취하의 승인 또는 최종적인 기각(재심 포함)에 의하여 종결되는 경우 또는 이행이 이루어진 경우 사무총장은 그와 관련된 공식적인 문서, 선서진술서가 아닌 문건(nonaffidavit material), 재심 메모 (appeals memos), 비공개 증거자료를 공개하여야 한다.[324]

(5) 프라이버시보호법의 적용

연방기관으로서 NLRB는 1974년 프라이버시보호법(Privacy Act of 1974)의 적용 대상이 된다.[325] 따라서 개인은 서면으로 요청하여, 자신과 "관련되는(pertaining to)" 위원회 기록을 입수할 수 있다.[326] NLRB 규칙은 개인의 기록 접근에 관하여 규정하고 있는데, 자신에게 관련된 기록에 대하여 개인이 접근할 수 있는 절차를 두고 있다.[327]

(6) 대표선거와 관련한 규칙 제정

NLRB는 법 제6조에 따르면 "행정절차법(Administrative Procedure Act: APA)에서 규정된 방법으로 법 조항을 수행하는 데 필요할 수 있는 규칙 및 규정과 같은 것을 제정"할 권한이 있다. 그러나 NLRB는 규칙 제정에 의하기보다는 사안별 판정 과정에 의하여 장래적 효력만을 가지는 결정을 통하여 일반적 적용가능성의 법리를 개진하는 방법을 선호하여 왔다.[328] NLRB가 행정절차법(APA)[329] 소정의 규칙 제정절차를 따르지 않으려고 하는 것에 대하여 학설상의 비판이 있기는 하지만,[330] NLRB는 규칙

---

323 NLRB v. Sears, Roebuck & Co., 421 U.S. 132 (1975).

324 Memorandum GC 88-13 (Oct. 2, 1988).

325 88 Stat. 1897, 5 U.S.C. §552a.

326 5 U.S.C. §552a.

327 Rules and Regs. §102.117 (d-5).

328 예컨대 American Potash & Chern. Corp., 107 NLRB 1418 (1954); Peerless Plywood Co., 107 NLRB 427 (1953).

329 5 U.S.C. §1001 et seq.

제정에 상당히 소극적인 입장을 취하고 있다.

　교섭대표 결정절차와 관련하여, 2007년 8월 14일 철강노조(United Steel) 등 일련의 노동조합들이 "이해관계자(interested persons)"로서 위원회에 대하여 다음과 같은 내용의 규칙을[331] 선포할 것을 제안하는 68페이지의 청원을 제기한 바 있다.[332]

　법 제7조, 제8조 (a)(1) 및 제8조 (a)(5)에 따라 근로자들이 적정한 교섭단위 내에서 인준되거나 승인된 법 제9조 (a)에 기한 과반수의 배타적인 교섭대표에 의하여 현재 대표되지 않은 사업장에서, 사용자는 요청에 기하여 비조합원이 아니라 그 조합원에 대해서는 종업원 과반수에 이르지 않은 노동단체와 단체교섭을 할 의무를 부담한다.

　25명의 법학교수가 가담한 청원서에서는 법 제정 이전 및 법 시행 초기에는 "소수노조에 의한 조합원을 위한 단체협약(members-only-minority-union collective-bargaining agreement)이 과반수 대표의 단체협약과 마찬가지로 광범위하게 퍼져 있었다"는 점, 그리고 그러한 협약은 배타적 교섭관계의 초석으로서 이용되었다는 점을 규칙 제정의 근거로 주장하였다. 이와 관련하여 청원인은 Consolidated Edison Co. of New York, Inc. v. NLRB 사건을[333] 인용하였다. 이 사건에서 연방대법원은 근

---

330 예컨대 Peck, The Administrative Procedure Act and the NLRB General Counsel's Memoranda on Fair Representation Cases: Invalid Rule Making, 31 *LAB. L.J.* 76 (1980); Bernstein, The NLRB 's Adjudication-Rule Making Dilemma Under the Administrative Procedure Act, 79 *YALE L.J.* 571 (1973); Kahn, The NLRB and Higher Education: The Failure of Policymaking Through Adjudication, 21 *UCLA L. Rev.* 63 (1973) 등.

331 In re Rulemaking Regarding Members-Only Minority-Union Collective Bargaining (Aug. 14, 2007).

332 Id. at 6.

333 Consolidated Edison Co. of N.Y. v. NLRB, 305 U.S. 197 (1938).

로자에 의한 선택이 "법에 따른 교섭을 위한 배타적인 대표를 창설하기 위하여 회사 내의 과반수 종업원에 의하여 선출된 다른 대표에 의하여 대체"될 때까지 및 대체되지 않는다면, 조합원만을 위한 비배타적인 단체협약(nonexclusive members-only labor agreement)을 무효화할 권한을 위원회는 가지고 있지 않다고 판단하였다. 또한 Retail Clerks Locals 128 & 633 v. Lion Dry Goods 사건도[334] 인용하였는데, 이 사건에서 연방대법원은 비배타적인 "소수조합" 단체협약은 법 제301조에 기하여 이행강제될 수 있다고 판단하였다. 이들은 또한 그 내용에 의해서든 실제로든 일정한 "단체협약"은 적정교섭단위 내 모든 근로자를 포괄하지 않으며, 그러한 단체협약은 법 제9조 (a)에 의하여 규율되지도 않고 제8조 (a)(5)에 의하여 이행강제되지도 않으며 과반수 지위에 대한 일체의 추정을 야기하는 것도 아니라는 NLRB 판정을 인용하고 있다.

청원인들은 법 제7조의 문언은, 그 관계가 대표에 대하여 배타성을 부여하지 않고 조합원자격을 고용조건으로 하지 않는 이상, 근로자에 대하여 과반수 지위를 언급하지 않고 자신들이 선택한 대표를 통하여 집단적으로 교섭할 권리를 부여하고 있다고 주장하였다. 사용자의 참가 없이는 이러한 권리가 무의미하게 될 것이기 때문에, 청원인들은 그러한 교섭을 사용자가 거부하는 것은 법 제8조 (a)(1)에 기한 불법적인 "개입"에 해당한다고 주장하였다.

청원인들은 사무총장은 이 법리에 기하여 구제신청장을 발령하는 것을 거부하고 있다고 지적하고, 규칙을 제정하는 것이 이 문제를 NLRB에서 다루게 하는 유일한 방법이라고 주장하였다. 그러나 현재까지 NLRB는 이 청원에 대응하지 않고 있으며, 비배타적 소수노조 관계는 여전히 순전히 임의적인 것으로 남아 있다.

한편, 2010년 12월 22일 NLRB는 NLRA의 적용 대상이 되는 사용자에

---

334 Locals 128 & 633 v. Lion Dry Goods, 369 U.S. 17 (1962).

대하여 NLRA 소정의 근로자의 권리를 그 종업원에게 고지하도록 하는 공고문을 게시할 의무를 부과하는 규칙을 제안하는 규칙제정안 공고를 발표하였다.[335] NLRB에 따르면, NLRA의 적용 대상인 다수의 근로자들은 자신의 권리에 대하여 알지 못하고 있으며, 이 규칙 제정 의도는 "근로자에 대하여 NLRA에 대한 이해를 증진시키며, 법상 권리 행사를 더 용이하게 가능하도록 하고, 사용자 및 노동조합에 의한 법률의 준수를 촉진"하는 데 있다고 하였다.[336] NLRB는 2011년 2월 22일까지 이 제안에 대한 대중의 의견을 접수하였다. 거의 7,000건에 가까운 의견을 접수하여 NLRB는 규칙안을 일부 수정하였다. 최종규칙은 2011년 8월 30일 발표되었는데, 이에 따르면 사용자는 2011년 11월 14일 이후 75일 이내에 11×17인치 크기의 공고문을 게시하여야 한다는 것이었다.[337] 또한 이 규칙에서는 이 공고문을 각 시설 내의 게시판에 게시하거나 사용자가 통상적으로 근로자에게 규칙이나 정책을 알릴 때 인트라넷이나 인터넷 사이트를 이용하는 경우에는 그곳에 게시하여야 한다고 규정하고 있었다. 그러나 2011년 10월 위원회는 공고문 게시 시한을 2012년 1월 31일로 연기하였다. 2011년 12월 23일 위원회는 다시 한 번 공고문 게시 시한을 2012년 4월 30일로 연기하여 이 때부터 시행하고 있었다.

그러나 연방항소법원은 NLRA는 그 취지와 연혁에서 볼 때 NLRB에 대하여 부당노동행위절차와 교섭대표선출절차에 관해서만 규칙제정권을 부여하고 있기 때문에 NLRB 규칙에 의해 NLRA 소정의 근로자권리 공고문의 제시 의무를 사용자에게 부과한 것은 NLRB의 재량권을 일탈하는 것이라고 하여, 이 규칙을 무효로 판단하였다.[338] NLRB는 연방대법원에 대

---

335 Proposed Rules Governing Notification of Employee Rights Under the National Labor Relations Act, 75 Fed. Reg. 80410 (proposed Dec. 22, 2010) (to be codified at 29 C.F.R. pt. 104).

336 Id.

337 76 Fed. Reg. 54006.

한 상고를 포기하여 결국 이 규칙의 시행은 무산되었다.[339]

한편 2011년 6월 22일 위원회는 대표사건 절차에 대한 다수의 수정안을 연방공보에 발표하였다. 2011년 6월 21일자 NLRB의 보도자료에 따르면 변경된 내용은 다음과 같다.[340]

- 전자 신청 및 기타 문서의 전자적 제출 허용
- 대표사건 절차를 이해하고 참가하는 데 필요한 적시의 정보를 근로자, 사용자 및 노동조합이 수령하고 교환할 수 있도록 보장
- 선거 이전 및 선거 이후 당사자가 쟁점을 해결하거나 다투는 기간을 표준화
- 불필요한 소송을 방지하고 해결을 촉진하기 위하여 당사자에 대하여 선거 신청이 제출된 직후에 쟁점을 분명히 하고 증거를 수집하도록 의무화
- 선거 이후까지 투표자 자격 문제에 대한 소송의 유예
- 가능한 경우 투표자의 전화번호와 이메일 주소를 포함하여 선거 일정이 정해진 직후에 전자적 형태로 최종 투표자명부를 사용자가 제공할 의무를 부과
- 선거와 관련된 NLRB에 대한 모든 이의 신청을 단일한 선거 후 이의 절차로 통합하고, 이에 의하여 현재 선거 이전의 이의제기 가능성으로 인하여 선거 실시에 지연이 발생하는 것을 배제

---

338 Chamber of Commerce of the United States v. NLRB, 721 F.3d 152 (4th Cir. 2012); Nat'l Ass'n of Mfrs. v. NLRB, 846 F. Supp. 2d 34 (D.C. Cir. 2012).

339 그러나 연방정부와 거래하는 민간기업에 대해서는 대통령 집행명령 제13496호 (Executive Order 13496)에 의하여 NLRA 소정의 근로자 권리에 관한 내용의 공고문을 사업장에 게시할 의무가 부여되고 있다(2009년 1월 30일 제정, 2009년 2월 4일 시행). 그 밖의 민간기업은 그 공고문을 게시할 의무는 없지만, NLRB는 사용자에게 임의로 이 공고문을 게시하도록 권장하고 있으며, NLRB 홈페이지에서는 영어, 한국어 등 28개국어로 된 공고문을 등록해두고 있다(www.nlrb.gov/poster).

340 Higgins etc eds, *The Developing Labor Law*, Vol. II, 6th ed., BNA Books, 2012, pp.2894-2896.

- 선거 후 결정에 대한 본위원회의 심사를 의무적으로 하는 대신 재량적으로 변경

이러한 사항에 대하여 2011년 11월 30일 본위원회는 다음의 사항을 결정하였다.
- 선거 전 심문에서, 예정된 선거에 실질적인 의미를 가지는 진정한 사실의 문제와 관련되는 증거로 제한하고 선거 전 심문에서 심문관이 이러한 쟁점에 대한 증언과 증거를 제한할 권한을 가진다는 점을 분명히 할 것
- 선거 전 사건에서의 심문관이 쟁점에 대한 보고가 필요하지 않다고 결정하면 심문 후 보고를 하지 않을 권한을 심문관에게 부여
- 선거 이전에는 지역사무소장의 "선거 결정 및 지시"에 대한 심사 요청 제기를 허용하지 않음. 그 이의제기 절차는 다른 모든 선거 이의 신청―선거 이전에 제기된 것과 이후에 제기된 것―과 함께 선거 후 단일한 이의제기 절차로 병합함
- 본위원회에 대한 이의제기에 대한 특별허가 요청(Rule §102.65)은 "극히 예외적인 상황(extraordinary circumstances)"으로 제한함
- 지역사무소장의 "선거 결정 및 지시"가 행해진 때로부터 25일에서 30일 사이에 선거 일정을 잡는 NLRB 관행의 중단
- 합의선거사건과 지시선거사건 양자에서 본위원회가 이의 신청을 고려하는 것은 본위원회의 재량으로 "심사를 위한 현존하는 심각한 쟁점(present serious issues for review)"이 있다고 판단하는 경우에 한정함

2011년 12월 21일 본위원회는 11월 30일 승인한 사안에 관한 "최종규칙"을 승인하였다. "최종규칙"은 2012년 4월 30일부터 시행되었다.
그런데, 본위원회에서 최종규칙을 의결할 때 법에 의하면 5명으로 구성된 본위원회 전원회의에서 의결하도록 하고 있었으나, 당시 상원의 반대

로 3명의 위원이 지명되지 않아 2명의 위원만으로 의결이 이루어져 최종 규칙 결의에 절차상 하자가 있다는 주장이 사용자 측으로부터 제기되었다. 연방법원은 규칙 제정 시 필요한 요건을 갖추지 못하여 이 최종규칙은 무효라고 판단하였다.[341] 이에 NLRB는 항소를 포기하고 2011년 규칙안도 폐기하였으나, 2014년에 다시 NLRB는 유사한 내용의 규칙개정안을 제기하고 있는 상태이다.[342]

현행 규칙과 규칙개정안의 주요 내용을 비교하면 다음과 같다.[343]

현행 규칙	2014년 규칙개정안
당사자나 NLRB는 선거 신청을 포함하여 대표사건과 관련된 중요한 서면을 전자적으로 제출하거나 전송할 수 없다.	선거 신청, 선거 통지, 투표자명부는 전자적으로 전송될 수 있다. NLRB 지역사무소는 우편에 대신하여 각종 통지와 서면을 전자적으로 전달할 수 있으며, 이메일주소를 아는 경우에는 이메일로 근로자에게 직접 통지할 수 있다.
당사자는 절차 이행과 관련한 정보를 거의 받지 못한다.	선거 신청서 사본 1부와 함께 당사자는 NLRB 대표사건 절차의 내용, 권리 및 의무 등을 기재한 설명서를 수령하게 되며, 당사자가 선거 전 심문에서 제기하기를 원할 수 있는 쟁점을 명확히 하는 데 도움이 되는 "입장진술 서식(statement of position form)"을 수령하게 된다. 지역사무소장은 심문관의 조력을 받아 심문에서 당해 서식을 기재하도록 허용할 수 있다.

---

[341] Chamber of Commerce v. NLRB, Case No. 1:11-cv-02262-JEB (D.D.C. May 14, 2012).

[342] 규칙개정안의 전문은 http://www.nlrb.gov/sites/default/files/attachments/basic-page/node-3317/CFR%20102%20COMPARE%20NPRM%20Changes%20to%20Current%202-4-14%20445PM.pdf

[343] http://www.nlrb.gov/news-outreach/fact-sheets/amendments-nlrb-election-rules-and-regulations-fact-sheet

현행 규칙	2014년 규칙개정안
지역에 따라 실무가 상이하기 때문에 당사자들이 언제 선거 전 심문이나 선거 후 심문이 개최되는지를 예측할 수 없다.	지역사무소장은 (특별한 상황이 없는 한) 심문 통지가 전달된 날로부터 7일이 되는 날에 선거 전 심문을 실시하며, 선거 개표일로부터 14일이 되는 날(또는 실행 가능한 날 직후) 선거 후 심문을 개최한다.
연방법원규칙과 달리, NLRB의 현재 절차는 불필요한 소송을 피하고 합의를 촉진하기 위하여 분쟁 대상 쟁점을 신속히 확인하는 절차가 결여되어 있다.	당사자는 증거 제출이 허용되기 전, 심문 개시까지 자신의 입장을 개진하여야 한다. 규칙개정안에서 심문은 진정한 분쟁을 해결하는 것으로 제한되도록 보장하게 된다.
선거가 필요한지 여부를 결정하기 위하여 해결될 필요가 없고 선거 결과에 영향을 미칠 수 없으며, 따라서 궁극적으로 해결될 필요가 없을 수 있는 투표자격 문제에 관한 선거 전 소송을 촉진하고 있다.	당사자는 그러한 쟁점을 선거 전 심문에서 제기하지 않고 선거 중 절차에 대한 이의제기를 통하여 제기할 수 있다. 교섭단위의 20% 미만에 대하여 당사자가 제기한 투표자격 문제에 대한 다툼은 선거 이후까지 연기된다.
투표자명단이 선거가 지시되기 전까지는 제공되지 않아 심문시 및 선거 이전에 투표자격 문제를 확인하고 해결하는 것이 어렵다.	선거 신청자가 아닌 당사자는 선거 전 심문 개시 시에 성명, 작업장소, 교대조 및 직종을 포함한 예비투표자명단을 제출하게 된다.
당사자는 선거 전에 지역사무소장이 내린 선거 전 결정에 대하여 본위원회에 심사를 요청할 수 있으며, 그렇게 하지 않는 경우에는 심사를 구할 권리를 포기한다.	당사자가 지역사무소장의 모든 결정에 대한 본위원회 심사를 선거 이후에 요청하는 것이 허용된다.
선거는 당사자가 지역사무소장의 결정에 대한 본위원회 심사 요청을 할 수 있는 기간을 부여하기 위하여, 그러한 요청이 드물게 제기되고 또 그러한 요청이 드물게 받아들여지며 대부분의 경우 선거 정지로 이어지지 않음에도 불구하고, 25~30일 지연된다.	선거 전 심사 요청은 배제되며 불필요한 지연도 방지된다.

현행 규칙	2014년 규칙개정안
본위원회가 대부분의 선거 후 분쟁을 결정하여야 한다.	본위원회는, 선거 전 결정에 관하여 현재 행사되고 있는 재량과 마찬가지로, 선거 후 결정에 대한 심사를 거부할 재량을 가진다. 대부분의 경우 지역사무소장에게 즉시의 최종적인 결정을 내리도록 할 수 있다.
모든 당사자가 이용할 수 있는 최종 투표자명부에는 성명, 자택주소만 포함하고 있고, 투표자와 커뮤니케이션할 수 있는 현대적인 기술을 이용하는 것이 모든 당사자에게 허용되고 있지 않다.	최종투표자명부에 전화번호와 이메일주소(이용 가능한 경우)가 포함된다.
제출 기한이 낡은 기술에 근거하여 설정되어 있다. 예컨대 선거 지시가 이루어진 이후 사용자가 투표자격자의 서면 리스트를 작성하고 제출하는 데 7일을 설정하고 있다.	최종투표자명부는 가능한 경우 전자적 형태로 제출될 수 있으며, 제출 기한은 2일로 단축된다.
대표사건절차가 규정에서 세 개의 다른 장에 기재되어 있어 혼란을 야기한다.	대표사건절차는 규정의 단일한 1개의 장으로 통합된다.

4. NLRB에 의한 명령과 구제

1) 일반 원칙

NLRB는 부당노동행위사건과 대표사건 양자에 명령을 내릴 권한을 가지고 있다. NLRB는 부당노동행위사건과 관련하여 구제명령을 내릴 권한을 배타적으로 보유하고 있다. 법 제10조 (a)는 NLRB에 대하여 "일체의 자가 일체의 부당노동행위에 관여하지 못하도록 방지할" 권한을 부여하고 있으며, "이러한 권한은 합의, 법 기타에 의하여 정해지거나 정해질 수 있는 조정 또는 방지 기타의 수단에 의하여 영향을 받아서는 아니 된다"고 규정하고 있다. 이를 위하여 NLRB는 부당노동행위가 인정되는 경우 "그러한 자가 부당노동행위를 중단하도록 하는 명령을 내리고, 이 법의 정책을 실효화할 수 있도록 소급 임금 지급 또는 부지급 조건부의 근로자 원직 복귀를 포함한 적극적 조치를 취할 수 있는 권한"을 부여받고 있다(법 제10조 (c)). 또한 그 명령에서는 위반자로 하여금 "당해 명령을 이행한 정도를 입증하는" 보고서를 제출하도록 요구할 수 있다(법 제10조 (c)).

NLRB는 법의 정책을 실효화하기 위한 적정한 구제 조치를 형성할 광범위한 재량권을 가지고 있다. 따라서 NLRB의 구제명령을 사법심사할 수 있는 법원의 권한은 제한되어 있다. 연방대법원이 설시한 바와 같이 "의회는 법원이 아니라 위원회에 대하여 (구제명령을 형성할) 광범위한 재량권을 부여"하였기 때문이다.[344]

그러나 NLRB의 구제는 법적 권한의 범위를 일탈한 경우에는 허용되지 않는다. 예컨대 위원회는 일방 당사자로 하여금 교섭 양보를 하도록 하거나 요구안에 동의하도록 강제할 권한을 가지지 않는다.[345] 마찬가지로 위원회는 제재를 가할 권한도 없기 때문에 NLRB의 구제는 그 본질상 징벌적이어서는 아니 된다.[346] 또한 NLRB 명령에서는 피신청인에 대하여 명해지거나 금지된 행위를 충분히 명확하게 통지하여야 한다.[347] 마지막으로, 위원회는 법 제10조 (b)에 의하여 규정된 6개월의 제척기간 외에 이루어진 위반에 대한 구제를 할 권한을 가지지 않는다. 그러나 앞에서 본 바와 같이 피신청인의 "사기적 은닉" 또는 신청 당사자가 과실 없이 그러한 위반에 대한 통지를 받지 못한 경우에는 제소기간이 연장되며 따라서 위원회의 구제 권한이 확장된다.[348]

---

344 NLRB v. Food Store Employees, Local 347 (Heck's, Inc.), 417 U.S. 18 (1974).

345 H.K. Porter Co. v. NLRB, 397 U.S. 99 (1970).

346 Phelps Dodge Corp. v. NLRB, 313 U.S. 177 (1941); Republic Steel Corp. v. NLRB, 311 U.S. 7, 10 (1940).

347 NLRB v. National Garment Co., 166 F.2d 233 (8th Cir.), cert. denied, 334 U.S. 845 (1948).

348 Brown & Sharpe Mfg., 312 NLRB 444 (1993); Kanakis Co., 293 NLRB 435 (1989) 등.

2) 교섭대표 선출사건에서의 명령

법 제9조에 기하여 내려진 명령은 그 목적과 범위에 따라서 형식 및 내용에서 매우 다양하다. 앞에서 본 바와 같이 대표선출사건과 관련한 본위원회의 권한은 대부분 지역사무소로 위임되어 있기 때문에 명령의 대부분은 지역사무소장에 의하여 내려지고 있다. 지역사무소장의 결정은 NLRB 결정집으로 발간되지 않는다. 대표선출사건에서의 명령은 ① 당사자의 동의에 기하여(이 경우 당사자의 합의는 법에 부합하는 것이어야 한다), ② 심문관 또는 행정심판관 주재의 심문을 거친 뒤, 또는 ③ 행정적인 조사 이후에 내려질 수 있다.

선거 신청(petition for an election)과 관련한 사건에서 명령은 선거 이전 및 선거 이후 양자에 내려질 수 있다. 선거 이전에는 선거를 지시하는 명령 또는 신청을 기각하는 명령이 내려질 수 있다. 선거 이후에는 투표에 대한 이의제기를 인정하는 명령 또는 이의제기를 기각하는 명령 및 투표를 개표하여야 한다고 지시하는 명령이 있을 수 있다. 또한 노동조합을 인준하는 명령(노동조합이 선거에서 승리한 경우), 선거 결과를 인준하는 명령(노동조합이 선거에서 패배한 경우) 또는 실체적 근거가 있는 선거 불복 신청에 기하여 선거를 무효로 하는 명령이 있을 수 있다. 마지막으로, 선거가 무효로 되고 관련된 부당노동행위사건에서 수권카드에 기한 교섭명령이 내려진 경우에는 그 전제가 된 선거 신청은 기각된다. 즉, 사용자의 지속적이고 악질적인 부당노동행위로 인하여 공정한 선거가 불가능할 정도로 사용자가 노동조합의 교섭대표 선출활동에 개입하는 경우 그 노동조합이 근로자의 과반수에 의하여 서명된 수권카드를 차지하고 있다면 사용자는 선거를 거치지 않은 채 바로 NLRB로부터 교섭명령을 받을 수 있다.[349]

---

[349] 앞에서 본 바와 같이 이러한 유형의 교섭명령을 "Gissel 교섭명령(Gissel bargaining order)"이라고 한다(NLRB v. Gissel Packing Co., 395 U.S. 575 (1969)).

지역사무소에 의한 선거지시 명령은 그 문언이 표준화되어 있다. 대표에 관한 문제를 해결할 목적으로 특정한 적정교섭단위에서 선거를 실시할 것을 명하고, 사용자에 대하여 교섭단위 내 근로자의 성명과 주소(이른바 Excelsior 리스트)를 제공하라고 지시하는 것을 내용으로 하고 있다.

한편, 위원회가 대표성에 관한 문제가 존재하지 않는다고 결정하면, 위원회는 교섭대표선거 신청을 기각한다. 예컨대 요구한 교섭단위가 부적정한 경우 신청은 기각된다. 그러나 위원회가 적정교섭단위를 설정할 수 있는 경우에는, 신청인이 자신이 신청에서 요구한 것과 다른 단위에서 선거를 진행하려는 의사를 가지고 있고 적정교섭단위 내에서 필요한 이익의 입증을 할 수 있으면, 그 단위에서의 선거를 명하게 된다.

위와는 반대로, 교섭단위 명확화 신청(unit-clarification petition)은 선거를 요구하는 것이 아니라, 이미 대표되고 있는 단위의 범위를 명확히 할 것을 구하는 것이다. 따라서 위원회는 그 교섭단위를 명확히 하든지 아니면 신청을 기각한다.

대표사건과 관련한 모든 명령에서 가장 중요한 점은 이에 관한 명령은 그 자체로는 법원에 의한 심사 대상이 아니라는 사실이다. 법원에 의한 사법심사는 위원회가 그 법상의 권한을 일탈하고 법의 특정 조항에 반하여 행위하는 경우로 엄격하게 제한된다.[350] 이에 따라 교섭대표선거과 관련한 NLRB의 명령에 대해서는 법원의 사법심사가 이루어지는 경우는 사실상 없고, 유일하게 행해지는 경우는 부당노동행위 구제신청 절차가 개시된 이후에 교섭대표 선거절차가 이루어지는 경우이다. 즉, 부당노동행위 구제신청과 교섭대표선거 신청이 복합된 사건에 한정된다.

이 경우에는 통상적으로 다음과 같은 방식으로 사건이 진행된다. 대표선거사건에서 선거에 대한 불복 신청이 기각된 사용자는 교섭을 거부하는 방법으로 법원의 심사를 구할 수 있다. 이러한 사용자의 교섭 거부에 대하

---

350 Leedom v. Kyne, 358 U.S. 184 (1958).

여 노동조합이 부당노동행위 구제를 신청하면, 사용자는 선거에 대한 불복 신청에 대하여 NLRB가 잘못된 판정을 내렸다는 것을 이유로 교섭대표선거 인준이 무효라고 주장함으로써 항변하게 된다. 이와 같이 부당노동행위 구제신청 절차에서 교섭대표선거과 관련한 NLRB 명령이 간접적으로 사법심사의 대상이 되는 것이다. 이에 대하여 NLRB가 사용자의 선거 불복 신청을 받아들여 재선거를 명하는 경우와 같이 아무런 부당노동행위 절차가 뒤따르지 않는 경우에 사법심사는 이루어지지 않는다.

앞에서 본 바와 같이 교섭대표로서 노동조합에 대한 인준이 이루어지면 그 인준명령은 통상적으로 인준일로부터 1년간은 최종적이며 구속적인 효력을 가진다. 1년이 경과하면, 교섭대표노동조합은 과반수 지위의 계속에 대한 추정을 받게 되지만 이는 반증이 있는 경우에 번복될 수 있다.

3) 부당노동행위사건에서의 명령과 구제

부당노동행위사건에 대한 NLRB의 구제는 두 가지 유형이 있는데, 하나는 앞에서 살펴본 바와 같이 법 제10조 (e), (f), (j) 및 (l)에 기한 잠정적 구제(provisional remedies)이고, 다른 하나는 법 제10조 (a), (c) 및 (d)에 기한 최종적 구제(final remedies)이다. 잠정적 구제명령은 앞에서 살펴본 바와 같고, 최종적 구제명령에는 부당노동행위를 중지할 것을 명하는 중지명령과 과거의 부당노동행위로 인한 불법적 효과를 시정하기 위한 적극적 조치명령이 있다. 후자에는 원직복귀, 근로자에 대한 부당노동행위 사실공고(post notice), 사용자시설에의 접근 허용, 교섭명령 등이 있다.

5. NLRB 명령에 대한 사법심사와 이행강제

1) 서설

NLRB에 의한 명령 발령은 행정기관의 조치이기 때문에 그 자체로는 법적 집행력이 없다. 따라서 명령서에 기재된 행위에 대한 "중지(cease-

and-desist)" 지시로 표현되어 있기는 하지만, 그것은 위원회가 불법이라고 판단한 행위를 구제하기 위하여 어떠한 행위가 필요한지를 단순하게 서술한 것에 지나지 않는다(법 제10조 (c)). 위원회 명령의 대상이 된 당사자가 명령의 이행을 거부하면, 위원회는 이행을 강제하거나 불이행을 제재할 권한을 가지지 않는다.

위원회 명령에 대한 이행을 확보하기 위하여 위원회는 연방항소법원에 이행강제 신청을 하여야 한다(법 제10조 (e)). NLRB 명령이 항소법원에 의하여 이행강제될 때까지 피신청인은 NLRB 명령을 이행하지 않더라도 전혀 제재를 받지 않는다. 법 제10조 (f)는 위원회의 최종명령에 의하여 침해를 받은 일체의 자에 대하여 그러한 명령의 심사를 위하여 적절한 항소법원에 신청을 할 권리를 부여하고 있다.

NLRB의 최종명령(final order)만이 법 제10조 (e) 및 (f)에 기한 법원에 의한 심사 대상이 된다.[351] 최종명령은 구제신청장의 발부, 행정심판관 주재의 심문,[352] 그리고 위원회에 의한 결정 이후에 법 제10조 (c)에 기한 부당노동행위에서만 내려진다. 법 제9조 (c)에 기한 대표사건에서의 명령과 선거 지시는 법 제10조 (e) 및 (f)에 기한 최종명령이 아니며, 앞에서 본 바와 같이 대표절차에서의 쟁점에 대한 사법심사는 부당노동행위 절차에서 내려진 NLRB 명령에 대한 사법심사에 의하여 간접적으로 행해질 수 있다.[353]

원칙적으로 연방지방법원은 대표선거사건이나 부당노동행위사건에서의 NLRB 조치에 대한 사법심사의 관할권을 가지지 않는다.[354] 그러나 연

---

[351] NLRB v. Falk Corp., 308 U.S. 453 (1940); NLRB v. Electrical Workers (IBEW) Local 876 (Consumers Power Co.), 308 U.S. 413 (1940); American Fed'n of Labor v. NLRB, 308 U.S. 401 (1940).

[352] Rules and Regs. §102.34.

[353] American Fed'n of Labor v. NLRB, 308 U.S. 401 (1940).

[354] Mid-Mountain Foods, Inc. v. NLRB, 269 F.3d 1075 (D.C. Cir. 2001) 사건에서 D.C. 항소법원은 "우리는 위원회의 재선거 실시 결정은 '최종명령'이 아니라는 종전의 입장을 다시 밝힌다"고 하고 있다.

NLRB 구제명령에 대한 이행강제

NLRB 결정 및 명령

자발적 이행
- 개인이 이행하면 지역사무소장의 이행보고서를 본위원회가 승인한 후 사건은 일반적으로 종결 처리됨.
- 본위원회는 독자적으로 법원에 이행강제를 청구할 수도 있음.

법원에 대한 이행강제청구
- 본위원회는 구제명령의 이행강제를 위하여 연방항소법원에 이행강제를 청구할 수 있음.

법원에 대한 사법심사청구
- 사용자, 노동조합 근로자, 기타 NLRB 명령에 의하여 영향을 받은 일체의 자는 항소법원에 NLRB 명령에 대한 사법심사를 청구할 수 있음.

금지명령
- 법원은 NLRB의 임시금지명령, 기타 구제를 인정할 수 있음.
- 이는 NLRB가 이행강제소송을 제기하지 않은 경우에도 마찬가지임.

항소법원
- 항소법원은 NLRB 명령의 전부 또는 일부를 이행강제·수정 또는 기각할 수 있음.
- 항소법원의 명령에 대해서는 연방대법원에 상고할 수 있음.

추가적 증거
- 신청에 기하여 법원은 NLRB에 대하여 추가적인 증거를 제출할 것을 요구할 수 있음.
- 새로운 증거에 기하여 NLRB는 그 사실 인정을 변경하고 법원에 대하여 NLRB의 원래 명령을 변경하거나 기각할 것을 신청할 수 있음.

연방대법원
- 연방대법원은 항소법원 명령을 확인·번복 또는 수정할 수 있으며, 추가적인 조치를 위하여 항소법원으로 환송할 수 있음.

방대법원은 사법법전(Judicial Code)[355] 제1337조에 따른 관할권에 기하여 연방지방법원은 "예외적인 상황으로 인정된" 제한된 상황에서 대표선거사건에 대하여 사법심사할 수 있다고 판단하였다.[356] 그러한 예외적인 경우에 해당하는지 여부와 관련하여 항소법원은 NLRB가 법의 "단순한 착오(mere errors)"를 범한 경우에는 연방지방법원은 관할권을 가지지 않는다고 판단하고 있다.[357]

또한 앞에서 본 바와 같이[358] 위원회나 연방법원은 부당노동행위 구제신청장을 발부하지 않기로 한 사무총장의 결정에 대해서는 사법심사할 권한을 가지지 않는다.[359]

법 제10조 (e)는 사건이송명령(writ of certiorari) 또는 상고허가(certification)에 의하여 법에 기하여 내려진 항소법원의 판단과 명령을 연방대법원이 심사할 수 있다고 규정하고 있다.

2) 항소법원에 의한 사법심사 및 이행강제

(1) 사법심사의 대상이 되는 NLRB 결정

사법심사의 대상이 될 수 있는 위원회 결정은 법 제10조 (e) 또는 (f) 소정의 최종명령, 즉 부당노동행위사건에서 구제신청장의 전부 또는 일부를 기각하는 결정 또는 부당노동행위를 인정하고 구제를 명하는 결정에 한정

---

355 28 U.S.C. §1337 (1994).

356 Leedom v. Kyne, 58 U.S. 184 (1994).

357 Detroit Newspaper Agency v. Schaub, 286 F.3d 391, 398 (6th Cir. 2002).

358 자세한 것은 제3장, 2_, 2., 3) 참조.

359 NLRB v. Food & Commercial Workers Local 23 (Charley Bros.), 484 U.S. 112, 122-23 (1987); Quick v. NLRB, 245 F.3d 231, 251 (3d Cir. 2001); Morgan's Holiday Markets, Inc., 333 NLRB 837 (2001); New England Health Care Employees Dist. 1199 v. NLRB, 448 F.3d 189 (2d Cir. 2006).

된다.[360] 따라서 부당노동행위 구제신청장을 발부하지 않은 사무총장의 결정과[361] 부당노동행위 제소에 대한 예비적인 비공식적인 조사 동안 증거제출명령(subpoena duces tecum) 요청을 NLRB가 거부한 조치는[362] 행정절차법 제10조 (c)에 기한 사법심사의 대상이 되는 최종명령이 아니다.[363] 연방대법원은 "사무총장은 부당노동행위 구제신청장 발부를 거부할 수 있는 재량권 또한 구제신청장 발부 이후 심문 이전의 화해의 유효성을 결정할 수 있는 재량권을 가지고 있으며, 이는 사법심사의 대상이 되지 않는다"고 판단하고 있다.[364] 사무총장의 결정은 NLRB의 최종명령에 대한 사법심사에 부수하여서만 사법심사의 대상이 된다.[365]

법 제10조 (k)에 기한 관할 분쟁 결정도 사법심사의 대상이 되는 명령이 아니다. 관할 분쟁 결정은 행정절차법(APC)에 기한 "최종처분(final disposition)" 또는 "명령의 형성으로 이어지는 기관 내부 절차(agency process leading to the formulation of an order)"에 해당하지 않는다.[366] 다만 그러한 결정과 관련하여 이후 법 제8조 (b) (4) (D) 위반의 부당노동행위가 주장되는 경우에는 부당노동행위절차를 통하여 사법심사의 대상이 된다.

---

360 Operating Eng'rs Local 542 (Giles & Ransome, Inc.) v. NLRB, 328 F.2d 850 (3d Cir.), cert. denied, 379 U.S. 826 (1964).

361 George Banta Co. v. NLRB, 626 F.2d 354 (4th Cir. 1980), cert. denied, 449 U.S. 1080 (1981) 등 판례의 일관된 입장이다.

362 Laundry, Cleaning & Dye House Workers Local 221 v. NLRB, 197 F.2d 701 (5th Cir. 1952).

363 5 U.S.C. §704는 "직접 사법심사의 대상이 되지 않는" 중간적인 행정기관의 행위는 "행정기관의 최종적 행위에 대한 사법심사청구에 기하여" 사법심사의 대상이 될 수 있다고 규정하고 있다.

364 Vaca v. Sipes, 386 U.S. 171, 182 (1967) 등 일관된 연방대법원의 입장이다.

365 Bova v. Plumbers & Pipe Fitters Local 60, 554 F.2d 226 (5th Cir. 1977) 등.

366 International Tel. & Tel. Corp. v. Electrical Workers (IBEW) Local 134, 419 U.S. 428 (1975) 등 연방대법원의 일관된 입장이다.

NLRB 명령은 본위원회에 대하여 재심신청(motion for recon-sideration)이 계류 중이라는 이유만으로는 최종명령으로서의 지위를 상실하지 않는다.[367] 따라서 위원회 명령에 대한 사법심사는 본위원회에 대한 재심신청 여부와 관계없이 제기될 수 있다.[368]

(2) 이행강제와 사법심사를 청구할 수 있는 당사자

NLRB 명령에 대한 이행강제를 항소법원에 신청할 수 있는 것은 NLRB에 한정되고, 사건 당사자는 NLRB 명령에 대한 이행강제나 법정모독죄 처벌을 청구할 수 있는 적격이 없다. 연방대법원은 법 제10조 (e)에 따라 NLRB만이 이행강제할 권한과 의무를 배타적으로 부여받고 있으며, 노동조합은 이전에 법원에 의하여 발해진 명령을 준수하지 않은 것에 대하여 사용자를 법정모독죄로 처벌하도록 하는 명령을 항소법원에 신청할 수 없다고 판단하였다.[369] 연방대법원은 다음과 같이 설시하였다.[370]

의회가 위원회에 대하여 그 자신의 구제신청장, 심문의 개최, 적정한 구제의 판단과 인정에 의하여 절차에 대한 제소권(prosecution)을 배타적으로 부여하고 있다는 사실은 명백하다. 사인이나 민간기관이 아니고 근로자나 근로자집단이 아니라 공익을 위하여 행위하는 공공기관으로서 위원회는 주간(州間) 통상에 대한 방해물을 제거하기 위하여 규정된 부당한 행위로부터의 보호를 보장하기 위한 기구로서 선택된 것이다.

---

367 Rules and Regs. §102.48 (d)(3).
368 Kronenberger v. NLRB, 496 F.2d 18 (7th Cir. 1974).
369 Utility Workers v. Consolidated Edison Co. of New York, 309 U.S. 261 (1940). 하급심도 이에 따르고 있다. Electrical Workers (IBEW) v. NLRB (General Elec. Co.), 343 F.2d 327 (2d Cir. 1965) 등 다수.
370 Utility Workers v. Consolidated Edison Co. of New York, 309 U.S. 266 (1940).

이와 같이 NLRB만이 NLRB 명령의 이행강제를 위한 청구를 할 수 있기는 하지만, NLRB 명령 자체에 의하여 피해를 받은 자는 항소법원에 NLRB 명령의 적법성에 대하여 다툴 수 있다. 법 제10조 (f)는 "구하고자 하는 구제의 전부 또는 일부를 허용하거나 거부하는 NLRB 최종명령에 의하여 침해를 받은 일체의 자"는 NLRB 명령을 무효로 하기 위하여 적절한 항소법원에 신청할 수 있다고 규정하고 있기 때문이다. 위원회가 피신청인에 대하여 불리한 최종명령을 내린 경우 피신청인이 "침해받은 자"에 해당하는 것은 명백하고 따라서 적절한 항소법원에 즉시 사법심사를 청구할 수 있다. 한편, 위원회가 구제신청장을 기각한다고 결정하면 신청당사자는 사법심사를 구할 상응하는 법적 권리가 있는 "침해받은 자"가 된다. 위원회가 구제신청장의 일정한 부분을 기각하였으나 다른 부분에서는 실체적 근거를 인정하는 명령을 내린 경우 피신청인은 구제명령에서 언급한 부분에 관하여 "침해받은" 것이 되고 "신청 당사자는 구제신청장을 기각한 결정 부분에 대하여 침해받은 것"이 된다.[371]

NLRB 명령이 근거로 한 일정한 사실 인정이나 결론에 불만이 있는 경우[372] 또는 NLRB 명령의 이행강제에 대한 승소 당사자는 침해받은 자로 되지 않는다.[373] 통상적으로 침해받은 자가 되기 위해서는 NLRB 절차의 당사자여야 한다. 그러나 침해받은 자로서 행정명령(administrative order)에 대한 원고적격은 "실제로 불리한 영향이 있는 경우"에 한하여 인정된다. 여기에서는 "법 또는 형평법상 인식 가능한 손해"를 필요로 하는 것은 아니다.[374] 따라서 당사자가 실제로 손해를 입지 않고 있다면, "침해"

---

371 Auto Workers Local 283 (Wisconsin Motor Corp.) v. Scofield, 382 U.S. 205, 210 (1965).

372 Deaton Truck Line v. NLRB, 337 F.2d 697 (5th Cir. 1964), cert. denied, 381 U.S. 903 (1965).

373 Meat Cutters v. NLRB (Geilich Tanning Co.), 267 F.2d 169 (1st Cir.) , cert. denied, 361 U.S. 863 (1959).

374 Quick v. NLRB, 245 F.3d 231 (3d Cir. 2001).

를 당한 것이 아니며 따라서 NLRB의 최종명령에 대하여 이의를 제기할 수 없다.[375]

항소법원의 소송당사자만이 연방대법원에 상고할 수 있다.[376]

(3) 소송 참가

NLRB 결정에 불복하는 자가 법원에 사법심사를 청구한 경우 NLRB에서 승소한 피신청인이나 신청인은 항소법원의 소송에 참가할 수 있다는 것이 연방대법원의 판례이다.[377]

(4) 이행강제와 사법심사 청구 장소

법 제10조 (e)에 기한 이행강제 청구 및 제10조 (f)에 기한 사법심사 청구는 부당노동행위가 발생한 관할 내에 있는 항소법원 또는 당사자가 거주하거나 사업을 영위하는 곳의 관할권을 가진 항소법원에 제기할 수 있다. 또한 부당노동행위 발생지나 거주지와 관계없이 워싱턴DC 항소법원에 사법심사를 청구할 수도 있다. NLRB 결정에 대한 사법심사 청구와 이행강제 청구가 각각 다른 항소법원에서 이루어진 경우, 과거에는 먼저 청구가 이루어진 곳을 관할하는 항소법원이 전체 사건에 대한 관할권을 가졌으나, 현행법에 따르면 행정기관의 명령에 대한 사법심사 청구가 하나 이상의 항소법원에 제기된 경우 NLRB 명령이 내려진 날로부터 10일 이내에 신청이 제기된 항소법원들 중에서 하나의 항소법원을 법원행정처가 무작위로 선택하게 된다. 그러나 각각의 사법심사 신청이 명령의 발령일로

---

375 Cieklinaki v. NLRB, 224 Fed. Appx. 727 (9th Cir. 2007), cert. denied, 128 S. Ct. 397 (2007); Food & Commercial Workers Local 204 v. NLRB, 447 F.3d 821, 826-27 (D.C. Cir. 2006).

376 Mine Workers v. Eagle Picher Mining & Smelting Co., 325 U.S. 335 (1945).

377 Auto Workers Local 283 (Wisconsin Motor Corp.) v. Scofield and Auto Workers Local 133 v. Fafnir Bearing Co., 382 U.S. 205 (1965).

부터 10일 이후에 제기된 경우에는 먼저 신청한 곳을 관할하는 항소법원이 사건을 관할하게 된다.[378]

항소법원은 사건을 다른 항소법원으로 이송하는 것이 당사자들의 편의와 사법부의 이익에 부합하는지 여부를 판단할 권한이 있다. 그러나 실제로는 이송하는 것이 "사법행정에 대한 우선적인 고려"에 기여하는 경우에만 사건을 이송한다.[379]

이와 같이 재판지(venus) 결정이 임의적으로 이루어지기 때문에 NLRB는 NLRB의 입장과 다른 항소법원의 판례를 구속력 있는 선례로서 인정하는 것을 거부하는, 이른바 "비용인정책(nonacquiescence policy)"을 취하고 있다.[380] 이러한 정책은 "NLRB의 명령을 사법심사할 관할권을 가지는 당해 항소법원 또는 12개의 모든 항소법원이 아니라, 연방대법원이 NLRB에 의하여 명령된 법의 의미에 대한 최종적인 판단자이다"라는 제7항소법원의 판시를 근거로 하고 있다.[381]

(5) 절차

법 제10조 (g), (h) 및 (i)는 법 제10조 (e) 및 (f)에 적용될 수 있는 이행강제절차와 사법심사절차를 규정하고 있다. 제10조 (g)는 이행강제이든 사법심사이든 법원에서의 소송 개시는 법원에 의하여 특별하게 지시되지 않는 한 NLRB 명령의 효력을 정지시키는 것은 아니라고 규정하고 있다. 제10조 (h)는 노리스 라과디아법(Norris-LaGuardia Act)이[382] 이행강제나 사법심사절차에 적용되지 않는다고 규정하고 있다.

---

378 28 U.S.C. §2112 (a).

379 Emerson Elec. Co., United States Elec. Motors Div. v. NLRB, 722 F.2d 315 (6th Cir. 1983), cert. denied, 467 U.S. 1216 (1984) 등.

380 Arvin Idus., Arvin Auto. Div., 285 NLRB 753 (1987).

381 Nielsen Lithographing Co. v. NLRB, 854 F.2d 1063, 1066 (7th Cir. 1988).

382 Norris-LaGuardia Anti-Injunction Act (Norris-LaGuardia Act), 47 Stat. 70 (1932) (as amended), 29 U.S.C. §§101-115 (1994).

법에서는 NLRB가 NLRB 명령의 이행강제를 법원에 청구할 수 있는 기간을 제한하고 있지 않고 있다. 또한 사법심사청구를 언제 제기하여야 하는지에 대하여도 규정하고 있지 않다.[383] 따라서 법원 청구에 시간이 경과하였다고 하여도 NLRB 명령이 그 효력을 상실하는 것은 아니다.[384] 예컨대 NLRB가 이행강제를 법원에 청구하는 데 명령일로부터 2년이 경과한 경우,[385] 피신청인이 이행할 기회를 주지 않고 NLRB가 바로 법원에 이행강제를 청구하는 것은[386] 모두 허용된다. 또한 피신청인이 NLRB 명령을 이행하고 있다고 하여 NLRB의 이행강제청구권이 부정되는 것은 아니다.[387] 향후에 위반할 가능성이 있기 때문이다.[388] 피신청인은 NLRB 명령을 이행하면서 동시에 법 제10조 (f)에 기한 사법심사를 청구할 수 있다.[389]

부당노동행위 제소와 관련된 NLRB 명령은 그 이후에 실시되는 교섭대표 선출을 위한 선거와 관계없이 이행강제와 사법심사의 대상이 된다는 것이 연방대법원의 입장이다.[390] 즉, 부당노동행위에 관한 NLRB의 구제명령은 이후의 교섭대표 선출선거에도 불구하고 이행강제의 대상이 될 수 있다.

NLRB는 명령의 이행강제를 위한 청구를 제기한 후, 항소법원에 대하여 위원회 구제절차에서의 기록을 인증하여 제출하여야 한다. 위원회 조치의

---

383 Buchanan v. NLRB, 597 F.2d 388 (4th Cir. 1979).
384 NLRB v. Harding Glass Co., 500 F.3d 1 (1st Cir. 2007); NLRB v. St. Mary's Acquisition Co., 240 Fed. Appx. 8 (6th Cir. 2007); NLRB v. Taylor Mach. Prods., 136 F.3d 507 (6th Cir. 1998); NLRB v. Hub Plastics, 52 F.3d 608 (6th Cir. 1995).
385 NLRB v. Pool Mfg. Co., 339 U.S. 577 (1950); Nabors Co. v. NLRB, 323 F.2d 686 (5th Cir. 1963), cert. denied, 376 U.S. 911 (1964).
386 NLRB v. Teamsters Local 85 (Victory Transp. Serv.), 454 F.2d 875 (9th Cir. 1972).
387 NLRB v. King Soopers, Inc., 275 F.3d 978, 981 (10th Cir. 2001); NLRB v. Elevator Constructors Local 8 (National Elevator Indus.), 465 F.2d 974 (9th Cir. 1972).
388 NLRB v. Southern Household Prods. Co., 449 F.2d 749 (5th Cir. 1971).
389 Kesner v. NLRB, 532 F.2d 1169 (7th Cir.), cert. denied, 429 U.S. 983, 1022 (1976).
390 NLRB v. Raytheon Co., 398 U.S. 25 (1970).

통지문 역시 당사자 또는 명령이 내려진 당사자에 대하여 교부되어야 한다(법 제10조 (e)). 사법심사를 위한 청구에서 NLRB 명령에 의하여 침해를 받은 당사자는(즉 NLRB가 아니라) 항소법원에 대하여 그 명령을 수정하거나 기각할 것을 구하는 서면 신청을 제기하게 된다. 그러한 신청의 사본은 법원서기에 의하여 NLRB에 전달된다. 사법심사 청구에서 원고는 기록을 제출하여야 하기는 하지만, NLRB가 이를 인증하여야 한다(법 제10조 (f)). 사법심사 청구가 이루어진 경우에는 NLRB에서 다루어진 전체 기록이 제출되어야 한다.[391]

항소법원은 동 법원에 청구가 이루어지면 절차에 대한 관할권을 취득한다. 그러나 기록 제출 전에는 법 제10조 (d)에 기하여 NLRB는 그 판단이나 명령을 수정하거나 기각할 수 있다. 일단 NLRB 또는 일방 당사자에 의하여 기록이 제출되면, 사건에 대한 NLRB 관할권은 정지되고 더 이상 명령을 수정하거나 기각할 수 없다. 그러나 변론이 행해지기 이전이라면 항소법원은 그 명령에 대한 추가적인 고려를 위하여 사건을 환송해 달라는 NLRB의 신청을 받아들일 수 있다.[392] 그 신청에 기하여 항소법원이 사건을 NLRB로 환송하면, 당해 사건에 대한 항소법원의 관할권이 배제된다.[393]

법원은 명령의 적법성에 대하여 NLRB의 기록에 기하여 심사를 행하고, 그 결과에 따라 판결을 내린다. 판결의 종류에는 명령의 전부 또는 일부에 대하여 집행력을 부여하는 판결, 명령의 전부 또는 일부를 취소하는 판결, 명령을 수정하는 판결 및 사건을 NLRB로 환송하는 판결이 있다.

---

391 28 U.S.C. §2112 (b) (1994).

392 Mine Workers v. Eagle Picher Mining & Smelting Co., 325 U.S. 335 (1945); Ford Motor Co. v. NLRB, 305 U.S. 364 (1939).

393 Mine Workers v. NLRB (Dixie Mining Co.), 468 F.2d 1139 (D.C. Cir.), appeal denied, 404 U.S. 1057 (1972); NLRB v. Wilder Mfg. Co., 454 F.2d 995 (D.C. Cir. 1971).

제4장

미국 교섭대표노동조합 결정제도의 특징과 시사점

1_ 미국 교섭대표노동조합 결정제도의 특징과 한계

1. 미국 교섭대표노동조합 결정제도의 특징

미국의 교섭대표노동조합 결정제도는 단체교섭의 촉진, 안정적인 노사관계의 확보, 당사자의 의사 존중이라는 양립하기 어려운 목적 사이에서 상당한 균형을 유지하고 있다고 평가할 수 있다. 그리고 그 중심에는 연방노동관계위원회, 즉 NLRB가 위치하고 있다. 사용자의 심각한 부당노동행위가 있을 때에는 교섭대표 선출선거를 통한 교섭대표노동조합의 선거 없이 바로 사용자에게 교섭명령을 부과하는 법리, 교섭대표선거와 관련하여 구체적인 선거세칙이나 선거를 둘러싼 분쟁 해결 방법을 주로 당사자의 합의에 맡기고 있는 점, 교섭단위의 결정 역시 당사자의 의사를 원칙적으로 존중하면서 예외적으로 NLRB가 개입하는 점, 교섭대표노동조합의 공정대표의무를 해석을 통하여 창설하고 그 범위를 확대하고 있는 점, 교섭대표 선출과 관련한 분쟁의 해결에 대하여 NLRB에 매우 광범위한 재량권을 인정하는 점 등이 당사자의 의사를 존중하면서 단체교섭의 촉진을 통한 노사관계의 안정으로 이어지는 경로를 제공하고 있는 것으로 보인다.

미국 교섭대표노동조합 결정제도에서 주목되는 특징으로는 다음과 같은 점을 들 수 있다.

첫째, 교섭대표노동조합이 교섭단위 내의 모든 근로자를 대표하여 단체교섭을 하는 배타적 교섭대표제도를 채택하고 있는 점이다. 노동조합 소속에 관계없이, 노동조합 가입 여부에 관계없이, 교섭단위 내에서 근로하고 있는 근로자 전체를 대표하여 근로조건 등에 관하여 교섭하도록 함으로써 조합 소속에 따른 차별이나 가입 여부에 따른 차별을 원천적으로 배제하고 같은 일을 하는 근로자에 대해서는 동일한 근로조건을 적용할 수 있도록 하고 있는 것이다. 이를 통하여 근로자의 입장에서는 교섭력을 극대화하여 교섭에서 유리한 위치를 차지할 수 있는 제도적 장치를 갖출 수 있고, 사용자의 입장에서는 같은 사안에 대하여 동일한 내용의 교섭을 반복하는 무용한 교섭을 하지 않아도 되기 때문에 교섭비용을 줄이고 근로자 사이의 갈등을 최소화할 수 있다는 데에 장점이 있다. 특히 교섭대표노동조합은 노조에 가입 여부를 묻지 않고 근로자를 대표하기 때문에 노동조합의 조직률보다 단체협약의 적용률이 더 높아진다는 효과도 얻고 있다. 물론 배타적 대표로 인하여 이른바 무임승차자(free-rider), 즉 노동조합 가입에 따른 조합비 납부 등 의무는 부담하지 않고 혜택만 누리는 비조합원이 발생한다는 단점은 있지만, 교섭단위 내 모든 근로자가 동일한 근로조건을 누릴 수 있는 장점은 그 단점을 넘어서는 것이라고 할 수 있다.

둘째, 교섭대표노동조합의 결정이 항상 근로자의 희망을 반영하여 이루어진다는 점을 들 수 있다. 교섭대표노동조합의 결정은 비밀선거를 통해서만 가능하기 때문에 선거 시점에서 근로자의 희망을 정확하게 반영할 수 있고, 또 이른바 실험실조건 법리 등 다양한 법리를 통하여 선거 과정에서 근로자의 자유로운 선택을 저해하는 노사 양측의 부당행위를 규제함으로써 자신이 노동조합에 의하여 대표될 것인지 여부, 어떤 노동조합에 의하여 대표될 것인지 여부에 대하여 근로자의 진정한 의사를 확인하고 확보할 수 있는 시스템을 갖추고 있는 것이다. 이와 같이 근로자의 자유로운 의사를 정확히 교섭대표에 반영할 수 있는 제도는, 교섭대표노동조합 결정 과정에서 전체 근로자의 의사가 왜곡되는 경우에 발생할 수 있는 폐해를 생각하면, 단체교섭을 촉진하고 노사관계의 안정을 도모하는 데 유용한 제도임은 분명하다.

셋째, 교섭대표노동조합을 결정하는 단위인 교섭단위가 매우 유연하게 설정되고 있는 점도 주목된다. 기본적으로 노사 당사자의 의사를 존중하면서도 노사관계 안정과 단체교섭의 촉진이라는 법의 목적에 반하는 경우에만 예외적으로 NLRB가 개입하여 교섭단위를 시정하는 방법을 통하여 노사의 특유한 상황에 적합한 단위를 스스로 결정할 수 있도록 하고 있다. 바꾸어 말하면 교섭대표노동조합이 활동하는 단위가 되는 교섭단위가 노사의 의사를 충분히 반영하여 설정되기 때문에 그것을 둘러싼 분쟁이 상당수 예방될 수 있고, 노사가 처한 특유한 상황에 적합한 근로조건 형성이 가능하게 되는 것이다.

교섭단위를 결정하는 과정에서 NLRB는 "이익의 공통성"이라는 기준을 원칙적으로 적용함으로써 교섭단위 내 노동력의 균질성을 확보하고, 이를 통하여 동일한 노동에 대하여 동일한 근로조건을 적용할 수 있도록 하는 것 역시 단체교섭의 효율화에 기여하고 있다고 평가할 수 있다. 반면에, 특별한 상황, 예를 들어 요금이 행정당국에 의하여 실질적으로 설정되는 택시나 버스사업과 같이 개별 회사별 상황이 실질적으로 동일한 경우에는 복수사용자 교섭단위를 인정하거나 또는 교섭단위를 통합하는 방법 등 NLRB가 교섭단위를 결정할 수 있는 광범위한 재량권을 부여받고 있는 것 역시 단체교섭의 효율성 제고에 기여하고 있는 것으로 판단된다.

교섭단위 결정에서 또 하나 주목하여야 하는 것은 산업별 특수성을 충분히 고려한 판단을 NLRB가 하고 있는 점이다. 예를 들면 산업의 성격상 상용근로자에 의하여 작업이 이루어지기 힘들기 때문에 근로자공급사업에 의하여 필요에 따라 노동력을 사용하는 항만운송산업이나 일용직 근로자가 다수를 이루는 건설산업의 경우에는 일반적인 교섭단위 결정 기준이나 교섭대표노동조합 투표자격 기준과 다른 기준을 적용하여 산업별 특성때문에 근로자가 교섭대표노동조합을 결정하지 못하는 상황을 배제하고있다. 또한 의료산업과 같이 다양한 직종의 근로자가 관여하고 있는 경우에는 일반적인 교섭단위 결정 기준과 다른 기준을 적용하는 것 역시 마찬가지의 취지를 가진 것이라고 할 수 있다.

교섭단위 설정은 원칙적으로 당사자의 합의에 의하도록 하고 있기 때문에, 예를 들어 노동조합이 쟁의행위를 통하여 사용자에게 특정한 범위의 교섭단위를 강제하는 경우도 발생할 수 있다. 이를 용인하면 노사관계의 안정이라는 법의 목적에 반하기 때문에 교섭단위를 결정하거나 변경할 것을 목적으로 하는 쟁의행위를 금지하고 있는 점도 법의 취지를 감안한법의 운용이라고 할 수 있다.

넷째, 교섭단위에서의 선거를 통하여 교섭대표노동조합으로 결정되더라도 상황의 변화, 예를 들어 새로운 노동조합의 설립으로 노동조합의 과반수 지지가 붕괴되는 사태가 발생하는 경우에는 기존 노동조합에 대한일종의 재신임절차를 두고 있는 것도 주목할 만하다. 근로자가 기존 교섭대표노조동조합이 과반수 지지를 상실하였다고 판단하면 인준박탈 신청을 통하여 교섭대표를 교체하거나 부정할 수 있는 제도를 두고 있는 것 역시 근로자 대표에 대한 근로자의 의사를 정확하게 반영하려는 제도적 장치라고 할 수 있다.

다섯째, 이와 동시에 기존의 교섭관계의 안정을 도모하기 위한 여러 가지 제도를 두고 있는 점도 지적할 만하다. 예를 들어 교섭대표노동조합 인준이 이루어진 후 1년 동안은 어떠한 형태의 교섭대표권에 대한 도전도허용되지 않도록 함으로써 교섭대표노동조합의 지위를 보장하고 있고, 또교섭대표노동조합이 단체협약을 체결한 경우에는 그 유효기간 동안 원칙적으로 교섭대표로서의 지위를 보장받게 된다. 이러한 제도가 법률이 아니라 NLRB나 법원의 결정을 통하여 형성되고 있는 점도 주목할 만하다. 흠결된 제도적 장치를 반드시 법률에 의하여 보완하는 것이 아니고 해석을 통하여 미비점을 보완하고 개선하기 때문에 법 개정 과정의 불필요한 논란과 지연을 방지하고 상황과 시대 변화에 유연하게 적응할 수 있다는 것은 노사관계와 같이 변동성이 큰 분야에서는 큰 장점이 아닐 수 없다.

여섯째, 교섭대표노동조합 결정 과정에서는 근로자의 자유로운 선택을 반영하는 것이 가장 중요하기 때문에 일반적인 부당노동행위 법리보다 더 엄격한 법리를 교섭대표노동조합 결정 과정에 적용하고 있는 점도 주목할 만하다. 교섭대표노동조합 결정은 사용자만이 아니라 노동조합들에도 사활적인 의미가 있기 때문에 노사 양측으로부터 다양한 부당행위가 발생할 수밖에 없다. NLRB는 이 과정에서 입증 책임의 전환과 같이 일반적인 부당노동행위 법리와는 다른 법리를 적용하기도 하고, 동일한 판단 기준을 적용하더라도 훨씬 엄격한 판단을 내리고 있음을 알 수 있다. 이러한 NLRB나 법원의 입장은 교섭대표노동조합 결정의 완전성을 확보하고자 하는 노력의 일환이라고 평가할 수 있다.

마지막으로, 교섭대표노동조합 결정 과정에서 큰 역할을 하고 있는 NLRB는 상세한 지침을 작성하여 분쟁을 사전에 예방하고 문제에 대하여 당사자에게 예측가능성을 부여하고 있는 점을 들 수 있다. 다양한 상황을 전제로 하여 각 상황에 적합한 해결책을 각종 지침을 통하여 상세하게 제공하여 불필요한 법적 분쟁을 방지하고자 하는 것은 교섭대표노동조합 결정에 큰 재량권을 가지고 있는 NLRB가 스스로 그 재량권을 합리적으로 행사하기 위한 노력의 일환이라고 할 수 있다. 그리고 그러한 지침을 제정하거나 변경할 때에는 충분한 시간적 여유를 두어 당사자들의 의견을 폭넓게 청취하고 있는 점도 주목할 필요가 있을 것으로 보인다.

2. 미국 교섭대표노동조합 결정제도에서 노동위원회의 역할과 특징

이와 같이 미국에서 교섭대표노동조합 결정 과정에서 NLRB는 핵심적인 기능을 수행하고 있다. 80년에 걸친 제도 운용 경험으로 인하여 법원도 존중할 수밖에 없는 전문성을 인정받고 있고, 실제로도 NLRB는 교섭대표노동조합 결정제도에 끊임없는 미시적인 조율과 조정을 행하면서 제도의 합리화에 기여하고 있다고 평가할 수 있다. 이는 교섭대표노동조합 결정제도 운용 과정에서 NLRB가 제도의 공백을 메꾸기 위하여 매우 광범위한 재량권을 행사할 수 있도록 하는 제도적 장치를 갖추고 있는 것에서 기인하는 바가 크다. 그 주목되는 특징은 다음과 같다.

첫째, NLRB를 내부적으로 초심을 담당하는 기관을 두고 있지 않고 단심으로 사건을 해결한다는 점이 우선 주목된다. 즉, 우리나라의 지방노동위원회와 같은 조직이 존재하지 않는다. 연방국가로서 넓은 국토를 가지고 있는 미국이지만, NLRB는 전국적으로 단일한 조직으로 구성되어 있다. 실질적으로 행정심판관이 지방노동위원회의 기능을 수행한다고 볼 여지가 없는 것은 아니지만, 행정심판관의 결정은 그 자체로는 독자적으로 사법심사의 대상이 되지 않을 뿐만 아니라 NLRB 절차의 구성 요소에 지나지 않기 때문에 우리나라의 지방노동위원회와는 성격을 달리한다. 행정심판관제도는 심문을 전담하는 등 본위원회의 판정 업무 부담을 걸러 주는 역할을 하여 사건의 신속한 처리에 기여하고 있다. 이런 이유도 함께 작용하여, 단심구조의 NLRB가 효율적으로 운영되고 있는 것 역시 주목할 필요가 있다. 반드시 형식적으로 분리된 기구에 의하여 동일한 사건을 처음부터 다시 심판할 필요성이 없다면, 제도는 간소화하는 것이 사건 해결의 경제성, 신속성의 측면에서 바람직하다. 물론 이는 인력, 전문성이 뒷받침될 때에만 가능할 것이다.

둘째, NLRB의 조직이 심판을 담당하는 본위원회(Board) 계열과 조사 또는 기소 기능을 담당하는 사무총장(General Counsel) 계열로 분리되고 있는 점이 특징적이다. 신청인이 부당노동행위에 대한 주장 입증을 하는 우리나라와 달리 사무총장을 대리한 지역법무관(regional attorney)이 신청인에 대신하여 부당노동행위의 입증을 담당함으로써 당사자의 사건 부담을 경감시키는 것이 주목된다. 당사자, 특히 근로자가 사용자의 부당노동행위 의사를 입증하는 것은 자료 획득의 어려움, 증언 확보의 어려움 등 여러 가지 측면에서 어려움이 수반되지만, 이러한 일을 NLRB의 공식적인 기관이 담당하기 때문에 문제되는 사건의 사실관계에 대하여 우리나라에 비하면 훨씬 용이하게 파악할 수 있고, 또 전문적인 기관이 담당하기 때문에 더 정확하게 파악할 수 있다.

셋째, 교섭대표노동조합 결정과 관련해서는 선거 실시, 관련된 분쟁에 대한 결정 등 거의 모든 절차가 지역사무소 차원에서 종결되고 있다는 점을 주목할 필요가 있다. 상대적으로 복잡한 절차가 전제되어 있는 부당노동행위 구제절차와 극히 대조적이다. 이는 교섭대표노동조합 결정의 성격상 신속하게 사건을 처리할 필요성에 기인하는 것으로 보인다. 앞에서 살펴본 바와 같이 1935년 와그너법이 제정될 당시에는 본위원회가 대표선출사건을 담당하였으나 1947년 법 개정 이후 대표 선출과 관련한 대부분의 권한이 사실상 지역사무소로 이관된 것도 신속한 교섭대표 결정의 필요성이라는 교섭대표노동조합 결정의 특성을 고려하였기 때문이라고 할 수 있다. 이와 함께, 교섭대표노동조합 결정 과정에서 발생하는 분쟁이 규범적 판단을 요구하는 성질의 것이라기보다는 기술적 성격을 띤 것이 많다는 점도 일종의 행정기관이라고 할 수 있는 지역사무소장의 재량에 맡길 수 있는 이유 중 하나로 판단된다.

넷째, 교섭대표노동조합 결정과 관련한 지역사무소장의 결정을 포함한 NLRB의 결정은 그 자체는 원칙적으로 사법심사의 대상이 되지 않는다. 부당노동행위 절차를 통하여 간접적으로 다툴 수 있을 뿐이다. 이것 역시 교섭대표노동조합의 신속한 확정을 통한 노사관계의 안정을 도모하기 위한 것이라고 할 수 있다.

다섯째, 실태에서 볼 때 부당노동행위사건에 비하여 대표선출사건의 처리기간이 현저하게 짧은 것이 주목된다. 이는 노동조합, 즉 교섭대표노동조합이 이미 존재하는 경우에 주로 발생하는 부당노동행위사건의 성격과 교섭대표의 결정, 즉 사실상 노동조합의 설립과 관련한 경우에 주로 발생하는 교섭대표노동조합 결정사건의 성격 차이에서 기인한다고 볼 수 있다. 교섭대표가 결정되지 않으면 부당노동행위도 발생할 수 없기 때문에 우선적인 처리가 이루어지고 있는 것이다.

마지막으로, 교섭대표노동조합 결정과 관련하여 NLRB가 매월 새로이 인준된 교섭대표에 관한 자료를 연방조정알선청(FMCS)에 이메일로 제공함으로써 집단적 이익 조정을 담당하는 FMCS와 NLRB가 긴밀하게 협력하고 있다는 점도 주목된다. 교섭대표노동조합 결정 과정에서 노사 간 및 노노 간 갈등이 발생할 가능성이 많기 때문에 분쟁 발생의 가능성도 그만큼 더 크다는 점을 고려하여 분쟁 발생의 가능성을 사전에 예방하는 기능을 수행한다고 볼 수 있다.

3. 미국 교섭대표노동조합 결정제도의 한계

미국의 교섭대표노동조합 결정제도를 전체적으로 조망하면 앞서 본 바와 같은 여러 가지 장점을 가지고 있지만, 반면에 단점 역시 뚜렷하게 부각되고 있다. 미국 교섭대표노동조합 결정제도의 대표적인 한계로 다음과 같은 점을 들 수 있다.

첫째, 교섭대표노노동조합 결정을 위해서는 항상 NLRB가 주관하는 선거를 거쳐야 한다는 점이다. 선거를 반드시 거치도록 하는 것 자체는 교섭대표노동조합 결정 시점에 근로자의 의사를 가장 정확하게 반영하는 방법임은 틀림없다. 문제는 선거 과정이다.

미국에서는 NLRB에 대표선거 신청을 하기 위해서는 우선 교섭단위 내 근로자의 30% 이상으로부터 수권카드를 받아 NLRB에 신청을 하여야 하고 그 후 NLRB가 주관하는 선거가 이루어진다. 한 연구에 따르면,[1] 실제로 NLRB가 실시하는 대표선거는 평균적으로 근로자의 선거 신청이 NLRB에 제출된 날로부터 41일 이후에 이루어지고 95%의 대표선거가 신청일로부터 75일 이내에 이루어지고 있다. 최장 기간 걸린 사건은 NLRB에 선거를 신청한 날로부터 1,705일 후, 즉 5년 가까이 지난 후에야 비로소 선거가 개최되었다. 따라서 대표선거에서 승리하기 위하여, 즉 노동조합은 교섭대표노동조합으로서 과반수의 지지를 받기 위하여, 그리고 사용자는 근로자들이 무노조를 선택하도록 하기 위하여 벌이는 선거운동이 평균적으로 6주 동안 가능하다는 의미이다. 이는 다른 말로 하면, 노동조합과 특히 사용자가 선거운동 과정에서 선거 결과에 영향을 미치는 부당행위를 할 수 있는 시간적 여유가 많다는 것을 의미한다.

실제로도 앞에서 본 바와 같이 선거 캠페인 과정에서 다양한 유형의 부당노동행위가 발생하고 있는 점에 비추어 보면, NLRB에 대한 선거 신청과 선거 실시 사이의 간격은 짧으면 짧을수록 근로자의 자유로운 의사가 공정하게 반영될 가능성이 많다. 바꾸어 말하면, 선거 캠페인 기간이 짧을수록 근로자의 마음을 바꾸기 위하여 사용자가 근로자를 설득하거나 압력을 가할 가능성이 적어지는 것이다.[2] 실제 연구 결과도 이러한 추정을 뒷받침하고 있다. 각종 연구에 따르면 선거 캠페인 기간은 노동조합의 교섭대표권 획득 비율과 역의 관계를 보이고 있다. 노동조합은 장기간의 조직화 캠페인보다 단기간의 캠페인을 할 때에 선거에서 승리할 가능성이 높다.

예를 들어 9주 이하의 기간 동안 이루어진 캠페인 이후 이루어진 선거의 65.4%에서 노조가 승리한 반면, 9주 이상의 기간 동안의 캠페인 이후

---

1 John-Paul Ferguson, The Eyes of the Needles: A Sequential Model of Union Organizing Drives, 1999-2004, 62 *Indus. & Lab. Rel. Rev.* 3, 10 n.9 (2008).

2 Paul Weiler, *Governing the Workplace: The Futrue of Labor and Employment Law*, Harvard University Press, 1990, pp.255-256.

의 선거에서는 36.8%만이 승리하였다.[3] 또한 인준 신청일과 선거 사이의 기간이 1개월 증가할 때마다 노조가 승리하는 비율은 2.5% 감소하는 것으로 나타나고 있다.[4] 그 기간에서 하루가 더 증가할 때마다 하루당 노조 승리율은 29% 감소하였다.[5] 따라서 사용자는 가능한 한 선거 캠페인을 길게 함으로써 노동조합의 승리율을 낮추기 위한 시도를 하는 경향이 나타나고 있다.

이와 함께 사용자가 대표성에 관한 법적 분쟁을 제기함으로써 교섭대표의 선정을 지연시키는 전술도 미국에서는 광범위하게 이루어지고 있다. 소송이 계류 중인 동안에는 교섭대표노동조합이 결정될 수 없고 따라서 단체교섭도 행해질 수 없기 때문에 사실상 무노조 상태를 유지할 수 있는 것이다. 이러한 전술이 미국에서 노조의 교섭력 약화와 조직률 저하의 결정적 원인으로 작용한다고 지적하는 견해도 있다.[6]

이런 점을 고려하여, 미국에서는 다양한 법 개정 제안이 이루어지고 있고,[7] 그 대표적인 것이 이른바 "근로자자유선택법"안(Employee Free

---

3   Lardaro, Authorization Card Reliability and the Impact of Actions by the NLRB: An Examination of Several Issues, 35 *LAB. L.J.* 344, 350 (1984).

4   Prosten, The Longest Season Union Organization in the Last Decade-How Come One Team Has to Play With Both Of Its Shoe Laces Tied Together?, 31 *Proceedings of the Annual Meeting of Industrial Relations Research Association(PROC. ANN. MEETING INDUS. REL. RES. A.)* 240 (1978).

5   Roomkin, Unions In The Traditional Sector: The Mid-Life Passage of the Labor Movement, 31 *PROC. ANN. MEETING INDUS. REL. RES. A.* 212 (1987).

6   자세한 것은 Paul C. Weiler, "Promises to Keep: Securing Workers' Rights to Self-Organization under the NLRA," 96 *Harv. L. Rev.* 1769 (1983) 이하; Sheila Murphy, "A Comparison of the Selection of Bargaining Representatives in the United States and Canada: Linden Lumber, Gissel, and the Right to Challenge Majority Status," 10 *Comp. Lab. L. J.* 65 (1988) 이하 참조.

7   Benjamin I. Sachs, Enabling Employee Choice: A Structural Approach to the Rules of Union Organizing, 123 *Harv. L. Rev.* 655 (2010); Cynthia Estland, Freeing Employee Choice: The Case for Secrecy in Union Organizing and Voting, 123

Choice Act)이다. 이 법안의 주요 내용은 세 가지로 이루어져 있다. 첫째, 교섭단위 내 근로자의 과반수로부터 수권카드를 얻은 노동조합은 NLRB가 주관하는 선거를 거치지 않고 자동적으로 교섭대표노동조합으로서 NLRB의 인준을 받을 수 있다. 둘째, 교섭대표노동조합이 최초 단체교섭에서 90일 이내에 단체협약을 체결하지 못하면 FMCS가 이익 중재에 의하여 중재재정을 내린다. 이는 2년간 효력을 가진다. 셋째, 선거 캠페인 기간 중 또는 최초협약 교섭기간 중에 발생한 사용자의 부당노동행위에 대하여 NLRB는 3배의 소급 임금 지급, 건당 2만 달러 이하의 민사벌칙금 부과를 명할 수 있다는 것을 내용으로 하고 있다.[8] 과반수 수권카드를 확보하는 경우에는 선거 없는 인준 부여와 최초협약 중재제도(first contract arbitration)는 캐나다의 제도를 본딴 것으로 보인다.[9]

이 법안은 2006년 중간선거에서 민주당이 승리하여 2007년 3월 하원 본회의에서 가결되었으나, 공화당이 지배하는 상원에서 통과되지 않았다. 그 후 2009년 다시 제안되었으나, 2010년 11월 중간선거에서 민주당이 패배하여 사실상 법안 통과가 무산된 상태이다.

선거를 통한 교섭대표노동조합의 결정은 형식적으로는 근로자의 자유의사를 반영할 수 있는 가장 효과적인 방법이지만, 실질적으로는 선거 과정에서 다양한 사용자의 부당노동행위 등 개입행위가 발생할 수 있고 또 소송을 통한 교섭대표노동조합 결정절차의 지연도 가능하기 때문에 현실

Harv. L. Rev. 10 (2010); A. Kramer, J. Holmes & R. Medsker, "Two Sentence, 104 Words: Congress's Folly in First Contract Arbitration and the Future of Free Collective Bargaining", in Z. Eigen & S. Estreicher ed., *Labor and Employment Law Initiatives and Proposals Under the Obama Administration*, Kluwer Law International, 2011, pp.117-152 등.

8 http://www.gpo.gov/fdsys/pkg/CRPT-110hrpt23/html/CRPT-110hrpt23.htm
9 캐나다제도에 관하여는 이승욱, "교섭창구 단일화제도의 쟁점: 영국, 캐나다, 미국의 시사점과 다수교섭대표제도를 중심으로", 노동법연구 제17호, 서울대학교노동법연구회, 2004, pp.157-206 참조.

적으로는 오히려 교섭대표노동조합 결정을 방해하는 제약 요인으로 기능하고 있는 것을 알 수 있다.

둘째, 교섭단위의 결정과 관련하여 당사자의 의사를 존중하고 나아가 NLRB가 교섭단위를 결정할 때에도 "이익의 공통성"을 기준으로 판단하는 것 역시 미국의 교섭대표노동조합 결정제도의 한계로 기능하고 있다고 평가할 수 있다. 당사자의 의사를 존중하면서 "이익의 공통성"을 기준으로 교섭단위를 설정하게 되면, 교섭단위 내 근로자집단의 동질성이 최대한 확보될 수 있기 때문에 교섭대표노동조합이 근로자집단의 이해를 가장 잘 반영할 수 있다는 장점이 있다. 그러나 당사자의 의사에 의하여 교섭단위가 획정되면 당사자의 담합이 발생할 우려를 배제하지 못하고, "이익의 공통성"을 기준으로 교섭단위를 설정하면 교섭단위가 지나치게 파편화되는 상황을 피하기 어렵다. 실제로 미국의 교섭단위는 앞에서 본 바와 같이 근로자 수의 측면에서 보면 200~299명 규모의 교섭단위가 가장 많지만(전체 대비 11.3%), 교섭단위 수의 측면에서는 10명 미만(전체 대비 23.9%)의 교섭단위 수가 가장 많을 정도로 교섭단위가 소규모로 이루어져 있는 것이 현실이다. 노동조합의 입장에서는 교섭단위의 규모가 작으면 작을수록 교섭력이 약해질 수밖에 없고, 사용자의 입장에서도 교섭단위별로 각각 단체교섭을 실시하여야 하기 때문에 교섭비용과 시간이 많이 소요되어 노사 양 당사자에게 바람직하지 않을 뿐만 아니라, 각 교섭단위마다 NLRB가 선거를 주관하여야 하기 때문에 행정 부담 역시 상당한 수준에 이를 것이다. 교섭단위 설정에서 당사자의 의도를 중시하는 입장이 오히려 단체교섭의 촉진과 노사관계의 안정이라는 법의 목적에 반하는 상반된 결과로 나타나고 있는 것이다.

셋째, NLRB의 구성과 관련하여, 5명으로 구성되어 있는 NLRB 본위원회 위원이 정치적으로 선임되고 있는 점도 한계로 지적할 수 있다. NLRB 본위원회는 미국 노사관계제도의 운영에 핵심적인 기능을 수행하고 있기 때문에 위원회의 구성은 노사관계의 방향을 결정하는 중요한 의미를 가진다. 임기 5년인 본위원회 위원은 전통적으로 여야가 각각 2명씩 지명하고 또 대통령이 1명을 지명하여 결국 여당이 위원장을 포함한 3명, 야당이 2 명을 지명한 후 상원의 인준을 받아야 한다. 야당이 상원의 다수당이 되면 대통령과 여당에서 지명한 위원이 상원의 인준을 받지 못하여 본위원회의 공석 상태가 장기간 지속되는 비정상적인 상황이 발생하게 된다. 실제로 2008년 1월부터 2010년 4월까지 2년 이상 공화당을 지배하는 상원으로부 터 5명 중 과반수인 3명이 위원 인준을 받지 못하여 결원이 되는 상황이 발생하였다. 결국 2명의 위원이 합의에 의하여 총 595건의 사건을 처리하 였다. 그러나 이러한 비정상적인 상황에서 나온 NLRB 결정들의 효력이 다투어져, 연방대법원이 NLRB 결정들에 대하여 법률상의 정족수를 갖추 지 못하여 위법 무효라고 판단하는 사태까지 발생하였다.[10]

NLRB 위원 선임에서의 당파성은 당연히 NLRB의 판정에도 영향을 미 쳐 정권 교체가 이루어질 때마다 NLRB의 입장이 바뀌는 상황이 반복되고 있다.[11] 법적으로는 정파에 관계없이 중립적인 입장에서 판단하도록 되어 있으나, 실제 운영은 정치적으로 이루어지고 있는 것이다. 미국에서도 독 립되고 중립적인 판단기관으로서 NLRB의 위상이 문제되고 있다. NLRB 가 정치적 중립성을 확보할 수 없는 구조는 NLRB 결정에 대한 신뢰성 저 하로 이어질 수밖에 없고, 장기적으로는 NLRB 판단에 대한 사법부의 개 입이 증가할 가능성이 높다. NLRB 위원 선임의 정치성은 NLRB가 가지는 다른 많은 장점에도 불구하고 미국 노동정책의 형성과 결정에서 한계로 작용하고 있다고 평가할 수 있다.

---

10 New Process Steel, L.P. v. NLRB, 560 U.S. 674 (2010). 이 판결에 의하여 무효로 된 약 600건의 NLRB 결정은 이후 NLRB 위원 5명이 지명된 이후 모두 추인되어, 실제 영 향은 그다지 크지 않다.

11 상세한 것은 Catherine L. Fisk, The NLRB in Administrative Law Exile: Problems with its Structure and Function and Suggestions for Reform, 58 *Duke L.J.* 2013 (2009) 참조.

2_ 우리나라 교섭창구 단일화제도의 내용과
   미국 제도의 시사점

1. 우리나라 교섭창구 단일화제도의 개요와 특징

1) 제도의 배경

노동조합 및 노동관계조정법(이하 "노조법")이 2010년 1월 1일 법률 제
8839호로 개정됨으로써 사업 또는 사업장(이하 "사업(장)") 단위에서도 복
수 노동조합을 자유롭게 설립할 수 있게 되었다. 이로써 1963년 개정된
노동조합법(1963.4.17. 법률 제1329호)에 의하여 "조직이 기존 노동조합
의 정상적인 운영을 방해하는 것을 목적으로 하는 경우"를 노동조합의 결
격 사유로서 신설한 이후[12] 50년 가까이 지속된 단결권에 대한 법률상의
제한이 마침내 사라졌다.

1997년 제정된 현행 노조법은 노동조합의 설립에 대하여 본문에서는
자유설립주의를 규정하고 있으나(제5조), 그 부칙에서 사업(장) 단위에서
조직 대상을 같이하는 노동조합을 설립하는 것을 허용하는 시기를 일정한
기간까지 유예하는 형태로 복수 노동조합의 설립을 제한하여 왔다(부칙
제5조). 1997년 제정 당시 노조법 부칙에서는 그 기간을 2001년 12월 31
일까지로 하였으나(부칙 제5조), 2001년 노조법 개정(2001.3.28. 법률 제
6456호)에 의하여 2006년 12월 31일까지 연장되었고, 2006년의 개정
(2006.12.30. 법률 제8158호)에 의하여 2009년 12월 31일까지 다시 연장

---

12 1987년 노동조합법 개정(1987.11.28. 법률 제3966호)에 의하여 노동조합의 설립 제한
은 더욱 확대되었다. 같은 법 제3조 단서 5호에서는 노동조합의 결격 요건을 "조직이
기존 노동조합과 조직 대상을 같이 하거나 그 노동조합의 정상적 운영을 방해하는 것
을 목적으로 하는 경우"로 개정하여, "기존 노동조합의 정상적 운영을 방해하는 것을
목적으로 하는 경우"만이 아니라 "조직이 기존 노동조합과 조직 대상을 같이 하는 경
우"까지 노동조합으로서의 지위를 부정하였다.

되었다. 2010년 노조법의 개정에 의하여 법의 본문에서 규정하고 있는 노동조합의 자유설립주의를 부칙에 의하여 13년에 걸쳐서 시행을 유예한 비정상적인 상태가 비로소 시정된 것이다.[13]

사업(장) 단위에서의 복수노조 설립 제한 조항은 일정한 유형의 노동조합 설립 자체를 금지함으로써 헌법상 단결권을 본질적으로 제한하고 있는 점에서 근본적인 문제를 가지고 있었고,[14] 그 제한의 방법과 관련해서도 다음과 같은 문제가 있었다.

첫째, 노동조합 설립을 노동조합의 "조직대상"을 기준으로 하여 제한하고 있었던 것은 합리적인 기준이라고 하기 어려웠다. 노동조합의 조직대상은 노동조합이 스스로 규약으로 정하는 것이기 때문에 사업(장)에 기존 노동조합이 이미 설립되어 있는 경우에는 새로운 노동조합의 설립이 사실상 금지되었다. 즉, 노동조합의 설립 시기에 따라 근로자의 단결선택권이 침해되는 부당한 결과가 발생하고 있었다.[15]

둘째, "하나의 사업 또는 사업장"을 기준으로 노동조합의 설립권을 제한하는 점에서도 문제가 있었다. 산업별 단위노조 등 초기업별 단위노동조합의 기업별 지부나 분회 등은 일정한 요건 하에서 기업별 단위노동조합과의 병존이 허용되지만,[16] 기업별 단위노동조합의 병존은 법에 의하여 금

---

13 우리나라 복수노조의 설립 제한의 연혁에 관하여 자세한 것은 이승욱, "복수노조 설립 금지제도의 위헌성", 노동법연구 제23호, 서울대학교 노동법연구회, 2007, p.195 이하 참조.

14 상세한 것은 이승욱, 앞의 논문, p.226 이하 참조.

15 판례는 "조직 대상의 중복"을 가능한 한 엄격하게 판단함으로써 단결권 침해의 가능성을 최소화하려고 노력하였고(대법원 1993. 5. 25. 선고 92누14007 판결; 대법원 1992. 5. 26. 선고 90누9438 판결; 대법원 2000. 2. 25. 선고 98두8988 판결; 대법원 2003. 12. 12. 선고 2002두7975 판결; 대법원 2004. 11. 12. 선고 2001두8643 판결), 이러한 판례의 입장은 학설의 광범위한 지지를 받았다(김유성, 노동법 II 전정판, 법문사, 1999, p.67; 김형배, 노동법 제18판, 박영사, 2009, p.672; 임종률, 노동법 제9판, 박영사, 2011, p.53 등).

16 판례는 일관하여 "독립한 근로조건의 결정권이 있는 하나의 사업 또는 사업장 소속 근

지됨으로써 노동조합의 조직 형태에 따라 합리적 이유 없이 설립을 차별하는 부당한 결과가 발생하고 있었다.

이러한 법 상태는 국제노동기준에도 반하는 것이었다. 국제노동기구, 즉 ILO는 법에 의하여 단일노동조합 체제를 강제하는 것은 결사의 자유 원칙에 정면으로 반한다는 일관된 입장을 가지고 있으며, 특히 결사의 자유 위원회는 제1865호 사건에서[17] 수차례에 걸쳐 사업(장) 단위에서의 복수노조 설립을 제한하고 있는 우리나라의 국제노동 기준 위반을 인정하고 "근로자의 선택에 따라 노동조합을 설립하고 가입할 권리가 모든 레벨에서 인정될 수 있도록 하기 위하여 관련된 모든 사회적 당사자와 충분히 협의하여 기업 차원에서 복수노조의 합법화를 위한 신속한 조치"를 취하도록 우리 정부에 권고하고 있었다.

여러 가지 법적 문제점을 가지고 있음에도 불구하고, 현행 노조법 제정 이후 13년이라는 장기간에 걸쳐서 노동조합의 자유 설립 허용 시기를 유예하는 비정상적인 상태가 지속된 것은 1963년 이후 오랫동안 사실상 금지되어 온 사업(장) 단위에서의 복수노조 설립을 허용할 경우 혼란이 발생할 수 있다는 우려에서 기인한 것이었다고 할 수 있다. 대법원도 노조법

로자를 조직 대상으로 한, 초기업적인 산업별·직종별·지역별 단위노동조합의 지부 또는 분회로서 독자적인 규약 및 집행기관을 가지고 독립한 단체로서 활동을 하면서 당해 조직이나 그 조합원에 고유한 사항에 대하여는 독자적으로 단체교섭 및 단체협약 체결 능력을 가지고 있어 기업별 단위노동조합에 준하여 볼 수 있는 경우"(대법원 2002. 7. 26. 선고 2001두5361 판결 등)에 해당하지 않는 한 "기업별 단위노동조합 또는 그에 준하여 볼 수 있는 산업별·직종별·지역별 단위노동조합의 지부 또는 분회가 이미 설립되어 있더라도 새로이 설립하는 노동조합이 위와 같이 기업별 단위노동조합에 준하여 볼 수 있는 정도에 이르지 못한 산업별·직종별·지역별 단위노동조합의 지부 또는 분회에 불과하다면 이는 위 부칙 조항에서 설립을 금지하는 노동조합에 해당하지 않는다"(대법원 2009. 4. 17. 자 2008마759 결정)고 판단하여 왔다.

17 ILO 결사의 자유 위원회는 우리나라의 사안을 ILO 이사회의 특별한 주의를 요하는 "심각하고 긴급한 사건(serious and urgent case)"으로 평가하고 있었다(ILO, *Committee on Freedom of Association Report No.353*, Vol. XCII, 2009, Series B, No. 1).

제5조에서 자유설립주의를 규정하면서 그 부칙에서 사업(장) 단위에서 일정한 기간 동안 노동조합의 설립에 제한을 둔 취지는 "사업 또는 사업장 단위의 기업별 단위노동조합이 주축이 된 우리나라 산업 현장에서 복수노조의 설립을 즉시 허용할 경우 야기될 수 있는 단체교섭상의 혼란, 노노 간의 갈등 등의 문제를 예상하여 교섭창구의 단일화를 위한 방법과 절차 등 필요한 사항이 강구될 때까지 한시적으로 이를 금지하려는 것"이라고 하여,[18] 단결권 보장이라는 규범적 관점에서의 정당성보다는 단일한 기업별 노동조합 조직 형태가 지배적인 우리나라 노사관계의 현실에서 발생할 수 있는 혼란 방지라는 현실적 타당성에 무게를 두고 판단하고 있었다. 바꾸어 말하면 우리나라에서는 그동안 사업(장) 단위에서의 복수 노동조합의 설립을 허용할 것인지 여부보다는 복수노조 병존으로 인하여 야기되는 단체교섭상의 혼란, 노노 간의 갈등 등의 현실적인 문제를 어떠한 방법으로 대처하는지가 더 중요한 과제였다고 할 수 있다.

그 실마리는 이미 1997년 제정 당시 노조법 부칙에서 제시되어 있었다. 여기에서는 사업(장) 단위에서 복수노조의 설립이 제한 없이 허용될 경우에 대비하기 위하여 "노동부 장관은…교섭창구 단일화를 위한 단체교섭의 방법·절차 기타 필요한 사항을 강구하여야 한다"고 규정하여(부칙 제5조 제3항), 이른바 교섭창구 단일화 방안을 전제로 하고 있었다. 구체적인 교섭창구 단일화 방안에 대해서는 과반수대표제, 비례대표제 등[19] 여러 가지 방법이 주장되어 왔는데,[20] 현행 개정 노조법은 과반수대표제를 근간

---

18 대법원 2002. 7. 26. 선고 2001두5361 판결.

19 과반수 교섭대표제의 구체적인 내용에 대해서는 이승욱, "다수 교섭대표제의 설계와 내용", 노동법연구 제18호, 서울대노동법연구회, 2005, p.29 이하 참조. 비례교섭대표제의 구체적인 내용에 대해서는 조용만, "복수노조 하에서의 단체교섭과 단체협약 체결의 법적 체계 검토", 노동법연구 제19호, 서울대노동법연구회, 2005, p.142 이하 참조. 이른바 자율교섭제는 각 노조에 대하여 독자적인 교섭권을 인정하는 것이기 때문에 교섭창구 단일화 방안은 아니다.

20 본격적인 논의는 2008년 11월 13일 경제사회발전노사정위원회(이하 '노사정위원회')

으로 하면서 비례대표제적인 요소를 삽입하여 양자를 절충하는 방법으로 교섭창구 단일화제도를 설계하고 있다.

2) 우리나라 교섭창구 단일화제도의 개요와 특징[21]

하나의 사업 또는 사업장에서 조직 형태에 관계없이 근로자가 설립하거나 가입한 노동조합이 2개 이상인 경우에 적용되는 교섭창구 단일화는 세 가지 단계로 진행된다. 첫째, 각 노동조합이 자율적으로 교섭대표노동조합을 선출하고, 둘째, 자율적인 교섭창구 단일화 합의를 하지 못하면 전체 조합원의 과반수로 조직된 노동조합이 있는 경우에는 그 노동조합이 교섭대표노동조합이 되며, 셋째, 그러한 노동조합이 없는 경우에는 모든 노동조합이 공동교섭대표단을 구성하게 된다. 공동교섭대표단의 구성은 원칙적으로 노동조합이 자율적으로 정하되, 자율적 합의가 이루어지지 않을 경우에는 노동위원회가 조합원 수에 비례하여 구성을 결정한다(노조법 제29조의2 참조).

우리나라의 교섭창구 단일화제도는 교섭대표노동조합이 "조합원"만을 대표한다는 점에서 전체 "종업원"을 대표하는 미국의 배타적 교섭대표제도와 차이가 있고, 과반수로 조직된 노동조합에 대해서는 특별한 절차 없이 교섭대표노동조합으로서의 지위를 인정하고 있는 과반수대표제를 채택하면서도 동시에 그러한 노동조합이 없는 경우 조합원 수 비례의 공동교섭대표단을 구성하도록 함으로써 비례대표적 요소를 가미하고 있는 점이 특징적이다. 특히 복수노조 간에 교섭창구 단일화를 강제하면서도 조합원의 의사를 민주적으로 반영하기 위한 선거절차를 별도로 두지 않은

에 구성된 노사관계선진화위원회에서 이루어졌다. 관련 논의의 경과에 대해서는 노사정위원회, 노사관계선진화위원회 활동보고서(2008.10~2009.7), 2009.8, 노사정위원회, 복수노조·전임자 급여 관련 노조법 개정 자료집, 2010.1.15 참조.

21 이하의 논의는 이승욱, "교섭창구 단일화 절차를 둘러싼 노동법상 쟁점", 사법 제15호, 사법발전재단, 2011, p.37 이하를 전재한 것이다.

점은 다른 나라에서 찾아볼 수 없는 독특한 제도라고 할 수 있다. 이는 소수노조에 대해서도 단체교섭권을 일부 부여하려는 불가피한 시도로서 보이지만, 그 결과, 복수노조가 병존하는 상황이 영속화될 우려가 있다는 점에서 문제가 있다.

3) 교섭창구 단일화제도의 취지와 법적 성격

(1) 교섭창구 단일화제도의 취지

교섭창구 단일화제도는 사업(장) 단위에서 복수 노동조합의 정당한 단체교섭권을 그 행사 방법과 절차의 측면에서 제도적으로 조정하여 하나의 사업 또는 사업장에서 교섭대표노동조합이 교섭권을 행사하도록 하는 것을 내용으로 하고 있다. 따라서 그 성격상 일부 노동조합의 교섭권이 제한되는 결과가 발생할 수밖에는 없다. 그럼에도 불구하고 교섭창구를 단일화하도록 법에서 규율하고 있는 취지는 다음과 같은 점이 고려된 결과라고 할 수 있다.

첫째, 하나의 사업(장)에 2개 이상의 노동조합이 병존하는 경우 야기될 수 있는 현실적인 문제를 사전에 방지하기 위한 것이다. 하나의 사업(장)에 복수의 노동조합에 대하여 각각 독자적인 교섭권을 행사할 수 있도록 하면, 노동조합 사이의 선명성 경쟁에서 발생할 수 있는 노노 간의 상호 반목과 노사 간 갈등의 유발 가능성, 동일한 사항에 대하여 같은 내용의 교섭을 반복하는 데에서 비롯되는 교섭 효율성의 저하 및 교섭비용의 증가, 복수의 단체협약이 체결되는 경우 발생할 수 있는 노무관리상의 어려움,[22] 동일하거나 유사한 내용의 근로를 제공함에도 불구하고 노동조합 소

---

22 복수협약이 체결되는 경우 노동조합 소속에 따라 근로자에게 상이한 단체협약을 적용하여야 하기 때문에 사용자는 단체협약의 적용에 앞서 근로자의 노동조합 소속을 일일이 확인하여야 한다. 이로 인한 노무관리상의 부담은 특히 대규모 사업장에서 현저하게 나타날 것이다. 그뿐만 아니라 단체협약의 적용을 위하여 근로자는 노동조합에

속에 따라 상이한 근로조건의 적용을 받는 데에서 발생할 수 있는 불합리성[23] 등 여러 가지 현실적인 문제가 발생할 수 있다. 교섭창구 단일화제도는 이러한 현실적인 문제를 사전에 예방하는 데 그 취지가 있다고 할 수 있다.[24]

둘째, 교섭창구 단일화제도는 사업(장) 단위의 복수노조 허용에서 초래될 수 있는 위와 같은 혼란을 최소화하기 위하여 우리나라에서 오랫동안 형성되어 온 기업별 단일노조 체제를 전제로 한 1사 1교섭의 교섭 관행을 가능한 한 유지하려는 것도 취지에 포함하고 있다고 할 수 있다. 그 취지는 교섭대표노동조합의 결정 단위인 교섭단위를 원칙적으로 "하나의 사업 또는 사업장"으로 하면서 예외적으로 엄격한 요건 하에서 교섭단위의 분

가입하고 있는지 여부, 어떠한 노동조합에 가입하는지를 사용자에게 밝혀야 하기 때문에 이로 인하여 부당노동행위가 발생할 여지도 있다. 나아가 근로자가 복수의 노동조합에 가입하여 복수의 단체협약의 적용을 받는 경우 어떠한 단체협약을 적용하여야 하는지와 같은 복잡한 법적 문제도 발생할 수 있다.

23 조합 소속에 따른 근로조건의 차이는 각 노동조합의 교섭력의 차이에 기한 것이고 노동조합 가입은 개별 근로자의 선택에 맡겨져 있기 때문에 그 자체가 불합리한 것이라고 할 수는 없다. 그러나 동일하거나 유사한 업무에 종사하는 정규직 근로자와 기간제 등 비정규직 근로자가 각각 노동조합을 설립하여 단체교섭을 한 결과 양자간에 차별적인 근로조건을 내용으로 하는 단체협약이 체결된 경우를 생각하면, 단체협약상 근로조건의 차이가 단순히 양 노동조합의 교섭력의 차이에서 기인하는 것이라고 단언하기는 어렵다. "기간제 및 단시간 근로자 보호 등에 관한 법률"에서 기간제 근로자 및 단시간 근로자에 대한 불합리한 차별을 시정하기 위하여(법 제1조 참조) 정규직 근로자와 "동종 또는 유사한 업무에 종사하는" 기간제 근로자와 단시간 근로자에게 차별적 처우를 금지하고 있는 것(법 제8조)은 양 범주에 속하는 근로자가 노동시장에서 차지하는 개별적 교섭력이 약하고 그 법적 지위가 불안정하기 때문이라고 할 수 있다. 개인으로서의 비정규직 근로자의 교섭력과 지위가 불안정하다면 그 집단인 비정규직 노동조합의 교섭력과 지위 역시 불안정할 수밖에 없다. 그렇다면 정규직 노동조합과 비정규직 노동조합이 체결한 단체협약에 기한 근로조건의 차별 역시 반드시 "합리적인 이유"(법 제2조 제3호 참조)가 있다고 보기는 어렵다.

24 유사한 취지의 견해로, 임종률, 앞의 책, p.113; 김형배, 노동법 제23판, 박영사, 2014, p.888; 고용노동부, 사업(사업장) 단위 복수노조 업무매뉴얼, 2010, p.1.

리를 인정하고 있는 것(노조법 제29조의3 참조)으로 구체화되어 있다. 따라서 현행 교섭창구 단일화제도는 기존의 기업별 교섭 관행을 가능한 한 유지함으로써 새로운 제도의 순조로운 정착을 통하여 노사관계 질서의 유지와 노사관계의 안정을 도모하고자 하는 취지를 가지고 있다고 할 수 있다.

셋째, 교섭창구 단일화제도는 사전에 각 노동조합의 교섭권을 조정하는 방법과 절차를 정함으로써 사업(장) 단위에서의 복수노조 병존으로 인하여 야기될 수 있는 현실적인 문제를 방지하는 것을 목적으로 하고 있다.

교섭창구 단일화제도는 그 성격상 어떠한 방식으로 설계를 하든 소수노조의 교섭권이 일정하게 제한될 수밖에 없기 때문에 위헌 논란에서 자유로울 수는 없다.[25] 그렇지만 다른 헌법상 기본권과 마찬가지로 단체교섭권 역시 일정한 제한을 받을 수 있으며, 교섭창구 단일화제도의 취지에서 알 수 있는 바와 같이 복수의 노동조합에 대하여 독자적인 단체교섭권을 부여할 경우 다수의 단체교섭권이 경합하여 단체교섭을 통한 근로자의 근로조건 개선과 사회경제적 지위 향상이라는 단체교섭권 자체의 목적을 오히려 저해하는 사태가 발생할 가능성이 많기 때문에 이를 사전에 방지하기 위하여 단체교섭권을 사전에 합리적으로 조정하기 위한 입법정책을 모색하는 교섭창구 단일화제도 그 자체가 반드시 위헌이라고 하기는 힘들 것으로 보인다.[26]

이를 달성하기 위한 수단으로서 고안된 교섭창구 단일화제도는 소수 노동조합의 교섭권을 박탈하는 것을 목적으로 하는 제도라기보다는 노동조합이 정당하게 보유하고 있는 단체교섭권의 경합을 조정하는 수단으로

---

25 이철수 교수는 이를 위헌성과의 "불편한 동거"라고 표현하고 있다("복수노조·전임자 문제 어떻게 풀 것인가", 한국의 노동, 근원적 해법 모색을 위한 대토론회 자료집, 2009.9.18, p.7).

26 유사한 취지로 김형배, 앞의 책, p.161; 임종률, 노동법 제12판, 박영사, 2014, p.28; 이승길, "노조전임자와 복수노조와 관련된 노조법 개정과 그 패러다임 전환", 강원법학 제30권, 2010, p.298 등.

서 단체교섭권을 행사하는 방법과 절차를 규율하는 것을 목적으로 하고 있다. 교섭창구 단일화제도는 교섭대표노동조합이 되지 못한 소수노조라고 하더라도 교섭권 자체를 박탈당하거나 노동조합으로서의 지위를 부정하는 것이 아니다. 교섭대표노동조합이 되지 못할 경우 교섭대표노동조합의 지위 유지 기간(노조법 시행령 제14조의10 참조) 동안 교섭권을 현실적으로 행사할 수 없기는 하지만, 그 기간 동안 소수노조가 조합원을 다수 확보하여 차기 교섭대표 결정 과정에서 교섭대표노동조합이 될 수 있는 가능성이 여전히 남아 있다. 또한 교섭대표노동조합이 공정대표의무를 위반할 경우 소수노조는 공정대표의무 위반 시정 신청을 함으로써(노조법 제29조의4 참조) 그 조합원의 이익을 확보하기 위한 활동도 할 수 있다.

결국 교섭창구 단일화제도는 일정한 기간 동안 교섭대표노동조합이 정당하게 보유하고 있는 각 노동조합의 단체교섭권을 대표할 수 있도록 그 구체적인 방법과 절차를 정함으로써 각 노동조합의 개별적인 교섭권 행사에서 발생할 수 있는 현실적인 혼란과 문제를 사전에 방지하기 위한 제도라고 할 수 있다. 이런 측면에서 교섭창구 단일화제도 그 자체가 위헌이라고 보기는 어렵다.

헌법재판소도 교섭창구 단일화제도는 복수노동조합과 사용자 사이의 교섭절차를 일원화하여 효율적이고 안정적인 교섭 체계를 구축하고, 소속 노동조합이 어디든 관계없이 조합원들의 근로조건을 통일하고자 하는 데 그 목적이 있는바, 그 목적의 정당성은 인정되고, 교섭창구를 단일화하여 교섭에 임하는 경우 효율적으로 교섭을 할 수 있으며 통일된 근로조건을 형성할 수 있다는 점에서 수단의 적절성도 인정하고 있다. 또한 교섭창구 단일화제도가 단체교섭권에 대한 침해를 최소화하기 위한 각종 절차를 마련하고 있기 때문에 최소침해성 원칙에도 반하지 않는다고 하여, 합헌이라고 판단하고 있다.[27]

---

27 헌법재판소 2012. 4. 24. 선고 2011헌마338 전원재판부 노동조합 및 노동관계조정법

(2) 교섭창구 단일화 절차의 법적 성격

이상과 같은 교섭창구 단일화제도의 취지에 따라 설계된 교섭창구 단일화 절차의 법적 성격이 문제될 수 있다. 관련 규정이 임의규정으로서의 성격을 가지는지 아니면 강행규정으로서의 성격을 가지는지가 문제되는데, 다음과 같은 이유에서 교섭창구 단일화 절차와 관련된 노조법상의 규정은 강행규정으로 해석하는 것이 타당할 것으로 보인다.

첫째, 앞에서 본 바와 같이 교섭창구 단일화제도는 각 노동조합이 정당하게 보유하고 있는 단체교섭권 간의 경합으로 인하여 야기될 수 있는 현실적인 문제를 방지하기 위하여 교섭대표노동조합을 통하여 단체교섭권을 행사할 수 있도록 단체교섭권의 행사 방법과 절차를 법에 의하여 제약하는 것을 내용으로 하고 있다. 즉, 헌법상 보장된 단체교섭권의 행사 방법과 절차를 법률에 의하여 제약하는 것을 내용으로 하고 있다. 당사자가 교섭대표노동조합을 선출하는 방법과 절차를 임의로 정하는 것을 용인한다면 이와 같은 교섭창구 단일화의 입법 목적을 달성하기 어렵다. 교섭창구 단일화제도는 헌법상 단체교섭권의 행사 조건을 법에 의하여 제약하는 것을 내용으로 하고 있는데, 당사자의 의사에 의하여 이를 회피할 수 있는 여지를 인정한다면 헌법상 단체교섭권의 행사 조건을 법률에 의하여 제약하는 것을 주된 내용으로 하는 제도 자체의 기반이 와해될 수 있기 때문이다.

둘째, 판례의 확고한 입장에 따르면 노동조합의 교섭 권한 및 체결 권한에 관한 조항(노조법 제29조 제1항)은 당사자의 의사에 의하여 형해화되는 형태로 제약될 수 없는 강행규정으로서의 성격을 가지고 있다.[28] 교섭

제29조 제2항 등 위헌 확인.

[28] 대법원 1993. 4. 27. 선고 91누12257 전원합의체 판결에서는 단체협약에 의하여 총회 인준투표 조항을 통하여 노동조합 대표자의 협약 체결 권한을 제약하는 것은 무효라는 점을 명확히 하고 있다. 같은 취지의 판결로서 대법원 1993. 5. 11. 선고 91누10787 판결; 대법원 1998. 1. 20. 선고 97도588 판결; 대법원 2000. 5. 12. 선고 98도3299 판결; 대법원 2002. 6. 28. 선고 2001다77970 판결. 헌법재판소도 같은 입장에 있다. 헌법재판소 1998. 2. 27. 선고 94헌바13·26, 95헌바44(병합) 참조.

창구 단일화제도는 교섭대표노동조합에 다른 노동조합과 그 조합원을 대표하여 교섭권 및 체결권을 부여하는 제도이기 때문에, 일단 교섭대표노동조합으로 결정된 이상 교섭대표노동조합은 단일노조 체제 하에서의 노동조합과 동일한 성질의 교섭 권한 및 단체협약 체결 권한을 가지게 된다 (제29조 제2항 참조). 교섭창구 단일화 절차는 누가 교섭 권한 및 협약 체결 권한을 가지는지를 결정하기 위한 방법과 절차를 정한 것이기 때문에 교섭 권한 및 협약 체결 권한의 주체를 결정하는 의미를 가지고 있다. 따라서 교섭대표노동조합의 결정, 즉 노조 측 교섭 권한 및 협약 체결 권한의 존부를 확정하는 교섭창구 단일화 절차는 그 권한의 성질과 마찬가지로 강행법적 성격을 가진다고 보아야 할 것이다.

셋째, 노조법 제3장에서 규정하고 있는 단체교섭 및 단체협약과 관련한 사건에서 판례는 해당 조항의 강행적 성격을 전제로 한 판단을 내리고 있다. 즉, 단체교섭의 대상,[29] 단체협약의 성립 요건,[30] 협약체결권의 범위,[31] 단체협약의 유효기간,[32] 단체협약의 일반적 구속력[33] 및 지역적 구속력[34] 등에 관한 사건에서 판례는 모두 해당 조항의 강행적 효력을 전제로 한 판단을 내리고 있다. 단체교섭의 절차와 관련해서도 마찬가지로 파악하고 있다.[35] 노조법 제3장의 규정들은 다수 근로자의 이해관계와 관련되는 근로조건의 집단적 교섭과 통일적 결정을 목적으로 하는 단체교섭과 단체협

---

29 대법원 2003. 12. 26. 선고 2003두8906 판결 참조.
30 대법원 2001. 1. 19. 선고 99다72422 판결; 대법원 2001. 5. 29. 선고 2001다 15422 · 15439 판결 참조.
31 대법원 1993. 4. 27. 선고 91누12257 전원합의체 판결; 대법원 1993. 5. 11. 선고 91누 10787 판결; 대법원 1998. 1. 20. 선고 97도588 판결; 대법원 2000. 5. 12. 선고 98도 3299 판결; 대법원 2002. 6. 28. 선고 2001다77970 판결 등 참조.
32 대법원 1992. 4. 14. 선고 91누8364 판결; 대법원 1993. 2. 9. 선고 92다27102 판결 참조.
33 대법원 2004. 2. 12. 선고 2001다63599 판결; 대법원 1995. 12. 22. 선고 95다39618 판결 등 참조.
34 대법원 1993. 12. 21. 선고 92도2247 판결 참조.
35 대법원 2006. 2. 24. 선고 2005도8606 판결 참조.

약에 관한 내용을 규율하고 있는 점에 비추어보면, 이러한 판례의 태도는 당연한 것이고 타당한 것이라고 할 수 있다. 교섭창구 단일화 절차를 정한 제29조의2 내지 제29조의5 조항들 역시 달리 해석할 이유는 없다. 특히 교섭창구 단일화 절차에 관한 조항은 교섭대표노동조합을 결정하기 위한 방법과 절차를 정하여 다른 노동조합의 교섭권 행사를 제한하는 의미를 가진다는 점에서 강행적 성격을 가진다고 보아야 한다.

교섭창구 단일화제도와 관련한 다양한 쟁점은 이와 같은 교섭창구 단일화제도의 강행적 성격을 전제로 하여, 그 입법 취지를 구현하는 방향으로 해석하여야 할 것이다.

4) 우리나라 교섭창구 단일화제도의 문제점

앞에서 본 바와 같이 우리나라의 교섭창구 단일화제도는 오랜 논의를 거쳐 마련한 것이기는 하지만, 현행 제도를 규정하고 있는 노조법 개정 당시 법안에 대한 구체적인 내용을 세밀하게 검토하여 만들어졌다고 평가하기는 어렵다. 교섭창구 단일화제도의 세부적인 문제점에 대해서는 다른 기회에 논하고, 여기에서는 기본적인 문제점만을 지적한다.

첫째, 형식적으로 볼 때, 시행령에 지나치게 많은 내용이 위임되어 있어, 위임입법의 한계를 넘은 위법의 여지가 문제될 수 있다. 교섭대표노동조합의 지위 유지 기간을 정한 노조법 시행령 제14조의10이 대표적인 것이다. 이 조항은 교섭대표노동조합의 지위 유지와 상실에 관하여 정하고 있는데, 이는 교섭대표권의 존부와 직접 관계되기 때문에 법률 자체에서 정하는 것이 바람직하다.

둘째, 내용적으로 볼 때, 과반수 노조가 없는 경우 공동교섭대표단 구성이 조합원 수에 따라서만 결정되어 전체 조합원의 의사를 민주적으로 반영할 수 없는 점,[36] 전체 조합원 수 대비 10% 미만의 노동조합에 대하여 공

---

36 노동조합에 가입하고 있다는 사실이 교섭 요구 시점에서의 전체 조합원의 의사를 합

동교섭대표단 참가 자격을 박탈하고 있는 점,[37] 현행 제도는 과반수 노조가 없는 경우 조합원 수에 비례한 공동교섭단을 구성하도록 하여 소수 노동조합의 교섭권을 일정 부분 확보할 수 있다는 점에서는 장점이 있으나, 이로 인하여 복수노조 병존 상태가 영속화될 가능성을 배제하지 못하는 점 등에 대해서도 보완이 필요하다.

조합원 수 산정과 관련해서도 현행 제도는 근로자가 복수의 노동조합에 이중적으로 가입한 경우, 노조법 시행령은 기본적으로 조합비 납부 여부에 따라 소속 노동조합을 정하는 방법을 채택하고 있다. 즉, 2개 이상의 노동조합에 가입하고 있으나 조합비를 납부하는 노동조합이 1개인 경우에는 그 노동조합의 조합원 수에 1명을 추가하고, 조합비를 납부하는 노동조합이 2개 이상인 경우에는 1을 그 노동조합의 수로 나눈다. 예컨대 3개의 노동조합에 조합비를 납부한 경우에는 각 노동조합의 조합원 수는 1/3로 산정한다. 조합비를 납부하는 노동조합이 하나도 없는 경우에도 마찬가지의 방식으로 한다. 즉, 3개 노동조합에 가입하고 있는 경우에는 각 노동조합의 조합원 수는 1/3로 산정한다(노조법 시행령 제14조의7 제6항). 그러나 과도한 노동조합 간의 경쟁으로 인하여 조합비 대납 등의 부작용을 방지하기 어렵다는 점, 조합비 납부기준일을 명확히 하지 않은 점, 조합비 납부 기간이 고려되지 않은 점, 조합비 액수가 고려되지 않은 점 등 노동조합 간의 불필요한 과도한 경쟁을 유발할 수 있는 점에서 문제가 있다. 이와 같은 부당한 조합간 경쟁을 방지하기 위하여 미국의 사례에서 본 바와 같이 근로자가 다수의 노동조합에 중복하여 가입한 경우 그 근로자는 조합원 수 산정에서 제외하는 방법을 고려할 필요가 있다.

리적으로 반영하고 있다고 보기는 어렵다. 과반수 노동조합이 존재하지 않을 경우에는 교섭 요구 시점에서의 전체 조합원의 의사를 합리적으로 반영할 수 있도록 선거를 실시하는 방법이 바람직하다.

37 특정 사업(장)에 노동조합이 11개 이상이 조직되어 있는 경우에는 모든 노동조합이 10% 미만이 될 수도 있는데, 이 경우에는 교섭대표단 구성제도 자체가 무의미해지게 된다.

셋째, 교섭대표노동조합을 결정하기 위하여 필요한 시간이 지나치게 장기간 소요되는 절차로 이루어져 교섭대표노동조합의 결정이 지연될 가능성이 있다. 현행 제도에 따르면 복수노동조합이 존재하는 경우 교섭 요구 시부터 교섭대표노동조합을 확정할 때까지 걸리는 기간이 최소 26일에서 최대 101일에 이르며, 교섭단위 분리 신청이 있는 경우에는 최대 153일 이상이 소요되도록 설계되어 있다. 그 기간을 대폭적으로 단축할 필요가 있다.

넷째, 현행 교섭창구 단일화제도는 교섭단위의 분리만을 허용하고 있으나, 노동위원회에 의한 교섭단위의 수정 내지 통합 권한도 부여하는 것이 바람직하다. 기업 운영 상황의 변화에 따라 분리된 교섭단위를 통합하거나 기존 교섭단위를 수정할 필요성이 발생할 가능성이 있으나, 현행 제도가 이를 허용하지 않고 있는 점은 제도의 탄력적이고 유연한 운영에 장애로 작용할 가능성이 많다.

마지막으로, 가장 큰 문제점으로 지적할 수 있는 것은 조합원 가입 상태만을 기준으로 하여 교섭대표노동조합을 선출하도록 하고, 과반수 노조가 없을 때에는 조합원 수에 비례하여 교섭위원단을 구성하도록 하는 절충적 방식을 채택한 제도의 전체적인 흐름이다. 과반수로 조직된 노동조합이 있는 경우에는 그 노동조합의 조직력이나 교섭력을 고려할 때 다른 노동조합과 그 조합원을 대표하여 교섭대표노동조합으로서 활동할 수 있는 역량을 갖추고 있다고 평가할 수 있다. 그러나 그러한 노동조합이 존재하지 않을 때에는 전체 조합원의 10% 미만인 노동조합을 제외하고 교섭위원을 조합원 수에 따라 비례적으로 배분하는 공동교섭단은 근로자 전체의 의사를 합리적으로 반영하면서 교섭대표노동조합으로서의 역량을 갖추고 있다고 평가하기 어렵다. 과반수 노동조합이 없는 경우에는 그 시점에서의 전체 조합원의 의사를 가장 정확하게 반영할 수 있도록 전체 조합원의 선거를 통하여 다수 득표를 한 노동조합을 교섭대표노동조합으로 하는 것이 합리적이라고 판단된다.

2. 미국 교섭대표노동조합 결정제도의 시사점

앞에서 본 바와 같이 미국의 교섭대표노동조합 결정제도에도 많은 문제와 한계를 가지고 있다. 그렇기는 하지만, 오랜 기간에 걸친 운영 경험에서 우리에게 주는 시사점 역시 무시할 수 없다.

가장 주목되는 점은 교섭대표노동조합 결정에서 근로자의 진정한 의사를 반영할 수 있도록 하기 위하여 근로자의 자유로운 선택을 보장하는 여러 가지 제도적 장치를 두고 있다는 것이다. Gissel 교섭명령이 대표적이다. 이에 따르면 NLRB는 교섭대표 선출 과정에서 "공정한 선거 실시를 불가능하게 하거나 노동조합의 과반수 지위를 사실상 훼손하여 선거 무효를 초래하도록 하는" 부당노동행위를 사용자가 행한 경우, 즉 "노골적이고 (outrageous)" "광범위한(pervasive)" 부당노동행위가 행해지는 경우에는 노동조합이 과반수 지지를 받고 있는지를 묻지 않고 그리고 대표선거도 실시하지 않고 바로 사용자에게 교섭명령을 내린다. 이것보다는 "덜 광범위한 행위이지만 그럼에도 불구하고 여전히 과반수의 힘을 저해하는 경향을 가지고 선거절차를 방해하는 경향을 가지고 있는 경우"에는 "그 노동조합이 과반수 지지를 받고 있다는 입증이 이루어지면" 역시 대표선거를 실시하지 않고 바로 그 노동조합과의 교섭명령을 NLRB는 내릴 수 있다.[38]

이른바 실험실조건 법리도 근로자의 공정한 선택권을 보장하기 위하여 도출된 법리이다. 일찍이 1948년부터 지금까지 관철되고 있는 실험실조건 법리는 NLRB에 의하면, "선거절차에서 위원회의 임무는 근로자들이 가능한 한 이상적인 상태와 유사하게 자신의 희망을 억제받지 아니하고 결정할 수 있도록 하기 위한 조건 하에서 이루어질 수 있는 실험실을 제공하는 것이다. 그러한 조건을 확립하는 것이 우리의 의무이다. 또한 그 조건이 갖추어졌는지 여부를 판단하는 것이 우리의 의무이다"라고 설시하고

---

38 NLRB v. Gissel Packing Co., 395 U.S. 575 (1969).

있다.[39] 따라서 실험실조건 법리에 위반되는 사용자의 행위가 있다면 NLRB는 선거 무효를 명하고 재선거를 명하게 된다.

이와 같이 근로자의 자유로운 선택을 보장하기 위한 법리가 전개되고 있는 것은 바꾸어 말하면 대표선거 국면에서 사용자의 부당한 행위로 인하여 근로자의 진정한 의사가 왜곡되는 일이 발생할 가능성이 매우 높다는 것을 반증하는 것이고, 앞에서 본 바와 같이 실제로도 그런 일들이 발생하고 있다.

현재 우리나라의 교섭창구 단일화제도에는 선거절차가 배제되어 있기 때문에 이러한 법리가 그대로 원용될 가능성이 상대적으로 낮기는 하지만, 이러한 법리의 지향점, 즉 근로자의 자유로운 선택을 보장하여 근로자의 진정한 의사에 따라 교섭대표노동조합이 결정될 수 있도록 하는 목표는 우리나라에도 동일하게 적용되어야 한다.

우리나라에서는 기존에 존재하던 부당노동행위제도 이외에 교섭대표노동조합을 결정하는 절차에서 발생하는 다양한 사용자나 노동조합의 부당행위, 즉 부당노동행위에는 이르지 않지만 근로자의 의사를 왜곡시킬 수 있는 행위에 대한 규제장치가 전혀 없다. 따라서 교섭대표노동조합 결정 과정에서 발생하는 노사의 부당행위를 규제하는 방안을 모색할 때에는 미국에서 전개되고 있는 각종 법리는 우리나라의 법 운영에서도 상당한 시사점을 줄 수 있을 것이다. 사용자가 근로자의 교섭대표노동조합 결정에 실제로 개입할 의도가 있었는지 여부 또는 근로자가 사용자의 행위를 억압이라고 실제로 느꼈는지 여부 등 당사자의 주관적 의사를 기준으로 판단할 것이 아니라 "실험실조건" 법리와 같이 객관적인 관점에서 볼 때 근로자의 자유로운 의사 표시가 보장될 수 있는지의 관점에서 문제 상황에 접근할 필요가 있다.

둘째, 교섭대표노동조합 결정 과정에서 제기되는 극히 다양한 문제 상

---

39 General Shoe, 77 NLRB 124, 127 (1948).

황에 대한 미국에서의 대처 방법을 참고하여, 우리나라에서도 발생할 수 있는 분쟁을 사전에 유형화하고 이에 대한 구체적인 지침을 작성할 필요가 있다. 미국에서는 NLRB 규칙이나 Casehandling Manual에서 유형별로 매우 상세한 규정을 두고 있다. 불필요한 분쟁을 예방하기 위해서도 필요하고, 노사당사자 모두에게 생소한 제도라는 점을 고려할 때에도 이러한 작업은 매우 유용할 것으로 판단된다. 이는 현행 제도 하에서도 반드시 행해져야 할 작업이라고 생각된다.

셋째, 일용직 근로자가 다수 사용되고 있는 산업의 특수성을 고려할 때 현행 제도 하에서는 교섭대표권을 확보하는 것이 사실상 불가능한 건설산업, 항만운수산업에 대한 특례를 마련할 필요가 있다. 이와 관련된 미국의 제도는 우리나라에도 유용하게 적용될 수 있을 것으로 보인다.

넷째, 관리직에 의한 개입행위, 사용자에 의한 부당행위, 노동조합에 의한 부당행위에 대한 미국의 판례 법리와 NLRB 실무는 우리나라에도 유용한 시사점을 제공하고 있다. 교섭대표노동조합이 되는지 여부는 노동조합에 사활적인 문제가 된다는 점을 고려하면, 우리나라에서도 유사한 행위가 교섭대표노동조합 결정 과정에서 발생할 가능성이 매우 높기 때문이다.

다섯째, 미국의 예에 비추어볼 때 사용자가 근로조건을 변경하거나 사업장을 이전하는 등 인사경영정책을 통하여 간접적으로 사용자가 교섭대표노동조합 결정 과정에 개입할 가능성도 매우 높은 점을 감안하면, 이와 관련한 미국의 판례 법리는 우리나라에도 유용한 시사점을 제공할 수 있다.

여섯째, 합병, 영업 양도, 회사 분할 등 사업구조의 변화가 교섭대표노동조합에 미치는 영향에 대하여 우리 제도는 아무런 규정을 두고 있지 않다. 명시적인 제도를 마련하는 것이 가장 바람직하지만, 그 때까지는 해석론으로 대처할 수밖에는 없다. 우리나라의 교섭단위는 하나의 사업 또는 사업장이 원칙적인 단위로 되고 예외적으로 노동위원회의 결정이 있을 때에만 분리할 수 있도록 되어 있으나, 사업구조의 변화로 인하여 경우에 따라서는 교섭단위를 통합하여야 할 필요성도 발생할 수 있고, 기존의 교섭단위를 수정하거나 폐지하는 일도 발생할 수 있다. 이와 관련한 미국의 법리는 우리에게도 상당한 시사점을 줄 수 있을 것으로 보인다.

마지막으로, 기존의 교섭대표노동조합이 대규모 신설 노조가 설립되거나 기존 조합원의 대부분이 탈퇴하는 등 상황의 변화로 인하여 과반수 노조로서의 지위를 상실하는 일이 발생할 수 있다. 이런 상황에도 기존의 교섭대표노동조합에 대하여 교섭대표권을 부여한다면 교섭창구 단일화제도를 통한 교섭 관계의 안정이라는 제도적 목적에 반하는 사태가 발생할 수 있다. 역시 명시적인 규정이 필요하지만, 미국의 관련 사례의 운용 상황은 법 개정 이전까지는 우리에게 상당한 시사점을 줄 수 있다.

한편, 미국 교섭대표노동조합 결정제도에서 중심적 역할을 하고 있는 NLRB의 구조와 운영 현황에 비추어볼 때 우리나라의 노동위원회 제도와 관련하여 얻을 수 있는 시사점으로는 다음과 같은 점을 지적할 수 있다.

첫째, 교섭대표노동조합 결정 업무는 우선적으로 처리하여야 한다는 점이다. 복수노조 상황에서 교섭대표 선출이 지연되면 노노 간 및 노사 간의 갈등이 증폭될 가능성이 많다는 점을 고려하면 신속하게 교섭대표노동조합을 확정하는 것이 바람직하다.

둘째, 교섭대표노동조합 결정과 관련한 분쟁은 최대한 단시간에 종결시킬 수 있도록 제도를 설계할 필요가 있다. 미국에서도 부당노동행위사건은 행정심판관 → 본위원회의 순서로 진행되어 형식적으로 보면 우리나라와 같이 초심 → 재심 절차와 유사하게 운영되지만, 교섭대표노동조합 결정 사건은 지역사무소에서 분쟁이 거의 모두 종결 처리되어 실질적으로 단심절차로 운영된다. 부당노동행위사건은 그 성격상 사실 인정 → 법의 적용이라는 두 단계 과정이 필요하고 규범적인 판단이 필연적으로 개입되지만, 교섭대표노동조합 결정 사건은 기본적으로는 누가 근로자 다수로부터 지지를 받고 있는가 하는 사실 인정만이 문제되는 경우가 대부분이기 때문에 굳이 재심절차를 필요로 하지 않는다. 극히 예외적인 경우에 한하여 재심을 인정하거나 재심을 인정하지 않고 바로 행정소송으로 가도록 하는 것을 생각해 볼 수 있을 것이다.

셋째, 부당노동행위 구제 여부를 사실상 결정하는 행정심판관은 워싱턴 등 3곳에만 주재하나, 실제 심문은 부당노동행위가 발생한 지역으로 행정심판관이 출장을 가서 여기에서 이루어진다. 당사자의 편의를 도모하기 위한 것이라고 할 수 있다. 우리나라에서는 대부분의 노동분쟁이 서울 등 수도권지역에서 발생하고 있는 점을 고려하여 세종시에 있는 중앙노동위원회에서의 심판에 대한 제도상의 배려나 운영상의 배려가 있어야 할 것으로 보인다.

우리나라의 교섭창구 단일화제도는 50년 가까이 지속되어 왔던 기업별 단일노조 체제를 대체하는 제도로 등장하였다. 제도 자체의 문제점도 있고, 제도가 노사 당사자에게 제대로 알려지지 않은 이유도 있어, 현장에서는 당분간 상당한 혼란이 발생할 수밖에 없다. 그러나 그렇다고 하여 과거의 단일노조 체제를 법으로 강제하는 과거의 제도로 돌아갈 수는 없기 때문에, 교섭창구 단일화제도를 운영하면서 제도의 미비점은 보완하고, 노동위원회의 전문성과 역량을 강화하여 제도를 효과적으로 운영할 수 있도록 하는 체제를 갖추는 일이 무엇보다 중요하다. 여기에서 이 연구가 학문적으로나 실무적으로 조금이라도 기여할 수 있기를 바랄 뿐이다.

| 참고 문헌 |

고용노동부 편, 사업(사업장) 단위 복수노조 업무매뉴얼, 2010.

김선수, "노동위원회의 역할과 과제", 노동법학 제29호, 2009.

김성호, "복수노조 교섭창구 단일화제도 시행상황 평가 및 정책 방향", 노동법률 제243
　　호, 2011.8.

김유성, 노동법 II 전정판, 법문사, 1999.

김재훈, 복수노조 교섭창구 단일화에서의 관련 법적 문제 연구: 교섭단위와 교섭대표 관
　　련 사항을 중심으로, 한국노동연구원, 2011.

김형배, 노동법 제18판, 박영사, 2009.

김형배, 노동법 제23판, 박영사, 2014.

김홍영, "노동분쟁에 대한 노동위원회의 역할과 개선과제", 노동법학 제21호, 2005.12.

김홍영·박은정, 새로운 행정수요에 대응하기 위한 노동위원회의 위상과 역할, 중앙노
　　동위원회 연구보고서, 2006.10.

김훈·김태기·김동배·김홍영·김주일·김학린, 노동위원회와 노동분쟁해결시스템
　　개선방안 연구, 한국노동연구원, 2009.

노사정위원회, 노사관계선진화위원회 활동보고서(2008.10~2009.7), 2009.8.

노사정위원회, 복수노조·전임자 급여 관련 노조법 개정 자료집, 2010.1.

박수근, "노동분쟁 해결기관으로서 노동위원회의 구조 및 운영 실태와 문제점", 금속산
　　업연맹법률원 편, 노동법원론, 금속법률원, 2004.

박종희, "교섭창구 단일화 방안의 안정적 정착을 위한 해석 방안", 안암법학 제34호 상, 안암법학회, 2011.1.

손향미, "교섭창구 단일화제도 시행에 따른 법적 · 실무적 쟁점", 노동법학 제39호, 한국 노동법학회, 2011.

이성희, "노사분쟁 조정기능 강화 방안", 노동분쟁해결제도의 현재와 미래, 서울대학교 노동법연구회 2005년 추계정책토론회 자료집, 2005.

이승길, "노조전임자와 복수노조와 관련된 노조법 개정과 그 패러다임 전환", 강원법학 제30권, 2010.

이승욱, "교섭창구 단일화제도의 쟁점: 영국, 캐나다, 미국의 시사점과 다수교섭대표제 도를 중심으로", 노동법연구 17호, 서울대학교 노동법연구회, 2004.

이승욱, "다수교섭대표제의 설계와 내용", 노동법연구 제18호, 서울대학교 노동법연구 회, 2005.

이승욱, "복수노조설립금지제도의 위헌성", 노동법연구 제23호, 서울대학교 노동법연구 회, 2007.

이승욱, "교섭창구 단일화절차를 둘러싼 노동법상 쟁점", 사법 제15호, 사법연구지원재 단, 2011.

이철수, "교섭창구 단일화와 관련한 법률적 쟁점", 노동법연구 18호, 서울대학교 노동법 연구회, 2005.

이철수, "노동위원회 개선 방안", 산업관계연구 제16권 제2호, 2006.12.

이철수, "복수노조 · 전임자 문제 어떻게 풀 것인가", 한국의 노동, 근원적 해법 모색을 위한 대토론회 자료집, 2009.9.18.

임종률, 노동법 제9판, 박영사, 2011.

임종률, 노동법 제12판, 박영사, 2014.

조용만, "복수노조 하에서의 단체교섭과 단체협약 체결의 법적 체계 검토", 노동법연구 제19호, 서울대학교 노동법연구회, 2005.

중앙노동위원회, 조정과 심판 각호.

A. Kramer, J. Holmes, & R. Medsker, Two Sentence, 104 Words: Congress's Folly in First Contract Arbitration and the Future of Free Collective Bargaining, in Z. Eigen & S. Estreicher ed., *Labor and Employment Law Initiatives and*

Proposals Under the Obama Administration, Kluwer Law International, 2011.

Benjamin I. Sachs, Enabling Employee Choice: A Structural Approach to the Rules of Union Organizing, 123 *Harv. L. Rev.* 655 (2010).

Bernstein, The NLRB's Adjudication-Rule Making Dilemma Under the Administrative Procedure Act, 79 *Yale L. J.* 571 (1973).

Catherine L. Fisk, The NLRB in Administrative Law Exile: Problems with its Structure and Function and Suggestions for Reform, 58 *Duke L.J.* 2013 (2009).

Comment, Discovery Before the National Labor Relations Board-An Unexpanded Concept, 12 S. *Tex. L.J.* 112 (1970).

Comment, NLRB Discovery Practice: The Applicability of the Discovery Provisions of the Federal Rules of Civil Procedure, 1976 *BYU L. Rev.* 845 (1976).

Comment, Employer Withdrawl From Multi-Employer Bargaing Units: A Proposal for Self-Regulation, 130 *U. PA. L. Rev.* 689 (1982).

Cynthia Estland, Freeing Employee Choice: The Case for Secrecy in Union Organizing and Voting, 123 *Harv. L. Rev.* 10 (2010).

Fredric Fischer, Brent Garren, & Truesdale, *How To Take a Case Before The NLRB*, 8th ed., BNA Books, 2008.

Higgins, Hedian, Kearney, Starling III, & Torres eds, *The Developing Labor Law*, 6th ed., Vol. 1, 2, BNA Books, 2012.

ILO, *Committee on Freedom of Association Report* No.353, Vol. XCII, 2009, Series B, No.1.

James J. Brudney, Neutrality Agreements and Card Check Recognition: Prospects for Changing Paradigms, 90 *Iowa L. Rev.* 819, (2005).

Jan Vetter, Commentary on "Multiemployer Bargaing Rules": Searching for the Right Questions, 75 *Virginia L. Rev.* 286 (1986).

John-Paul Ferguson, The Eyes of the Needles: A Sequential Model of Union Organizing Drives, 1999-2004, 62 *Indus. & Lab. Rel. Rev.* 3 (2008).

Kahn, The NLRB and Higher Education: The Failure of Policymaking Through Adjudication, 21 *UCLA L. Rev.* 63 (1973).

Lardaro, Authorization Card Reliability and the Impact of Actions by the NLRB: An Examination of Several Issues, 35 *Lab. L.J.* 344, 350 (1984).

NLRB Casehandling Manual.

NLRB, *Annual Report of the National Labor Relations Board* 각호.

NLRB, *Decisions and Orders of the National Labor Relations Board* 각호.

Nolan & Lehr, Improving NLRB Unfair Labor Practice Procedures, 57 *Tex. L. Rev.* 47 (1978).

Note, NLRB Discovery After Robbins: More Peril for Private Litigants, 47 *Fordham L. Rev.* 393 (1978).

Patrick Hardin & John Higgins, *The Developing Labor Law*, 4th eds., BNA Books, 2001.

Paul Weiler, Promises to Keep: Securing Worker's Rights to Self- Organization Under the NLRA, 96 *Harv. L. Rev.* 1769 (1983).

Paul C. Weiler, *Governing the Workplace: The Futrue of Labor and Employment Law*, Harvard University Press, 1990.

Peck, The Administrative Procedure Act and the NLRB General Counsel's Memoranda on Fair Representation Cases: Invalid Rule Making, 31 *Lab. L. J.* 76 (1980).

Ronald Turner, Ideological Voting on the National Labor Relations Board, 8 *U. Pa. J. Lab. & Emp. L.* 707 (2006).

Sheila Murphy, A Comparison of the Selection of Bargaining Representatives in the United States and Canada: Linden Lumber, Gissel, and the Right to Challenge Majority Status, 10 *Comp. Lab. L. J.* 65 (1988).

Shwan J. Larsen-Bright, Free Speech and the NLRB's Laboratory Conditions Doctrine, 77 *N.Y.U. L. Rev.* 204 (2002).

| 찾아보기 |

미국 교섭대표노동조합 결정의 법리와 실제

펴낸날 초판 1쇄 2014년 11월 14일
지은이 이승욱
펴낸이 김훈순
펴낸곳 이화여자대학교출판부
주소 서울특별시 서대문구 이화여대길 52(우120-750)
등록 1954년 7월 6일 제9-61호
전화 02) 3277-2965(편집), 02) 362-6076(마케팅)
팩스 02) 312-4312
전자우편 press@ewha.ac.kr
홈페이지 www.ewhapress.com
디자인 신성기획
찍은곳 네오프린텍

ISBN 979-11-85909-08-0 93360
값 28,000원

* 잘못된 책은 바꾸어 드립니다.

이 도서의 국립중앙도서관 출판시도서목록(CIP)은 서지정보유통지원시스템 홈페이지
(http://seoji.nl.go.kr)와 국가자료공동목록시스템(http://www.nl.go.kr/kolisnet)에서
이용하실 수 있습니다.(CIP제어번호: CIP2014030675)